"AUDAZ, HONESTO, APASIONADO por su comunidad latina así como por Puerto Rico, Gutiérrez es nuestro David, lo suficientemente valiente como para hablar con la verdad a los Goliat del poder y la influencia. En cada etapa de esta alentadora, honesta, sabia y simpática biografía, somos testigos de la jornada que llevó a un talentoso niño de gran corazón y conciencia social a convertirse en el hombre honorable que es hoy. No tengo ninguna duda de que debería ser nuestro primer presidente latino: un presidente que tiene el talento no sólo para expresarse y despertar nuestros corazones sino que también hace lo que dice. Pero qué dilema para sus fieles lectores: si se convierte en presidente ya no tendrá tiempo para escribir más libros, y es tan buen narrador que sería una pena perderlo".

— **JULIA ÁLVAREZ,** autora de *Para salvar el mundo* y *En el tiempo de las mariposas*

"LUIS GUTIÉRREZ NO SÓLO es uno de los líderes latinos más influyentes de nuestra nación, es un narrador de primera. [Gutiérrez] mezcla viñetas divertidísimas de un niño puertorriqueño del barrio que crece buscando definir su identidad, asombrosas historias de las luchas tras bastidores que dieron forma a la legendaria maquinaria política de Chicago, y su extraordinario ascenso a los pasillos del Congreso en una cautivadora y fascinante biografía".

— **JUAN GONZÁLEZ,** autor de *Harvest of Empire: A History of Latinos in America*

"EN UNA ERA DE POLARIZACIÓN POLÍTICA, Luis Gutiérrez cuenta historias de la gente enloquecida, los tratos descabellados, la dicha de ascender de taxista a tener un voto en el Congreso. Este libro es muy buena compañía".

— **JUAN WILLIAMS,** analista político de Fox News y columnista para *The Hill*

"NO SÓLO UNA CAUTIVADORA narrativa personal sino un argumento convincente para una reforma de inmigración completa, la inspiradora historia del congresista Gutiérrez es prueba de que la tenacidad es la llave que abre las puertas del Sueño Americano".

— **HARRY REID,** líder de la mayoría del Senado

"LEE *NO HE DEJADO DE SOÑAR* y tendrás una mejor opinión de los Estados Unidos. Luis Gutiérrez —un hombre lleno de pasión, humor y visiones fascinantes— nunca ha olvidado de dónde viene, aun cuando ha alcanzado los niveles más altos del poder público. Que no te quepa la menor duda, esta es la historia de un americano extraordinario".

— **SENADOR BILL BRADLEY**

No he dejado de soñar

No he dejado de soñar

Mi largo camino del barrio a los recintos del Capitolio

LUIS GUTIÉRREZ

Con la colaboración de
DOUGLAS SCOFIELD

AGUILAR

Título original: *Still Dreaming: My Journey From the Barrio to Capitol Hill*
Edición original: W. W. Norton & Company, Inc.
© 2013 Luis Gutiérrez y Douglas Scofield

© De esta edición:
2013, Santillana USA Publishing Company, Inc
2023 N. W. 84th Ave.
Doral, FL, 33122
Teléfono: (305) 591-9522
Fax: (305) 591-7473
www.prisaediciones.com

Primera edición: octubre de 2013
ISBN: 978-0-88272-558-1

Impreso en los talleres de HCI Printing

Traducción: Carmen Dolores Hernández
Diseño de cubierta: David J. High, highdzn.com
Fotografía de cubierta: Tom Williams
Diseño de interiores: Grafi(k)a

Al escribir este libro he confiado en mi memoria y he recurrido a muchas entrevistas con familiares y amigos. También he consultado medios de comunicación y libros que hacen referencia a algunos de los acontecimientos más notables. Por respeto a la privacidad de los demás, he cambiado los nombres de algunas personas fuera de mi núcleo familiar y que no son figuras públicas. En general, el libro refleja mi experiencia personal y mis recuerdos, y he procurado que sea lo más fiel posible a los hechos.

Para Soraida, que nunca se ha quejado a pesar de mis largas ausencias. Su sencillo mensaje para mí siempre ha sido: "Ve y lucha por lo que crees". Y para Omaira y Jessica, orgullosas hijas puertorriqueñas de una orgullosa mujer puertorriqueña; nuestras hijas, que han crecido para ser amables, compasivas y que no toleran la injusticia. Las quiero tanto a todas.

ÍNDICE

No he dejado de soñar

CAPÍTULO UNO

Círculo de fuego

NO FUE EL CALOR ni el humo lo que me despertó, sino el estruendo como de autos que chocaran aparatosamente en medio de mi sala. Abrí los ojos y vi las llamas que se extendían desde el piso hasta el plafón.

Eran las 3:15 de la mañana y, a pesar de que estaba desorientado tras despertar de un sueño muy profundo, me percaté de que el fuego no parecía normal. Más bien parecía haber sido creado por algún técnico de efectos especiales de una película de ciencia ficción. Las llamas giraban, como si se tratara de un círculo de fuego en movimiento, y subían rápidas desde el piso. Me acordé de la canción "Ring of Fire", pero esto era muy real.

Tuve que actuar con rapidez. La sala ardía. Hacía mucho calor y el plafón se ennegrecía. Salté del sofá, donde me había quedado dormido, y subí corriendo las escaleras gritándole a mi familia que saliera de la casa. Fui al cuarto de mi hija Omaira al final de la casa y la cargué aún profundamente dormida. Luego corrí a nuestro cuarto, que quedaba justo encima de la sala en llamas, para buscar a mi esposa, Soraida. Ella ya estaba en el pasillo, soñolienta. A ella también la había despertado el ruido. Le grité: "¡Se quema la casa, tenemos que salir!". Corrimos escaleras abajo, yo con la niña en brazos, y nos dirigimos a la puerta del frente. Vi que la sala se quemaba, el sofá ya ardía y las llamas llegaban hasta el plafón.

Yo mismo había puesto ese plafón, y hasta fui a parar a la sala de emergencia cuando pisé por accidente un clavo viejo y herrumbroso que sobresalía de una de las tablas que había arrancado del techo. La nuestra era una casa vieja de ladrillos. Fue la primera que compramos, nuestro pedacito del sueño americano. Tenía grandes ventanales y un jardín diminuto al frente, como muchos de Chicago, donde habíamos sembrado azaleas. En el segundo piso había tres habitaciones pequeñas. Estaba en ruinas cuando la compramos y nosotros mismos la arreglamos. Yo quería que fuera la casa más bonita de la cuadra; estaba decidido a que ninguno de los vecinos, casi todos blancos, pensara que la familia puertorriqueña que se había mudado allí estaba arruinando su comunidad. Ahora la casa se quemaba irremediablemente.

No nos tomó más de un minuto agarrar a Omaira y bajar por las escaleras. Para entonces la sala estaba destruida. Era 1984. Aún no había teléfonos celulares así que dejé a Omaira y a Soraida seguras en la acera del frente y volví a entrar a la casa para llamar al 911 desde el teléfono del vestíbulo. Hacía mucho calor; estaba sudando a chorros. Las paredes parecían derretirse. Grité por el teléfono "¡Fuego en la calle Homer 2246!" y volví a salir corriendo por las escaleras que daban a la calle, alejándome de las llamas.

En ese mismo momento las ventanas del frente explotaron por el calor y el jardín se llenó de astillas de vidrio. Algunas cayeron a pulgadas de distancia de donde me encontraba; estaban tan cerca que me pregunté a mí mismo por qué no había llamado al 911 desde la casa de un vecino. Las luces de las casas contiguas empezaron a encenderse y la calle se llenó de vecinos curiosos y preocupados. Vivíamos a tres cuadras de los bomberos; las sirenas empezaron a sonar casi inmediatamente. Ahora las llamas salían por las ventanas del primer piso y el humo llegaba hasta el segundo, donde mi esposa dormía cinco minutos antes. Soraida, Omaira y yo vimos –sin hablar– cómo se quemaba nuestra casa.

Esa casa me encantaba. No podía creer que la estábamos perdiendo. Pensé en la habitación de mi hija, en el enorme peluche de Abelardo que tanto le gustaba; pensé en nuestro álbum de bodas que estaba en la sala, cerca de la televisión, y en mi colección de discos. También pensé que pudo haber sido mucho peor. Yo no solía dormir abajo. Soraida y yo habíamos salido a comer con unos amigos, y en el camino de vuelta yo me había detenido a comprar la primera edición dominical del *Chicago Tribune*. Quería leer lo que estaba pasando en la campaña presidencial entre Mondale y Reagan porque tenía la esperanza de que Mondale tuviera algún repunte. Era octubre, una noche agradable del veranillo de San Martín. Soraida había acostado a Omaira y yo me había quedado dormido en el sofá viendo las noticias en la televisión y leyendo el periódico. La casa estaba en silencio; de noche siempre era muy silenciosa, tanto que Soraida y yo no nos despertamos la vez que unos ladrones entraron y se robaron las cajas sin abrir que habíamos dejado abajo la noche en que nos mudamos. Si yo hubiera estado durmiendo arriba y el estruendo no me hubiera despertado enseguida, habríamos tenido que saltar por la ventana de atrás. O quizás no hubiéramos podido salir.

Omaira hizo lo que cualquier niña de cinco años hubiera hecho: lloró y preguntó qué le pasaría a sus juguetes y a su habitación. Le dijimos que intentaríamos recuperar todo lo que pudiéramos, pero al mirar hacia la casa no pensaba que, aparte de nuestras personas, habría mucho más que salvar. Soraida llevó a Omaira a casa de un vecino y llamó a su hermana Lucy para decirle que íbamos a necesitar un lugar para quedarnos por algún tiempo.

Los bomberos llegaron enseguida y rompieron el resto de las ventanas para que saliera el calor. Llenaron la sala de agua. Controlaron el fuego en poco tiempo, pero yo veía los chorros gigantescos de agua que entraban por las ventanas y sabía que el agua destruiría lo que se había salvado del fuego.

Mientras los bomberos bregaban con las mangueras, se acercó una patrulla del Departamento de Policía de Chicago. Yo no me había acostumbrado aún a la idea de que la policía podía estar de nuestro lado. Yo era un puertorriqueño que había crecido en un vecindario en donde la policía te detenía cada vez que les daba la gana. Le preguntaban a uno –y también a los amigos de uno– en dónde vivíamos, qué estábamos haciendo y adónde íbamos. Suponían que el propósito de nuestra existencia era causar problemas. No estaba acostumbrado a ver a un aliado en la policía.

No esperaba que nos trajeran una manta, café caliente y mostraran simpatía, pero sí pensé que el oficial se bajaría de la patrulla, por lo menos. En vez de hacerlo, encendió su reflector y me hizo señas para que me acercara a la patrulla. Se quedó sentado ante el volante con su libro de informes abierto. Apenas me miró mientras tomaba notas, como si lo sucedido no fuera más que un choque de autos menor. No parecía muy contento de haber tenido que acudir a una casa en llamas un sábado por la noche. Su corpulencia sugería que no le gustaba moverse más de lo estrictamente necesario.

–¿Es su casa?

Le dije que sí y lo que había sucedido. Describí el ruido que había oído y cómo el aro de llamas había subido del suelo al techo en medio de la sala.

–Parece un fuego provocado por una falla en la electricidad –dijo.

Le conté que yo había cambiado los cables de toda la casa y que había puesto circuitos de 220 amperios. Quería que comprendiera que había trabajado mucho, que era un dueño de casa responsable. Además, el fuego aparentemente había empezado en medio de la sala. ¿Y cuál era la causa del estruendo?

–Probablemente fue la caldera –respondió.

–Pero es que la caldera funcionaba perfectamente –le dije–. La noche estaba caliente; no la habíamos prendido. Y, además, está en la parte de atrás de la casa.

–Pues quizás la televisión se calentó demasiado –el oficial apenas me había mirado en todo este tiempo.

Yo trato de llevarme bien con la gente. De veras que trato. Alguna gente quizás se ría ante tal afirmación, como por ejemplo los congresistas republicanos que difieren de mí en temas como el de la inmigración, o los congresistas demócratas que se han enfrentado a mí porque he tratado de impedir que se aumenten el salario. Podría incluso imaginarme cómo se reirían de mí los concejales de Chicago, que se indignaron cuando leí en voz alta, ante el pleno de la Asamblea Municipal, las cantidades irrisorias que pagaban en concepto de impuestos sobre la propiedad. Hasta el presidente de los Estados Unidos que presenció mi arresto en plena avenida Pennsylvania, frente a su casa, podría encontrar cierto humor en esa afirmación. Pero lo cierto es que yo sí trato de llevarme bien con la gente.

Tengo mis límites. Acababa de subir y bajar, desesperado, las escaleras para sacar a mi familia de nuestro hogar en llamas. A pocos pies de distancia aún se estaban quemando muchas de mis pertenencias. Mi sofá, que aún ardía, estaba tirado en el jardín, donde lo habían dejado los bomberos, y estaba aplastando mis azaleas. Mi hija estaba llorando. Mi corazón latía aceleradamente. No es que yo esperara compasión, pero esperaba por lo menos un poco de cortesía a cambio de lo que pagaba en concepto de impuestos y en vista de que mi hogar estaba en llamas. Era evidente, sin embargo, que el policía asignado a investigar el fuego esa noche tenía tan poco interés en averiguar lo que lo había causado como en participar en el maratón de Chicago.

Resistí el impulso de decirle todo lo que tenía en la punta de la lengua; en vez de eso, le expliqué por qué no creía que fuera la televisión. Ni la caldera. Ni la instalación eléctrica. Yo estaba hablando todavía cuando me miró por primera vez y me dijo:

—Cubra todo con tablas y llame a su compañía de seguros —y se fue.

Ya para 1984 yo había dejado bastante atrás al muchachito que venía de un barrio pobre de Chicago, el que escuchaba cortésmente, con las manos visibles sobre el bonete del carro cada vez que un

policía me detenía en mi propia calle. Por eso, además de llamar a mi
compañía de seguros, llamé también a mi nuevo jefe, Ben Reyes, el
vicealcalde de la ciudad de Chicago. Él se reportaba directamente al
alcalde, con quien yo me reuniría regularmente en un futuro cercano.
Le expliqué mi situación. Se había quemado mi casa y la policía no
parecía dispuesta a hacer nada. Llamó al vicealcalde a cargo del
Departamento de Policía y del Cuerpo de Bomberos. Cuando las
últimas llamas se estaban apagando y el humo había empezado a
disiparse, llegaron dos investigadores, más jóvenes y más interesados,
que pertenecían al escuadrón a cargo de las bombas y los incendios
provocados. Alguien los había enviado.

Les conté lo sucedido: el ruido, el raro cono de llamas. No me
miraron como si estuviera loco. Parecían menos interesados en
su cuaderno de informes y más en lo que yo les estaba diciendo.
Hablamos mientras el agua chorreaba desde el frente de mi sala,
ahora expuesta a la vista de todos. La casa empezaba a enfriarse.

El más joven de los investigadores dijo que entráramos a dar un
vistazo. A mí me parecía peligroso, pero también quería ver si podía
salvar algo. La luz de su linterna gigante iluminaba lo que había
quedado. Los bomberos habían apagado el fuego rápidamente y la
parte trasera de la casa estaba bastante bien. El frente, tanto en el
primer piso como en el segundo, estaba todo quemado; quedaban
solo los pisos, el armazón y los ladrillos. Yo quería recoger unos
cuantos juguetes de mi hija, quizás algunas cosas de la cocina. No
habría mucho. El investigador y yo caminábamos por lo que había
sido mi sala y en un momento se detuvo. Hacía mucho calor. Olfateó
el ambiente y me miró.

—Conque un fuego eléctrico, ¿eh?

No estaba seguro de si se estaba burlando de mí o del otro policía.
La luz de su linterna barrió el piso y se detuvo.

—¿Colecciona usted ladrillos, Sr. Gutiérrez?

El rayo de luz se detuvo sobre un ladrillo en medio de las cenizas,
a pocos pies de donde yo había estado durmiendo en el sofá.

–No, señor, no colecciono ladrillos.

–¿Ha visto usted este ladrillo antes?

Paseó la luz por el área alrededor del ladrillo y me volvió a mirar.

–¿Ha estado usted bebiendo, Sr. Gutiérrez?

Yo no sabía si enfurecerme o reír.

–No, no he estado bebiendo –era verdad. Mi único vicio líquido es tomar Coca Cola en el desayuno.

–Pues eso me parece a mí como si fuera la base de un botellón de vino –dijo.

Tenía razón. Al lado del ladrillo estaba, intacto, el fondo de un botellón de vino Gallo o Paul Masson. Parecía un frisbee verde hecho de vidrio.

Entonces se inclinó y encontró el asa y el cuello del botellón; aún tenía un trapo que le salía de adentro. Lo levantó para que lo viéramos. Sonreía. Me acercó el trapo.

–Mire esto y huela esta casa. ¿A qué huele?

Yo no había pensado mucho en el olor: olía a fuego y humo. Olía como si fuera a costarme mucho tiempo y dinero arreglarla. Pero ahora me puse a olfatear, y era evidente que el olor era igual al que se siente cuando uno entra en una gasolinera. Olía a gasolina.

Estaba confundido.

–¿Por qué tiraron el ladrillo?

–Lo tiraron por la ventana. Eso fue probablemente lo que usted oyó. Y entonces tiraron el botellón con gasolina por el hueco. El botellón solo no hubiera roto la ventana; se habría hecho añicos y la gasolina habría tomado fuego. El fuego se habría iniciado en el exterior, pero ellos querían asegurarse de que el fuego empezara dentro de la casa.

–¿Por qué? –le pregunté. No estaba convencido.

Me miró como si yo fuera tonto.

–Porque le querían hacer daño.

EN MARZO DE 1980, hace tan sólo cuatro años, mi esposa y yo nos habíamos mudado a esa casa localizada en una calle muy buena. Hasta el nombre de la calle era agradable: "Homer". Nos rodeaba gente mayormente blanca, lo cual significaba un cambio para dos puertorriqueños que venían de vecindarios pobres. Nosotros solíamos ver el programa de televisión "This Old House" y Bob Vila nos había enseñado cómo arreglar casi cualquier cosa sin tener que contratar a nadie. Bob me mostró cómo hacer de nuestra vieja casa dilapidada de la calle Homer –que habíamos comprado por $28,000– un lugar adecuado para criar a nuestra familia. Era cuestión de aplicar un poco de creatividad y de sudor. Bob me enseñó que cualquier cosa, independientemente de lo vieja y desgastada que estuviera, podía convertirse en algo especial y diferente. Soraida y yo nos habíamos dedicado a lograrlo. Pusimos paneles nuevos, lijamos los pisos de madera, dejamos que fueran visibles los tablones que estaban en buen estado. En un callejón cercano encontramos muebles viejos que otra gente había desechado y los reparamos. Éramos jóvenes y estábamos casados; nos habíamos convertido en padres y en dueños de una casa. Estábamos progresando en la vida.

Aunque nos mudamos a solo una milla de distancia, estábamos a años luz de nuestra casa anterior. Habíamos vivido antes en la calle Rockwell, en donde la ventana de la sala miraba hacia cinco solares vacíos. Por las noches, miembros de las diferentes pandillas de la ciudad llegaban con autos robados y los metían en los solares, sacaban sus herramientas y empezaban a trabajar. Soraida y yo nos sentíamos como agentes secretos. Escondiéndonos tras las ventanas del frente, llamábamos al 911 y le decíamos a la operadora. "Si se apresuran los pueden atrapar; están quitándole las gomas al carro."

En unos minutos llamábamos de nuevo para decir: "Ahora están sacando las piezas del motor. Tienen que venir enseguida."

Y llamábamos de nuevo: "Ya no queda casi nada; parece que le están sacando todo el interior. Tienen un galón de gasolina. Tienen que venir ya."

Los miembros de la pandilla rociaban el auto con gasolina, prendían un fósforo y se iban. Esto sucedió no menos de seis o siete veces. Aquellas pandillas usaban los solares como una fábrica donde habían establecido una línea de ensamblaje. Nosotros llamábamos al 911 cada vez; pensábamos que era nuestra responsabilidad como buenos ciudadanos. La policía nunca llegó a tiempo para arrestar a nadie. Una vez que el auto ardía, una patrulla de la policía llegaba acompañando al carro de bomberos. Los policías llenaban un informe y se iban. Cuando ya había tres o cuatro autos quemados, venía una grúa y se llevaba lo que quedaba de ellos, dejándoles a los pillos el espacio libre para su próxima faena.

La gota que colmó la copa fue el día en que estábamos en la sala y oímos un estruendo. Salí y me encontré con que a nuestro auto nuevo, un Toyota Tercel –el más barato de todos los Toyota–, le faltaba la parte del frente del lado derecho. Con el golpe, el auto se había subido a la acera y casi todo el panel destruido estaba en la calle. Había gente por toda la cuadra: algunos bebían en un balcón, otros jugaban a los dados y otros oían música y hablaban. Salí al medio de la calle, miré hacia todos lados mientras caminaba en círculos y pregunté a las veinte personas que podían oírme: "¿Qué pasó?". No habían pasado ni sesenta segundos desde que había oído el choque, pero ninguno de nuestros vecinos dijo nada. Nadie había visto nada. Soraida y yo supimos entonces que aquel no era el vecindario donde queríamos criar a nuestra hija. Teníamos que mudarnos.

Pensamos que habíamos progresado cuando llegamos al nuevo vecindario de Bucktown. La casa no era grande ni elegante ni estaba en buenas condiciones, pero nos encantaba. Nos gustaban los ventanales del frente, nos entusiasmaba que tuviera tres habitaciones –todas en el segundo piso. Sabíamos que podíamos convertirla en nuestro hogar. Ambos éramos trabajadores sociales. Yo trabajaba para el Departamento de Servicios para Niños y Familias: visitaba a las familias e investigaba alegatos de abuso. Soraida trabajaba para Casa Central, una importante agencia de servicios sociales del barrio, y su función era la misma. Dedicábamos mucho tiempo al trabajo comunitario, pero teníamos tiempo para nosotros. Nunca más hemos vuelto a gozar de este privilegio.

Cuando les hablo a los jóvenes hoy, les digo que este fue nuestro "período *Mork & Mindy*". Teníamos a Omaira, trabajábamos mucho, arreglábamos la casa. Íbamos a las fiestas y bodas de los amigos. Un buen plan para el fin de semana podía ser jugar algunas partidas de dominó con mi cuñado Juano hasta llegar a los quinientos puntos. Y nos reíamos del loco de Robin Williams –el protagonista masculino del programa de televisión *Mork & Mindy*– los martes por la noche. Fue un período muy bueno de calma y paz.

Hasta que cuatro de los comisarios de barrio de Dan Rostenkowski se aparecieron por la casa.

En 1983, la maquinaria demócrata de Chicago funcionaba eficientemente, movida por empleados de la ciudad que dependían de los concejales y de los comités del partido para retener sus empleos. Ganaban un salario que les pagaba el gobierno, y a cambio se aseguraban de que sus auspiciadores políticos resultaran elegidos una y otra vez. La maquinaria superó el trauma de que Jane Byrne derrotara a su candidato para alcalde convirtiendo a la misma Jane (*"beat the machine dame"*) en su propia candidata. La maquinaria pensaba lógicamente: si no puedes ganarles, invítalos a tu bando. Así fue que hicieron las paces con Jane hasta que Rich Daley decidió postularse en contra de ella. Mientras las fuerzas políticas de Daley y de Byrne se enfrentaban en una lucha a muerte, los seguidores del congresista Harold Washington iban de iglesia en iglesia en el lado oeste y de cuadra en cuadra en el lado sur registrando a votantes negros. Tanto Daley como Byrne lo ignoraron. Para ellos, Washington bien podría haber estado postulándose para ser alcalde del planeta Marte.

El día de las elecciones, los seguidores de Harold esperaron en largas filas para votar mientras que los candidatos irlandeses dividieron el voto blanco. Cuando llegaron los resultados, el 63% de Chicago había votado por Byrne o por Daley, un 33% por Jane y un 30%

por Rich. Harold obtuvo un 37%, lo suficiente como para ganar las primarias y poner a Chicago en vías de tener su primer alcalde negro.

Todo esto me encantaba. Era como si los dos grandes matones del campo de juego se pelearan entre sí hasta anularse mutuamente, permitiendo así que ganara el chico bueno que no molestaba a nadie. El chico bueno era también un líder progresista, muy inteligente, que hablaba bien y que quería traer cambios reales a Chicago. Pero estábamos en el Chicago de 1983, y el chico bueno era negro, de manera que los matones pensaron que tenían una última oportunidad de seguir al mando. Cuando Harold Washington se convirtió en el candidato demócrata para la alcaldía, la maquinaria empezó a funcionar. Y los comisarios de barrio de Rostenkowski empezaron a hacer las rondas en mi vecindario.

Dan Rostenkowski había sido congresista y había representado a nuestro vecindario durante los últimos veinticinco años, y por esos días había sido designado presidente del Comité de Medios y Arbitrios de la Cámara de Representantes de los Estados Unidos. Aparte de redactar las leyes impositivas de la nación, fue mano derecha del alcalde Richard Daley padre durante dos décadas.

Pero lo más importante para el vecindario era que él fuera el asambleísta demócrata de mi distrito electoral, el 32. En Chicago, ser asambleísta era un puesto electivo del Partido Demócrata. Chicago tiene cincuenta distritos electorales con cincuenta concejales en la Asamblea Municipal. Cada distrito electoral también tiene un asambleísta electo por los republicanos y otro por los demócratas. El republicano es bastante irrelevante y está ahí para cumplir con un simulacro de bipartidismo. El demócrata es el que manda. Es el responsable de los obreros que administran los centros de votación el día de las elecciones. También decide adónde los manda: puede ser al sótano de un centro para personas de edad avanzada o a la sala de un amigo. Durante los años ochenta en Chicago, era posible votar en el bar de la esquina si el asambleísta lo decidía así. Él mandaba.

También controlaba los empleos. El de asambleísta era el puesto clave de la maquinaria de Chicago: era el funcionario del partido que sacaba los votos y luego los convertía en empleos municipales o del condado y hasta en empleos estatales –empleos que quizás nadie sabía que existían hasta que Dan Rostenkowski le conseguía uno a un amigo y lo convertía en comisario de barrio. Estos eran sus soldados, los muchachos que iban de casa en casa tocando a las puertas y manteniendo aceitada la maquinaria.

Era una maquinaria extremadamente eficiente. Durante décadas había prosperado convirtiendo los servicios municipales básicos, los que todo el mundo merecía y debía recibir por el hecho mismo de haber pagado sus impuestos, en favores especiales que el comisario de barrio o el asambleísta le hacía al contribuyente. Si la maquinaria demócrata de Chicago estuviera a cargo del sistema de Seguridad Social de los Estados Unidos, sentirías una enorme gratitud cada vez que alguien del Departamento de Alcantarillas llegara a tu puerta para darte tu cheque.

Soraida y yo conocíamos a los comisarios de barrio de Rostenkowski y, cuando venían a casa, los dejábamos entrar. Nos habían ayudado a conseguir que la ciudad podara un árbol que teníamos en el patio y también lograron que destaparan una alcantarilla al frente de la casa. Lo más impresionante fue que nos trajeron zafacones nuevecitos y no zafacones cualesquiera sino unos con tapas que tenían cadenas de metal para que no pudieran desaparecer enseguida. En otras palabras, la familia Gutiérrez tenía los mejores zafacones del mercado. Eran tipos muy solidarios.

Soraida y yo nunca habíamos causado problemas en nuestro vecindario. A mí no me gustaban las prácticas políticas de Dan Rostenkowski –le estaba haciendo el juego a Ronald Reagan– ni pensaba demasiado en el asambleísta de nuestro vecindario y poderoso presidente del Comité de Medios y Arbitrios. Como casi todos, simplemente me alegraba de que sus comisarios de barrio destaparan la alcantarilla. Y, después de todo, ellos también eran demócratas.

De manera que cuando sus comisarios de barrio –los que nos habían traído aquellos magníficos zafacones– se aparecieron en la primavera de 1983, les dije: "Entren, muchachos, ¿qué puedo hacer por ustedes?".

Estábamos todos en mi sala. Ellos tenían unas grandes libretas y lo que parecían ser unos banderines de campaña. La sala parecía pequeña; aquellos eran unos tipos realmente grandes. Yo solo mido cinco pies y seis pulgadas, de manera que quizás se trate de una cuestión de perspectiva.

"Mire, tenemos un problema", dijo el que parecía mayor. Había vivido en el vecindario por mucho tiempo: era un polaco que trabajaba para el Departamento del Acueducto.

"Tenemos a un tipo muy malo como candidato a alcalde. ¿Nos podría hacer un favor y poner este letrero con el nombre de Epton en su ventana? No es posible que Harold Washington llegue a ser alcalde de la ciudad de Chicago."

Hacía tres meses que estos mismos tipos habían hecho campaña a favor de Rich Daley. En las elecciones generales de noviembre del año anterior habían venido a mi casa y me habían dicho que no perdiera el tiempo votando por candidaturas individuales, que marcara el número 10 y votara íntegramente por los demócratas. Ahora querían que pusiera un letrero a favor de un republicano. ¿Qué revelación habían recibido desde entonces? ¿Se habrían dejado seducir por las promesas republicanas de que disminuirían los impuestos, de que el gobierno se achicaría y de que se defenderían los valores familiares?

No, yo sabía –y ellos también– que su cambio se debía a razones más básicas. Bernard Epton, el candidato republicano para la alcaldía de Chicago, era blanco. Harold Washington era negro. ¿Pero cómo se atrevían a venir a mi casa a pedirme que pusiera en mi ventana un letrero a favor de la candidatura a alcalde de Bernard Epton? La idea parecía absurda. Nadie conocía al tipo. Era un desconocido y, para más agravio, republicano. Justo antes de que Harold Washington se postulara como candidato, nadie que no fuera de la familia Epton lo conocía. Convertirse en el candidato republicano para la alcaldía de Chicago era como ser el candidato del Partido Comunista para la presidencia de los Estados Unidos. El destino de Epton era convertirse en lo que todos los candidatos republicanos para la alcaldía de Chicago habían sido: la respuesta a una pregunta del juego de Trivia sobre Chicago.

Estoy seguro que Soraida les podría decir que yo estaba tratando de permanecer calmado; es probable que ella supiera que no lo lograría. Me sentía como si hubiera cometido una falta al dejarlos entrar. Uno de los comisarios de barrio era puertorriqueño. Lo miré con coraje. Pensé que tenía que haber procedido de otra manera. Tengo que reconocer que pensé en mi alcantarilla, en mis árboles y en mis zafacones. Pensé cuánto me gustaban mi casa y mi cuadra, y en cuánto más fácil era seguirles la corriente. Pero también pensé en los carteles del Che Guevara y Malcolm X que había pegado en las paredes de mi cuarto cuando estudiaba en la universidad. Pensé en todo lo que había tenido que sufrir mi familia por causa de mi activismo a favor de la independencia de Puerto Rico. Pero pensé, sobre todo, en lo satisfecho que me sentía de que Harold Washington se hubiera enfrentado a la maquinaria y hubiera ganado. Los tipos que estaban en mi sala parecían retar directamente mi sentido de lo que está bien y lo que está mal. Mientras el silencio se alargaba, creo que el comisario jefe empezó a darse cuenta de que aunque nunca antes había tenido un roce con ellos, ese día habían escogido la casa equivocada.

Traté de no gritar. No creo que lo lograra. "¿Cómo pueden venir a mi casa y pedirme que apoye a un republicano? Lo hacen solo porque Harold es negro. Salgan de mi casa y no vuelvan nunca más. ¿Cómo puede Epton ser alcalde? ¿Están locos?"

Lucían estupefactos. Debí haberme callado en ese momento, pero añadí, aunque no tenía ni idea de lo que estaba diciendo: "Voy a asegurarme de que Harold Washington gane en este distrito electoral".

Fue una equivocación. Se habían sorprendido cuando les dije que estaban apoyando a Epton porque Harold era negro. No querían un sermón sobre la raza. Pero sí podían debatir sobre quién iba a ganar el distrito el día de las elecciones.

El hecho de que todos pesaran unas cincuenta libras más que yo probablemente no le añadió peso a mi reto. Soy pequeño: siempre he sido el más chico de mi clase. A principios de los ochenta, lo único grande eran mi pelo y mi bigote estilo Zapata. No parecía el tipo de hombre que pudiera convencer a mis vecinos blancos para que votaran por el candidato negro para alcalde de Chicago. Mi alarde de seguridad hizo que disminuyera la tensión. Se rieron.

"¿Tú nos vas a vencer? Hemos estado haciendo esto durante treinta años; hemos vivido aquí todo ese tiempo. Nos hemos ocupado de todos en el distrito electoral. Te aplastaremos. Harold Washington nunca ganará en este distrito".

Estaban contentos; hablaban de nuevo su propio idioma: el de ganar elecciones. No conocían bien el idioma que yo estaba hablando: que no está bien apoyar a un tipo blanco a quien nadie conoce solo porque su contrincante es negro. Se guardaron sus letreros, dieron la vuelta y se fueron.

De repente, sentí que lo que había hecho no era suficiente para atraer su atención.

Salí corriendo por la puerta del frente. Estoy seguro de que Soraida se estaba preguntando en qué lío la metería ahora. Los seguí a la casa de al lado. La vecina les abrió la puerta. "Sally, no les hable. Usted no tiene nada que decirles. Son racistas. No los deje entrar en su casa. ¡Están a favor de Epton!". Los tipos y mi vecina me miraron como si yo estuviera loco: un puertorriqueño de pelo largo que desvariaba y les gritaba. Pero no consiguieron que ella pusiera el letrero en su ventana.

Trataron de ignorarme. Los seguí por la calle. Le dije al puerto-rriqueño que debería estar avergonzado porque él sabía lo que era el racismo. Le dije además que sus tres amigos blancos probablemente se reían de él cuando no estaba. Todos me miraron enojados. Estaban acalorados y se estaban poniendo peor. Yo había montado un espectáculo en medio de nuestra cuadra, tan agradable y calmada. La gente no sabía lo que estaba pasando, pero no quería estar cerca. Seguí persiguiéndolos. Los vecinos prestarían atención a lo que fuera menos al tipo bajito que les gritaba a los tipos agradables que les habían traído sus zafacones. Cada vez que se aproximaban a alguien, yo me acercaba.

"No hables con esos tipos. Están a favor de Epton. No quieren un alcalde negro."

No pasó mucho tiempo antes de que ellos se retiraran. Probablemente le informaron al concejal que había un puertorriqueño loco en el segundo precinto del condado y que debían observarlo. Pero estoy seguro de que no pensaron que yo estaría tan enojado, molesto y motivado que decidiría postularme en contra de Dan Rostenkowski para asambleísta demócrata. Y sé que nunca se les ocurrió, ni por un segundo, que perderían ese precinto en las elecciones para alcalde.

Pero perdieron. Perdieron contra Soraida y contra mí, contra Juano y Lucy y contra los pocos amigos que convencimos para que nos ayudaran a predicar el evangelio de Harold Washington. Les ganamos por sesenta votos: Harold Washington sacó un total de 280 y Bernard Epton un total de 220.

DESPUÉS DE QUE derrotáramos a Epton en nuestro distrito electoral, me postulé para el puesto de asambleísta demócrata en contra de Dan Rostenkowski. A él no le hizo mucha gracia. Tampoco a sus comisarios.

Un año después de aquella campaña, alguien había tratado de quemar mi casa. Un ladrillo y un botellón de vino con gasolina es algo a lo que hay que prestar atención. Pero uno no se percata de inmediato de lo sucedido. Yo sabía que aquel anillo de fuego no había salido de la televisión ni de la instalación eléctrica ni de la caldera.

¡Pero un cóctel Molotov en mi sala...! No lo hubiera adivinado nunca. Los investigadores del Cuerpo de Bomberos se llevaron el ladrillo y el botellón y escribieron su informe. El archivo policíaco correspondiente al fuego del 1984 en mi casa es directo y sencillo: incendio intencional. Al día siguiente llegaron los detectives de la policía a casa de Lucy, donde nos estábamos quedando. Sacaron sus libretas y dijeron "Estamos investigando su incendio".

La primera pregunta fue sencilla: "¿Ha tenido usted problemas con alguien?"

Mi repuesta fue igualmente sencilla: "¿Dónde quiere que empiece?"

La lista era larga. Se la recité toda. Quizás fueron los operarios políticos que pasaban por organizadores de la comunidad en la avenida Milwaukee, los mismos que me hicieron la contra cuando me postulé para asambleísta. Quizás fueron los tipos que trabajaban bajo mis órdenes en el gobierno de la ciudad: los electricistas, tipos grandes que arreglaban el alambrado eléctrico, a algunos de los cuales acusé de estar bebiendo en el bar de la esquina mientras tenían que haber estado trabajando.

Yo había hablado en público ante grupos de la comunidad sobre las dictaduras en Centroamérica. El asesinato del arzobispo Romero en El Salvador me había llevado a prestar atención a la política intervencionista de Ronald Reagan en las Américas. Quizás hubo gente que se enojó por eso.

Aunque sí les dije a los detectives: "Si realmente quieren saber quiénes serían capaces de quemar mi casa, tengo un consejo que darles respecto a dónde empezar la investigación. Quizás Dan Rostenkowski sabe quién lo hizo. ¿Por qué no le preguntan a él?"

Tres días después de que los detectives de la policía me preguntaran acerca de la gente con la que yo había tenido problemas y de que yo les dijera que hablaran con Rostenkowski, volvieron a visitarme en casa de mi cuñada, nuestro hogar temporal.

"No tenemos pistas. ¿Hay alguien más con quien usted haya tenido problemas?"

Yo sabía que no habían hablado con Rostenkowski ni con la gente que lo seguía de cerca en la campaña. Me habría enterado. Pero sí habían hablado con los "operarios políticos" de la avenida Milwaukee que yo había mencionado. La policía le dijo a ese grupo, que incluía a varios miembros de pandillas criminales y exconvictos, que yo les había dicho a los detectives que ellos habían sido quienes quemaron mi casa. Eso lo supe rápidamente. Unos tipos muy amenazantes se acercaron a un amigo mío que estaba en un bar una noche y le pidieron que me informara que dejara de decir que fueron ellos.

Así que, cuando los detectives volvieron una segunda vez, me quedé callado.

"No señor, no tengo otras pistas".

Nunca volvieron y cerraron el caso sin arrestar a nadie. Nunca supe quién llenó el botellón con gasolina ni quién prendió la mecha antes de lanzar el ladrillo.

Pero aprendí algo mucho más importante. Me di cuenta de que cuando uno se enfrenta a la maquinaria capta la atención de la gente. Es riesgoso y a veces conlleva un precio alto. Pero también se siente la satisfacción de haber hecho lo correcto, el entusiasmo de estar en el campo de batalla, luchando. Supe entonces que mi "período *Mork & Mindy*" había terminado.

En los casi treinta años que han pasado desde ese día, a menudo he pensado en cómo hubieran podido ser las cosas si los comisarios de barrio de Dan Rostenkowski no hubieran llegado a mi casa con letreros para promover la campaña de Bernard Epton a la alcaldía. Probablemente yo no hubiera ganado ese precinto para Harold Washington, y seguramente no me hubiera postulado en contra de Dan Rostenkowski para el puesto de asambleísta.

Y si yo no me hubiera postulado para asambleísta y me hubiera dejado aplastar por Rosty y sus muchachos obteniendo menos del veinticinco por ciento de los votos, tampoco me hubiera postulado para concejal en las elecciones que finalmente cambiaron la Asamblea Municipal de Chicago. Si antes esa Asamblea había sido obstruccionista y se oponía a todas las iniciativas de nuestro primer alcalde negro, luego adoptó una actitud positiva que ayudó a Harold Washington a transformar la ciudad. De la Asamblea Municipal de Chicago llegué, con el tiempo, al Congreso de los Estados Unidos, en donde represento a gran parte del viejo distrito de Rostenkowski. Si aquellos comisarios de barrio estuvieran activos hoy, estarían representados por mí.

Cada vez que pienso en mi trayectoria, vuelvo a aquella tarde en Chicago. Yo era joven y bastante ingenuo en cuanto a la política. Cuando les dije a los trabajadores de la ciudad que vinieron a mi casa que les ganaría en su propio distrito, no tenía idea de cómo lo haría. Solo sabía que alguien tenía que hacer algo.

Ahora siento que soy afortunado de que diecisiete campañas políticas —con un total de dieciséis triunfos y una derrota muy desequilibrada ante Dan Rostenkowski para el puesto de asambleísta demócrata— me han llevado al lugar adonde tenía que llegar: uno en el que puedo luchar no solo a favor del distrito electoral 32 de Chicago, sino a favor de los inmigrantes en todos los Estados Unidos.

Uno nunca sabe cómo puede cambiar la vida cuando alguien llama a su puerta. A veces sucede porque han llegado unos tipos del Departamento de Acueductos que quieren que uno apoye al republicano blanco en las elecciones para alcalde.

Ahora que miro hacia atrás, me alegro de que me visitaran aquellos tipos. Me proyectaron hacia un camino que nunca imaginé que transitaría cuando era un muchacho pobre que crecía en un vecindario puertorriqueño de Chicago: un camino que me llevó de aquella ciudad a las montañas de Puerto Rico y de vuelta; y desde un apartamento en donde dormía en un catre en el pasillo hasta las salas del Congreso de los Estados Unidos de América.

Hoy, muchos años después, quiero darles las gracias a los comisarios de barrio de Rosty. No dejé que pusieran sus letreros a favor de Epton en mi ventana, pero me ayudaron a iniciar el viaje de mi vida.

CAPÍTULO DOS

Cuando Lincoln Park era puertorriqueño

C UANDO MIS PADRES empezaron a comprar cosas, yo supe, sin reconocerlo abiertamente, lo que iba a pasar. Compraron un sistema de música, una televisión y, finalmente, un auto. Tuve una premonición, pero tenía quince años y me estaba divirtiendo mucho en Chicago. No quería enfrentarme a la realidad.

La mayor extravagancia de mis padres hasta entonces había sido comprar *hot dogs* con papitas en el friquitín de la esquina. Lo hacían cada dos o tres meses; fue lo más cercano que llegamos de comer en un restaurante. Pero un día aparecieron en nuestro apartamento unos muebles de estilo provenzal francés. Ni siquiera tuvimos que cargarlos nosotros; los trajo un camión de entregas y unos trabajadores los pusieron en la sala. Ver a aquellos hombres en mi sala fue un espectáculo asombroso: mis padres trabajaban para otra gente y yo no estaba acostumbrado a que nadie trabajara para nosotros.

Los muebles –oscuros, pesados y muy ornamentados– me parecieron como los que compraban los blancos ricos. Nos dijeron que no nos sentáramos en ellos hasta que la tienda les pusiera forros plásticos

23

a los cojines. No me parecían esos muebles como los que mi mamá y mi papá podían haber comprado para nuestro apartamento en la calle Willow de Lincoln Park. Para entonces mis padres me habían puesto a dormir en un cuarto improvisado en el pasillo porque decidieron que mi hermana Ada y yo estábamos ya demasiado grandes para compartir una habitación. Papi había colocado una cortina para darme un poco de privacidad en el pasillo. Lo único que cabía allí era un catre. Las pocas ropas que tenía las puse en las tablillas del pasillo.

No pasó mucho tiempo antes de que tuviéramos una televisión frente al sofá y luego un sistema de música. Me preguntaba si se habían pegado en la bolita –la lotería puertorriqueña del barrio– y no me habían dicho nada. Lo único que sabía –porque a mis quince años siempre estaba viendo en las vitrinas cosas que no podía comprar aunque quisiera– era que mis padres ahorraban y no gastaban. Y cuando gastaban, lo consideraban una inversión. Nosotros no estábamos mal en comparación con nuestros vecinos de Lincoln Park, pero eso no significaba gran cosa. Hablo de Lincoln Park cuando era todo de puertorriqueños que vivían en edificios de apartamentos de tres y cuatro unidades, con algunos más grandes aquí y allá. Eso fue antes de que los empresarios y los inversionistas los derribaran todos o los renovaran para convertirlos en mansiones unifamiliares que costaban un millón de dólares. Nosotros estábamos bien porque mami y papi trabajaban duro. Y teníamos suerte porque sólo tenían que mantenernos a mi hermana y a mí, lo cual nos convertía en una familia que tenía una tercera parte del tamaño de muchas de las otras familias del vecindario.

Yo recuerdo que, cuando vivíamos en nuestro primer apartamento, en el número 849 de West Willow, llegaron unos doce puertorriqueños de la Isla que se acomodaron en el sótano del edificio. Su apartamento era más pequeño que el nuestro –y yo pensaba que el nuestro estaba sobrepoblado–, aunque no hay duda de que les parecía muy amplio a las cucarachas y a los ratones. Cuando nos mudamos a otro mejor más abajo en la misma calle, sentí que teníamos aun más suerte.

Teníamos cosas que otra gente no tenía. Siempre había periódicos por la casa; papi los traía cuando terminaba su día como taxista. Los compraba para sus pasajeros. "Ese periódico me costó un vellón pero a cambio me dieron cincuenta centavos de propina", solía decir. Él no gastaba si no veía que podía lograr alguna ganancia. De manera que el sistema de sonido y la televisión en color –un aparato Zenith hecho en Chicago– y los grandes muebles ornamentados debían de haberme indicado algo. Pero yo era un adolescente pendiente de las muchachas, de escuchar la música de Motown y de lograr que mi papá me comprara pantalones de campana. No estaba atento a las pistas que dejaba caer la familia. Entonces Papi trajo una guagua Chevy Impala.

"La necesitaremos para hacer las entregas en Puerto Rico", dijo con la misma naturalidad con que me había preguntado cómo me fue en la escuela.

¿Entregas en Puerto Rico? Empecé a prestar atención.

¿Y el resto de las compras? Mami y papi vinieron a Chicago a mejorar su situación. Y no querían regresar pobres: querían mostrarle a todo el mundo que habían tomado la decisión correcta. Ahora tenían muebles buenos y una televisión en color para atestiguar lo bien que les había ido en los Estados Unidos. Y también tenían una guagua azul cielo, una Chevy Impala de 1966, en óptimas condiciones.

PAPI HABÍA SALIDO de Puerto Rico diecisiete años antes. No tenía nada. En su adolescencia había trabajado como asistente del proyeccionista en un cine de Aguadilla, un pueblo de la costa que sobrevivía porque allí había una base de la Fuerza Aérea de los Estados Unidos. No creía que el trabajo del cine le depararía un gran futuro.

Si es posible tener menos que nada, eso era lo que mami tenía en Puerto Rico. Ella también vivía en Aguadilla, pero en los cerros, donde vivía la gente más pobre del pueblo. Creció en una casucha de madera en la ladera del monte. Su familia estaba rodeada por otras que no podían vivir en ningún otro sitio. La casucha tenía una sola habitación dividida por una media pared y una cortina. Mi mamá compartía la parte más grande con dos hermanas y un hermano. Su mamá dormía del otro lado. Mi abuelo murió joven. Mi abuela y sus hijos tuvieron que arreglárselas por sí solos y no tenían más que aquella casita en la montaña.

Nunca tuvieron agua corriente; se sabían afortunados porque había una pluma comunal de agua al pie de la ladera. Ahí llenaban los cubos de agua para cocinar, limpiar y beber. La primera casa que tuvieron estaba cerca de la pluma, pero finalmente la cambiaron por otra en la cima. Necesitaban el dinero. Era más barato vivir arriba –a pesar de la hermosa vista del océano Atlántico– porque había que caminar más para llegar a la pluma de agua. Aún hoy, si le preguntan a mami dónde vivía en Aguadilla, se sonríe y dice: "En el *penthouse*".

Lograron sobrevivir –es decir, pudieron comer todos los días y comprar ropa– con su trabajo y porque unían sus recursos. Cucha, la hermana de mi mamá, se colocó en una farmacia revelando fotos y traía el dinero para compartirlo con su familia. Su hermana Rosa no podía caminar bien porque había tenido una caída cuando pequeña. Una de las responsabilidades de mi mamá era cuidarla. Mi abuela, como muchas mujeres puertorriqueñas, cosía ropa ajena; le pagaban por pieza. Ese trabajo formaba parte importante de la economía de Puerto Rico. Ella hacía guantes y pañuelos finos. Un hombre le dejaba el trabajo en la casa. Cosía muy bien. Los guantes finalmente llegaban desde los montes de Aguadilla a las grandes tiendas por departamentos de los Estados Unidos.

La familia de mi mamá se acuerda de cuando la electricidad llegó a su barrio. Durante los años cincuenta, el gobierno de Luis Muñoz Marín empezó a llevar electricidad a áreas rurales de Puerto Rico. Mi mamá se alegró mucho cuando su casucha entró en el mundo moderno. Le pregunté cómo había sido ese cambio.

"Todo fue mucho mejor. En medio de la habitación teníamos una bombilla que colgaba del techo. Era mucho más fácil ver con su luz", dijo. A ella le parecía un gran paso adelante.

La reacción de mi mamá me enseñó sobre el poder político que podía tener un programa de obras públicas. Aquella bombilla le granjeó al Partido Popular Democrático de Muñoz Marín, llamado La Pava porque su símbolo era el sombrero del trabajador puertorriqueño, una lealtad férrea de parte de mi mamá, una lealtad de por vida. "La Pava nos trajo la electricidad", repetía. Cuando regresamos a Puerto Rico y el candidato de La Pava ganó las elecciones para el puesto de gobernador, mi mamá paseó con su auto por las calles, tocando bocina con el resto de sus seguidores. Cuando ganó el otro partido, el de los estadistas, se tomó una pastilla para dormir y se fue temprano a la cama.

Mis padres habían dejado atrás un país en el que la electricidad no era fiable, los empleos eran pocos y había que cargar el agua en cubos. No se fueron porque no quisieran a Puerto Rico, ni porque no se sintieran en su casa, sino porque pensaban que en esa casa no había futuro para ellos. No fueron los únicos. Durante los años cuarenta y cincuenta los aviones que salían de Puerto Rico llevaban a miles de puertorriqueños rumbo a los Estados Unidos. Por entonces se fue de Puerto Rico casi medio millón de los dos millones de habitantes que tenía la Isla: se fue casi una cuarta parte de la población. El gobierno ayudaba al éxodo. Se suponía que la operación "Manos a la Obra" de Muñoz Marín acabara con la dependencia de la Isla de la siembra de la caña y la producción de azúcar. No era mala idea diversificar la economía, pero los prometidos empleos en la manufactura no aumentaban al mismo ritmo en que decaía el mundo de la agricultura. No había trabajo. Los agricultores no tenían qué hacer ni adónde ir. Los jóvenes estaban inquietos. El gobierno ayudaba a los que se querían ir. Cientos de miles de puertorriqueños pensaron que no tenían otra opción. El desempleo estuvo casi en un veinte por ciento durante gran parte de la década. Los puertorriqueños no regresaban a la Isla desde Chicago en los años cincuenta; más bien todos querían llegar a los Estados Unidos.

Afortunadamente, podían llegar a un mejor futuro en el plazo de un viaje en avión porque eran ciudadanos norteamericanos. Y mis padres estaban ansiosos por irse, al igual que miles de sus familiares, amigos y compatriotas Boricuas; que es como nosotros los puertorriqueños nos nombramos pues los nativos de la isla la llamaron Boriken. Hicieron lo mismo que ha hecho siempre la gente que se siente atrapada en un lugar sin empleo y sin esperanza. Empacaron sus cosas y se fueron. Buscaron trabajo. Ese instinto humano, compartido por generaciones de polacos, alemanes e irlandeses –el de irse adonde se piensa que hay trabajo– asombra hoy a muchos de mis colegas del Congreso. Pero no era algo raro para mis padres; era una necesidad. Amaban Puerto Rico y no se querían ir, pero no veían otra opción. No vinieron a Chicago porque la ciudad tuviera buen clima. Vinieron a buscar trabajo.

Y AHORA REGRESABAN con sistemas de música, muebles, un hijo y una hija. Desde mi perspectiva de adolescente, nos íbamos a Puerto Rico sin haber preparado el viaje. Mi papá no era el tipo de padre que reuniera a la familia ni que tuviera discusiones de grupo. Nunca me pidió mi opinión sobre lo que quería ponerme o lo que quería comer para la cena, de manera que tampoco buscó mi opinión sobre si debíamos irnos del único hogar que habíamos conocido. No era un padre que se desvelara preocupándose de si me dolería dejar ese hogar o de si la transición sería dolorosa para mi hermana y para mí. No puedo imaginarme a mi papá sentado con nosotros y diciendo: "Sé que esto será muy fuerte para ustedes, pero su mamá y yo haremos todo lo posible para que se sientan bien con esta decisión". Hubiera sido más probable que se pusiera una camiseta pintada a mano y se fuera a protestar contra la guerra en Lincoln Park, junto con los *hippies*. Lo único que dijo mi papá fue "empaquen sus cosas", lo cual fue fácil porque yo no tenía muchas. Hice lo que me mandaron. La visión que tenía mi papá acerca de su rol como padre era bastante similar a la que tenía la mayoría de los padres de clase trabajadora en los sesenta: trabaja duro, mantén bien a tu familia, establece reglas y asegúrate que tus hijos las obedezcan.

Ahora que miro hacia atrás, me doy cuenta de que siempre se habló de regresar a Puerto Rico. Pero parecía tratarse de una posibilidad, una meta, un sueño lejano. Después de un tiempo me parecía como si estuvieran hablando de una Serie Mundial de los Cubs. Pensaba que quizás mi papá quería hacerlo, que lo disfrutaría, pero no pensaba que sucedería de verdad. Todos los puertorriqueños del vecindario hablaban de volver; charlaban constantemente acerca del clima cálido y los espacios abiertos. "En Puerto Rico se puede respirar", solía decir mi mamá. Echaban de menos las fiestas patronales de los pueblos y el hecho de que allí conocían a todo el mundo. Y echaban de menos la sensación de que estaban en su lugar, en su patria. Pero todas esas nostalgias no significaban que iban a empaquetar a su familia, reservar el pasaje en Pan Am y montarse en el avión. Eso de que "vamos a Puerto Rico" era como una música de fondo, parte de la banda sonora de ser puertorriqueño en Chicago en los años sesenta.

Pero si yo hubiera puesto más atención, habría sabido que, para la familia extendida de los Gutiérrez, aquello era más que un sueño. Ya para 1968, mi familia empezó a mudarse. Mi tío Keko —el hermano más cercano a mi papá— se llevó a mis dos primos y regresó a San Sebastián, el pueblo de mi papá.

Mi tío Richie —que era el menor de los catorce hermanos y hermanas de mi papá y que solo me llevaba un año— regresó con mi abuela. Habían vivido en Gary, Indiana, trabajando en las plantas siderúrgicas.

Me encantaban nuestros viajes a Gary. En los sesenta, el lugar estaba lleno de puertorriqueños y la familia extendida de los Gutiérrez contribuyó bastante a acrecentar la población. Visitábamos a los parientes de Indiana por lo menos una vez al mes. Justo detrás de la casa de mi abuela había otra casa llena de puertorriqueños, donde vivían varias muchachas adolescentes, todas muy bonitas y admiradas por mis jóvenes tíos. Cuando yo tenía nueve o diez años, mis tíos, desesperados, me solían mandar a casa de las muchachas con mensajes para entregarles y canciones que debía cantarles. Yo me llevaba un tocadiscos pequeño, de los de 45 revoluciones, y les decía: "Esta canción es para Lolita de parte de mi tío Ismael. Él quiere que te la cante". Las muchachas se sentaban en la sala, escuchaban cortésmente, se reían un poco y luego seguían su camino. No recuerdo que, a los diez años, mis serenatas fueran muy eficaces, pero me gustaba que las muchachas se fijaran en mí. Yo no era tímido; hubiera cantado el día entero. Los viajes a Gary eran cuestión de un fin de semana. Íbamos a través de Hammond y otros pueblecitos de Indiana para no tener que pagar los peajes de la Skyway. Cuando mi papá se sentía generoso, nos compraba camarones fritos con el dinero del peaje que se había ahorrado.

Pero las plantas siderúrgicas estaban fracasando y casi todos los parientes de Indiana habían regresado a Puerto Rico. Yo echaba de menos a Richie; me gustaba jugar baloncesto con mi tío y sus amigos. Jugaban muy bien y me dejaban ir con ellos a jugar en el parque. Me acordaba de lo que me decía todo el tiempo: "No tires, no tires". Pero Richie ya no estaba.

También mis parientes de Nueva York se estaban mudando. Algunos se habían ido a Puerto Rico, otros se habían ido del Barrio y se habían mudado a lugares mejores, como el Bronx. Parecía que mi familia no se podía quedar quieta. Para finales de los sesenta, regresar a Puerto Rico era más que un rumor de fondo para la familia Gutiérrez: era una posibilidad real.

Yo me crie en Chicago oyendo a mi mamá decir: "Esta no es mi tierra". Lo decía durante los inviernos, especialmente después de una tormenta de nieve. En Puerto Rico uno nunca se despertaba de mañana y miraba por la ventana para ver una sábana de hielo cubriéndolo todo, ni se preguntaba cómo llegaría al trabajo ese día. Mi mamá decía "Esta no es mi tierra" cuando los pillos se metían en nuestro apartamento y nos robaban. En una ocasión entraron y vaciaron, literalmente, todas las gavetas, armarios y gabinetes. Hasta derramaron el azúcar y la harina, creyendo que mis padres habían escondido allí algunos pesos. A casi todo el mundo que yo conocía se le habían metido los pillos en su apartamento. Mi mamá lo decía cuando a mi tía Wilda le robaron en medio del día la cartera que llevaba colgada del hombro y lo decía cuando veía a los miembros de la pandilla Latin Kings reunidos en la esquina de mi casa. "Esta no es mi tierra" era cierto para mi mamá, pero no para mí. Chicago *sí* era mi tierra.

Los inviernos podían haberle parecido extraños a mi mamá, pero a mí me encantaban. Hacíamos peleas con bolas de nieve y de vez en cuando no teníamos escuela. Los Latin Kings eran parte del vecindario. Los miembros más peligrosos de la pandilla estaban en el parque Humboldt, al otro lado de la autopista Kennedy, lejos de Lincoln Park, donde vivían los puertorriqueños que habían tenido más suerte, como nosotros. En aquel momento, los Latin Kings todavía usaban suéteres negros y dorados para distinguirse de los Harrison Gents, que los usaban de color morado y negro. Sería muy conveniente si los miembros de las bandas todavía usaran los colores distintivos para que la policía los pudiera identificar más fácilmente. En aquel momento, coexistíamos con ellos.

Para llegar a nuestra bodega teníamos que caminar por la parte del barrio donde estaban los Harrison Gents. Controlaban la esquina de Burling y Willow, que quedaba cerca de nuestro apartamento. Habían abandonado la escuela, habían alquilado un apartamento y no trabajaban. Le gritaban a la gente que pasaba, fumaban, se reían y molestaban a todo el mundo. Los Gents eran intimidantes entonces.

Uno de ellos, Israel, decidió que yo le caía bien. Era del vecindario y creo que protegía a los que vivían por allí. Nunca dejó que el resto de los Gents me molestara. Un día, de regreso de un fin de semana en Gary, Israel no estaba por el área. Pregunté qué le había pasado. Lo habían matado, disparándole en el área de juegos de una escuela de Newberry durante un enfrentamiento entre pandillas. Yo me quedé mudo, desolado, no podía dormir. Me sentía muy mal por lo que le había pasado, pero los otros Harrison Gents no estaban interesados en mantener sus tradiciones. La próxima vez que pasé por la esquina, otro Gent me dio un golpe en la cabeza. "Tu amigo no está aquí para protegerte hoy", me dijo. Tan duro me pegó que todavía se veían los efectos cuando regresé a casa y me vio mi papá.

Él no era un hombre sentimental, pero se sentía responsable de nuestra familia. Y era leal. Nunca dudé ni por un minuto que nos defendería siempre.

"¿Qué pasó, Quiro, alguien te pegó?", me preguntó. Mi papá y mi mamá siempre me llamaron Quiro, un sobrenombre puertorriqueño que mi papá me puso para evitar que me convirtiera en un viejo de 70 al que todavía le decían "junior". Mi papá estaba dispuesto a pelear. Recuerdo haber pensado que mi papá podría ganarle a cualquiera de esos muchachos que estaban parados en la esquina. Tenía buena condición física, era sólido y fuerte. Y sabía manejarse. Tenía constancia de ello porque había sentido su correa más de una vez. Los Gents eran casi todos muchachos, no me llevaban tantos años. Pero también recuerdo haber pensado que finalmente se enfrentarían a mi papá. Así es como funcionan las pandillas: esperan el momento apropiado en que pueden sorprender a alguien y lo acorralan entre muchos. Yo no quería que a él le pasara nada y por eso nunca le dije quién me había pegado. Coexistimos con los Gents hasta que nos fuimos a Puerto Rico.

Yo no me preocupaba mucho de los Kings ni de los Gents ni de nada. Tenía quince años de edad, vivía en Chicago y estaba rodeado de amigos. Nunca en mi vida había añorado vivir en una isla del Caribe. Puerto Rico no era mi tierra.

Pero tuve que empacar. Tenía esperanzas de que se tratara de una falsa alarma, pero sabía que no era así. Lo más cerca que llegué de rebelarme fue al atreverme a preguntarle a mi papá, "¿Por qué tenemos que mudarnos? ¿Por qué ahora?"

"Porque llegó el momento, Quiro". Y ahí se acabó la cosa.

NO PARECÍA JUSTO. Me obligaban a mudarme a pesar de que los problemas que había encontrado en Chicago eran casi todos benignos. Mis maestros me decían que hablaba demasiado. Un día mi maestra, una señora blanca muy amable y correcta, me informó que hablaría con mis padres porque yo no prestaba atención en clase. Le rogué que no lo hiciera: "Usted no tiene idea de lo que significará esa carta". Quería hacerle entender que enviar una carta a mi casa no llevaría a una tranquila discusión en el estudio de mi padre, sino que habría un encuentro con la correa. La maestra me dio una oportunidad, pero llamó a la casa la siguiente vez que interrumpí la clase y, en consecuencia, las llagas de la correa de mi papá me obligaron a quedarme tranquilo en la escuela por un tiempo. Ahora que soy padre, me cuesta entender el porqué del uso punitivo de la correa, pero ese era el castigo que se usaba entonces.

De todas maneras no había correazo que pudiera cambiar mi naturaleza. Me gustaba divertirme. Un año, nuestra clase estaba recaudando fondos para la Cruz Roja y mi maestra de quinto grado convirtió aquello en una competencia entre niños y niñas para ver qué grupo traía más dinero. Los vellones y las fichas de diez se iban sumando y la Sra. Morrison ponía los totales en la pizarra. La competencia era reñida.

Mi papá guardaba todas las propinas que recibía en una caja de puros en su habitación. Parte de esas propinas se usaba para comprar lo necesario en la bodega, parte se depositaba en una cuenta del banco, pero una gran parte se quedaba en la caja de puros. ¿Me tentaba ese dinero? Sí, pero creía que mi papá lo sabía todo y no perdonaba nada, de manera que nunca había tocado sus propinas. Hasta la campaña de donaciones para la Cruz Roja. Planteándome un relativismo moral, pensé que no estaría tan mal que yo cogiera un poco de ese dinero y se lo diera a la Cruz Roja. Y lo hice. No fue solo un vellón lo que cogí. Pensé que si iba a transgredir las reglas por una buena causa, ¿por qué hacerlo a medias? Cogí cincuenta centavos, lo cual era una fortuna para una campaña de fondos de una escuela de un vecindario pobre a mediados de los sesenta.

Por primera vez en mi vida usé una gran estrategia de campaña el día que doné el dinero. Le di a la maestra mis cincuenta centavos –es decir, los de mi papá. La generosidad impresionó a toda la clase, especialmente a los varones, que ganarían la competencia de la recaudación gracias a mi contribución. Pero entonces le dije a la Sra. Morrison que pusiera mi medio peso del lado de las niñas, lo cual hizo que las muchachas de la clase se volvieran locas de alegría, aumentando mi popularidad en grado exponencialmente mayor respecto a lo que había sido mi contribución. El hecho de que yo no recuerde bien cuál fue la reacción de los muchachos es prueba de que en el momento no me preocupó mucho. Y también me sentí aliviado de que mi papá nunca echara de menos los cincuenta centavos.

Si nos íbamos a ir de Lincoln Park, entonces ¿por qué había sido monaguillo todos esos años? Me había estado levantando temprano desde que era muy pequeño para encender las velas en la iglesia de San Miguel, nuestra parroquia en Lincoln Park.

Aquella parroquia no trataba bien a los latinos. Había una misa en español, pero no se celebraba en la parte central de la iglesia, sino en un salón comunal contiguo. Los domingos por la mañana, el recinto frecuentemente olía a la cerveza que se había servido en las bodas celebradas en aquel salón. Pero si uno era monaguillo, le tocaba ir a la capilla central. Era como un club. Lo distinguía a uno del resto de las familias y de los muchachos de la parroquia. Lo ayudaba a uno en la escuela. Cuando me metía en problemas por hablar demasiado o por no demostrar el respeto debido por la autoridad –algo que pasaba con cierta regularidad–, los religiosos lo ayudaban a uno porque se trataba de un monaguillo.

El tiempo que le dedicaba a la iglesia también me ayudaba porque me mantenía alejado de problemas. Mi mamá y mi papá se aseguraban de que yo estuviera en la iglesia a tiempo, de manera que me mandaban a las misas más tempranas, las de las seis de la mañana. Pero no todo el mundo era igual de diligente, de manera que si el monaguillo que tenía que ayudar en las misas de las seis y media o de las siete no aparecía, yo seguía ayudando. Encendí muchísimas velas en la iglesia de San Miguel entre seis y ocho de la mañana. Y ayudé a cargar muchas cruces en el santuario. Siempre había una competencia para ver cuál de los monaguillos caminaría al frente con la cruz, pero también se podían hacer tratos: si uno llevaba la cruz no tenía que ayudar con la comunión. A mí me gustaba llevar la cruz: iba al frente y no tenía que trabajar tanto durante la misa.

Los domingos, después de misa, mi mamá y yo íbamos a Maxwell Street, el mercado abierto de Chicago, una especie de pulguero. La gente solía decir que en ese mercado "podías comprar el domingo por la mañana lo que te habían robado el jueves". El mercado de Maxwell Street no era, precisamente, muy legal ni había mucha vigilancia. Era como si los vendedores tuvieran una excepción de las reglas normales del comercio otorgada por la ciudad de Chicago. El ambiente era de bazar turco: en invierno se encendían fuegos en los barriles de petróleo y siempre había una gran cantidad de gente vendiendo de todo, desde piezas de autos hasta donas. Los precios fluctuaban constantemente. Si los vendedores hubieran dicho la verdad en sus anuncios, habrían escrito: "Nuestro precio es siempre el máximo que le podemos sacar a usted". Era un buen lugar para que un muchacho aprendiera a negociar. Debió haber sido una escuela para futuros miembros del Congreso.

Mi mamá compraba –y negociaba– en Maxwell Street. Una vez necesitábamos un edredón para mi nueva "habitación". Es probable que mis padres se sintieran culpables por haberme mudado a un catre en el pasillo. El vendedor pedía quince dólares; mi mamá no quería pagar más de diez. Se mantuvo firme y cerraron el trato. Yo recuerdo cómo el vendedor dobló el edredón y le dijo a mi mamá: "Son $10.50 con el impuesto". Ella se guardó enseguida su dinero en la cartera, dio media vuelta y se alejó. "Acordamos que serían diez dólares y eso es lo que yo voy a pagar", le dijo, ya de espaldas. Cualquier miembro del Congreso sabe que a veces alejarse es la mejor táctica de negociación. Mi mamá sabía que dicha táctica funcionaría. El vendedor la llamó y ella compró su edredón por diez dólares. Y me dio una lección mientras regresábamos a casa con el edredón: "No le pagues impuestos a alguien que no se lo vaya a dar al gobierno".

A MÍ NO ME PARECÍA necesario que nos fuéramos al Caribe para experimentar lo que era Puerto Rico. Toda la gente que iba a la misa en español era puertorriqueña. Casi todos mis amigos eran puertorriqueños. Comprábamos lo que necesitábamos en la bodega de la esquina, que funcionaba como una plaza pública para puertorriqueños. Los blancos tenían su tiendita a una cuadra de distancia, pero nosotros íbamos a la del Sr. Rivera, el puertorriqueño que tenía un libro de cuentas bajo el mostrador. Mi mamá siempre pensó que aquello era un pedacito de Puerto Rico, un lugar donde nos sentíamos casi como en la Isla. Allí se podía jugar a la bolita, y se podía ganar ese mismo día. Uno regresaba de la bodega con morcillas y con periódicos y revistas de San Juan. Y si uno era del vecindario y el dueño confiaba en uno, también podía salir de allí con una botella de pitorro, un ron artesanal destilado en el sótano o cocina de alguien. Eso sucedía sobre todo en los días de fiesta, pero yo conocía algunas familias que siempre tenían una botella de pitorro en casa. Para estas familias, cualquier día era de fiesta.

En nuestro mundo pequeño, ser el dueño de la bodega tenía categoría. El Sr. Rivera fue el primer empresario puertorriqueño de nuestro barrio. Fiarle a la gente le confería importancia, y su libro de cuentas ayudó a muchas familias a subsistir entre días de pago. No recuerdo que cobrara intereses: quería asegurarse que la gente le comprara. Mi mamá me solía dar un par de pesos para que fuera a esa bodega con instrucciones para que comprara un pollo de tres o cuatro libras, cortado en piezas o entero a veces. Y yo regresaba con el pollo, una lata de habichuelas y un saco de arroz. Nunca pasamos hambre.

Hasta los equipos de pelota de Chicago tenían sabor puertorriqueño. Mi papá no trabajaba en su taxi los fines de semana. Le encantaba la pelota y me llevaba a los juegos. Íbamos a Comiskey y vitoreábamos a los White Sox y a Juan Pizarro. Íbamos a Wrigley para vitorear a los Cubs, excepto cuando venían los Pirates. En esos casos, íbamos a Wrigley con todos los otros puertorriqueños y gritábamos a favor de Roberto Clemente.

"Mira bien cuando batean la pelota hacia Clemente: mira para ver si alguien se atreve a avanzar una base extra o a intentar un pisa y corre. A cualquier otro jardinero, ese tipo le hubiera anotado una carrera, pero no a Clemente. Nadie nunca puede avanzar una base cuando Clemente tiene la pelota".

El hecho de que uno de los mejores jugadores de pelota de los Estados Unidos fuera de la isla diminuta de donde venían mis padres, cuando en todo lo demás las personas con autoridad eran los blancos, modificaba la sensación de lo que significaba ser puertorriqueño. En un mundo en el que ningún vecino usaba traje completo para ir a trabajar y nadie guiaba un auto caro, la fama de Roberto Clemente le permitía a uno soñar en grande. Él era totalmente puertorriqueño: pobre, salido de la nada y oscuro, casi negro. Y era orgulloso. Cuando uno lo veía jugando en la posición del jardín derecho o cuando le daba a la bola, uno sentía que podía aspirar a mucho más que trabajar para comer.

Necesitábamos que alguien nos permitiera seguir soñando. En el Chicago de los sesenta los carteros y los banqueros, los choferes de guagua y los doctores, los maestros y los abogados eran todos blancos. ¿Y las estrellas de cine? Todas eran blancas menos Sidney Poitier. Lo mismo en la televisión. Bill Cosby se había adelantado en nombre de los afroamericanos, ¿pero qué latinos había en la televisión? Estaba el marido de Lucy, el músico cubano de acento fuerte que hacía reír a la gente. Por lo menos era más listo que Lucy, pensaba yo. Si en el Chicago de los sesenta hubo algún policía puertorriqueño, nunca lo conocí. Me encontré con muchos policías blancos, a la mayoría de los cuales ni yo ni mis amigos les caíamos bien. Y hasta la mayoría de los jugadores de pelota eran blancos: solo había unos cuantos negros.

Pero teníamos a Roberto Clemente, un puertorriqueño cuyo brazo era como un rifle y que bateaba .300 todos los años. Se movía, además, como si estuviera corriendo en un sueño. Fue mi primer héroe puertorriqueño, un hombre que todavía representa para mí las cualidades de valentía y honor.

A MI PAPÁ no le importaba que yo tuviera quince años y estuviera descubriendo a las muchachas. Para impresionarlas, había iniciado una banda de música con un par de amigos. Tocábamos muy mal. Según recuerdo, ninguno de nosotros era bueno en los instrumentos, pero nos gustaba la música. Practicábamos en el garaje de mi amigo Frankie. Yo pedí prestada una guitarra eléctrica y me pasé semanas tratando de aprenderme los acordes de bajo de "Louie, Louie". Ahora no hay DJ que no quiera tocarme esa canción en las fiestas en que celebramos las victorias políticas. No saben que me recuerda la banda musical tan mala que teníamos.

Discutíamos sobre cuáles eran las mejores estaciones radiales, y Frankie y yo hacíamos travesuras por teléfono usando su fonógrafo portátil para discos de 45 revoluciones, un fonógrafo que parecía una caja. Tocábamos las canciones más conocidas, como por ejemplo "She Loves You" o "I Want to Hold Your Hand", ambas de los Beatles. Llamábamos a alguien, nos hacíamos pasar por un *disc jockey* y le decíamos a la persona que contestaba: "Diga qué canción estamos tocando y ganará un viaje a Hawái". A veces dábamos con algún ingenuo que gritaba, excitado, pensando ya en las chicas hawaianas y en los luaus – ¡"I Want to Hold Your Hand"! Entonces nos reíamos y colgábamos. Eso nos parecía gracioso en aquel momento a nosotros, dos adolescentes sin nada que hacer y sin dinero que gastar.

Yo era demasiado joven para preocuparme por los acontecimientos mundiales que tenían lugar en mi misma ciudad. Mis amigos y yo salíamos de la casa sin que nos vieran e íbamos a la calle Wells a ver a los *hippies* que fumaban marihuana y tocaban su música. Old Town quedaba a quince minutos a pie de nuestro vecindario y mis amigos y yo nos familiarizamos con cada pulgada de Piper's Alley mucho antes de que la calle Wells se convirtiera en un enclave de *yuppies* y de turistas que visitan Chicago. Recuerdo que allí me comí, por primera vez en mi vida, una *deep-dish pizza*, la famosa *pizza* de Chicago. Las tiendas de moda que tiene esa calle, ahora son para mí una cápsula de tiempo que me recuerda lo que estaba de moda en los sesenta: hay camisetas pintadas a mano y gafas de sol. Eran tiendas que vendían objetos asociados al uso de drogas, que en inglés llaman *head shops*, pero nosotros no sabíamos aún lo que era aquello. Muchas de las mujeres no usaban sostén. Nosotros sobre todo mirábamos la acción que se desarrollaba en la calle Wells, pero ¿qué muchacho de quince años –aun cuando no tuviera dinero– se querría perder todo aquello?

Cuando no estábamos mirando a los *hippies* en la calle Wells, Frankie y yo estábamos preparando explicaciones elaboradas para que nuestros padres nos dejaran quedarnos fuera de la casa por diez minutos más. Mi papá era un tirano respecto a la hora de llegar a casa. Cuando fuimos al baile de primer año en la escuela de San Miguel, mi papá llegó a las 9:30 en punto a buscarme. Fui el primero de mis amigos en irse. Todo el mundo se rio de mí mientras salía a regañadientes con mi papá. El baile duró hasta las once de la noche; un batallón de monjas lo chaperoneó. Seguro que mi papá pensaba que las monjas se volverían locas y permitirían que en la última hora y media del baile se desarrollara una orgía de sexo y drogas.

Nuestro mundo puertorriqueño estaba en Lincoln Park. Conocíamos cada pulgada del vecindario; sabíamos adónde ir a buscar muchachas bonitas. Sabíamos cuáles eran los miembros de las pandillas que trataban de parecer fuertes y cuáles eran verdaderamente peligrosos. Conocíamos las calles que no había que cruzar para no entrar en los vecindarios de los negros o de los blancos. No era tan difícil: todo lo que quedaba al sur de la avenida North era de los negros; todo lo que quedaba al este de Larabee era de los blancos. Los muchachos negros pensaban que los puertorriqueños éramos demasiado blancos y los blancos pensaban que éramos demasiado negros, de manera que nos quedábamos en nuestro propio vecindario. La avenida North, la entrada a los vecindarios negros que conducía finalmente a los proyectos de vivienda Cabrini-Green, tenía un muro infranqueable que la dividía por el medio. En los años sesenta, la segregación se lograba estableciendo ciertos patrones de tráfico.

ERA MI HOGAR. Todo aquello constituía mi hogar: las veces que cargué la cruz por el pasillo central de la iglesia, lo que tuve que hacer para evitar que los Harrison Street Gents me molestaran, el tiempo que pasé practicando mi bajo para tocar en nuestra banda, que sonaba tan mal.

Para mi papá Chicago era algo muy diferente de lo que era para mi hermana y para mí. En 1969 todos recordaban los disturbios que habían surgido tras la muerte de Martin Luther King Jr. Mucha gente perdió sus comercios y sus casas. Yo recuerdo haber visto a personas de nuestro vecindario rompiendo las vidrieras de la CET, la tienda de enseres y televisores de la avenida North. Rompieron el vidrio y se llevaron los televisores que estaban en las vitrinas. Ese día las tiendas perdieron mucho dinero. También saquearon los Woolworths. Yo estaba regresando de la escuela y tuve que avanzar para alejarme de la avenida North. Corrí hasta casa. La Guardia Nacional patrulló el vecindario durante varios días en sus Jeeps. Mi papá no simpatizaba nada con los revoltosos. Mientras que yo pensaba que la calle Wells era un lugar maravilloso de la contracultura, con gente interesante que no me llevaba muchos años, mi papá sólo veía allí drogas, desorden y caos. Mientras que yo consideraba que las pandillas de los Harrison Gents y hasta los Latin Kings eran parte del vecindario, él los veía como una amenaza inminente y peligrosa para su familia. Y aunque yo consideraba que *The Ed Sullivan Show* y *I Spy* y Motown eran un gran entretenimiento cotidiano, él veía en ello algo extraño que no entendía.

Mi papá consideraba que los miembros de las pandillas eran matones adolescentes armados con cuchillos. Pensaba que nadie los toleraría en Puerto Rico. Él vio los disturbios en Lincoln Park cuando la convención demócrata de 1968 y le parecieron muy peligrosos.

Estuvo a favor del alcalde Daley cuando este se enfrentó con los que protestaban contra la guerra. Le preocuparon los asesinatos de 1968. Como muchas familias puertorriqueñas, además de las fotos de los miembros de nuestra familia, teníamos las imágenes de Jesucristo y de John F. Kennedy en la sala. Si nadie pudo proteger al presidente de los Estados Unidos ni a su hermano –ambos buenos católicos–, entonces ¿cómo podía alguien sentirse seguro? Adondequiera que miraba, mi papá veía gente tratando de controlar los disturbios de los sesenta y fracasando en el intento.

También veía pequeñas señales de problemas dentro de su misma casa. A veces me tenía que enviar de nuevo al barbero del vecindario –un puertorriqueño que cortaba el pelo por un peso en el sótano de su casa, a dos cuadras de nuestro apartamento– porque me lo había dejado muy largo. Yo le había pedido pantalones campana y él siempre se había reído: "Son para maricas", dijo. Yo había logrado reunir suficiente dinero para comprar unos espejuelitos del tipo que usaba John Lennon, chiquitos y redondos. Así todo el mundo sabría que Luis Gutiérrez estaba a la moda. Mi papá pensó que se veían ridículos y me los confiscó. No quería que yo saliera de noche y por eso cuando quería hacerlo tenía que decirle que iba a dormir a casa de mi amigo Frankie.

Ya bastante tenía mi papá con los desórdenes en la calle; de ninguna manera iba a tolerar el más mínimo desorden bajo su techo.

A MI PAPÁ no le importaba que yo estuviera ganando dinero. Yo había conseguido una ruta de periódicos que me llevaba al centro, porque era la única que había. Tomaba la guagua hacia el centro, recogía los periódicos y dejaba la edición vespertina del *Chicago Tribune* en los edificios de oficinas. Tras descontar lo que me gastaba en la guagua, todas las semanas me quedaban cinco dólares, lo cual significaba entonces una fortuna para mí.

Mi jefe me vendió tarjetas de Navidad para dar a mis clientes y me dijo que la inversión valdría la pena; como me cobró diez dólares por las tarjetas, yo esperaba que así fuera. Las regalé haciendo mi ronda antes de la navidad. Alguna gente de la que yo veía a diario –el administrador de un edificio o un abogado de una oficina o hasta algún portero– me daba diez centavos o una peseta. La alcaldía estaba en mi ruta. Me gustaba entrar en aquel edificio elegante donde se tomaban todas las decisiones importantes. Yo llevaba los periódicos de la tarde a la oficina del alcalde.

Justo antes de Navidad, su guardaespaldas cogió el periódico que yo le llevaba y me dijo que esperara. ¡Otra propina!, pensé. Magnífico. Quizás me daría una peseta; quizás hasta más. Tal vez un peso, si tenía suerte, porque se trataba del alcalde. Esperé un ratito pero me empecé a preocupar porque se me estaba haciendo tarde. Cuando miré, no era el guardaespaldas quien venía hacia mí sino el alcalde mismo, Richard J. Daley. El mismo que salía por la televisión, grande y grueso y poderoso. Se me paró al frente. No me dio una peseta ni un peso sino un billete de cinco dólares. "Feliz Navidad, muchacho", me dijo. Me estrechó rápidamente la mano con la suya regordeta. Y desapareció.

El alcalde de Chicago. Yo estaba paralizado y no solo porque me había dado cinco dólares sino porque había visto muy de cerca a una persona famosa. Él era el hombre que controlaba todo. Se había enfrentado a los que protestaban, les había dicho a todos lo que tenían que hacer, tomaba todas las decisiones. Nunca se me hubiera ocurrido entonces, ni por un instante, que algún día yo estaría reuniéndome con su hijo en la oficina a la que volvió a entrar el alcalde Richard J. Daley tras darme aquella enorme propina.

MI PAPÁ GUIÓ un taxi durante mucho tiempo, pero cambió de empleo poco antes de que regresáramos a Puerto Rico y se convirtió en el supervisor del edificio en que vivíamos y de muchos otros en Lincoln

Park. Todos le pertenecían al mismo dueño. Este hombre, John Krenger, creía que Lincoln Park iba a mejorar, que los edificios eran buenas propiedades y que la localización –tan cerca del lago y del centro– los volvía invaluables. Otros pensaban que nadie querría vivir cerca de un montón de puertorriqueños y otra gente pobre. Pero Krenger creía en el futuro de Lincoln Park y pensaba que mi papá era confiable y trabajador, el tipo de hombre que podía ser un buen superintendente de edificios.

Tenía razón. Mi papá cuidaba aquellas propiedades como si fueran suyas. Las mantenía limpias, vigilaba a los residentes y negociaba con ellos cuando había problemas. Yo lo ayudaba a barrer y a limpiar durante los fines de semana. No tuvimos teléfono en mi casa hasta que mi papá consiguió ese empleo. Necesitábamos tenerlo entonces por si el Sr. Krenger llamaba. Ya no había que ir a la bodega con un montón de pesetas para usar el teléfono público y llamar a los parientes de mi mamá en Nueva York. Ahora podíamos llamar desde nuestro propio teléfono, una señal de progreso en la familia Gutiérrez.

Una noche, justo antes de que nos fuéramos de Chicago, el Sr. Krenger y su esposa vinieron a comer con nosotros en nuestro apartamento. Preparamos aquella cena como si fuera una visita de Estado y el servicio secreto fuera a venir a registrar nuestra casa para asegurarse de que estaba limpia y de que nadie sería blanco de francotiradores. No teníamos un comedor, sino una cocina pequeña con una mesa de formica. Hoy las venden en las tiendas de antigüedades; son del estilo retro correspondiente a los años sesenta. Entonces eran parte del mobiliario barato que podían tener los trabajadores pobres que vivían en edificios de apartamentos. Sacamos nuestra mejor vajilla y nos sentimos como en Navidad. A Ada y a mí nos leyeron la cartilla y nos amenazaron con una pela si no nos portábamos bien, a pesar de que ni siquiera podríamos comer con las visitas porque nos asignaron a una mesa en la sala. "No nos avergüencen", nos dijeron. Era importante: fue la única vez que vi a gente blanca en nuestro apartamento.

La comida fue todo un éxito. El señor y la señora Krenger eran agradables y graciosos y era fácil hablar con ellos. Yo pensaba que serían intimidantes, como si hubiera sido el Papa quien hubiera venido a comer con nosotros, pero era gente muy amable. Al Sr. Krenger le gustaba que mi papá fuera parte de sus negocios. Parecía ser su amigo. Ada y yo comimos calladitos en la sala. ¿No era así que se comportaban los blancos a la hora de la comida, callados y dignos?

Mucho más tarde me enteré de que John Krenger quería que mi papá se asociara con él. Le daría una parte del negocio a cambio de que buscara buenas propiedades y las administrara, además de ayudarlo a buscar buenos inquilinos. En aquellos años sesenta, en Lincoln Park, Chicago, los valores de la propiedad eran mucho más bajos. Eran una fracción de una fracción de lo que son hoy. John Krenger estaba invitando a mi papá a entrar desde el inicio al Microsoft de las bienes raíces, pidiéndole que se convirtiera en millonario.

Mi papá no lo pensó dos veces. Quería regresar a la Isla. Fue como si el "sueño americano" hubiera tocado a su puerta y él hubiera dicho: "Paso. Me gusta el clima de Puerto Rico. Es más seguro. Es mejor. Es mi hogar". Así de fuerte era el deseo de volver a Puerto Rico.

Ahora creo que volver no fue una decisión libre para mi papá sino una obligación. ¿Estaban cansados mis padres de la nieve y de las estaciones de radio en inglés? Desde luego, pero al final fue el caos, las drogas, los *hippies* y las pandillas y los disturbios y los asesinatos. Aquel no era un lugar para criar a sus hijos, aunque un promotor inmobiliario rico quisiera darle a mi papá una partecita del gran futuro americano. El amor de su hijo por Motown y por las chicas del vecindario no eran buenas razones para quedarse en Chicago. Él tenía una familia en qué pensar y una isla que lo llamaba.

Había llegado el momento de volver a Puerto Rico.

CAPÍTULO TRES

Adiós a casa, bienvenido a casa

NOS APRETUJAMOS en la parte posterior de nuestro Impala, junto al equipaje, mientras Chicago desaparecía en la amplia ventana trasera al alejarnos rumbo a Nueva York. Ada y mi mamá se quedarían en Harlem con nuestros parientes, en tanto papá y yo nos adelantábamos rumbo a San Sebastián, un pueblecito en las montañas de Puerto Rico. Yo sentía que nos despedíamos del mundo civilizado. Mi hermana y yo cantamos "Yesterday" una y otra vez: "ayer, los problemas parecían tan distantes". Cantábamos a voz en cuello como forma de protesta. Mis padres detestaban a los Beatles. Mi hermana lloraba, y yo con ella. Era cierto: nos mudábamos a Puerto Rico. Mi mamá y mi papá volvían a casa. Mi hermana y yo nos íbamos de casa.

No lloramos todo el tiempo en el camino a Nueva York. En algún momento dejamos de cantar. Estoy seguro de que mis padres preferían nuestro silencio airado al acompañamiento que le hacíamos a los Beatles. Mi hermana se quedó dormida. Yo miraba por la ventanilla y veía cómo se quedaba atrás el Medio Oeste. Mis padres estaban contentos. Pero el viaje me separaba a mí de todo lo que yo había conocido en la vida.

A Nueva York habíamos ido muchas veces, de manera que el viaje no era nada nuevo. Todos los años pasábamos nuestras vacaciones de verano en el apartamento de mi abuela en El Barrio. Eran nuestras únicas vacaciones. Aquel apartamento era nuestro Hilton Head, nuestro Nantucket puertorriqueño.

Siempre me habían gustado los viajes por carretera de los Gutiérrez. Me gustaban las gasolineras y los mapas y ver cómo el camino se alargaba ante nosotros. Considerábamos ridículo gastar dinero en un motel. No recuerdo que nadie hablara de ello nunca. Guiábamos todo el tiempo y dormíamos en el auto. Pero teníamos que detenernos para comer, de manera que la mayoría de los restaurantes que visité de niño fueron esas estaciones durante las travesías de nuestras vacaciones de verano. Nos deteníamos en lugares baratos, a lado de la carretera. Cada vez que lo hacíamos, mi papá pedía pastel de manzana con helado. Aquello nos parecía exótico. A veces mi mamá hacía flan, pero nunca comíamos pastel de manzana en la casa. Eso me recordaba que mi papá tenía una vida entera lejos de nosotros, mientras guiaba su taxi y comía en restaurantes baratos. Cuando viajábamos no podíamos ordenar nada que fuera caro, pero los lugares a mí me parecían elegantes. A veces era una camarera de verdad la que nos servía.

La primera mitad del viaje pasó rápidamente porque yo esperaba que paráramos para pedir una hamburguesa con queso. Tal cosa sucedía usualmente cuando íbamos por la mitad de Ohio. Y luego teníamos que pasar por Pensilvania. Nunca preguntábamos si estábamos cerca; preguntábamos si ya habíamos salido de Pensilvania. Una vez fuera de ese estado, Nueva Jersey estaba a la vuelta de la esquina. Cuarenta años después, aún pienso en los miembros del Congreso que son de Pensilvania como los representantes de un estado muy largo.

Durante los viajes anteriores no sentíamos tristeza alguna al ver que Chicago se alejaba porque siempre habíamos tenido un boleto de regreso. Más bien nos gustaba salir por un tiempo. En Nueva York jugábamos mucho y visitábamos a los primos y tías y tíos. Íbamos a nadar a la playa Orchard. No es que la playa fuera algo nuevo; en Chicago caminábamos a la playa de la avenida North todo el tiempo. La novedad estaba en el agua salada, que ayudaba a flotar. Íbamos al Yankee Stadium, y yo abucheaba a los Yankees porque siempre, cuando venían a Chicago, les ganaban a los White Sox. Nuestra familia nos trataba como a turistas. A lo largo de los años yo había visitado la Feria Mundial, el edificio Empire State y había visto a las Rockettes en Radio City. Solíamos viajar en el tren subterráneo hasta el centro de Nueva York. En Chicago podían pasar meses sin que fuéramos al centro. Lincoln Park era mi mundo. Hasta que tuve una ruta de periódicos, la parte llamada The Loop había sido territorio extranjero. En una ocasión, mi clase de la escuela elemental fue al centro en una guagua para ver *Mary Poppins*; me pareció una excursión espectacular.

Pero en Nueva York, mis parientes querían salir de su barrio y hacer cosas. La ciudad estaba llena de gente; cuando íbamos durante los veranos yo apreciaba Chicago más. En casa, a pesar de que no tenía una habitación propia, por lo menos tenía un pasillo para mí. Y cerca de la casa había un club de niños adonde podía ir a hablar con mis amigos. Había cierta distancia entre un edificio y otro en Lincoln Park: los callejones entre los edificios eran lo suficientemente anchos para que uno pudiera pararse en medio, poner el pie izquierdo en uno de los edificios y el derecho en otro e impulsarse hasta llegar muy alto, con un pie en cada edificio como si se tratara de Spiderman. Conocía a muchachos que habían llegado así hasta el techo. Yo subía hasta la mitad y luego bajaba. El espacio entre edificios ayudaba a que uno pudiera respirar en Chicago.

Nueva York era diferente: la puerta del frente del apartamento de mi abuela abría hacia su cocina. Para llegar a la sala había que pasar por dos dormitorios. El inodoro se descargaba halando una larga cadena. Por las noches, la gente salía al "balcón", que para mí se parecía muchísimo a una salida de emergencia. Adentro no había suficiente espacio para todo el mundo. Con mi abuela vivía su hija adulta, y ella a su vez estaba criando un nieto. La iban a visitar, todo el tiempo, muchísimos parientes. Nunca se sabía quién se iba a presentar. Se trataba de un elenco rotativo de puertorriqueños, aun si no hubieran estado allí los Gutiérrez de Chicago. Y el edificio –como casi todos los otros– parecía que se iba a venir abajo en cualquier momento. Los olores de lo que los vecinos estaban cocinando flotaban por el pasillo exterior y se metían por debajo de la puerta. Uno se sentía como si viviera con las chuletas y el arroz con habichuelas del vecino, y los olores no eran algo que pudieras limpiar con un cubo de agua. Los edificios eran más altos: había que subir cuatro escaleras. Mi papá y Mr. Krenger no tenían que ver con edificios como el de mi abuela. El Sr. Krenger no hubiera querido tener nada que ver con un edificio como ese.

En Lincoln Park teníamos callejones para esconder la basura. En Nueva York se apilaba justo al frente del edificio y nunca llegaba a desaparecer del todo. Chicago tenía parques por todas partes. ¿Cómo eran los parques de Nueva York? Estaba el Parque Central y ahí se acababa la cosa: tenías que jugar en la calle. Nueva York tenía piscinas comunales del vecindario, pero siempre estaban llenas de gente. A veces no había ni dónde pararse dentro del agua. Les dije a mis primos que también nosotros teníamos piscinas en el vecindario, pero se llamaban hidrantes, y lo único que se necesitaba era una llave inglesa y la habilidad de correr a esconderse cuando llegaba la policía. Había que poner una goma de auto sobre el hidrante y encajarle una tabla para que empezara a soltar un chorro de agua. Nosotros habíamos inventado nuestro pequeño parque acuático, mucho mejor que las piscinas de Nueva York. Cuando me hicieron concejal, le decía a la gente que no abrieran el hidrante porque la presión de agua en el vecindario bajaba muchísimo. "Se te quemará la casa", les decía, pero los puertorriqueños del vecindario me miraban como si yo estuviera obligándolos a cumplir leyes absurdas que procedían de la alcaldía y cuyo propósito era no permitir que se divirtieran. Hasta mi hija se enojaba conmigo: siempre me decía que cerrara de último el hidrante que estaba cerca de nuestra casa. Lo cierto es que yo me hubiera metido feliz en el chorro con ellos. Recuerdo muy bien aquellos días calientes del verano.

En el pasado, cada vez que habíamos ido a Nueva York, yo había pasado unas vacaciones estupendas con mi familia, y luego me había encantado regresar a casa. En comparación con Nueva York, pensaba que Chicago era verde y brillante. Chicago brillaba. Los viajes a casa de la abuela me hacían sentir como si fuéramos los parientes ricos de la familia Gutiérrez.

Pero este viaje era diferente. Con gusto me hubiera quedado para siempre en Nueva York: allí los olores y las escaleras de incendio y las multitudes me parecían familiares y me daban seguridad. Caminaba la ciudad y la conocía por las veces que había estado allí en verano. Pero esta vez Nueva York no nos acogió para unas vacaciones sino para una despedida del pasado conocido.

Mi papá y yo estuvimos dando vueltas por Nueva York durante casi una semana mientras nos preparábamos para viajar a San Sebastián. Nos aseguramos de que estuviéramos enviando por barco lo que necesitaríamos allá. Dejamos el auto en el puerto; también llegaría por barco. Mi papá hacía todo con seriedad y tachaba lo que iba haciendo en una lista larga antes de volver a casa por las noches. Se compadeció de mí. Por las tardes, antes de regresar tras nuestras diligencias, me llevaba a la calle 42 y veíamos una película. Esa semana probablemente vimos tres o cuatro sobre la Segunda Guerra Mundial y una de vaqueros. Recuerdo mucho a John Wayne. En la sala oscura de un cine de Nueva York, éramos dos hombres a punto de embarcarse hacia una nueva vida. El momento había llegado, ¿qué podía hacer yo?

Mi tío nos llevó al aeropuerto; las mujeres se quedaron. Era la primera vez que montaba en avión. Ni siquiera había montado en tren antes, con la excepción del metro de Chicago. Fue un proceso emocionante: llegar al aeropuerto, ponernos en fila, mostrar los boletos y dejar nuestro equipaje en nuestros compartimentos. En

1969 hacer un viaje en avión era muy diferente de lo que es hoy. Las azafatas eran amigables y sonrientes. A mí me parecieron muy atractivas. El piloto le daba a uno la bienvenida. Las líneas aéreas aún no se habían ido a la quiebra y no le habían bajado los salarios a su personal ni les habían quitado las pensiones. Los pasajeros no tenían por qué quejarse de las largas filas de seguridad ni de los cargos por el equipaje ni tenían que tratar de que todo les cupiera bajo los asientos porque nada de eso sucedía. La gente se vestía bien para viajar: era una ocasión especial. Yo me sentía como si hubiera entrado en un club exclusivo.

Nosotros haríamos algo más que volar. Íbamos en un avión con una especie de sala de estar: un lugar con mesitas y sillas. Lo mejor era que podía tomar toda la Coca Cola que quisiera. Era gratis. ¿Qué fue lo mejor para mi papá? Podía fumarse todos los cigarrillos que quisiera. Los proveía la línea aérea. Mi papá y yo nos sentamos y nos pasamos todo el vuelo él fumando los cigarrillos gratis de la línea aérea y yo tomando Coca Cola. Si Pan Am hubiera buscado a dos personas que aprovecharan al máximo lo que ellos ofrecían de gratis, no hubieran podido encontrar a nadie mejor que a los dos Luis Gutiérrez, padre e hijo. Mi papá y yo hablamos y nos reímos durante unas cuantas horas. Íbamos de avanzada hacia el nuevo mundo, como conquistadores contemporáneos.

Tras casi veinte años de haber salido de la Isla, mi papá regresaba. Su guagüita nueva, marca Chevy Impala, iba hacia la Isla en un barco que en ese mismo momento cruzaba el mar. Sus muebles nuevos, su televisión, su equipo de sonido: todo ello estaba por llegar a Puerto Rico. Mi mamá había salido de una casucha de madera con una bombilla que colgaba del techo y dos habitaciones que parecían agarrarse a duras penas de la ladera de una montaña. Ahora regresaba con una familia y con posesiones suficientes como para llenar bien una casa. En Chicago habíamos sido pobres, pero regresábamos ricos a San Sebastián.

Creo que este sentido de orgullo era lo que ocupaba la mente de mi papá mientras volábamos hacia San Juan. Disfrutamos nuestro viaje y nos aprovechamos de lo que Pan Am nos había dado gratis sin avergonzarnos de ello. Por unos momentos, mientras nos divertíamos en el vuelo de Pan Am y nos atendían las azafatas que se pasaban preguntándonos si necesitábamos algo, pensé que quizás no sería tan malo vivir en Puerto Rico.

CUANDO ATERRIZAMOS, recogimos nuestras maletas, bajamos por la escalerilla del avión y cruzamos por la pista hacia la terminal. La primera impresión que tuve de mi nuevo hogar fue muy sencilla: en Puerto Rico hace mucho calor.

No hacía calor como el de un día de verano en Chicago. Más bien se trataba del día más caliente que había sentido en mi vida. Para verme bien durante el viaje me había puesto una camisa tejida, pero de repente me pareció pesada; había sido hecha para estar en Chicago. Se sentía como si tuviera puesto un abrigo. No era para el trópico. Miré a mi papá, que parecía sentirse fresco.

Lo primero que le pregunté fue sencillo también.

–*Dad, can I have a Coke? I'm thirsty.*

Él me miró y me dijo: –Habla español; estás en Puerto Rico. Si te pones a hablar en inglés, la gente va a creer que eres altanero, que te crees mejor que nadie –dio media vuelta y siguió caminando hacia la terminal.

Lo dijo como si hubiera estado diciendo "Que bien lo pasamos en el avión, ¿verdad?"

¿Tenía que hablar en español? Acababa de hablar con él en inglés durante cuatro horas mientras estábamos en el avión. Siempre, siempre, le había hablado en inglés a mi papá. Nos habíamos estado preparando para venir a Puerto Rico durante meses: habíamos estado comprando y ordenando y empacando y desechando cosas y haciendo planes. Ni una sola vez me había echado el brazo por los hombros para decirme: "Oye, hijo, por cierto, quizás quieras repasar un poco tu español para hablarlo en esa isla del Caribe. Sé que has estado hablando inglés durante los quince años que tienes de vida, pero recuerda que fueron los españoles quienes nos conquistaron mucho antes de que llegaran Teddy Roosevelt y su pandilla. Practica un poquito, amigo."

En casa, mis papás hablaban español entre ellos. Yo entendía casi todo lo que decían, pero cuando tenía que hablar con ellos lo hacía en inglés. Mi papá lo hablaba muy bien gracias a sus años como chofer de taxi. Lo de mi mamá era diferente. Si la familia Gutiérrez hubiera protagonizado una serie de televisión, mi mamá habría sido la matriarca puertorriqueña encantadora que hablaba un inglés goleta y que pronunciaba tan mal las palabras que el público blanco se hubiera estado riendo de ella todo el tiempo. Pero hablaba español muy bien. Y yo escuchaba las estaciones radiales puertorriqueñas, que transmitían en ese idioma todo el tiempo, porque a mi mamá le encantaban. Yo no lo sabía hablar muy bien; sólo lo hablaba cuando me dirigía a mi abuela y a otros parientes cuyo inglés era peor que el de mi mamá. En Chicago yo no tenía problema.

Mi papá siguió caminando hacia la terminal. No le había dado importancia alguna a su orden de hablar en español. Me apresuré a aparearme con él. ¿Hablarle en español? ¿A mi papá? Claro, y por las noches podría diseñar, además, un cohete espacial.

Ahora que lo pienso, me debí haber dado cuenta.

Yo sabía que tendría que hablar más español, pero nunca llegué a imaginarme bien lo que sería la escuela o cómo haría nuevos amigos. O cómo compraría un refresco en una tienda. Si hubiera sido más listo, habría pensado más acerca de lo que significaba mi nueva vida en Puerto Rico. Pero solo había pensado en Frankie y en nuestra banda de música y en todas las chicas lindas de mi vecindario y en las estaciones radiales que no volvería a escuchar. ¿Cómo sería Puerto Rico? Yo solo conocía Chicago y Nueva York. De alguna manera pensé que se parecería a esas ciudades, aunque con más puertorriqueños. Estaba tan ocupado mirando hacia atrás que no me di cuenta de lo que se me venía encima. Me preparé más para echar de menos a Chicago que para manejarme en Puerto Rico.

Vi cómo mi papá entraba en la terminal: era un hombre que regresaba a casa. Nunca lo había visto más contento y despreocupado. Pero lo único que yo quería decir en español era: "Quiero irme a mi casa".

ESPERAMOS QUE UN carro público se llenara de pasajeros que se dirigían a algún lugar cerca de San Sebastián. Era un Ford grande y viejo en el que viajábamos mi papá, yo y tres o cuatro personas más. Le hablé en español a mi papá, como me había ordenado. Si lo que quería era que yo pareciera otro puertorriqueño más, obligarme a hablar su idioma materno no ayudaba nada. Los otros pasajeros me miraron como algo raro: un muchacho puertorriqueño que no hablaba español. Parecían decir con la mirada: "¿Cómo dejas que tu hijo masacre nuestro bello idioma de esa manera?"

Por fin salimos de San Juan. Nos deteníamos en los semáforos. El auto no tenía aire acondicionado. Eso sí me sorprendió. En Chicago nuestro auto tenía aire acondicionado y también lo tenía nuestro apartamento, aunque a mi papá no le gustaba prenderlo. Cuando yo estaba solo lo ponía muy alto para que hiciera mucho frío. Tan pronto como oía a mi papá llegar, lo apagaba. A veces, cuando hacía mucho calor afuera, él entraba en un apartamento fresco y tan cómodo como podía estar el vestíbulo del Hilton. Y me decía "Esto me cuesta mucho dinero; has estado prendiendo el aire acondicionado de nuevo". Yo lo negaba y trataba de parecer confundido, como si un frente frío hubiera irrumpido misteriosamente en nuestro apartamento.

Pero en aquel carro público que abordamos en Puerto Rico el día de nuestra llegada no entró ningún frente frío. En 1969 no había autopistas, de manera que tomamos la carretera número 2 para salir de San Juan y viajar por la costa. Vimos algo de San Juan; parecía familiar: calles transitadas, mucha gente, edificios grandes. Enseguida tomamos la carretera abierta rumbo a Camuy, en donde viraríamos hacia la carretera que nos llevaría a las montañas de San Sebastián. Pasamos por pueblos que nunca había oído nombrar: Dorado, Arecibo. Repentinamente los árboles se volvieron exóticos: palmeras y árboles de mangó y guineo. En todas partes había un olor a salitre mezclado con algo más. ¿Qué? Me tomó algún tiempo darme cuenta: eran las piñas. El aire olía a piña.

Cuando llegamos a Camuy viramos hacia el interior. Y de repente no se parecía en nada a Nueva York ni a Chicago, ni siquiera a Ohio ni a Pensilvania. La carretera era estrecha, de dos carriles, una carretera vecinal. Había una fila de carros esperando para pasar y pollos a la orilla de la carretera. Vimos muchas casitas, parecía que algunas se iban a desplomar; vimos muchachitos sin zapatos. En Chicago, nunca conocí a nadie que no tuviera zapatos. Recuerdo haber visto muchos pueblecitos e intersecciones solitarias y muchas señales de PARE.

Yo me había criado en la ciudad; nunca había visto algo así. Nunca había olido nada como esto tampoco. El único lugar en que había visto una piña era en la bodega o en mi plato. Nunca la había visto crecer en la tierra. Cuando estaba en sexto grado, nos llevaron a todos los de la clase a una finca que quedaba cerca de Chicago. Un agricultor muy simpático y muy paciente, vestido con overol, nos llevó por todo el lugar y nos habló de los huevos y de cómo se ordeñaba las vacas y cómo se araba. Me aburrí terriblemente. Recuerdo que vi de cerca los cerdos y los pollos por primera vez y recuerdo haber pensado: esa es mi comida, no tengo por qué acercarme mucho a ella.

Pero aquí había pollos por todas partes. Pasamos por grandes campos verdes que parecían vacíos. Tampoco se parecían a los de Pensilvania. Le pregunté a mi papá de qué estaban sembrados.

—Caña de azúcar —dijo.

—Pero ahí no hay nada —dije en mi mal español—. Están vacíos.

—Es que ya la cortaron. Como es verano, ya pasó la zafra —me dijo.

Tras una hora de viaje llegamos a las montañas cercanas a San

Sebastián. La carretera se estrechó y se hizo empinada. Me preocupaba cada vez que un auto nos pasaba por el otro lado: no parecía haber suficiente espacio para los dos. Habíamos subido mucho más de lo que nunca antes había subido en un auto. Pensé que mi papá me había traído a un lugar en el cual un extraño me iba a empujar ladera abajo para que me matara en un valle remoto de Puerto Rico. Finalmente, tras avanzar lo que me parecieron cientos de curvas, mi papá señaló por la ventana y dijo: "San Sebastián".

Miré y volví a mirar. Miré con cuidado. Y recuerdo aún lo que pensé entonces, palabra por palabra: "No es posible. Tiene que ser una broma".

Pero era San Sebastián. Era todo San Sebastián, no solo una parte de éste, como Wrigley Field o la playa de la avenida North o la calle Wells. Ni siquiera era Lincoln Park. Lo que se veía era todo lo que había. En Chicago no se podía abarcar la ciudad con la vista ni desde una montaña alta. Pero esto era San Sebastián, un pueblito metido en un valle, rodeado por lo que parecían cojines de caña de azúcar y fincas. Parecía un puntito de civilización en medio de una gran expansión de nada.

—¿Esto es todo? —le pregunté a mi papá, con la esperanza de que fuera un malentendido.

— Así es —contestó. Estábamos viendo nuestro nuevo hogar.

Finalmente bajamos de las montañas y llegamos al medio del pueblo. Yo miraba las calles tranquilas y las vitrinas de las tiendas, que eran muy modestas. Pensé que me gustaría estar emparentado con la familia Méndez porque parecía que todo les pertenecía: la Farmacia Méndez, el Colmado Méndez, el Dr. Méndez. ¿Tendrían hijas de mi edad? Dejamos atrás el emporio de los Méndez y nos dirigimos a Pueblo Nuevo, un barrio cerca del centro del pueblo. Pronto sabría yo que todos los pueblos en Puerto Rico, grandes o pequeños, tenían un patrón espacial similar. No los habían diseñado los puritanos de Nueva Inglaterra ni los agricultores del Medio Oeste;

los habían fundado los conquistadores españoles y sus descendientes. Tenían las funciones principales de la vida comunitaria alrededor de la plaza: la iglesia y el ayuntamiento. Todo nace de los sitios de Dios y del Gobierno.

Cuando mi papá me dijo que nos íbamos a quedar en el barrio Pueblo Nuevo de San Sebastián, yo me hice la idea de que se parecería a nuestro vecindario, Lincoln Park. Resultó que consistía de una sola calle muy larga, aunque nueva, como decía su nombre. En San Sebastián consideraban ese sector como uno de los peores del pueblo. Tenía lugares para ir de noche a beber o a jugar billar.

Mi tío era uno de los que habían llegado recientemente buscando establecerse en Pueblo Nuevo. Tío Keko había regresado a Puerto Rico hacía más de un año, el primero de los Gutiérrez de allá que regresó. Compró una casa en la cima de la única calle empinada de Pueblo Nuevo y fraguó un plan para hacer dinero. Su familia, mis primos pequeños entre ellos, vivía en el primer piso. Y en el sótano, que se metía en la montaña, tío Keko instaló Cuchilandia, donde vendía los mejores cuchifritos de la isla.

Ellos, por lo menos, decían que eran los mejores. Y los clientes que iban y venían la noche entera parecían estar de acuerdo. Todo el mundo se presentaba en lo de tío Keko para comprar cuchifritos, desde el alcalde hasta los listos de la calle. Yo no sé si eran realmente los mejores porque en Chicago no los había probado. Nunca oí que mis padres mencionaran los cuchifritos y nunca los había olido. Pero ahora sí, porque cerca de la ventana de mi habitación había un enorme caldero de cuchifritos que borboteaban en manteca caliente.

Decir que los cuchifritos se estaban cocinando justo debajo de la ventana de una habitación no es como decir que tu mamá está haciendo galletitas de chocolate en la cocina. Y cuando digo caldero, no estoy bromeando. Pensemos en *Macbeth*, pensemos en caníbales hambrientos que preparan su comida en el centro de su aldea o pensemos en una película de Tarzán. El olor que salía de aquel caldero era de vísceras de cerdo. La gente usa muchas partes del cerdo para hacer diferentes tipos de cuchifrito, desde las orejas hasta la lengua, pero mi tío se especializaba en la panza del cerdo, un manjar que también se conoce como buche. *Cuchi* significa "cerdito": cerdo frito, eso es lo que *cuchifritos* significa.

El caldero de mi tío medía cuatro pies de diámetro, lo suficiente como para poder cocinar a un explorador pequeño que se hubiera perdido en el Amazonas. Allí cabía una gran cantidad de panza de cerdo. Lo ponían sobre un fuego de leña, en la parte de atrás de la casa donde había una terraza de cemento que no parecía terminada. Una vez a la semana llegaba un camión por las mañanas y descargaba unas cajas enormes llenas de panzas de cerdo. Mi tío llevaba todo a la parte trasera de la casa, lo picaba en pedazos grandes y luego lo hervía. Había que menearlo con una cuchara. Ese trabajo me tocaba a mí. Uno meneaba y meneaba con un gran cucharón de madera, que más parecía un remo que una cuchara. Había que hervirlos hasta que estuvieran suaves; luego se metían en el refrigerador. Por último se sacaban, se cortaban en pedacitos y se freían en manteca caliente. Había que freírlos rápido para que no se tostaran. El olor flotaba por todo el vecindario. Tío Keko los vendía luego en vasitos de papel.

Puerto Rico no tenía muchas leyes de urbanización en los años sesenta. Si tu vecino quería hervir panzas de cerdo en una olla puesta en el patio de atrás y venderlos desde su sótano, estoy seguro que ningún funcionario del municipio de San Sebastián se iba a molestar en investigar. Lo más que haría sería pedirle un descuento al vecino al comprarle los cuchifritos.

Mejor todavía, podría hacer un trato acerca de las alcapurrias que mi tío también hacía en su sótano. Él tenía una receta especial, muy específica. Majaba guineos verdes y plátanos hasta convertirlos en una pasta que se esparcía encima de la mesa. La dividía en pedazos, la rellenaba con carne y especias, aceitunas y alcaparras. Usualmente la carne era de cerdo. Cuando ya la alcapurria estaba formada, se freía en maneca caliente como si fuera una empanada, pero salían más tostaditas y con más sabor.

He comido a la manera puertorriqueña toda mi vida. Un noventa por ciento de mi dieta en Chicago era a base de arroz y habichuelas, pollo y cerdo. Comí muchas más chuletas de cerdo y habichuelas que pedazos de *pizza* y *hot dogs*. Los muchachos mexicanos de Chicago nos decían "chuletas de cerdo" a los puertorriqueños y no era un cumplido. Es cierto que de pequeño oí que muchos puertorriqueños les decían "cara de tortilla" a los mexicanos, de manera que todos buscábamos insultos en los menús nativos.

Pero en este caso la comida la estaban preparando en mi patio trasero, y yo nunca había comido cuchifritos ni alcapurrias. Eran deliciosos. Supe entonces muy bien por qué los hombres del vecindario venían de noche a comprar su vasito de papel lleno de cuchifritos. En Cuchilandia no cabía mucha gente, de manera que nadie venía por el ambiente. Lamenté mucho haber pasado tanto tiempo de mi vida comiendo papitas fritas. Los cuchifritos eran exóticos, diferentes. Que me gustaran enseguida probablemente se debía a la genética. No creo que un muchacho noruego de quince años que llegara a Puerto Rico se hubiera encantado con las panzas hervidas de un cerdo, pero yo sí. Cuando los probé por primera vez pensé: "¿Por qué no había comido esto antes?".

YO ME HABÍA LLEVADO muy bien con mi tío y mis primos en Chicago. Pero llevarme bien en Chicago era diferente a vivir con ellos. Carlos y Edwin, mis primos, eran seis o siete años más jóvenes que yo, pero llevaban el suficiente tiempo en Puerto Rico como para sentirse cómodos. Ahora tenían a un recién llegado a quien molestar. Y me llevaban ventaja en cuanto a su dominio del español. Tampoco es que les encantara que me pusieran un catre en su habitación y tuvieran que dejarme sitio para mis pocas pertenencias.

Edwin cogía los lagartijos que llenan las calles y los patios de Puerto Rico, y son tan ubicuos como las ardillas en Chicago. Me enseñó a hacer un nudo en una hoja larga de yerba, como si fuera una lazada, para coger a un lagartijo como si se tratara de un becerro. Ambos primos eran expertos en echar los lagartijos en mi catre o en tirármelos cuando menos yo lo esperaba. Finalmente, empecé a estar en guardia todo el tiempo. Se reían de los sustos que le daban a su primo mayor.

Tan pronto como nos acomodamos, mi papá se fue a buscar lugares para el restaurante que íbamos a poner en Puerto Rico. A veces me llevaba con él, pero muchas otras veces no lo hacía. Yo me quedaba durmiendo en un catre en un apartamento que se encontraba en un pueblo montañoso de Puerto Rico, mientras era objeto de las burlas de primos lanzadores de lagartijos y teniendo que sentir todo el tiempo los olores de plátanos y panzas de cerdos. Hablaba una mescolanza de mal español y de mejor inglés con mis primos y mi tío. Faltaba todavía un mes para que empezaran las clases. Necesitaba hacer algo.

No es que tuviera mucho de donde escoger. Allí no había una calle Wells para explorar y nadie con quien hacerlo. Wrigley Field era nada más que un recuerdo. Aunque estábamos ahora en Puerto Rico, Roberto Clemente parecía estar muy lejos. No había televisión que pudiéramos ver juntos mi papá y yo. A él le gustaba Johnny Carson: ya no existía. A mí me encantaban *The Monkees*: tampoco existían. Había una sola estación de televisión que solo transmitía noticias y espectáculos locales. Recuerdo haber visto marionetas y animales haciendo trucos y unos tipos muy solitarios que tocaban la guitarra. Tal parecía que hubieran grabado la noche de aficionados de nuestra iglesia y hubieran obligado a todo el mundo a hablar español. Supe —y me alegré— que había una estación radial de lengua inglesa en San Juan, pero allí, en aquellas montañas, no la lográbamos escuchar. Y ya no hubo más películas de la Segunda Guerra Mundial. De hecho, no hubo más películas para mí, punto, porque todas llegaban a Puerto Rico meses después de que se exhibieran en Chicago. Yo ya había visto todo lo que llegaba a San Sebastián.

Los lagartijos y la soledad y la distancia de todo lo que yo había conocido me convirtieron en un adolescente malhumorado y desagradable.

La Coca Cola gratis que nos habíamos tomado en el avión me parecía ahora como si fuera señal de una última cena y no de una felicidad futura. En mi amargura me sentía como si estuviera en una prisión de máxima seguridad, el tipo de prisión que lo metía a uno en solitario. Mis primos eran muy jóvenes y fastidiosos. Mi papá estaba siempre ocupado. Mi hermana había tenido suerte: todavía estaba en Harlem rodeada de tías que la adoraban y hablando en inglés.

En Chicago yo sabía todas las reglas: a qué lugares se podía ir y cuáles se debían evitar; qué travesuras podía hacer con mis amigos sin que me regañaran. En Chicago yo había empezado a hablar con las muchachas y ellas, de vez en cuando, me contestaban. En San Sebastián me limité a escribirle a una muchacha con la que había hecho amistad justo antes de irme. Esperaba que esa nueva amistad floreciera en un romance. Al final de una carta me preguntaba cuánto había crecido desde que nos vimos la última vez. Le dije la verdad: ahora medía cinco pies cuatro pulgadas. Nunca me volvió a escribir.

En Chicago mi papá se preocupaba mucho por nosotros. Se ponía furioso cuando me quedaba con Frankie unos minutos más de lo que se suponía que hiciera. Ahora que nos habíamos mudado a miles de millas de distancia, lo único que hacía conmigo era prepararme algo de desayuno por la mañana y decirme que nos veríamos esa noche. Me había dejado por mi cuenta. Su nueva filosofía disciplinaria parecía muy sencilla: en San Sebastián, Puerto Rico, no me podía pasar nada malo. Cuando él se iba, yo ayudaba a mi tío con Cuchilandia, pero revolver panzas de cerdo no era para mí un plan ideal para el día entero. Empecé a explorar: no fue difícil conocerme todo San Sebastián.

A medida que iba conociendo mi nuevo hogar, empecé a pensar que mamá y papá se habían vuelto locos. ¿Por qué me habían traído a este pueblecito? ¿Para que estuviera más seguro? El lugar estaba lleno de bares y de tipos que se paseaban con vasitos de papel llenos de ron. Había mujeres que se vestían para atraer la atención de los hombres que llegaban a Pueblo Nuevo por la noche para beber y divertirse. En Chicago mi tío había sido un hombre como todos los demás, con un empleo convencional. Aquí se había convertido en un matarife aficionado y se paseaba por el patio blandiendo un cuchillo de carnicero. Por las noches, nuestro vecindario parecía bastante peligroso: había gritos y peleas, celebraciones y canciones. Y mi papá ni siquiera me estaba supervisando. Hacía muy poco tiempo que mi hermana y yo habíamos recibido a un empresario blanco de bienes raíces cuando vino a comer a nuestro apartamento. Ahora, en Pueblo Nuevo, yo deambulaba todo el día y mi cena era un vaso de panzas de cerdo fritas.

Finalmente pensé que quizás debía ir al billar de Pueblo Nuevo. Nunca antes había estado en un billar. La tarde en que entré por primera vez me di cuenta de por qué Pueblo Nuevo era un imán para los puertorriqueños que no trabajaban mucho durante el día. Aquello parecía muy divertido: la charla, las chanzas, las risas de todo el mundo. Había dinero en los bordes de casi todas las mesas de billar y el lugar se llenaba en las noches. Estaba tan abarrotado que los clientes ya no cabían e invadían la calle. Me pareció reconocer a un par de los hombres; probablemente los había visto en Cuchilandia. El billar tenía cuatro o cinco mesas y había una barra en la parte trasera. Había también un mostrador donde vendían almuerzos. A nadie parecía importarle que un muchacho de quince años estuviera solo allí.

Los tipos del billar no tardaron en ponerme a trabajar. No les importaba que estuviera allí, pero tenía que servirles de algo. Me daban un vellón por reunir las bolas o por ponerle tiza a los tacos y dos vellones por traerles un refresco o una cerveza. A cambio de tales mandados el dueño me dejaba jugar de gratis. Yo observaba y aprendía. Escuchaba sus cuentos. Aunque no hablaba mucho, pensaba que mi español mejoraría gracias a esa inmersión. Todos sabían que no era de San Sebastián: no hablaba como ellos y no me parecía a ellos. Todavía usaba las camisas polo hechas para los veranos de Chicago.

Me pasé el verano en el billar. No tenía otra cosa que hacer. Revolvía los cuchifritos y ayudaba en Cuchilandia y luego me iba a caminar por todo Pueblo Nuevo y los vecindarios cercanos. No era tan interesante como caminar por la calle Wells. No había *head shops* donde vendieran sustancias peligrosas, ni camisetas pintadas a mano, ni *hippies* ni pandillas. Estaban los tipos del billar. Mi papá me había traído al otro lado del mar pensando en mi seguridad y en que aprendiera los valores tradicionales puertorriqueños. Me preguntaba si esos planes estaban saliendo bien. Tras un par de meses en San Sebastián, lo que había aprendido era jugar billar, dar largas caminatas y hacer cuchifritos.

Un día de tantos conocí a otro adolescente exilado de los Estados Unidos. Se llamaba Carlos; tan pronto entró en el salón de billar supe que tampoco era de San Sebastián. "Es americano", me dije. Llevaba puesta ropa de verano que no parecía del Caribe y se había aplastado el pelo con brillantina, algo que yo asociaba con los Harrison Gents. Nadie se veía así en Puerto Rico. Como casi todos los muchachos de mi edad, era mucho más grande que yo. La gente que estaba allí se fijó en él: sabía cómo jugar y logró ganarles a los más grandes, llevándose el dinero de las apuestas. Cuando me vio jugar hizo un gesto de negación con la cabeza, como si no pudiera creer que un puertorriqueño joven como yo jugara tan mal. Me enseñó entonces cómo jugar; me enseñó a retrasar la bola, a darle una curva y a lograr que le diera a las otras como si se tratara de una explosión.

No me sorprendió que Carlos fuera de Brooklyn. Hubiera podido ser del vecindario de mi abuela. También su familia lo había alejado de todo lo que había conocido y lo había llevado a San Sebastián, como si fuera un niñito al que lo tiran en el agua y le dicen que nade. Empezamos a vernos no solo en el salón de billar sino en otros lugares: no teníamos otra opción que hacernos amigos. No me imagino lo que el resto de los adolescentes puertorriqueños estaba haciendo aquel verano antes de que empezara la escuela, pero sí sé que no jugaban billar.

Carlos y yo, sin embargo, jugamos billar todo el verano y hablábamos acerca de lo que más echábamos de menos de los Estados Unidos. Comparábamos nuestra música y nuestros programas de televisión preferidos. Hablábamos de lo que pensábamos encontrar en la escuela. Nos hicimos inseparables: reuníamos las bolas de billar, y cobrábamos dos vellones cada vez que lo hacíamos. Hablábamos inglés. No creo que si hubiéramos estado en Chicago Carlos y yo habríamos pasado tanto tiempo juntos. Él, probablemente, hubiera formado parte de la pandilla de los Harrison Street Gents, y me habría pegado en la cabeza cuando yo le pasara por el frente.

Pero en las montañas de Puerto Rico, en aquel pueblo remoto y solitario de San Sebastián, nosotros éramos como soldados enviados a una tierra extraña. Éramos los únicos que hablábamos inglés y que nos acordábamos de cómo era el lugar de donde habíamos llegado. Desafortunadamente, nuestro tiempo de servicio no tenía fecha final. Y la tranquilidad y seguridad relativas del verano en Pueblo Nuevo estaban a punto de desaparecer. Mi mamá y mi hermana llegaron de Nueva York. Mi papá encontró un lugar donde establecer el restaurante, que tenía un apartamento en donde viviríamos. La escuela estaba a punto de empezar y volvimos a ser una familia, lo cual le daba realidad y permanencia a nuestra nueva vida. No había manera de volver atrás.

CAPÍTULO CUATRO

El gringo me está molestando

HASTA LA ESCUELA parecía ser diferente en Puerto Rico. Yo suponía que todas las escuelas se parecían a las de los Estados Unidos: edificios rectangulares de dos o tres plantas, de ladrillo o cemento; institucionales. Mi escuela superior católica de Chicago tenía pasillos largos, salones de clase cuadrados y unas monjas muy estrictas. Las ventanas daban hacia las calles de la ciudad.

La Escuela Superior Manuel Méndez Liciaga de San Sebastián era abierta y fresca, con balcones que daban hacia un patio interior. Su diseño permitía ahorrar electricidad al dejar que el sol caribeño alumbrara los salones. El patio interior estaba colmado de árboles. Casi toda la escuela ocupaba un solo piso, con un ala nueva y otra vieja. Si uno se estacionaba en la parte de atrás, daba la impresión de estar frente a un sinuoso Motel 6 plantado en el trópico.

Si la estética hubiera tenido importancia alguna para mí, me habría impresionado el exuberante entorno de mi nueva escuela, pero en aquel momento pensé que se veía rara y que no se parecía a ninguna otra que yo hubiera visto jamás. Me recordaba que yo venía de otro lugar, que era un extraño. El primer día de clases, cuando escuché a los otros estudiantes hablar en español, supe que, efectivamente, debí haber practicado más. Hablaba inglés con mi amigo de Brooklyn y con Ada, cuando ella apareció hacia el final del verano. Los días que había pasado en el salón de billar me habían enseñado a decir "las bolas están alineadas" y "¿quieres otra cerveza?". Pero esas frases no me serían de mucha ayuda en la escuela. Sabía que no estaba preparado.

Miraba a los muchachos y me preguntaba de dónde habrían salido, porque no los había visto en Pueblo Nuevo. Nadie parecía interesarse en mí y nadie se me acercaba. Nadie quería, al parecer, tener un nuevo amigo norteamericano. Ver a varios cientos de adolescentes puertorriqueños de mi misma edad me debió haber tranquilizado, pero no fue así. Me sentía especialmente aislado al estar solo en medio de muchachos como yo. En Chicago siempre había estado en el centro de la acción: era conversador y bromista. Aquí me sentía invisible. Ni siquiera Carlos, mi amigo de Brooklyn, se me acercaba en la escuela. No le importaba ser parte del grupo. Su actitud era sencilla: no quiero estar aquí, no estaré aquí por mucho tiempo y no me importa lo que piensen de mí. Él tenía una cara de pocos amigos; yo, de preocupación.

Mi salón estaba en el ala vieja del Motel 6. El plantel estaba rodeado por árboles enormes que no dejaban pasar toda la luz con que contaban los arquitectos. Me fui a mi asiento, esperando que el maestro encendiera la luz. No lo hizo. Hasta el día de hoy pienso en Puerto Rico como un lugar donde se da clases en la sombra.

Mi maestro de salón era el Sr. Hernández, un tipo joven y fuerte. Vestía de traje completo. Lo primero que hizo fue familiarizarnos con las reglas que debíamos seguir en la clase. Yo tenía la esperanza de que me ignorara, pero no fue así. Me hizo una pregunta y yo contesté usando *tú* en vez de *usted*, como corresponde en situaciones formales. Los muchachos se rieron. En inglés siempre se usa el mismo pronombre, tanto en situaciones formales como en informales: nunca había pensado en esa diferencia, y no la entendía. Jamás la había tenido en cuenta al hablar en español con mis parientes del Barrio.

Cuando me dirigí a él, pronuncié la *h* de Hernández como se pronuncia la *j* en español antes de una vocal. Para mí, la *h* no era muda, y siempre la había pronunciado como *j* cuando me topaba con ella en alguna palabra en español. Pero aprendí enseguida que eso no era aceptable en la clase del Sr. Hernández.

Dije "Jernández", y él, un poco ofendido, dijo: "Soy el profesor Hernández", haciendo desaparecer completamente el sonido de la *h*.

A continuación se deleitó dándome más ejemplos de su perfecta pronunciación.

"Las muchachas de *Hermosa* son bellas". Yo escuché "ermosa".

"Esta es una clase de *historia*". Yo escuché "istoria".

La *h* había desaparecido; no se oía ninguna *h*.

Mi nuevo maestro pronunciaba muy bien y hablaba con formalidad. Se notaba que se creía la gran cosa. Yo, por otra parte, me preguntaba adónde se habían ido las haches... probablemente las habían empaquetado en una caja y estaban con mis discos de Motown.

Los muchachos seguían riéndose. Me daba cuenta de lo raro que les sonaba a mis nuevos compañeros porque igual me habían sonado, en inglés, lo que decían mis parientes cuando llegaban a Chicago desde Puerto Rico. Su vocabulario era infantil, como el de un niño, y su pronunciación risible. Nunca sentí mucha compasión por ellos, pero ahora me daba cuenta de lo mal que la pasaban.

Solo era el primer día de escuela, la primera clase, la primera hora, y yo ya era el centro de atención. Finalmente el maestro siguió con los otros muchachos. Pensé que había pasado lo peor, pero al final de la clase el Sr. Hernández empezó a leer con cuidado las tarjetas en las que habíamos escrito nuestra información. Hizo un alto cuando llegó a una de ellas. Me miró directamente y me preguntó mi nombre.

"Lou-is Goo-terrez", le contesté, con un fuerte acento del inglés. Siempre había pronunciado mi nombre como "Lou-is" –nunca "Luis"–, enfatizando "lou", como en Lou Gehrig. Cuando pronunciaba "Gutiérrez", omitía la *i* y mis erres eran suaves como las de cualquier anglohablante. Hasta ese momento siempre dije mi nombre de la misma manera en que mis colegas republicanos de Carolina del Sur lo hacen hoy. Así era como lo pronunciaba la mayor parte de la gente en Chicago.

El maestro me miró.

—¿Tú tienes una mamá?

Los muchachos se reían por lo bajo. Estaban disfrutando el espectáculo. Yo parecía puertorriqueño pero no sonaba como tal. No sabía distinguir *tú* de *usted*. Aparentemente, ni siquiera sabía decir mi nombre: era un fenómeno llegado de los Estados Unidos.

Me enojé. ¿Por qué tenía que meterse con mi mamá? Uno no se burla de la mamá de nadie; ese es el tipo de cosas que se dicen los niños para molestarse, en un maestro no era un comentario apropiado. Pensé que se burlaba de ella; no entendía a qué se refería.

Él seguía mirándome con su porte distinguido.

—Yo no sé cómo son las cosas en los Estados Unidos, pero en Puerto Rico, cuando se entra a la escuela superior, todos tienen que saber su nombre completo.

Mi nombre completo era Luis Gutiérrez. Yo estaba desconcertado. Ya era bastante difícil el comienzo en una nueva escuela para que un maestro se tomara tanto interés personal en hacer que la experiencia fuera aun peor.

Eso fue todo lo que dijo. Pensó que era suficiente. La clase se acabó y yo estaba enojado… y confundido. No recuerdo qué pasó el resto del día. Estaba aturdido. ¿Mi nombre completo? No esperaba que me plantearan ese acertijo en mi salón. Suponía que me iba a enredar un poco debido a mi escaso dominio de la lengua, pero estaba seguro de que sabía cuál era mi nombre.

Cuando llegué a casa le conté a mi mamá lo que había sucedido: le dije que yo creía que el maestro se había burlado de ella. ¿Qué había querido decir con aquello de que yo debía saber mi nombre completo? ¿Por qué me preguntó si yo tenía una mamá? ¿No era evidente que todo el mundo la tenía?

Mi mamá sonrió.

–En Puerto Rico, el nombre completo incluye el apellido de la mamá.

Me cogió pena. Me miró y, por primera vez en mi vida, dijo mi nombre completo, mi nombre puertorriqueño.

Luis Vicente Gutiérrez Olmedo.

Hasta ese momento yo no sabía cuál era el apellido de soltera de mi mamá. ¿Olmedo? Primera noticia. El que mi nombre incluyera el apellido de mi mamá era otra costumbre rara de Puerto Rico que mis padres debían haberme explicado mientras nos preparábamos para regresar a la Isla.

Luis Vicente Gutiérrez Olmedo. Era un reto; una prueba que podía pasar. Por fin supe cuál era mi nombre. Pero tenía que aprender a pronunciarlo. Me fui a mi habitación y lo practiqué una y otra vez. Me miré en el espejo y me obligué a decir las erres como los puertorriqueños. Lou-is se convirtió en Lu-is: adiós a la pronunciación como en Lou Gehrig. Luis Vicente Gutiérrez Olmedo. Asimismo le devolví a Gutiérrez la sílaba que había perdido en inglés. Lo repetí mucho. Luego lo dije frente a mi mamá.

Me parecía que mi nuevo nombre sonaba bastante bien. Bastante puertorriqueño. Tuve que reconocer que tenía un lirismo que desmejoraba cuando lo decía con mi pronunciación de Chicago. Incluso parecía tener ritmo. Luis Vicente Gutiérrez Olmedo. Mientras más pensaba en él, más me gustaba. Parecía el nombre de una estrella de cine. Hubiera sido deseable que supiera mi nombre el primer día de escuela, pero estaba decidido a perfeccionar la pronunciación en un día o dos. Esa noche probablemente soñé con mi nombre completo. Al día siguiente me desperté y lo practiqué durante el desayuno.

No llegué con mucha confianza a mi segundo día de escuela. Sabía que todavía era un forastero. Pero por lo menos sabía cuál era mi nombre completo: y le demostraría a ese maestro engreído de mi salón que lo podía aprender y repetir con la misma facilidad con que lo hacían los muchachos que habían vivido en San Sebastián toda su vida.

Llené otra tarjeta de información para el Sr. Hernández, donde escribí "Luis Vicente Gutiérrez Olmedo". Le puse un acento a la primera *e* de Gutiérrez. Era la primera vez en mi vida que acentuaba una letra. Me sentía satisfecho. Quería demostrar que conocía bien mi verdadera identidad puertorriqueña. Tenía tantas ganas de que se supiera que no pude esperar al maestro; además, quizás ni siquiera me llamara. Me dirigí a un rincón del salón en donde estaban hablando unas muchachas. Me dirigí a una de ellas para que fuera testigo de mi proeza al decir por primera vez mi nombre completo. La miré directamente a los ojos.

"Mi nombre es Luis Vicente Gutiérrez Olmedo". Sonreí.

Pareció sorprendida, casi asustada. Alzó enseguida la mano para conseguir que el maestro la atendiera. Gritó "Mister, mister" como si necesitara urgentemente su ayuda. Él le preguntó qué pasaba. "El gringo me está molestando", dijo.

Todos se rieron, incluso mi maestro. Le hizo muchísima gracia.

Las palabras revoloteaban en mi cabeza. "El gringo me está molestando".

Sentí como si me hubieran dado un puño en el estómago. Quería desaparecer.

Pensaba que había descifrado las claves que me ayudarían a pertenecer al grupo. Sabía mi nombre; lo había practicado una y otra vez, toda la noche, frente al espejo. Estaba listo. Pero ahora se reían de mí. Yo no encajaba; me estaba hundiendo en las arenas movedizas de la humillación adolescente. Nunca me había sentido tan aislado e inútil, como si fuera un barco varado en un desierto.

No sabía el idioma. No entendía las costumbres. Estaba muy lejos de todo lo que había conocido. Pero fue aquella palabra lo que me paralizó.

Gringo.

¿Hablaba de mí?

Me fui a mi asiento y bajé la cabeza.

Hoy, al recordar ese incidente de hace cuarenta años, pienso que debí haber gritado o me debí haber quejado o protestado para que el maestro no se riera más. Me hubiera sentido mejor –iba más con mi estilo– que lo que hice: tratar de esconderme. Me sentía muy herido. Me quedé callado durante el resto de mis clases, preguntándome cómo era que un muchacho puertorriqueño de Chicago se había convertido en un gringo. En el transcurso de mi corta vida me habían dicho muchas cosas, pero nunca me habían llamado gringo.

Cuando llegué a San Sebastián pensaba que era tan puertorriqueño como el que más. El grupo del vecindario que mis amigos y yo admirábamos más antes de que mi familia se fuera de Chicago eran los Young Lords. Habían establecido su sede en una iglesia abandonada que estaba a tres cuadras de nuestra casa en la calle Willow. Repartían comida y hacían reuniones con la comunidad. Cuando la policía mató a un joven puertorriqueño, organizaron una marcha por Halsted en la que participaron más de mil personas. Los Young Lords eran una versión puertorriqueña más pacífica de los Black Panthers.

Repartían insignias que decían "Tengo Puerto Rico en mi corazón". Yo tenía una. Encima de las letras había una silueta de la Isla –mi Isla– dibujada en verde. Yo usaba esa insignia siempre para que la gente supiera quién era yo, de dónde venía. Mi papá pensaba que era un gesto un poco radical y no confiaba mucho en los Young Lords, pero se le hacía difícil prohibirme que usara una insignia que dijera TENGO PUERTO RICO EN MI CORAZÓN.

Yo creía en lo que decía la insignia; nunca lo dudé ni por un instante. Mi única identidad en Chicago era ser puertorriqueño. Condicionaba todo lo que hacía. Los policías blancos que nos detenían a mí y a mis amigos cuando nos reuníamos en una esquina pensaban en mí como un puertorriqueño. Los muchachos mexicanos que me llamaban "chuleta de cerdo" sabían que yo era puertorriqueño, como también lo sabía el dueño de la bodega y el bolitero que vendía la bolita en mi vecindario y mis parientes lejanos que solo hablaban español.

Había sido puertorriqueño toda la vida. ¿Por qué si no habría ido yo a Wrigley Field a vitorear al jardinero de los Pittsburgh Pirates que trataba de ganarle a mi equipo, los Cubs?

A mí me habían llamado "spic". No me gustaba, pero no me preocupaba que me lo dijeran. Era parte de ser puertorriqueño en Chicago. Uno trataba de no hacer caso y seguir adelante. Algunas veces uno devolvía el insulto o amenazaba con pelear. Pero ahora estaba en Puerto Rico, en una escuela puertorriqueña, en una clase con un maestro puertorriqueño y la muchacha puertorriqueña más mona del salón me había dicho gringo.

Me sentía perdido, sin una brújula que me ayudara a encontrar el camino de vuelta. Yo era un muchacho bajito, de piel quemada y pelo rizo que nadie en Chicago hubiera pensado que era blanco, aún si me hubiera disfrazado y maquillado para parecerlo. Y ahora era un gringo.

En Chicago puede que yo haya tenido a Puerto Rico en el corazón, pero en Puerto Rico no tenía el español en mis labios.

Aquella muchachita me enseñó que tendría que aprender mucho más que español en Puerto Rico. No se le quejó al Sr. Hernández de que el gringo la estaba molestando porque yo había pronunciado mal mi nombre. Las horas de práctica obsesiva de la noche anterior habían resultado en unas erres perfectas y en una acentuación adecuada del nombre. El gringo la estaba molestando por su impertinencia al dirigirse a ella directamente. Eso era mal visto. Yo era un extraño que hablaba de manera extraña y que había tenido la audacia de dirigirse a una muchacha.

En Chicago, mientras paseaba por la avenida Fullerton con mis amigos, podía haberle gritado "hola, ¿qué pasa?" a cualquier muchacha puertorriqueña bonita que hubiera visto por primera vez. Ella me hubiera podido ignorar –dadas mis experiencias, puedo afirmar que probablemente me ignoraría– pero nunca hubiera pensado que la estaba ofendiendo. Después de todo, éramos dos puertorriqueños que vivíamos en el mismo vecindario. Nuestra etnia equivalía a nuestra clase, porque sea cual fuera la manera en que nuestros padres se ganaban la vida, nosotros dos éramos un par de muchachos puertorriqueños tratando de salir adelante en Chicago.

Pero en San Sebastián todos éramos puertorriqueños y tratábamos de encontrar otras maneras de separarnos por clase o categoría, de jerarquizar nuestras familias y de buscar razones para que unos fueran mejores que otros. Era evidente que mi mal español y el no saber mi nombre completo me hacían ver peor que los otros muchachos a ojos del profesor Hernández. Aquella nena bonita me había llamado "gringo" porque no pertenecía al club. Nadie podía decir que yo era blanco; nadie podía decir que tenía pelo lacio. Pero sí podían decir que era un forastero, que no pertenecía al grupo.

No era suficiente, en San Sebastián, tener a Puerto Rico en el corazón.

Lloré mucho esa noche. No me atrevía decirles a mis padres lo que había pasado. Me quería ir a los Estados Unidos. Sabía que el profesor Hernández no debía haber actuado como actuó, pero no quería rendirme. No quería que ganara.

MIENTRAS YO CONJUGABA mal los verbos y mis compañeros me insulta-ban, mi papá estaba preparando nuestro futuro. Había encontrado el restaurante que lo convertiría en un empresario puertorriqueño. Estaba muy bien situado, en el camino que salía de San Sebastián. Por allí pasaba mucho tráfico, había un colmado al lado y dos fábricas pequeñas a poca distancia. Nos mudamos a un apartamento en el sótano, debajo del restaurante. Yo estaba contentísimo de dejar mi catre lleno de lagartijos y las panzas de cerdo que hervían en Cuchilandia. Cuando llegaron nuestros muebles y mi mamá los arregló y convirtió el apartamento en un hogar, las cosas mejoraron. Me alegré de tener a mi hermana cerca y de que pudiéramos recrear un poco de nuestra antigua vida feliz en Chicago.

De todas maneras, me preguntaba si mis padres estaban viviendo su sueño. Sé que pensaban que habían regresado ricos, pero estaban comparando nuestro apartamento en San Sebastián con una casucha de madera pegada a los montes de Aguadilla. Yo, en cambio, lo comparaba con nuestro apartamento de la calle Willow, y no me parecía que era mejor. Y aunque ellos se enorgullecían de sus logros, no éramos, por mucho, los más ricos del pueblo. En San Sebastián había terratenientes y comerciantes muy ricos, gente que no se sentía impresionada por nuestra guagüita Chevy Impala.

También pensaba que habíamos dejado atrás tanta familia como la que habíamos encontrado al volver. En Chicago teníamos tíos y tías y primos, y no solo allí sino por todas partes, desde Gary hasta Nueva York. No era como si mis padres se hubieran ido de Puerto Rico para probar fortuna en Alaska y se hubieran pasado los últimos diecisiete años buscando oro entre esquimales. En Chicago estábamos rodeados de puertorriqueños. Lincoln Park siempre me pareció puertorriqueño; no entendía por qué teníamos que vivir en el sótano de un restaurante en los montes de San Sebastián para tener una auténtica experiencia puertorriqueña.

Pero allí estábamos, reunidos de nuevo en familia. Cuando me dijeron gringo, mi hermana me consoló. Era mi única amiga. Ada echaba de menos Chicago y a sus amigas, pero para ella la transición fue más fácil. Supe enseguida que las muchachas norteamericanas bonitas que hablaban inglés resultaban más simpáticas e interesantes en Puerto Rico que los muchachos bajitos y desgarbados. Quizás hubiera sido más fácil si me hubiera parecido a Antonio Banderas. Mi hermana atrajo mucha la atención, y no precisamente porque le pusieran apodos. Los muchachos de San Sebastián estaban más que dispuestos a ayudar a Ada a aprender español. Su amistad me ayudó mucho en la casa, pero tener una hermana exótica no me hizo sentir mejor en la escuela.

El plan de mi papá era sencillo: mantenerme tan ocupado que no me cogiera lástima a mí mismo.

Si lo que quieres hacer en la vida es pasarte sesenta horas a la semana trabajando y sudando la gota gorda hombro a hombro con tu familia, te recomiendo que pongas un restaurante. Mis padres no sabían nada de ese negocio cuando decidieron mudarse a San

Sebastián. Ni siquiera salíamos a restaurantes. Pero, de repente, poner un restaurante era el plan ideal para mi papá. Para mí fue tan raro como si me hubiera dicho que íbamos a abrir un consultorio de dentista o convertirnos en una familia de maromeros de circo. Yo sabía tanto de restaurantes como de ejecutar acrobacias en un trapecio.

En el frente del café de nuestra familia había dos mesas largas cubiertas por toldos. En el espacio interior, que era pequeño, había siete u ocho mesas y un mostrador con taburetes que corría por la derecha a lo largo del restaurante. En el mostrador se servían los almuerzos durante el día y de noche servía de barra. Mi papá había comprado el café con todo y equipo y mobiliario. Incluso había botellas de licor en las tablillas tras el mostrador. Compró unas cuantas cosas más que necesitaba: un asador para pollos que daban vueltas y dejaban caer la grasa. El olor era delicioso. Había también freidoras y una estufa enorme que ocupaba casi toda la cocina.

El consorcio Gutiérrez que administraba el restaurante no necesitaba buscar empleados. Trabajábamos juntos para limpiarlo todo con cubos de agua y lejía. Mapeábamos el piso y limpiábamos las freidoras y la parrilla. Un día mi papá recibió la primera entrega de alimentos, y el negocio eomenzó a funcionar. Mi papá era el jefe de cocina, que consistía sobre todo en cocinar los pollos. Ada y yo apuntábamos los pedidos, limpiábamos y barríamos los pisos. Mi mamá iba adonde más la necesitaran: a veces era en la caja registradora, a veces en la cocina para preparar el arroz.

El hecho de que el dueño anterior estuviera tan ansioso de vender el restaurante debió haber preocupado a mi papá, pero no fue así. Él vio una oportunidad de negocios y la posibilidad de tener algo propio. Hasta el momento en que tuvimos nuestro propio restaurante yo nunca había visto a mi papá cocinando, excepto por algún *sandwich*. Era mi mamá la que cocinaba en casa. Ahora mi papá se ponía un delantal blanco y se paraba frente a la estufa. Hacía pollo y chuletas de cerdo y revolvía grandes calderos de arroz y habichuelas. A menudo me preguntaba si los padres que yo había conocido durante quince años en Chicago habían sido unos impostores que habían adoptado ahora su verdadera identidad puertorriqueña: un cocinero y una moza de café, propietarios de un restaurante en el trópico.

Pero mi papá seguía igual de estricto.

"No toquen los refrescos ni los flanes, que son muy caros. Son solo para los clientes", nos dijo mi papá, el magnate.

¿De qué servía tener un restaurante y trabajar en él si no podíamos tomar refrescos? Había cajas y cajas de refrescos. Pero mi papá había dictaminado que no se podía faltar a su prohibición de no tomar sus valiosos refrescos. Y él siempre estaba por allí. Siempre. Nunca pude coger uno y bebérmelo mientras él estaba de espaldas a mí. De inmediato me di cuenta de que no se puede tomar un refresco en un solo trago. Una camisa de escuela llena de manchas de Coca Cola tampoco ayudaba a disimular el crimen.

Pero yo persistía en mi empeño. En vez de Coca Cola, traté de tomarme las Fanta de china y las Old Colony de china y de uva. Tenían menos agua carbonatada y venían en botellas de diez onzas. Me entrené para llevar a cabo una maniobra rápida y bien orquestada: sacaba la Fanta de la caja de madera, me la tomaba velozmente y volvía a poner la botella en su sitio. Todo eso lo hacía mientras mi papá hablaba con un cliente o servía un plato de habichuelas. Llegué a ser tan rápido como un pistolero del viejo Oeste. Aquellos refrescos le costaron unas cuantas pesetas a mi papá.

No es que me sintiera muy mal por complementar mi sueldo con el refresco ocasional, porque mi único salario era lo que me comía y me bebía. El salario mínimo en aquel restaurante de la familia Gutiérrez era ningún salario. Ni a Ada ni a mí se nos ocurrió nunca pedir que nos pagaran, así eran las cosas. Los clientes tampoco cooperaban, porque no dejaban muchas propinas. Consideraban que nuestro restaurante era como un lugar de comida rápida. No pensaban que tenían que dejarles propinas a los hijos del dueño.

Trabajábamos largas horas. Estábamos siempre en el restaurante. Yo me especialicé en barrer, limpiar y mantener el restaurante inmaculado. También atendía a los clientes. Servíamos desayuno los días de semana y yo entraba temprano, antes de ir a la escuela. La especialidad de desayuno eran sándwiches de huevo, jamón y queso. Nos inventamos el McMuffin antes que McDonald's. Si hubiéramos sido más listos, yo me habría podido jubilar con el ingreso obtenido de los McMuffin puertorriqueños.

Antes de irme a la escuela, tomaba un buen desayuno en el restaurante. A medio día, yo corría de nuevo al restaurante, un trayecto de veinte minutos bajo el sol tropical. Era un viaje diario que involucraba mucha velocidad y mucho sudor. Teníamos que prepararnos para la alta demanda del almuerzo al mediodía. Ahí era que entraba la mayor parte del dinero. El restaurante quedaba cerca de varias fábricas. Las trabajadoras –casi todo el personal estaba compuesto por mujeres– venían a comer rápido y barato. Mi papá preparaba un especial sencillo todos los días, y un noventa por ciento de los clientes lo pedía. Las chuletas de cerdo y el pollo eran la base del menú; si los eliminábamos, hubiéramos tenido que cerrar inmediatamente. Ada y yo pasábamos la hora antes del mediodía ayudando a mi papá a prepararse para atender a las trabajadoras de las fábricas, que llegaban hambrientas e impacientes. Todas las noches, yo pelaba las papas –treinta, cuarenta, cincuenta papas– para freírlas. No dábamos abasto con la papas. Yo trataba de hacerlo muy rápidamente; tengo suerte de no haber dejado las puntas de mis dedos en San Sebastián.

Supe enseguida que el negocio de restaurante es difícil, aunque se trate de un pequeño café especializado en platos puertorriqueños. Nuestro menú era muy sencillo. Escribíamos los platos del día en una pizarra. Nunca le pusimos nombre al restaurante. "¿Cómo se llama el restaurante?", le preguntaba yo a mi papá: "Los muchachos me preguntan". Él se encogía de hombros; estaba demasiado ocupado haciendo arroz como para pensar en un nombre. ¿Para qué tomarse la molestia? Nuestros clientes eran los mismos obreros de fábrica que comían allí durante la administración anterior. ¿Por qué gastar energía en ponerle un nombre? No recuerdo que nos anunciáramos ni que recurriéramos a mercadeo alguno. La estrategia de nuestros padres respecto al menú era preparar lo que pensaban que la gente trabajadora comería. Y tenía que ser algo que mi papá supiera cocinar.

Sirviendo las mesas me di cuenta de que era muy difícil satisfacer a los clientes. Cobrábamos solo un par de pesos por el especial del almuerzo, pero había clientes regulares que se especializaban en comerse casi todo el plato para luego encontrar una patita o el ala de un insecto entre lo que quedaba. Nos llamaban a Ada o a mí y miraban, con horror, hacia su plato. Luego nos miraban a nosotros y decían: "Hay un insecto en mi comida".

Yo miraba y nunca encontraba nada; iba a buscar a mi papá. Él negociaba, sabiendo que saldría perdiendo. No era el tipo de hombre que iba a obligar a alguien a pagar ni iba a sacarlo del establecimiento. La mayor parte de los clientes eran honrados. Él consideraba que los pocos listos que querían conseguir un plato de comida gratis era el precio que había que pagar por hacer negocios. Pero terminamos por identificar a los tramposos.

"Llegó una de las señoras expertas en insectos a la mesa del frente", le decía yo a mi papá. Le servíamos en un plato precioso, inmaculado. Yo me quedaba de pie cerca de ella y la observaba mientras comía. Aquel servicio especial y la atención esmerada generalmente bastaba para acabar con el avistamiento de insectos. Por algún tiempo, por lo menos.

Por las noches nuestro restaurante se convertía en un bar y en un lugar de reunión. No había mucha gente que comiera fuera a esa hora. El dinero lo ganábamos en el almuerzo, con los obreros que venían a comer durante la hora que les daban libre en la fábrica. Por la noche mi papá hacía dinero con el ron y la cerveza Lowenbrau. Siempre pensé que nuestro restaurante parecía un club social más que un bar. Venían siempre los mismos tipos, ocupaban la misma mesa y jugaban el mismo juego de dominó. Mi papá era un campeón del juego; requiere memoria, estrategia y paciencia. Él tenía esas tres cualidades. Yo no le gané casi nunca. En el restaurante, por las noches, él jugaba partida tras partida. Yo lo veía jugar y ayudaba sirviendo las cervezas frías. En San Sebastián, a nadie le preocupaba el trabajo infantil ni que los muchachos trabajaran en bares. Noche tras noche mi papá se sentaba a una mesa, recordando los números de las fichas de dominó, haciendo servir ron en vasitos de papel, disfrutando de la brisa fresca de la Isla mientras hacía cuentas del dinero que ingresaría a su caja de puros.

Cuando miraba a mi papá, dueño ahora de un restaurante y jugador de dominó casi profesional, me preguntaba qué había pasado con el superintendente de edificios y con el taxista de Chicago. Mi mamá estaba más contenta en San Sebastián, eso era evidente. Ya no tenía que tomar dos guaguas para ir al trabajo ni tenía que caminar por la nieve. Subía las escaleras desde el sótano y estaba en el restaurante. No tenía que luchar por hablar un idioma extraño. Estaba en su tierra. Había arreglado el apartamento para que fuera muy cómodo. No se preocupaba porque alguien entrara y robara ni porque un carterista le arrancara su cartera. No tenía que pasar trabajo buscando sus estaciones de radio preferidas. Se pasaba el día entero tarareando al son de la música puertorriqueña tradicional y popular. Estaba feliz de haber vuelto a casa.

Pero mi papá estaba trabajando más que nunca. En Chicago nunca trabajó en su taxi durante los fines de semana sino que se los pasaba en casa con nosotros. Ahora teníamos que limpiar el restaurante los sábados por la mañana, servirle el almuerzo a dos o tres clientes de los fijos de la semana que venían también ese día y preparar la comida para la semana siguiente. Teníamos que estar mondando y picando y cocinando en una cocina pequeña y caliente los siete días de la semana. Mi papá estaba allí siempre y creo que le hubiera gustado más haber estado con nosotros abajo que sirviendo cervezas y jugando dominó todas las noches. Pero eso era parte de su trabajo. Cuando finalmente llegaba a casa, se veía cansado. Se preocupaba del dinero, del precio de los pollos, de la gente que no quería pagar, de que había días lentos en que entraban pocos clientes. Yo estaba con él todo el tiempo, pero estábamos trabajando. Nunca descansábamos. El restaurante me estaba robando a mi papá.

PERO YO TENÍA quince años y mi gran preocupación era la escuela. Mi español había mejorado un poco gracias a mi trabajo como mozo. Sabía qué quería decir "tráeme el especial del día", pero aún no estaba bien en la escuela. Finalmente el profesor Hernández se había cansado de corregirme la pronunciación y me dejó tranquilo. Los muchachos, sin embargo, que siempre andan buscando una broma, algo diferente para romper la monotonía, pensaban que podían usar mi español como motivo de risa.

Yo solía decir "tengo el hambre" en vez de "tengo hambre". Eran errores que un maestro de español solía corregir. Y todavía no podía diferenciar bien entre el tratamiento formal y el informal para dirigirme a las personas. Mis compañeros tampoco me ayudaban. Cuando yo contestaba una pregunta con una oración completa en español y me sentía orgulloso de haberlo hecho, resultaba que había usado el tratamiento informal y enseguida alguien alzaba la mano y le decía al maestro: "Luis le faltó al respeto". La confusión entre el *tú* y el *usted* era algo más que un mal uso del español. Reaccionaban como si yo estuviera tratando de subvertir el orden social de Puerto Rico. Si trataba de hacerme amigo de alguien, no era raro que me dijeran que no lo estaba tratando con respeto. *Tú* y *usted* y *respeto*: oía esas palabras una y otra vez. En Chicago el respeto se refería a que la policía no lo molestara a uno o que la pandilla de los Harrison Street Gents no se metiera con uno. Ahora tenía que estar luchando con la noción de respeto ante un ejército de adolescentes caribeños expertos en gramática.

Mientras trataba de mejorar mi español, conocí a otros refugiados de los Estados Unidos en la Escuela Superior Manuel Méndez

Liciaga, pero eran de Nueva York y estaban juntos todo el tiempo. Incluso yo era un forastero entre los que habían regresado a San Sebastián, un forastero entre forasteros. Muchos muchachos de San Sebastián no tenían ni idea de dónde estaba Chicago. Pensaban que todos los puertorriqueños que se habían ido a vivir a los Estados Unidos eran de Nueva York. Todos habían visto *West Side Story.* Y me preguntaban, totalmente en serio, "¿En qué parte de Nueva York está Chicago?"

Por eso me llenó de entusiasmo aquel otoño cuando un par de muchachos vinieron adonde mí y me invitaron a hacer algo con ellos.

Me hablaron de un club al que podía unirme, uno que me convendría. Se llamaba Young Americans for Freedom (Jóvenes Norteamericanos en pro de la Libertad). Lo que querían era que Puerto Rico fuera parte de los Estados Unidos, no un Estado Libre Asociado como lo que éramos, sino un estado más de la Unión Americana, un estado de pleno derecho. Supusieron que, naturalmente, yo estaría de acuerdo. Después de todo, hablaba inglés y ellos pensaban que todo el mundo en Puerto Rico debería aprender a hablarlo. Puerto Rico era parte de los Estados Unidos.

No pensé mucho sobre el asunto. Me gustaba que alguien me tuviera en cuenta: el líder del club era simpático y esa había sido la primera vez que alguien había reconocido mi dominio del inglés. Lo cierto era que la mayor parte de quienes yo había conocido no estaban locos de alegría con la idea de que los puertorriqueños hablaran inglés, pero por lo menos este muchacho me tomaba en cuenta. Una mañana me paré frente a la escuela con sus volantes, que tenían la bandera norteamericana, para ayudarlos a difundir su credo entre los compañeros estudiantes. Yo quería ser parte de algo, ¿y quién podría objetar un nombre como Jóvenes Norteamericanos en pro de la Libertad?

Más temprano que tarde descubrí que sí había quien lo objetara. Muchos puertorriqueños estaban en contra. Aunque hice un par de amigos en aquel club, la mayoría de los muchachos a los que intentábamos darle el anuncio nos ignoraban o nos gritaban o se reían de nosotros. Nos miraban como si no supiéramos de lo que estábamos hablando. Gritaban "¡Viva Puerto Rico!". Yo no entendía por qué reaccionaban así, pero pensé que era el precio que tenía que pagar a cambio de la amistad.

En eso, Luis, un compañero de clase, se paró a ver lo que yo hacía. Yo sabía quién era: probablemente el tipo más inteligente de la clase. Él y otro más, Tino, que me había hecho preguntas sobre Chicago. Tino había pasado un verano en Chicago y le había gustado la ciudad. Recuerdo haber tenido una conversación con él sobre la calle Division –la mejor conversación que logré entablar con mi mal español. Por lo menos él sabía que Chicago no estaba en Nueva York. Luis me miró a mí, el tipo flaquito que hablaba un español terrible y que ahora estaba con los Young Americans for Freedom, repartiendo anuncios a favor de la estadidad. Pareció encontrarlo gracioso, pero también pareció preocupado. Después de un rato se acercó a mí y me indicó que quería hablarme.

–¿Qué estás haciendo? –me preguntó–. Esos tipos están locos. Quieren la estadidad. Son republicanos. Quieren que Puerto Rico sea como los Estados Unidos. Tú eres de Chicago: ¿te parece a ti que Puerto Rico es lo mismo que los Estados Unidos?

Tuve que aceptar que tenía razón. Puerto Rico me había parecido muy diferente desde el mismo instante en que llegué. Aquí me habían dicho gringo.

–Mira, nada de lo que dicen tiene sentido –agregó–. Te voy a ayudar.

Fue un gesto amigable. El resto de la gente me estaba ignorando. Los Young Americans for Freedom parecían interesados sobre todo en reclutar a alguien para que distribuyera sus volantes. Luis parecía más interesado en mi persona.

Empecé a hablar con Luis y con su amigo Tino acerca de Chicago y de la política puertorriqueña. También hablábamos de la escuela y de las muchachas y de lo malo que era mi español y de cómo podría mejorarlo. Se convirtieron en mis amigos, amigos de verdad. Luis Aguilar y Tino Núñez, los muchachos que con la intención de salvarme de las garras de los estadistas locos dieron el primer paso de una amistad que ha durado toda la vida.

CAPÍTULO CINCO

Pago a los cortadores de caña
bajo el flamboyán

LOS SÁBADOS me iba temprano por la mañana a la Central Plata, la refinería de azúcar que quedaba en las afueras de San Sebastián. A veces caminaba y a veces cogía pon. En aquel entonces todo el mundo cogía pon; uno conocía casi siempre a quien le daba pon en aquel pueblecito. No era difícil encontrar a alguien que se ofreciera a llevarlo a uno en carro, y la Central Plata quedaba cerca, como a milla y media del pueblo, en un monte. Era la construcción más grande del lugar, con vista a los cañaverales propios y de los agricultores que le llevaban caña para que siguiera funcionando.

Me reunía con Luis y con Tino y esperábamos en la oficina de la Central Plata a que vinieran los jeeps que nos llevaban a los cañaverales. Los jeeps no eran entonces tan apetecidos como hoy; más bien parecían salidos directamente de la guerra. Bien podía el general Patton aparecer en la parte trasera de cualquiera de ellos. Solían ser abiertos; los mejores tenían capota. Estaban por todas partes en San Sebastián; me recordaban a diario que yo estaba muy lejos de Lincoln Park. Luis, Tino y yo esperábamos charlando y riéndonos, contentos por la suerte que habíamos tenido al haber conseguido ese trabajo de los sábados por la mañana. Finalmente los jeeps conducidos por los empleados del papá de Luis llegaban para llevarnos al lugar asignado.

El papá de Luis era capataz en la Central Plata. Nos había conseguido un trabajito como pagadores de los obreros que trabajaban en la plantación. Era un trabajo magnífico, a tiempo parcial, para un muchacho puertorriqueño de escuela superior. Éramos como diez o quince, y casi todos eran mayores que nosotros. Luis ayudaba a sus amigos, y nosotros lo agradecíamos. A los obreros se les pagaba en los campos donde trabajaban, casi todos a varias millas del pueblo. Los cortadores de caña que trabajaban más cerca del pueblo venían a la Central Plata a buscar su dinero. Luis, Tino y yo preferíamos que nos asignaran a los campos. Siempre era mejor alejarse de la Central Plata para pagarles a los obreros, porque si uno se quedaba allí había que esperar todo el día a que los cortadores llegaran de uno en uno. Esa espera podía tomarte casi todo el sábado.

Pero rara vez nos dejaban en la Central. Cuando nos asignaban al campo, celebrábamos brevemente que lo hubieran hecho y nos dividíamos. Había un jeep para transportar a cada pagador. Saludábamos al chofer, siempre mayor que nosotros y casi siempre de pocas palabras, y salíamos de San Sebastián hacia el lugar en donde los cortadores de caña se reunían cada sábado para recibir sus sobres con la paga. El jeep entraba a un claro en los campos y se detenía bajo algún flamboyán que, cuando estaba florecido, nos cubría con su fuego y nos daba sombra mientras trabajábamos.

Los campos no quedaban lejos, pero aquello parecía un viaje en el tiempo, hacia el pasado de Puerto Rico. Si para mí el pueblo de San Sebastián era pequeño y remoto, distante de la civilización que representaban Chicago o Nueva York, el mundo de los cortadores de caña hacía que San Sebastián y Pueblo Nuevo parecieran Times Square. Los campos estaban tranquilos los sábados por la mañana, cuando todo era calma tras largas horas de trabajo muy arduo. En las afueras de San Sebastián no había más que cañaverales, y lo único que se veía eran montes cubiertos de largos tallos verdes. Los lugares de pago bajo los flamboyanes estaban aislados, escondidos. Para llegar, tomábamos carreteras pequeñas que se desprendían de otras carreteras pequeñas y se internaban en los cañaverales hasta llegar a un claro. Había que saber el camino porque nadie hubiera podido explicar cómo llegar hasta allí. Usualmente el trayecto de ida y vuelta era más largo que lo que duraba pagarles a los trabajadores.

La mayoría de ellos nos esperaba pacientemente bajo el sol de la mañana. Estaban acostumbrados a estar bajo el sol, de manera que esperar a un muchacho de escuela superior que les pagaría su salario era la parte más fácil de su semana. Nos parábamos en la parte trasera del jeep y les pagábamos. No había mesas ni sillas: el árbol de flamboyán era la oficina; el jeep era el escritorio. El chofer se quedaba sentado y esperaba; ni siquiera se interesaba en el asunto. Nunca sabré por qué no dejaban que el chofer mismo les pagara a los hombres. Nunca pregunté: no quería darles ideas y, como consecuencia, perder mi trabajito de los sábados. Yo me paraba frente a ellos, en la parte trasera del jeep, y sacaba una caja como de zapatos llena de sobres. La ponía al lado de una libreta vieja de cuentas que parecía un manuscrito antiguo y secreto y que tenía escritos los nombres de todos los hombres a quienes debía pagarles. Ellos me miraban mientras preparaba todo. Tenían que firmar su nombre para conseguir su sobre con la paga. Yo hacía una señal y los trabajadores se acercaban al jeep de uno en uno.

El primer sábado que fui, noté las manos de aquellos hombres. Nunca había visto manos tan callosas y tan sólidas, como si les hubieran puesto al final de sus brazos bloques de madera esculpidos para que los usaran como herramientas. Pero aquellos callos duros no bastaban para protegerlos del peligro de los machetes que cortaban la caña hora tras hora. La mayoría tenía cicatrices, y muchos se habían cortado recientemente. Decir que la piel de los obreros estaba quemada por el sol no es suficiente; su piel se había transformado, el sol la había manchado permanentemente. Yo soy puertorriqueño y, como la mayoría, no tengo la piel muy clara. Pero la piel trigueña con la que nacieron los cortadores de caña había desaparecido hacía tiempo, reemplazada por una especie de cuero color café que los protegía.

El sol los había oscurecido a todos a pesar de que usaban pavas que los ayudaban a protegerse del sol. La mayoría se ponía un pañuelo en el cuello. Iban vestidos de pantalones color crema oscuro y llevaban camisas de manga larga. Su ropa estaba manchada y vieja. Había unos cuantos hombres mayores, algunos un poco encorvados, que debieron haberse retirado hacía tiempo. Los machetes eran como de dos pies de largo y los hombres los llevaban siempre –hasta los sábados– colgando de la correa. Formaban parte de su uniforme. A mí no me hubiera gustado estar en un bar con alguno de aquellos tipos tras una semana de trabajo duro. Los periódicos traían titulares frecuentes sobre crímenes cometidos a machetazos. Las peleas no solían terminar con una cortadita: la gente moría o, si tenía suerte, perdía uno o varios dedos.

Los hombres se aproximaban al jeep, me decían su nombre y yo les daba su sobre con la paga. Luego tenían que firmar en la línea correspondiente de la libreta. Había que tener cuidado de no darle a nadie el sobre que no era suyo. Yo observaba también las líneas de la libreta. Los hombres solían firmar con una X. La primera vez que vi que alguien hacía una X y se retiraba, pensé que había cometido un error. Nunca antes había visto a nadie firmar así. Pero nadie pareció preocuparse. En la Central Plata me dijeron que tenía que escribir los nombres completos en la línea de firmar si lo hacían con una X. De aquellos hombres aprendí que había cosas mucho más difíciles y duras que no pronunciar bien el nombre de uno frente a un maestro.

Los hombres eran pacientes y corteses. No recuerdo haber tenido un solo problema con ellos durante los dos años que fui pagador. Cogían su dinero y muchos volvían a los cañaverales a trabajar un ratito más. Recuerdo que la mayoría de los sobres contenía entre treinta y cuarenta dólares, que era lo que ganaban por el trabajo de toda una semana bajo el sol ardiente, blandiendo un machete y recogiendo caña. A nosotros nos pagaban $4.99 por salir en el jeep los sábados por la mañana, sentarnos bajo la sombra de un flamboyán, distribuir bien los sobres y llenar la libreta de pago. Cuando me dieron el trabajo, Luis me dijo que trajera siempre un centavo para que me dieran un billete de cinco, y siempre lo llevé.

Cuando miraba a los hombres, pensaba que Luis, Tino y yo estábamos cobrando mucho por hacer muy poco. En 1970 en San Sebastián uno podía ir a uno de sus cines, La Gloria o Mislan, y comerse una bolsa grande de *popcorn* y un refresco gigante por menos de un peso. Los cinco dólares que ganaba los sábados por la mañana me hacían sentir rico. Pero recuerdo haber pensado que los obreros ganaban muy poco por mucho trabajo. Para cortar caña hay que doblarse y cortar la caña por la parte del tallo que está más cerca de la tierra, justo por donde nace, para aprovechar el tallo al máximo. A menudo el terreno está húmedo y resbaloso. Después que se corta la caña, se le quitan todas las hojas con el machete y se amontonan a un lado. Esas hojas son tan filosas que cortan la piel. Y luego hay que hacerlo todo de nuevo: dóblate, corta, párate, corta, tira a un lado. Dos, tres, mil veces en un día. Si te equivocas por una pulgada, podrías perder un dedo. Pero los hombres venían callados a buscar su sobre, contentos de tener algún dinero para llevar a casa.

Aquellos hombres puertorriqueños que esperaban en fila me hacían pensar en las burlas que me habían hecho en Chicago, a mí y a mis amigos. Los muchachos blancos nos señalaban, riendo: "Ustedes los puertorriqueños viven todos del mantengo" o "Ustedes son unos mantenidos y unos holgazanes". Lo oímos mucho: puertorriqueños vagos —así nos llamaban los abusivos de la escuela todo el tiempo. Era la respuesta obligada cuando alguien se enojaba con un puertorriqueño: "¿Qué sabes tú de eso? Ustedes todos reciben el mantengo".

Aquel insulto que nos describía como gente que le robaba a la asistencia social flotaba por mi mente bajo la forma de puertorriqueños fantasmales. Yo no conocía a ninguno que recibiera un cheque de la asistencia social. ¿Dónde estaban? Seguro que existían, pero no se encontraban cerca de mis amigos y mi familia en Lincoln Park. La mayoría de los puertorriqueños que yo conocía se montaba en guaguas y viajaba lejos para ir al trabajo. Los puertorriqueños que conocíamos trabajaban en líneas de ensamblaje de fábricas, cargaban cosas en los almacenes y guiaban taxis. Si no tenían un empleo fijo, buscaban maneras de ganar dinero: se colocaban de vendedores en una tienda, hacían entregas, trabajaban en lo que pudieran. Yo esperaba conocer algún día a un puertorriqueño de Chicago que me mostrara su cheque del mantengo, pero nunca pasó.

Los sábados por la mañana en San Sebastián yo pagaba a hombres viejos puertorriqueños, algunos doblados por el trabajo. Me esperaban bajo el sol para recibir sus treinta o cuarenta dólares a la semana. Me trataban con respeto, sin saber que en el pueblo yo seguía siendo el extraño muchacho forastero que había llegado de los Estados Unidos y no sabía hablar bien español. Ahora, mientras los veía esperando al sol los sobres que yo traía, pensé en una palabra que no se me iba de la mente: *campesino*. Casi no la entendía y probablemente nunca la había usado antes, pero me parecía precisa. Parecía increíble ver frente a mí a alguien a quien le cuadraba muy bien la palabra *campesino*. Era como si me hubiera dado de bruces con un vikingo o un yanomami en el patio trasero de mi casa.

Simplemente, estaba mirando a unos *jíbaros*, trabajadores puertorriqueños personificados por la pava. Los tenía frente a los ojos, y yo les estaba pagando. El proceso entero parecía salido de un capítulo de un libro de historia. Mientras íbamos de una plantación a otra, veíamos las casas de los cortadores. No tenían tierra que cultivar; solo eran empleados de la Central Plata. Algunos tenían pequeñas parcelas de tierra en donde se les permitía sembrar vegetales. Vivían en casitas de madera con techos de zinc en medio de los campos. Algunas las habían construido sobre zancos, y debajo de ellas había gallinas y pollos. Ninguna tenía ventanas de vidrio, ninguna tenía agua corriente y casi ninguna tenía una cocina dentro de la casa. El humo del fuego que hacían afuera para cocinar se metía a las casas.

Trabajaban en un empleo que no tenía futuro, resignados ante el hecho de que cortar miles de cañas de azúcar era la única manera de alimentar a sus familias. Después de aquella experiencia en los cañaverales de Puerto Rico nunca he pensado, ni por un momento, que los puertorriqueños no saben trabajar duramente.

SI MI FAMILIA hubiera llegado a San Sebastián algunos años después del momento en que llegó, yo probablemente no habría tenido el trabajito que tenía los sábados por la mañana. Ya para 1970 la industria de la caña de azúcar en Puerto Rico estaba a punto de fracasar. Parecía que el gobierno puertorriqueño no podía decidir si quería renunciar al azúcar y desarrollar otras industrias o promover de lleno la producción del azúcar y conservar todos los empleos que generaba.

El gobierno de los Estados Unidos lo ayudó a tomar la decisión. El Congreso aprobó leyes que establecieron cuotas para el azúcar. Los congresistas estaban más interesados en fortalecer la producción de azúcar en la Florida y en Luisiana que en Puerto Rico. En el mismo momento en que Luis, Tino y yo viajábamos en los jeeps para pagarles a los cortadores de caña, la producción iba en declive y el gobierno incautaba las centrales tratando de estirar la vida de una industria que había sido fundamental para la economía de la Isla, pero ya era demasiado tarde.

Hoy en día, Puerto Rico importa azúcar.

Pero cuando la familia Gutiérrez llegó a San Sebastián, la Central Plata era todavía un enclave importante del pueblo y uno de los mayores empleadores. Era enorme y dominaba el paisaje a las afueras de San Juan. El papá de Luis había trabajado allí durante años. Para mí representaba un pequeño honor estar asociado con esta parte fundamental de la vida de San Sebastián; precisamente yo, un forastero que había llegado de los Estados Unidos. Aquel trabajo de los sábados por la mañana fue importante para mí por una razón mucho más valiosa que los cinco dólares que cobraba con tanta alegría: finalmente tenía amigos en Puerto Rico.

ES PROBABLE QUE nuestra amistad nunca hubiera florecido si Tino no hubiera pasado unas vacaciones de verano con sus parientes de Chicago. Había ido a Wrigley Field y había paseado por la calle Division. Me preguntó muchas cosas. Quería saber más acerca de los Cubs, de los Pirates y de Roberto Clemente. El hecho de que conociera Chicago, mi ciudad de origen, me hacía menos extraño ante sus ojos. Le gustaba Chicago; quería saber más sobre la ciudad.

Luis y Tino eran amigos. Hacían todo juntos. Luis era alto y atlético. Tino no era mucho más alto que yo, y ambos tratábamos de jugar baloncesto como Luis. Los dos eran inteligentes, hablaban bien y querían salir adelante. El empleo del padre de Luis en la Central Plata lo situaba dentro de la clase media de San Sebastián, pero no es que fuera un muchacho privilegiado. No era como los hijos de los médicos y los abogados que siempre tenían dinero para gastar. Hace cuarenta años, en San Sebastián no había muchas madres solteras, pero el papá de Tino no estaba presente. Su mamá trabajaba de cocinera en una escuela y se ocupaba mucho de Tino. Creo que su situación los inclinaba a simpatizar con el forastero norteamericano. En mí vieron a alguien tratando de salir adelante, de ser como los demás. Y sabían que no siempre era fácil lograrlo en San Sebastián.

Aunque Luis y Tino se juntaban conmigo en la plaza o jugaban baloncesto conmigo durante los fines de semana, no me podían ayudar mucho en la escuela. Las escuelas puertorriqueñas no solo trataban mal a los forasteros sino que eran inmisericordes en cuanto a su clasificación de los estudiantes. Cuando yo me aparecí por allí con mi mal español y mi pronunciación al estilo de Chicago, ya los más inteligentes habían sido separados de todos los demás e iban –como un equipo de estrellas– de una clase de honor a otra. Aprendían más y más rápidamente que el resto de nosotros. Luis y Tino estaban en la clase de honor; por eso no los veía mucho en la escuela. Yo pasé por las clases básicas. Mi español mejoraba, pero no rápidamente.

Fue un cambio drástico con respecto a lo que yo había vivido en Chicago.

En mi ciudad, los maestros blancos nos separaban también, empezando en Kindergarten. Pero en Lincoln Park castigaban a los que hablaban español. Cuando empecé la escuela en Chicago tuve que demostrar que a pesar de mi piel oscura y mi nombre impronunciable, mi inglés era bueno. Una vez que los maestros se dieron cuenta de que los podía entender, no me pusieron con los muchachos latinos que solo hablaban español. Yo recuerdo que cuando estábamos en Kindergarten y en primer grado, a los latinos los mandaban a una esquina a jugar Monopolio o Parchís mientras que el resto de la clase estudiaba. Creo que su teoría era que tras leer muchas veces lo de *"free parking"* y *"do not pass go"* (las leyendas que aparecen en los tableros de esos juegos) sabrían lo suficiente como para ponerse al día con la clase.

Ahora en Puerto Rico, a pesar de que sacaba buenas notas, sobre todo en inglés, yo era el que estaba en una esquina. Era competitivo y creía que podía estar a la par con los muchachos de los cursos avanzados, excepto por el problema del español que aún era mi segundo idioma. Matemáticas era una clase de por sí difícil y yo tenía el problema añadido de que no entendía bien a la maestra. Los maestros y hasta algunos de mis compañeros ya no se reían de mí, pero todavía me quedaba mucho camino por recorrer antes de llegar a los cursos de honor.

Si la semana escolar era dura, los fines de semana eran peores. Parecía que esos dos días nunca terminarían, hasta que me hice amigo de Luis y de Tino. Lo que recuerdo de los primeros fines de semana que pasé en San Sebastián es el silencio. Chicago era ruidoso; nunca había silencio. Mis amigos gritaban; los de las pandillas amenazaban; la gente ponía música; mis amigos y yo hablábamos todo el tiempo y planeábamos quedarnos los unos en las casas de los otros por la noche. En San Sebastián no hubo nada para mí aquellos primeros meses.

Me levantaba temprano para ayudar a limpiar el restaurante, lavando y mapeando con mi papá hasta que todo quedaba lustroso.

Para cuando acabábamos le sobraban muchas horas al día. Ponía discos en mi cuarto y los oía una y otra vez. Ya me había aprendido cada verso, cada toque de tambor y cada acompañamiento de los discos de los Rolling Stones, de Jimi Hendrix y de Smokey Robinson que había traído de Chicago. Hasta el día de hoy, cada vez que oigo al grupo musical The Temptations cantar "My Girl" pienso en aquellos días de Puerto Rico en que me pasaba las tardes de los domingos solo en mi cuarto.

Por eso, cuando Luis y Tino me prestaron atención, me aferré a ellos como un náufrago al salvavidas. Me veían como algo curioso; yo era una especie de proyecto para ellos. Les contaba de cuando había visto a Clemente jugando en Wrigley y ellos me explicaban las costumbres puertorriqueñas. Algo más nos unió desde el principio: compartíamos un interés real en la política. Ellos se preocuparon genuinamente por el muchachito puertorriqueño de Chicago que estaba tan desesperado por hacer amigos que se había unido a los Young Americans for Freedom, el grupo que quería la estadidad.

En San Sebastián al final de los sesenta no había mucha gente que favoreciera la estadidad. La mayoría apoyaba al Partido Popular Democrático, los populares. Al igual que mi mamá, la gente recordaba el gobierno popular de Luis Muñoz Marín como el que le había llevado la electricidad y el agua corriente a la gente. Ese gobierno también había repartido miles de parcelas para que la gente construyera sus casas. El Estado Libre Asociado era lo único que había conocido la mayor parte de los habitantes de San Sebastián. La fórmula parecía ser un arreglo razonable entre la meta improbable de la estadidad federada que nos haría parte integral de los Estados Unidos y la idea riesgosa de que Puerto Rico fuera una nación independiente. Todo eso era para mí algo nuevo, sobre todo el hecho de que el estatus de Puerto Rico definiera la posición política de todo el mundo. En Chicago las líneas divisorias eran muy diferentes. Por un lado, estaban los demócratas de Daley, a favor de la ley y el orden, que habían predominado durante la generación de mi papá. Por el otro estaban los jóvenes que simpatizaban con los manifestantes contra la guerra de Vietnam y que se enfrentaban a la policía de Daley en el parque. Y estaban los ricos, casi todas personas blancas, corredores de bienes raíces que estaban tratando de que el vecindario fuera más elegante, convirtiéndolo en un lugar demasiado caro para que nosotros viviéramos en él. También había organizadores y activistas que luchaban a favor de viviendas asequibles y mejores escuelas.

Las líneas divisorias en Puerto Rico tenían que ver con la relación de la Isla con los Estados Unidos. Y en aquel momento, en San Sebastián, a los asimilistas que querían la estadidad federada no les estaba yendo muy bien. O por lo menos eso fue lo que me dijeron Luis y Tino mientras me explicaban por qué no debía quedarme con los Young Americans for Freedom. La explicación que me dio mi papá de cómo era el panorama político de Puerto Rico fue aún más directa.

Una tarde en que estábamos en el restaurante, le pregunté acerca de los partidos políticos puertorriqueños. Se alejó de la estufa para darme una lección sucinta y clara.

"Mira, esto funciona así. Están los buenos, las Pavas; sus colores son el rojo y el blanco y sus símbolos son el pan, la tierra y la libertad. Fueron ellos quienes le trajeron a la gente electricidad y agua corriente: son los populares. Y por otro lado están los estadistas, las Palmas, que no es que estén mal, pero lo cierto es que Puerto Rico nunca será un estado y la mayor parte de la gente no quiere que lo sea. No tienes ni que pensar en ellos".

Pero al final vino la parte más seria de su intento de orientarme políticamente. Me lo explicó como si fuera un locutor informando sobre unas noticias que no podría ignorar, so pena de un desastre personal; como si me avisara que venía un huracán y que debía alejarme de la costa.

"Y hay un último grupo que quiere la independencia. Tienen ideas locas. Después de la idea de que Puerto Rico sea un estado, lo más absurdo es que sea independiente. No te asocies nunca con ellos porque la gente pensará que eres comunista. Es un grupo marginal. Si te identificas con ellos, jamás conseguirás empleo".

Mi papá volvió a la estufa, contento de haber transmitido su mensaje.

Un consejo para padres de muchachos de quince años: si quieren que sus hijos no hagan algo, no les digan que es peligroso o subversivo.

Recibí el mensaje y pensé: "Gracias, papi". Los Independentistas me parecían un grupo muy divertido. Lo mismo pensaban Luis y Tino. Aunque mi papá no lo supiera, mis nuevos amigos no eran los únicos que simpatizaban con la independencia en San Sebastián. El pedacito de Puerto Rico que mis padres consideraban suyo tenía una tradición de enfrentar a sus amos coloniales. Los patriotas puertorriqueños sorprendieron a los españoles en Lares en 1868, cuando luchaban por su independencia de España. Lares es un pueblito que queda como a unos veinte minutos de San Sebastián hacia el este atravesando las montañas. Los rebeldes tomaron el pueblo e izaron la primera bandera del Puerto Rico libre desde el altar de la iglesia de San José. Tras su éxito en Lares, marcharon al oeste, hacia San Sebastián, con la intención de que su rebelión se generalizara y todo Puerto Rico pudiera liberarse del control español.

Desgraciadamente, los españoles no repitieron en San Sebastián el error que habían cometido en Lares, donde no habían calculado bien la fuerza de los rebeldes. Enviaron refuerzos desde Aguadilla y Mayagüez antes de que los rebeldes pudieran añadir San Sebastián a la república libre de Puerto Rico. La rebelión murió en mi pueblo adoptado. Pero la conmemoración del Grito de Lares –una celebración anual que recuerda los primeros pasos que dio Puerto Rico hacia la libertad– seguía siendo un acto importante. El espíritu de independencia seguía vivo en Lares y en San Sebastián.

Me gustaba aprender la historia de San Sebastián y de los defensores de la independencia. De casa en casa, sin perdonar a nadie, nuestros antepasados lucharon contra los españoles; batallas que se encuentran conmemoradas en un mural de la iglesia de la plaza. El pueblo me parecía entonces menos remoto y extraño. Me gustaba hablar de política con Tino y con Luis. Lo que decían tenía sentido. Los Young

Americans for Freedom pensaban que mi dominio del inglés y mi amor por los Estados Unidos me convertían en un adepto perfecto del movimiento a favor de la estadidad. "Nadie debería burlarse de ti por hablar inglés: todos deberían tener esa meta", me dijeron.

Yo entendí eso, quizás porque nadie me hablaba. Punto. Pero lo cierto era que los Young Americans for Freedom no habían entendido bien mi experiencia puertorriqueña. Luis y Tino sí la entendían. Yo amaba los Estados Unidos, pero Puerto Rico no me parecía muy norteamericano. Yo era un muchacho norteamericano que hablaba inglés y que había llegado a una isla caribeña. Me sentía aislado y confuso. Lo que me rodeaba no me parecía que fuera como Pensilvania ni California ni Alabama; no me parecía que pudiera ser un nuevo estado en el que las mayores diferencias fueran un acento extraño y ciertas palabras de vocabulario, como que la gente le dijera *soda* a la Coca Cola en vez de *pop*. Había caído en medio de una nueva cultura, de una nueva experiencia. Parecía otro país. Y así me sentía aunque fuera puertorriqueño.

Todo era diferente: los insectos y el calor, el español y los cuchifritos, además de las muchachas que pensaban que uno cometía un crimen si les hablaba en un momento inoportuno. No entendía lo que decían las estaciones de radio y de televisión. Las diferencias que encontré en Puerto Rico no eran como las que había entre Nueva York y Chicago. No era cuestión de comparar los juegos de pelota en la calle con el béisbol que se jugaba en el parque, ni la basura en las calles con la que se ponía en los zaguanes. Yo no entendía bien lo que la gente me decía en Puerto Rico, ni lo que esperaban de mí. No sabía cómo comportarme ni cómo ser un puertorriqueño más. Lo cierto es que hasta un muchacho boricua como yo, que se había criado comiendo arroz y habichuelas podía convertirse en un gringo en esta isla.

Mis amigos de Young Americans for Freedom estaban tratando de demostrar que Puerto Rico no era tan diferente de los Estados Unidos y que, por lo tanto, podría convertirse fácilmente en estado. Lo que decían Tino y Luis era: "Mira a tu alrededor". No tenían que darme más explicaciones; lo que querían decir era: "¿Te sientes igual aquí que allá?".

Tenían razón. A diferencia de los muchachos que hablaban español y que promovían la estadidad repartiendo volantes con la bandera de los Estados Unidos, yo vivía las contradicciones entre Chicago y San Sebastián. Conocía los Estados Unidos; era mi hogar. Había vivido allí, muy a gusto, durante los primeros quince años de mi vida –los suficientes como para darme cuenta de que Puerto Rico estaba muy lejos de los Estados Unidos. Aquí, en mi nueva tierra, había cortadores de caña y apellidos maternos al final del paterno. Las distancias estaban en kilómetros y los nombres de calles en español. Hervían varias partes del cerdo en grandes calderos. Todo lo que había visto, oído y experimentado reforzaba lo que pensé cuando salí del avión de la Pan American hacia el sol abrasador de Puerto Rico, cuando mi papá me ordenó que hablara español.

Puerto Rico es diferente.

UNA DIFERENCIA que yo quería eliminar urgentemente era mi incapacidad de conseguir que las muchachas se fijaran en mí. Mientras me hacía amigo de Luis y Tino también estaba buscando a una muchacha que quisiera ser amiga del muchacho desorientado que había llegado de los Estados Unidos.

Cuando Gloria, una compañera de clase, pareció que se fijaba en mí, me sentí optimista. Me sonrió. No se burlaba de mí. Empezamos a hablar. Yo no necesitaba que me ayudaran mucho con las matemáticas, pero le hice preguntas sobre la materia para tener cómo acercarme a ella. Además eso me ayudaba a practicar el español. Fue muy simpática. No me corregía mi uso del tratamiento formal e informal, y por lo menos parecía entender lo que yo decía. A medida que transcurría el tiempo, yo iba dejando de ser el bufón de la escuela. Afortunadamente, la memoria de los muchachos de escuela superior no es duradera. Al hablar con Gloria me iba sintiendo más cómodo con las costumbres puertorriqueñas –ella nunca levantó la mano para pedirle al maestro que la rescatara del tipo agresivo que había llegado de Chicago.

Un día, durante la clase de matemáticas, Gloria me invitó a su casa para hacer juntos la asignación. Ninguna otra muchacha que no fuera mi hermana se había fijado en mí desde que nos mudamos a San Sebastián. La invitación era importante. Finalmente, tras casi un año durante el cual todos me habían ignorado, podía ser que mi suerte estuviera cambiando y que pudiera conseguir que las muchachas se fijaran en mí de nuevo. Estaba ansioso por ir a su casa.

En Chicago yo hubiera podido visitar a mis amigos todos los días de la semana y nunca habría visto a ninguno de sus padres. Estaban trabajando o en camino de regreso a casa. Algunos podrían haber estado en un bar. En San Sebastián había padres por todas partes. Patrullaban alertas las salas de sus casas. Su mamá nos saludó. La casa estaba callada y sombreada y no parecía haber hermanos ni hermanas. Tuve la sensación de que también Gloria se sentía sola. Nos pusimos a trabajar en la mesa de la cocina. Mientras tanto, su mamá daba vueltas alrededor de nosotros con una actitud a la vez acogedora e inquisitiva. Era como un detective policíaco cortés y sonriente.

Me preguntó acerca de mi familia y lo que hacían. ¿Eran de Puerto Rico? ¿Qué habían hecho en los Estados Unidos? ¿Por qué se habían ido de Puerto Rico? ¿Por qué habían vuelto? Yo creí que había pasado la prueba airosamente y empezaba a simular que me concentraba en las matemáticas cuando lo que quería era concentrarme en Gloria, una vez que su mamá nos dejara solos. Pero su mamá me hizo una pregunta más a la manera de Columbo –"una otra cosita"– que me hizo pensar que era en realidad lo que me había querido preguntar desde el principio.

La mamá de Gloria dijo que el único Gutiérrez que conocía en San Sebastián era el zapatero. ¿Éramos parientes? Gloria había ido a la nevera a buscar algo y estaba detrás de su mamá. La pregunta captó su atención y decidió que tenía que asesorarme urgentemente. Atrajo mi atención discretamente y sacudió la cabeza de lado a lado, dejándome claro que tenía que negar que yo era pariente del zapatero.

Me pareció raro que esto fuera tan importante para Gloria. ¿Era tan mal zapatero aquel Gutiérrez? ¿Le habría cobrado de más a la familia de Gloria? Mi contestación fue fácil y verídica, porque no éramos familia del zapatero. Le dije a la mamá que ni siquiera lo conocía. Pareció alegrarse. Satisfecha con los resultados de su interrogatorio, nos dejó solos unos minutos.

–¿Qué fue eso del zapatero? –le pregunté a Gloria.

Se acercó a mí y me susurró el secreto.

–Es muy oscuro –dijo.

Oscuro. Pensé que debería invitar a Gloria a que se montara conmigo en un avión para ir a Chicago, donde todos los blancos pensaban que *todos* los puertorriqueños éramos oscuros. Allá, el zapatero hubiera sido un puertorriqueño más –quizás un poco más oscuro, pero más o menos igual a todos los que estábamos tratando de librarnos de los blancos que lo controlaban todo. La norma en Puerto Rico era diferente. Aquí éramos todos puertorriqueños y la cantidad de pigmento en la piel era importante para mantener vivas las divisiones de clase.

Pensé que era muy peculiar el hecho de que se quisiera separar a los puertorriqueños en vez de unirlos. Pero al pensar sobre el asunto, tuve que reconocer que en Chicago también teníamos la costumbre de clasificar la "oscuridad" de las personas con quienes nos encontrábamos todos los días.

En Chicago la gente veía a una bebé recién nacida y decía: "¡Qué bonita! Parece una americanita". Mis padres estaban orgullosos de ser puertorriqueños, pero no eran los únicos que se habían hecho a la idea de que las características "americanas" –piel blanca, ojos azules, pelo rubio– volvían atractivas a las personas. Uno lo oía todo el tiempo. Las mujeres chismeaban y al hablar de otras mujeres decían "Tiene la piel muy oscura, pero por lo menos es bonita". Oscura, *pero…* Uno nunca oía "blanca, *pero…*". Con ser blanco bastaba.

Esta preocupación constante sobre la apariencia, las acciones y la manera de hablar, y la aceptación que se derivaba de ello nos afectaba a todos más de lo que cualquier puertorriqueño hubiera querido reconocer. Cuando yo era un muchachito de séptimo grado, empecé a usar una crema para estirarme el pelo. Lo hacían muchos en el vecindario. Había que comprarla en una tienda donde vendían productos de belleza para los afroamericanos. Conocí a muchos muchachos que la usaban. Era una crema pegajosa y blanca que uno se untaba en el pelo. Yo me paraba frente al espejo del baño y me la ponía con cuidado, satisfecho de que nadie me viera con aquello pegajoso en la cabeza. Si caía un poco de crema en la cara, ardía mucho, por eso nos poníamos vaselina primero para proteger la piel y que la quemazón fuera solo en la cabeza. Tras media hora, había que lavarse el pelo para sacarse la crema. El efecto duraba más si uno dormía con una media de nilón de la mamá puesta por la cabeza.

La crema funcionaba. Estiraba mi pelo rizo durante dos días. Nadie decía nada porque mucha gente la usaba. Los muchachos puertorriqueños de pelo rizo aparecían en clase con un pelo perfectamente lacio y la gente lo encontraba normal, como si un hada caucásica hubiera aparecido por la noche y hubiera usado una varita mágica para tocarle el pelo a todo el mundo. Yo dejé de usarla porque no parecía ayudar a que las muchachas se fijaran en mí. No valía la pena pasar el trabajo si no iba a impresionarlas. Pero no era yo el único puertorriqueño del barrio que se habría preguntado: "¿Por qué no habré nacido yo con el pelo lacio y rubio de los muchachos blancos más populares?".

Yo no usaba la crema de estirar el pelo en San Sebastián, pero mi amiga Gloria pareció sentirse aliviada cuando supo que yo no era nada del zapatero oscuro de San Sebastián. Entonces pensé que me seguirían sorprendiendo las costumbres nuevas que aparecían todos los días.

POR LO MENOS EN PUERTO RICO estaba rodeado por personas de pelo rizo y de piel de todos los tonos. Ya no quería imitar a los tipos blancos sino a los puertorriqueños ricos y exitosos. Cuando me fui de Chicago tenía una combinación de orgullo racial y de dudas acerca de mí mismo. Siempre había estado dispuesto a ayudar a mis amigos en caso de una pelea cuando nos decían que éramos vagos. Pero tenía las incertidumbres que tiene cualquiera que vive en un lugar en el que todas las personas con poder son de un color diferente al de uno. Eso afecta las expectativas propias. Ninguno de mis amigos de Chicago hablaba nunca de ir a la universidad; tampoco de ser médico o senador. Ni siquiera nos desenvolvíamos en un entorno adecuado para desear llegar a ser profesionales, ni pensábamos que tendríamos que usar traje completo algún día, ni que seríamos líderes. La expectativa era acabar la escuela, encontrar un trabajo, no sucumbir a la violencia y conocer a una buena muchacha. Más allá de eso, se trataba de hacer algún dinero y evitar las pandillas. Esos eran los sueños que albergábamos mis amigos puertorriqueños de Lincoln Park y yo.

Eso cambió en Puerto Rico. Los líderes de San Sebastián eran todos puertorriqueños: el alcalde, los jueces, los médicos y los abogados. La familia Méndez parecía ser dueña de la mitad del pueblo. El Club Rotario tenía una membresía totalmente puertorriqueña. También lo eran los maestros, los carteros y los policías que patrullaban el sector de Pueblo Nuevo. Algunos me trataron mal, algunos se rieron de mi español, pero el hecho es que en San Sebastián me di cuenta de que los puertorriqueños podían aspirar a cualquier cosa.

En la escuela todo el mundo hablaba de ir a la universidad, no era una posibilidad remota. La pregunta era adónde ir a estudiar. Antes de llegar a Puerto Rico yo nunca les había mencionado a mis padres esa posibilidad. Pero aquí todo el mundo quería salir adelante; muchos querían irse de San Sebastián. Mis amigos querían escapar de las montañas y mudarse a San Juan. Algunos querían ir a los Estados Unidos y no querían irse para guiar un taxi. La única manera de hacerlo era estudiar en una universidad. La gente tomaba en serio sus estudios y su futuro.

Luis y Tino me informaron sobre las universidades más deseadas. Querían entrar a la Universidad de Puerto Rico. Sería mejor entrar en Río Piedras, pero Mayagüez era una buena opción también. Y si no podías entrar en la UPR, entonces quizás podías ir a la Universidad Interamericana, que era privada. Pero los dos querían ir a la UPR, no solo porque era la mejor sino porque la matrícula era una fracción de lo que era en una escuela privada, de manera que los padres estarían contentos. Lo difícil era entrar.

Yo no tenía ni la más mínima idea de cómo se solicitaba el ingreso a una universidad. Ni siquiera había pensado en tal posibilidad. En Chicago me encantaba ver *Perry Mason* por televisión. Me solía imaginar en medio de la corte, con todo el mundo mirándome mientras defendía apasionadamente a mi cliente, que había sido acusado equivocadamente. En aquel sueño solía suceder que yo revelaba, en un vuelco de la trama, que el asesino estaba sentado en aquella misma sala. Pero a pesar de ello no hubiera sabido cómo llegar a ser un Perry Mason. Ni mis padres ni mis amigos lo hubieran sabido. Aun si hubiera pensado en una escuela de derecho, habría considerado que era un lugar solo para blancos.

"¿Cómo puedo entrar a la Universidad de Puerto Rico?", les pregunté a Luis y a Tino, pensando que el proceso tenía que ver con una antigua tradición del Caribe incomprensible para mí. El Sr. Hernández y sus tarjetitas probablemente tendrían algo que ver con eso.

–Tienes que sacar buenas notas en los exámenes de ingreso –me dijeron.

–¿Qué exámenes? –pregunté sorprendido.

Estoy seguro de que cuando yo decía cosas así ellos pensaban que era como un niño de primer grado atrapado en el cuerpo de un adolescente. Me veía igual que todos los demás, pero todavía estaba aprendiendo a caminar en cuanto a entender cómo funcionaban las cosas en Puerto Rico.

—Los exámenes de ingreso a la universidad —dijo Luis sonriendo—. No te preocupes, los vas a hacer muy bien.

Pensé que me estaban dorando la píldora. Le pregunté que cómo sabía que me iría bien en esos exámenes. No es que yo estuviera saliendo bien en la escuela superior. Mi mayor meta era evitar que los maestros se rieran de mí: no parecía probable que pudiera salir bien en un examen de ingreso a la universidad. Todavía luchaba con lo del tratamiento formal e informal.

Recuerdo las palabras que me dijeron entonces, palabras que empezaron a abrir la cerradura de una puerta que llevaba a sueños de un mejor futuro. Me explicaron cómo funcionaban los exámenes de ingreso a la universidad en Puerto Rico.

—Te va a ir bien. Tienen tres partes: español, matemáticas e inglés.

"¡Aleluya!", pensé, "el inglés constituye una tercera parte de los exámenes de ingreso a la universidad. Finalmente hay justicia para el muchachito de Chicago. Eso sí lo podría hacer bien. Quizás sería otro Perry Mason después de todo".

CAPÍTULO SEIS

La medalla de inglés

QUERÍA RECITAR el "Discurso de Gettysburg" para la fiesta de inglés en la escuela por una sola razón. No porque fuera el mejor discurso que se ha pronunciado en toda la historia de los Estados Unidos sino porque era corto. Quería algo que fuera fácil de aprender de memoria. Llegué incluso a contar las palabras: doscientas setenta. Perfecto. Me lo podía aprender.

Hacia finales de mi tercer año de escuela superior en Puerto Rico se celebraría el *English Day* en el Club de Leones. La celebración, según me fui dando cuenta, era una especie de olimpiada del idioma inglés. Una vez al año, en la primavera, los estudiantes de la Escuela Superior Manuel Méndez Liciaga hacían un peregrinaje al Club de Leones para mostrarles a los maestros y a los padres de familia de San Sebastián su buen uso del inglés. Adultos y estudiantes de nuestro pueblecito se acomodaban en sillas plegables dispuestas en filas ordenadas y se dedicaba durante un par de horas a apreciar el dominio que la nueva generación tenía del segundo idioma de Puerto Rico.

Toda la clase competía recitando poemas, pronunciando discursos y cantando canciones en inglés. A quienes lo hicieran mejor se les declaraba ganadores y se les concedían unas medallas. Todos me decían que las medallas eran muy apreciadas. Las clases de inglés eran, año tras año, un tostón para la mayoría de mis compañeros. No les gustaba hablar ese idioma extranjero. Los que sacaban buenas notas en inglés querían llevarse una medalla que evidenciara lo mucho que habían estudiado. El salón del Club de Leones tenía un escenario al frente para que los jóvenes del pueblo pudieran mostrar sus destrezas en inglés. La categoría principal, la central para la competencia, era la oratoria. Se solía escoger a un representante de cada clase para que hiciera gala de sus conocimientos lingüísticos pronunciando un discurso importante en inglés.

Ganaban casi siempre los que estaban en los cursos de honor. No sólo ganaban, también dominaban la competencia. Después de todo, eran los más inteligentes de la escuela. Los habían seleccionado desde varios años antes y los habían agrupado para que tomaran juntos las clases más difíciles. Se esperaba que ganaran en el *English Day*. No valían los segundos puestos. El público ya sabía lo que tenía que esperar: cuando anunciaban a los del grupo de honor decían que representaban el 11-14, es decir, el mejor salón de los catorce de ese grado.

En esos tiempos a los administradores escolares no les preocupaba que los muchachos pudieran adquirir un complejo de inferioridad. Todas las clases de mi escuela tenían un rango, y en el tercer año los de un grupo se mantenían juntos todo el día: hacían los cambios de clase juntos y estudiaban juntos. Tino y Luis pertenecían al grupo 11-14. Algunos muchachos estaban en 11-1 o en 11-2. No creo que los maestros ni los administradores de aquella escuela se preocuparan de que fuera perjudicial catalogar a un adolescente y decirle que estaba trece niveles por debajo de los muchachos más inteligentes. La escuela tenía fama de ser difícil. ¿No te gusta estar en el grupo 11-1? Mala suerte: tenías que haber sido más inteligente.

Luis y Tino pensaban que se llevarían las medallas, como siempre, aquel *English Day*. Yo esperaba alterar sus planes. Para mi segundo año en Puerto Rico y yo había llegado hasta el 11-13 gracias a mi buen inglés. La maestra de inglés avanzado, Mrs. Badillo, fue mi antídoto contra el Sr. Hernández. Desde el primer año que estuve allí se dio cuenta de mis problemas en la escuela y de mi buen dominio del inglés. Sabía que estaba sacando buenas notas aunque tenía problemas al comunicar las respuestas correctas. Creyó que una vez que mejorara mi español, podría estar a la par con cualquier otro estudiante. Y le gustaba la gente que hablaba inglés. Cuando yo estaba en su clase, trataba de que los otros muchachos se dieran cuenta de que mi habilidad con el inglés era algo valioso y trataba también de que me imitaran en vez de burlarse de mí.

Fue ella quien me avisó que se celebraría un *English Day*. Me llamó al frente de su clase. Al principio pensé que había hecho algo mal, pero lo que quería decirme es que debía empezar a preparar un discurso y que le gustaría que fuera yo quien representara al grupo 11-13 en las competencias de oratoria del *English Day*. También me dijo, como quien no quiere la cosa, que fuera del grupo de honor, nadie que estuviera en otra clase había ganado la competencia en mucho tiempo. Me comunicó aquello como si se tratara de un secreto entre ambos, de un reto. Creo que a ella le gustaba crear problemas. Estaba orgullosa de enseñar inglés y pensaba que no se valoraba suficientemente ese idioma en nuestra escuela en los cerros de Puerto Rico. Constantemente nos hacía diagramar y analizar oraciones en la pizarra. Se mostraba siempre entusiasta: en sus manos la tiza volaba del sujeto al predicado y al complemento directo como si se tratara de un controlador del tráfico aéreo dirigiendo el aterrizaje de un *jet*. La mayoría de los muchachos aborrecían aquellos ejercicios que a ella le encantaban. A mí me inspiraba su entusiasmo por el inglés, que mantenía a pesar de la indiferencia general hacia ese idioma. Por lo menos a alguien le gustaba el inglés.

Mrs. Badillo quería que yo ganara aunque no lo decía abiertamente. En el fondo, era una subversiva que quería ganarles la partida a los muchachos que se suponía que eran más inteligentes. En esta ocasión pensaba contar con uno que, desde abajo, pudiera vencer a los corredores favoritos de esta olimpiada del inglés.

Todo aquello me hacía sentir que mi vida en San Sebastián estaba mejorando. En primer lugar, se aproximaban los exámenes de ingreso a la universidad, una tercera parte de los cuales evaluarían nuestra aptitud en el idioma inglés. Y estaba también esta competencia que todos consideraban tan importante. Y también era en inglés. Los del curso de honor creían que iban a ganar. Yo pensaba darles la sorpresa pero también me preocupaba un poco no jugar limpio: quizás debía recordar a todo el mundo del hecho de que me había criado en Chicago. Pero lo cierto era que, como los muchachos del 11-14 ignoraban a todos los que no estuvieran en su grupo, no se les ocurrió que podrían encontrarse con la competencia del muchachito flaquito que creció hablando inglés.

A mí sí se me ocurrió, pero no tenía ganas de ser especialmente caballeroso y salirme de la competencia. Creí que había llegado el momento de la revancha, no solo porque llevaba ya dos años siendo objeto de burlas por la manera en que hablaba español. Ya para ese momento de mi estancia en Puerto Rico, me di cuenta de que la mamá de Gloria no era la única persona que me miraba a mí y a mi familia por encima del hombro. Yo hablaba mejor español, pero quedaba la duda de nuestro posible parentesco con aquel zapatero "oscuro". Y en la escuela todos sabían que tenía que correr a casa todas las tardes durante el tiempo libre para ayudar a mi papá en el restaurante sirviendo mesas durante la hora del almuerzo cuando llegaban los obreros de la fábrica cercana. Aquel pequeño restaurante sin nombre no era, además, un lugar prestigioso de comida fina. Mi papá no era miembro del Club Rotario: no podía sacar el tiempo porque se la pasaba asando pollos. Distábamos mucho de ser miembros de la élite de San Sebastián.

Los hijos de los médicos y de los abogados que iban a mi escuela no tenían que correr a las oficinas de sus padres para ayudarlos con los trabajos secretariales ni limpiar los baños. Casi ninguno de ellos, de hecho, iba corriendo a ninguna parte. Iban en carro. El estacionamiento de aquella escuela estaba lleno de autos caros que llevaban a mis compañeros de clase más ricos adonde quisieran ir. No iban a pie; iban en sus Datsun 280-Z o en sus Volvo. Para ese momento, cuando yo estaba en tercer año, mi hermana Ada –que se ponía más bonita cada día– estaba saliendo con el hijo de un médico de San Sebastián. Ella tenía varios admiradores que estaban dispuestos a no fijarse siquiera en el hecho de que venía de una familia relativamente pobre. El hijo del médico llegaba a nuestra casa en su Triumph Spitfire rojo y nuevecito, y ya no veíamos a Ada durante el resto del día.

En un lugar en que todos éramos cien por ciento puertorriqueños, la gente seguía encontrando maneras de dividirse y clasificarse.

Nadie nunca me molestó en Chicago porque mi familia no tuviera dinero. Todos los demás estaban más o menos en el mismo bote. Pero en San Sebastián me encontré con una nueva clase de puertorriqueños prósperos. De repente resultó que no éramos como todos los demás puertorriqueños. Éramos desconocidos en el lugar y éramos pobres. Desde luego que para mí fue motivo de inspiración encontrarme en San Sebastián con tantos puertorriqueños que eran profesionales exitosos. Los admiraba. Pero muchos de ellos nos despreciaban.

Pedro, el dueño del colmado que quedaba al lado, nos alquilaba el apartamento en que vivíamos y el local donde estaba nuestro restaurante. Era un hombre enorme y amigable. Siempre tuve la idea de que si alguna vez me llegaba a dar un abrazo, moriría asfixiado. Es posible que fuera tan amigable porque recibía de nosotros un buen cheque todos los meses. Pero a pesar de ser nuestro casero, trabajaba tanto como mi papá. Siempre estaba en su tienda, rellenando las tablillas con víveres, hablando con los clientes, balanceando las cuentas en la caja registradora. Competía con nosotros porque vendía refrescos, licor y meriendas. Generalmente los vendía a menor precio porque su inventario era mayor. No parecía preocuparle esa competencia que nos privaba de hacer ventas. Pero me caía bien. Era un tipo amigable y otra persona con quien podía hablar.

Pedro tenía una hija de la edad de Ada que iba a la misma escuela que nosotros. Cuando la vi por primera vez en el colmado de su papá, pensé que sería una excelente candidata para ser nuestra amiga en aquel pueblecito donde estábamos pasando tanta soledad. Teníamos mucho en común: ella ayudaba a su papá en el colmado y yo ayudaba al mío en el restaurante. Éramos trabajadores jóvenes y yo pensé que podríamos compartir conocimientos sobre cómo tratar a los clientes. Pero me equivoqué. Mi experiencia en el mundo comercial de San Sebastián implicaba llenar un cubo de agua con cloro y cargar los platos de comida. Su experiencia comercial consistía en pedirle dinero a su papá. Nunca la vi trabajar en el colmado. Tenía unas hermanas menores y a veces todas pasaban por allí con su mamá; parecían impacientes por irse de compras. Pedro, jovial como siempre, abría la caja registradora y le daba un paquete de billetes a cada una. Yo hubiera querido ponerme en fila detrás de ellas porque tal vez no se daría cuenta de que la otra mano abierta, tendida hacia él, no era de una de sus hijas. A las muchachas no les dio trabajo comunicarme muy bien con las miradas que no debía pensar que éramos iguales porque el negocio de mi papá fuera vecino del de su papá. Habían perfeccionado una mirada que decía claramente: "No te estoy viendo". Me miraban por encima, miraban a mi alrededor y más allá de mi persona, pero nunca me dirigieron la palabra. Ni una sola vez me hablaron: ni en el comercio ni en la escuela. Yo era su inquilino invisible: el muchacho que barría los pisos y los pisos les pertenecían a ellas. Le cogí lástima a su papá. Aunque no me gustaba estar atado a nuestro restaurante sin recibir un salario, nunca pensé que mi papá tenía que hacerlo todo para darnos a nosotros el dinero. Eso no hubiera estado bien. Pero las muchachas vecinas tenían que irse de compras. La producción de las riquezas le tocaba a su papá; a ellas les tocaba distribuir esas riquezas. Pensaba que hubiera sido divertido verlas pedirle dinero a mi papá, aunque fuera una sola vez en la vida.

Mi papá se concentraba en su trabajo y no parecía importarle que hubiéramos perdido nuestra posición social al regresar a la Isla. Él sabía que no éramos parte de la élite de San Sebastián y esperaba que yo también lo supiera. Poco antes del *English Day* me invitaron a un baile en el Club Rotario de San Sebastián. Fue la hermana menor de una muchacha que estaba en una de mis clases. Era simpática y bonita. El hecho de que me invitara al baile me dio cierta esperanza de que ya me estuvieran aceptando. Mis compañeros de clase hablaban todo el tiempo de las fiestas del Club Rotario. Eran actividades exclusivas; una invitación le daba a uno la oportunidad de mezclarse con la élite de San Sebastián. Yo pensaba que ser parte de ese club les enviaría a todos el mensaje de que ya yo no era un forastero.

Le dije a mi papá, cuando estábamos en el restaurante, que me habían invitado a aquel baile exclusivo. Se lo dije con orgullo y, sobre todo, porque necesitaba que me ayudara a solucionar el problema de cómo iba a llevar a la muchacha al baile. Hasta entonces nunca había salido con nadie en San Sebastián.

Le conté sobre mi gran progreso social. No me miró con alegría; tampoco mostró orgullo.

—Tú entenderás que llevar a una muchacha a un baile como ese conlleva obligaciones financieras. Necesitarías un traje, quizás hasta un esmoquin, una flor en el ojal y le tendrás que comprar un ramillete a ella. Necesitas un auto para llevarla. ¿Has pensado en todo eso? —me dijo.

Sí lo había pensado. Me preocupaba, por eso se lo estaba diciendo. Necesitaba su ayuda. Pensé que no sería mucho pedir que me dejaran ir una sola noche a un evento así. Cuando vivíamos en Chicago, mis padres me habían comprado trajes para mi confirmación y para mi graduación de octavo grado. Pero ahora mi papá creía que lo que pedía no era razonable, que no podíamos gastar ese dinero. Pero en vez de decirle a mi papá que sacara el costo de todo aquello de las propinas inexistentes que me daban por haber servido mesas todos los días durante un año, me quedé quieto, mascullando que quizá no lo había pensado muy bien.

Los temores de mi papá no tenían que ver solo con el dinero.

—¿El baile del Club Rotario? —me preguntó—. Tú no eres uno de ellos, eso es para los blanquitos. No te vas a divertir, no te aceptarán.

La discusión había terminado para él. Tenía trabajo y no tenía ni el tiempo ni el dinero para ayudarme a ir a un baile en los Rotarios.

Esos bailes eran para otra gente, no para su hijo. Los blanquitos eran los ricos, los privilegiados. Esos bailes no eran para el hijo del dueño de un pequeño restaurante.

"No tienes que contarme lo que significa no ser aceptado. Yo lo he vivido", pensé. Pero no peleé con él. ¿Para qué iba a hacerlo? Sabía que mi papá nunca cambiaba de opinión sobre absolutamente nada. Le dije a la muchacha que no podía ir al baile con ella. Se sorprendió muchísimo. ¿Quién en San Sebastián le dice que no a un baile en el Club Rotario? Especialmente si eres el muchacho a quien nadie toma en cuenta. Como ya era demasiado tarde para que ella encontrara otra pareja, también se quedó sin ir al baile. Parecía como si empezara a entender por qué nadie me invitaba a ningún sitio.

No me sorprendió la preocupación de mi papá con el dinero. Su presupuesto no contemplaba trajes de etiqueta ni flores. Pero sí me sorprendió que estuviera tan dispuesto a aceptar que no éramos dignos de ir a un baile en el Club Rotario. Mi papá, que hacía un año había estado discutiendo formar una sociedad de bienes raíces con un rico propietario de Chicago, parecía ahora satisfecho de que su lugar en el mundo consistiera en ser dueño de un café y cocinero en un pueblecito de Puerto Rico. Nuestra vida no incluía bailes en el Club Rotario. Nuestra vida giraba en torno a calderos de arroz y toneladas de chuletas de cerdo.

Yo pensaba que nuestra vida podía ser algo más que eso y cuando llegó el *English Day* pensé vengarme de muchas cosas. Quizás el Club Rotario no me aceptara, pero nadie podía sacarme del Club de Leones aquel *English Day*. Mrs. Badillo me estaba preparando para mi lucha contra el 11-14. Estaba listo para una especie de lucha de clases con los muchachos ricos y exitosos de San Sebastián. Consideré que la competencia me prepararía para los exámenes de ingreso a la universidad, que sería el principio de una carrera hacia el éxito en la que me ayudaría mi dominio del inglés. Luis y Tino me dijeron que no podría ganar, pero creo que lo decían en broma. Me acompañaban todos los días; sabían que para mí no sería muy difícil pronunciar un discurso en inglés. Y creo que, en el fondo, estaban de mi parte.

En mi empeño por llegar a ser una réplica en miniatura de Abraham Lincoln –mi estatura ni siquiera superaba los cinco pies y cinco pulgadas–, leía todos los días el "Discurso de Gettysburg". Me paraba frente al mismo espejo ante el que había perfeccionado meses antes la pronunciación de mi nombre completo, Luis Vicente Gutiérrez Olmedo, y repetía en voz alta una y otra vez: *"Of the people, by the people, for the people"*. Pero esta vez cambié mi rutina: erradiqué las erres fuertes como si hubieran sido las hierbas malas de un jardín. Luché contra todo vestigio de acento hispano como si se tratara de un invasor extranjero. Recité el discurso muchas veces. *"To bring forth on this continent, a new nation"*. Las palabras me recordaban a mi hogar. Me imaginé parado en la esquina de Halsted y Dickens, hablando con Frankie, antes de que los acentos ortográficos y las pronunciaciones isleñas se asentaran en mi lengua. Era fácil, natural.

Mejor aún, en mi mente oía también el acento puertorriqueño que tenían hasta los muchachos más inteligentes de la escuela: las erres demasiado largas en la frase *"proposition that all men are created equal"*. Me regodeaba con solo imaginar a aquellos muchachos privilegiados de pie sobre el escenario, bajo los reflectores, hablando mi lengua esta vez, luchando con palabras que les salían a la fuerza. En esa demostración, la escamoteada y digna *h* del Sr. Hernández no funcionaría tan bien al recitar *"hallow this ground"*. ¿Se oiría algo así como *"allow this ground"*? ¿Qué le parece ahora su *h* muda, Sr. Hernández? Estaba preparado y lo sabía. Había recuperado mis haches. Es posible que me pasara todo el día pelando papas y que no tuviera la categoría que se requiere para ir a un baile en el Club Rotario, pero estaba listo para enviar a casa a la pandilla del 11-14 con una medalla menos.

El *English Day* era una exhibición bastante despiadada. Los de las clases bajas no tenían oportunidad alguna. Según pasaba el día, seguíamos oyendo pronunciaciones macabras en inglés. Yo estaba con Mrs. Badillo y mi clase, escuchando y pensando que si a cualquiera de esos muchachos los hubieran dejado a los quince años en el colegio St. Michael en Chicago y les hubieran exigido que solo hablaran inglés, también a ellos les hubiera ido tan mal como a mí en San Sebastián. Canción tras canción y discurso tras discurso, me iba dando cuenta de lo difícil que es adquirir un segundo idioma. Con cada pronunciación mal lograda en inglés, me sentía mejor del progreso que había logrado en español.

La competencia de oratoria y mi oportunidad de pronunciar el "Discurso de Gettysburg" llegaban hacia el final del día. Yo me lo había aprendido bien; lo recitaba en dos minutos. El ritmo de las palabras escritas por Lincoln seguía la cadencia de un poema. No había sido muy difícil de memorizar; había pasado horas haciéndolo. En Chicago a nadie le hubiera importado que yo pronunciara bien todas las palabras. Era lo normal. Pero según avanzaba en mi recitación, tuve cuidado de articular cada sílaba. La élite de Puerto Rico se mostró curiosa. Esta vez tuve a mi favor el hecho de que, físicamente, yo parecía un puertorriqueño más, que era igual a los que habían hablado antes que yo. El público prestó atención a cada palabra, aunque creo que algunas personas apenas entendían lo que estaba diciendo. La celebración del *English Day* en el Club de Leones no significaba que todos en el público sabían hablar inglés ni que lo hablaran entre ellos. Aquel día lo único que yo oí hablar durante todo el día fue español.

Mientras más practicaba el discurso, más significado adquiría para mí por la manera en que trataban en San Sebastián a los recién llegados. No todos los presentes en aquel salón del Club de Leones hacían suyas las palabras "todos los hombres son iguales". Mi participación me dio una idea de la repercusión del discurso de Lincoln. Al leer aquellas doscientas setenta palabras una y otra vez, comprendí su significado, aunque solo hubiera escogido aquel discurso tan corto para darles en la cabeza a los muchachitos ricos. Sentí la verdad que había en las palabras de Lincoln.

Las palabras fluyeron en inglés y cuando terminé todos en el salón permanecieron en silencio durante un momento. Entones mi clase aplaudió como si yo hubiera anotado la carrera ganadora en un partido de béisbol. Sintieron la victoria al alcance de la mano. Los adultos aplaudieron y asintieron y apreciaron mi esfuerzo. Mrs. Badillo parecía estar orgullosa de mí y algo preocupada de que los muchachos de la clase de honor pudieran ganar por el peso de la tradición, a pesar de mi magnífica presentación. Esperamos a que ellos terminaran su oratoria.

Aquellos muchachos lo habían hecho muy bien. Hablaban bien inglés, se habían esforzado mucho y habían practicado su pronunciación. Lo hacían lo mejor que podían, pero su primer idioma no era el inglés y todos lo sabían. Sentí cómo los maestros y el público y hasta la misma Mrs. Badillo se iban dando cuenta de que no había otra cosa que hacer sino darle la medalla al muchachito de Chicago. Y así fue.

La única razón por la cual yo había llamado la atención alguna vez desde el día que mi familia me sacó de la esquina de Halsted y Dickens, me puso en un avión y me hizo trabajar de mozo en un café puertorriqueño en las lomas de San Sebastián había sido por hablar muy mal el español. Ahora me había convertido en el muchacho que había ayudado a que nuestra clase ganara en *English Day*. Los del 11-13 estaban encantados de haberles ganado a los del grupo de honor, independientemente de quién los hubiera llevado a la tierra prometida. No importaba para nada que el campeón del día fuera el muchacho de Chicago de quien tanto se habían reído. Aquel día les había ganado a los que siempre ganaban. La élite de San Sebastián estaba visiblemente impresionada, y Mrs. Badillo sonreía como seguramente lo hace todo entrenador exitoso.

En el fondo yo sabía que había sido demasiado fácil para mí ganar una competencia en inglés. Era un poco como hacer trampa. Pero mi nuevo mentor, Abraham Lincoln, les acababa de recordar a los que habían estado en el Club de Leones que todos los hombres son iguales, de manera que aprecié que me dieran la medalla. Y lo más importante: mi triunfo representaba un paso en la anhelada senda de una vida normal en la escuela superior. A partir de entonces, la gente se fijó más en mí. Los muchachos empezaron a reconocer que yo no era un ser raro que no tenía cabida entre ellos porque venía de otro lugar: de ahí en adelante fui solo alguien que se había criado en otro lugar. Su nueva formulación de lo que era Luis Gutiérrez resultó sencilla: acababa de ganarle a todos en inglés, por lo tanto no podía ser muy malo.

Luis y Tino se alegraron por mí, como presentía. Por supuesto que mostraron solidaridad con sus compañeros, pero luego celebraron conmigo. Tino, cuya situación económica distaba tanto como la mía de la que caracterizaba a la clase alta de San Sebastián, miraba con orgullo mi medalla. Mis amigos y yo podíamos celebrar algo. Nos estábamos divirtiendo y yo comenzaba a sentirme aceptado en San Sebastián.

MUCHOS AÑOS MÁS TARDE, cuando yo ya era miembro del Congreso, recibí una llamada urgente de la esposa de mi amigo Luis. Le había dado un ataque al corazón. Le habían hecho una cirugía a corazón abierto y no sabían si sobreviviría. Sobrevivió, afortunadamente, y cuando ya se había recuperado lo suficiente para hablar, le llamé por teléfono. Me encantó oír su voz. Yo no sabía si me iba a comunicar de nuevo con mi compañero de conspiraciones en la escuela superior. Me alegré aun más cuando se puso al teléfono y sentí su voz alegre. Parecía reírse.

–Luis, ¿cómo te sientes? Estaba preocupado por ti –le dije.

–Mejor –me contestó, aunque me confesó que al principio no sabía si iba a salir airoso de aquella situación.

–Lo sé, fue algo muy serio –agregué. Él seguía riéndose.

–No es por eso. Cuando sucedió, me llevaron a la sala de emergencia y vi al doctor que me iba a operar. ¿Sabes quién fue mi cirujano? Ricardo, nuestro compañero de escuela –yo lo recordaba perfectamente, y supe enseguida por qué se reía Luis–. Ricardo. El de la clase 11-2: casi la última de todas. Pensé que me moriría de seguro.

Yo también me eché a reír.

–¿Sabes, Luis? –concluyó–, el muchachito del grupo 11-2 me salvó la vida.

EL VERANO ANTES de mi gran triunfo en el *English Day*, hice algo que me ayudó a mejorar la visión que yo tenía de San Sebastián: regresé a casa.

Durante todo el primer año que estuve en San Sebastián, cuando me sentía aislado y solo, les hablaba insistentemente a mis padres acerca de Chicago. Era un adolescente dispuesto a diseminar su desgracia como si se tratara de una plaga. "¿Por qué me trajeron aquí? No hay nada que hacer. Nadie me entiende. La gente se ríe de mí. Yo era feliz en Chicago". Estoy seguro que les dije más de una vez que estaban arruinándome la vida.

Mi papá es un hombre tranquilo y terco. Pero ni siquiera él pudo con aquello. Finalmente, en vez de seguir escuchando mis quejas, hizo algo impensable en su caso: me compró un pasaje y me mandó a Chicago a pasar el verano.

Hacia el final del primer año que estuve en la escuela en Puerto Rico, contaba los días y planeaba mi regreso. Me hospedaría en casa de la hermana de mi papá en Lincoln Park. Mis padres me pusieron una sola condición: tenía que conseguir un empleo para pagarles el pasaje. Aquello me pareció fácil. A fin de cuentas, yo ya trabajaba de gratis en el restaurante. Estaba listo para regresar a Chicago, a casa.

Mi tía Wilda y mi tío Raúl, que era mi padrino, vivían muy cerca de nuestro antiguo apartamento. Su hija, mi prima Vildy, tenía más o menos mi edad. Iba a regresar a mi viejo vecindario.

Mi tío me recogió en el aeropuerto y me llevó a Lincoln Park. Mi hogar. Nada había cambiado y todo había cambiado. Vi la bodega, el Woolworths de la avenida North, la esquina en la que siempre rondaban los de la pandilla Harrison Street Gents. Fue como entrar en la imagen mental que había conservado durante un año entero.

Pero aquel verano sería diferente. Tenía que trabajar, por lo tanto localizar a mis viejos amigos no era prioritario: lo urgente era ganar algún dinero para enviar a casa. Algunos de mis amigos se habían distanciado. Frankie se había ido. Me di cuenta de que un año puede ser mucho tiempo en la vida de muchachos de quince años. Los últimos momentos que yo había vivido en Chicago el año anterior se habían quedado congelados en mi mente: marcaban la manera en que las cosas debían ser en mi ciudad, resplandecían con el brillo de la memoria. Pero todos los demás habían seguido adelante con sus vidas.

Aun si no podía reconectar con todos mis amigos, sin embargo, sí podía recuperar la sensación de que todo era conocido. Volví a comprar en la bodega. Adondequiera que iba oía hablar inglés. Escuchaba a Motown en la radio. Hice nuevos amigos que me presentó mi prima Vildy. Fui al teatro Biograph y vi muchas películas sin subtítulos.

Encontré trabajo enseguida. Ya era un veterano de la industria de los restaurantes. El restaurante Golden Nugget quedaba cerca de Lincoln Park. Servía *pancakes* y *waffles* y estaba buscando mozos. Chicago tenía millones de lugares como el Golden Nugget. En la vitrina había un letrero que decía: ABIERTO LAS 24 HORAS. Adentro había un mostrador en el que siempre comía un grupo de hombres mayores y solitarios. El lugar estaba alumbrado con luces fluorescentes; las mesas eran de formica y los menús, con formato de tríptico, estaban plastificados. El trabajo sería facilísimo. No había nada que yo no pudiera hacer en un restaurante. Estaba tan contento de conseguir un trabajo que la entrevista había durado cinco minutos. Me dijeron que pagaban sesenta dólares a la semana. Eso, para mí, era como encontrar un cofre de oro. A las 48 horas de haber regresado a Chicago ya tenía empleo y ganaba un salario que me parecía exorbitante.

Y una semana después me quedé sin empleo, pero aprendí algo acerca de las entrevistas: hay que hacer preguntas. Era cierto que pagaban sesenta dólares a la semana. También era cierto que querían que sus mozos trabajaran por lo menos diez horas al día, seis días a la semana, para pagarles sus sesenta dólares. El Golden Nugget no tenía misericordia para los que llegaban de último. Yo pasaba diez horas llevando bandejas de platos y cubiertos sucios a la cocina. Rellenaba las botellas de salsa de tomate y de mostaza y ponía los saleros en las mesas. Llenaba la enorme lavadora de platos y luego los sacaba. Algunos tenía que lavarlos a mano.

Nuestro restaurante en Puerto Rico estaba siempre lleno a la hora del almuerzo, que duraba dos horas a lo sumo. El Golden Nugget estaba lleno todo el tiempo. Parecía haber un hambre insaciable de *pancakes* en el vecindario. También se vendían mucho las hamburguesas y los sándwiches calientes, sobre todo el de carne asada cubierto por una salsa tan espesa que hubiera servido para lubricar el motor de un automóvil. Nuestro lema pudo haber sido: veloz, barato y lleno de calorías. Si la gente de San Sebastián hubiera estado tan hambrienta como los clientes del Golden Nugget, mi papá se hubiera hecho rico. Nunca estuve ocioso mientras trabajé allí.

No me importaba trabajar, pero sentí que el dueño me había jugado sucio con lo de los sesenta dólares a la semana. Al final, estaba ganando menos de un dólar la hora. Cuando terminó la semana casi no podía levantarme de la cama. Tenía las manos quemadas por el agua caliente. El Golden Nugget hizo que echara de menos nuestro bar civilizado de San Sebastián, donde se servía ron y los asadores llenos de pollos soltaban grasa. Al final de la primera semana entregué mi delantal. Sabía que podía encontrar algo mejor. Cuando fui a otra entrevista de trabajo pregunté cuántas horas había que trabajar para que a uno le pagaran sesenta dólares. Hacia el final de mi segunda semana en Chicago había encontrado un empleo mejor. Ahora preparaba todo lo del almuerzo y era aguador en el restaurante de la tienda por departamentos Carson Pirie Scott que quedaba en el Loop, el centro de la ciudad. Eran menos horas, más dinero y un vecindario mejor. Una vez que dejé atrás el vapor y el calor del Golden Nugget, estaba seguro de que el resto de mi verano en Chicago sería mejor.

No sabía los problemas que se me venían encima.

Magdalena, la amiga de Vildy, era un año más joven que yo; delgadita y bonita. Era muy simpática y amigable, con un talante diferente del de las muchachas en Puerto Rico, que era más formal. Además, era un alivio no estar bajo la constante supervisión parental que tenía en San Sebastián y no tener los rituales culturales de aquel lugar. A mí me gustaba Magdalena y yo le gustaba a ella. Empezamos a salir. No había problema. Quizás no hubiera estado tan contento si ella me hubiera dicho que su último novio había sido un Latin King. Cuando me enteré, pensé que mi regreso a Chicago podría complicarse. Estaba en lo cierto.

Un día, mientras Magdalena y yo caminábamos por la calle Halsted, cogidos de la mano, nos dimos de bruces con dos Latin Kings en una esquina. Si los hubiera visto dos segundos antes, habría podido soltar la mano de Magdalena y entrar con ella en una tienda. Pero los Kings ya nos habían visto. Sabíamos que tendríamos problemas.

Esa tarde no hicieron nada, quizás porque el novio de Magdalena no estaba en aquella esquina con ellos. O su exnovio. Eso fue lo que me dijo y para nosotros aquella relación había acabado. Pero lo de "ex" puede ser complicado si tu novio pandillero no ha decidido aún que es un "ex". Yo no entendía bien aquella regla no escrita, pero la iba a aprender muy pronto. La regla es: la relación se acaba cuando tu novio pandillero decide que se acaba.

A la noche siguiente yo estaba sentado con Raymond, el novio de Vildy, en las escaleras del frente de una casa en la esquina de las calles Fremont y Wisconsin. Estábamos hablando y riéndonos y disfrutando de la noche de Chicago. Yo pensaba que quizás me iría bien en mi romance con Magdalena. Pero de repente salieron de la nada y nos rodearon, como si se tratara de la invasión del día D. De repente aparecieron diez o doce Latin Kings que corrían hacia nosotros; salían de detrás de los autos, de los callejones. No se trataba de los jóvenes pandilleros del vecindario. Estos eran miembros peligrosos de una banda, tipos que podían hacerle daño a la gente. Con ellos estaba el exnovio de Magdalena. Era un tipo grande y musculoso. Todos lo conocían en el vecindario.

Todavía no cumplía un mes de haber regresado a Chicago y ya tenía miedo. Conocía a muchos de aquellos muchachos; estaba en mi vecindario. Algunos habían sido mis compañeros de escuela, pero habían cambiado. No parecía que tuvieran deseos de hablar conmigo ni de negociar. Estábamos rodeados por Latin Kings y yo ya no pertenecía al vecindario. Quizás yo hubiera podido salir de aquel atolladero un año antes, recordándoles que había sido su compañero, pero yo no había estado allí durante el año que acababa de pasar. Había estado revolviendo calderos de cuchifritos y sirviendo pollo en San Sebastián.

Su líder se detuvo frente a nosotros. Me miró a los ojos, apuntó hacia mí y me dijo: "Tú. Quiero hablar contigo, pendejo". Algunos de sus amigos se sonrieron. Aquello les divertía. Otros parecían enojados, impacientes, listos para que empezara la violencia que rompiera el aburrimiento de una noche de verano. A pesar de haber estado un año en Puerto Rico, sabía lo que querían. Querían que bajara de la escalera para que me pudieran dar una pela. No estaban bromeando; yo tenía miedo. El líder me siguió mirando.

Raymond pertenecía al Cuerpo de Entrenamiento de Oficiales de la Reserva del Ejército. No parecía asustado. Cuando aparecieron los Latin Kings no se había puesto inmediatamente de pie para buscar una ruta de escape. Solo después se paró lentamente, metió la mano en su bolsillo de atrás y sacó una pistola. Me pareció inmensa. Yo no tenía idea de que la llevara encima. Nunca había estado tan cerca de una pistola. Le apuntó directamente al Latin King que estaba más cerca de la casa; pensé que le iba a disparar. Pensé que el pandillero iba a sacar su propia pistola y me hice un ovillo. Pero los pandilleros dieron la vuelta en redondo y salieron corriendo. Se dispersaron, corriendo y protegiéndose tras los autos más velozmente aun que cuando se habían acercado. Mientras desaparecían, Raymond y yo bajamos los escalones y corrimos hacia mi casa. Aun con su pistola en mano, Raymond no quería estar al alcance de diez pandilleros. No miramos hacia atrás. Llegamos a casa. Yo estaba jadeando, contento de no estar en la calle. Pero sabía que la cosa no había terminado. El flamante oficial de la reserva del Ejército me había salvado esta noche, pensé, pero no me ayudaría mañana ni la semana próxima o cuando fuera que llegara el momento de la verdad.

Tenía miedo, mucho miedo, el miedo que viene de estar muy cerca de una pistola y de encarar la furia de un montón de tipos irracionales y peligrosos. Esa fue la primera vez que sentí verdadero miedo en Chicago. Quizás fue porque ya yo era un poco mayor y los pandilleros no me veían como un muchachito. Quizás porque había estado afuera durante un año y había perdido doce meses de forjar relaciones diplomáticas con los pandilleros de la cuadra. Quizás porque sencillamente no debí haber caminado cogido de la mano con la exnovia de un pandillero. A pesar de sentirme aislado y solo y frustrado en San Sebastián, nunca estuve en peligro de exponerme a un acto de violencia. Esa noche no dormí bien y al día siguiente desperté con la determinación de ser cauteloso. Me preguntaba dónde volvería a encontrarme con los Latin Kings y cuán lejos estaría el novio de Vildy si los veía.

No pasó mucho tiempo. A los Latin Kings les resultaba humillante tener que salir corriendo cuando un tipo les apunta con una pistola. Querían venganza.

Al día siguiente, mientras caminaba por la calle, por una ruta diferente y mirando con cuidado por encima del hombro, vi a dos Latin Kings que se aproximaban desde atrás. Estaba muy cerca de casa; a una cuadra de distancia. Sabía que ellos me estaban siguiendo. Eran Dead Eye y Hankie. Hankie era el líder de los Latin Kings. Y el apodo de Dead Eye (ojo muerto) no tenía nada que ver con su visión, sino con lo bien que podía darle al blanco con una pistola. Esos dos nombres –Hankie y Dead Eye– abundaban en los grafiti de las paredes del vecindario.

No pensé ni por un momento en detenerme a negociar; tampoco en pelear. Corrí; ellos corrieron también. Yo soy pequeño y veloz: un buen animal para la fuga. Corrí muy velozmente sin mirar hacia atrás. Llegué a mi casa con los Kings pisándome los talones. Se detuvieron en la acera de nuestro edificio porque mi tío estaba en la entrada. Les sostuvo la mirada y les dijo que se fueran y me dejaran en paz. No se acobardó ni titubeó al decirles que se largaran. De hecho, les gritó, como un adulto responsable que puede más que un grupo de muchachos problemáticos.

Pero tan pronto ahuyentó a los Latin Kings, entró a la casa y llamó a mi otro tío, el que vivía a dos millas de distancia, al otro lado de la autopista. "Quiro tiene que irse de aquí inmediatamente", fueron sus palabras. A mí no me hizo sentir mejor el hecho de que en la seguridad de su propia casa, lejos de las airadas miradas de Dead Eye y de Hankie, mi tío pareciera asustado. No opuse resistencia alguna. Empaqué mis cosas enseguida, sin discutir, sin siquiera darle un beso de despedida a Magdalena. Mi otro tío llegó en media hora. Me metieron en el carro, me dijeron adiós y una hora después de que yo hubiera llegado a casa corriendo, perseguido por una pandilla de los Latin Kings, me hallaba en lo que sería mi hogar por el resto del verano. Quedaba bastante alejado de mi viejo vecindario.

En ese momento, aunque yo había echado de menos Chicago y me alegraba de estar de vuelta, empecé a creer que quizás mi papá tenía algo de razón. En Puerto Rico yo me aburría, pero estaba perfeccionando mi español y tratando de adaptarme a la escuela. En San Sebastián no había tenido grandes problemas. Lo más osado que había hecho era apostar unos cuantos dólares en el billar local. En Chicago, sin embargo, a pocas semanas de haber regresado ya me había visto amenazado de muerte por delincuentes del vecindario.

En ambos momentos –cuando los Kings me persiguieron hasta mi casa y cuando el otro grupo de estos matones se acercó amenazante a los escalones donde yo estaba en compañía de Raymond– pensé que la cosa era muy seria. Si el novio de Vildy no hubiera tenido una pistola, quizás, años después, cuando me postulé para un puesto electivo, todos me hubieran conocido como el candidato de la cara cortada. No creo que ninguno de los Latin Kings que se quería vengar de mí por ir de la mano con Magdalena tuviera una pistola. Hoy día sí la hubieran tenido y habría habido disparos cuando el novio de

Vildy, el de la reserva del Ejército, le apuntara con una pistola a los Latin Kings. Aquel verano, yo hubiera sido el blanco de esos disparos y quién sabe si estuviera escribiendo esta historia ahora.

El verano se fue volando después de esto. Había ganado más que suficiente dinero para pagarles a mis padres el pasaje de avión. Y mientras estuve en Chicago, contaba con suficiente dinero en el bolsillo para comprar un pedazo de *pizza* o un *hot dog*, e ir al teatro Biograph a ver una película. Pero tras mi encuentro con los Latin Kings, me había vuelto muy cauteloso... todo el tiempo.

De manera que a pesar de trabajar y ganar dinero y de tener cerca a mis tías, a mis tíos y a Vildy, lo cierto es que tras un solo año de ausencia había ido perdiendo la sensación de que Chicago era mi hogar. Descubrí que los jóvenes borran rápidamente a la gente de sus recuerdos. La vida sigue. Yo estaba muy lejos para mis amigos, a miles de millas de distancia, en una isla tropical. Y como no había regresado para quedarme, nadie me había recibido con una fiesta y un abrazo ni estaba haciendo planes para estar conmigo en la escuela el próximo año. Había regresado para una visita larga, durante la cual pasé mucho tiempo cargando platos en Carson's y limpiando las mesas de un restaurante adonde iban las señoras bien vestidas de Chicago con sus hijas y nietas cuando iban de tiendas. La gente se alegraba de verme, como se podían haber alegrado de ver a cualquiera. Pero ya no era el Louie conocido del vecindario que había vuelto de su exilio caribeño. Ahora era un visitante.

Los Latin Kings me habían obligado a huir de mi viejo barrio y a instalarme en una cuadra donde había una bodega con la cual no estaba familiarizado y unos muchachos a quienes no conocía. No estaba en casa de Vildy, la prima más cercana a mí en edad. Echaba de menos a Magdalena. Me gustaba mucho y había estado contento de tener una noviecita con quien pasar el verano, pero no fui lo suficientemente valiente para regresar al territorio de la pandilla y ganármela de nuevo. Cada vez que pensaba en Magdalena, su figurita graciosa y su sonrisa simpática se borraban con el recuerdo de Dead Eye y Hankie. Ellos no tenían gracia ni eran simpáticos. Nadie escribiría una historia de amor sobre mi intento de recuperar a mi novia ese verano. Sí podrían haber escrito una historia de supervivencia sobre cómo me las había arreglado para llegar vivo al final del verano.

A pesar de mi encontronazo con la violencia, me alegré de estar lejos de los montes y el calor, y también de Cuchilandia y de mis primos y de las mujeres que se quejaban de la comida en el restaurante. Me encantaba Chicago, pero ya no era lo mismo. Cuando mi tío me llevó al aeropuerto al final del verano para coger el vuelo a San Juan, no sentía que estuviera regresando a casa, pero tampoco sentía que me estaba alejando de casa. Sentía que buscaba un hogar.

A medida que transcurría mi tercer año, Luis, Tino y yo nos hacíamos cada vez más amigos. Mientras les pagábamos a los obreros de la caña y en vista del triunfo en el *English Day*, empecé a pensar que quizás –solo era una esperanza– encontraría finalmente mi lugar en una universidad.

Los exámenes de ingreso a la universidad se celebraban a mediados del año escolar. Esto era mucho antes de que hubiera cursos preparatorios para ese examen. Nuestra única preparación era la preocupación. La gente hablaba del examen, se jactaba de lo bien que iba a salir y especulaba sobre cómo saldrían los demás.

Luis era muy inteligente. Yo sabía que saldría bien. Estaba seguro de sí mismo. Siempre había planeado el futuro y ya sabía que quería ser abogado. Un día, mientras estudiábamos juntos en su casa, me sorprendió con lo específicos que eran sus planes para el futuro.

–Mira, Luis, yo me voy de aquí tras este año –me dijo. Yo no estaba seguro de lo que me quería dar a entender. Pensé que quizás se iba a mudar–. Cogí verano el año pasado y lo haré de nuevo este año. Tendré créditos suficientes para graduarme. No voy a volver para cuarto año. Acabé ya. Voy a pasar los exámenes de ingreso muy bien y me voy a ir a la UPR.

Volvió a su asignación como si nada, como si el anuncio de que mi mejor amigo no iba a estar en la escuela en cuarto año no tuviera importancia alguna.

–¿Eso se puede hacer? ¿Saltarse el cuarto año? –logré articular.

–Si tienes los créditos, sí. Es lo único que hay que hacer. Tú deberías averiguar si los tienes. Probablemente te darán muchos por las clases que cogiste en Chicago. Inténtalo: iríamos juntos a la UPR.

Pensé en mis clases de Chicago. St. Michael era más fuerte que Liciaga en matemáticas y en ciencias. Ya yo había cogido álgebra. También había adelantado en química. Pero no me parecía posible que el cuarto año pudiera sencillamente desaparecer. Se me ocurrió que Luis me estaba tomando el pelo.

–Me estás corriendo la máquina –le dije.

Luis apenas levantó los ojos de su trabajo. –Habla con el consejero, quizás puedas hacerlo.

–Oye, eso sí que tiene gracia: el muchachito anglohablante de Chicago le pregunta al consejero si puede graduarse antes que los demás.

Luis se encogió de hombros. Yo pensaba que estaba bromeando, pero de todos modos le preguntaría al consejero. Valía la pena pasar por un bochorno si había oportunidad de terminar un año antes.

Apenas conocía al consejero pero le pregunté y no se rio de mí. Ni Luis y Tino salieron de su escondite gritando "¡Te cogimos de bobo!". El consejero miró mi expediente: no parecía demasiado interesado en el hecho de que estaría devolviéndome un año de mi vida.

–Ya tienes todos los requisitos de matemáticas y de ciencias. Lo que necesitas es el inglés y el español de cuarto año. Podrías tomar esas dos clases en el verano. Si lo haces, terminaste.

Las clases de verano eran sobre todo para los muchachos que habían fracasado y estaban repitiendo el año. No podían ser muy difíciles.

¿Por qué nadie me había hablado de esta posibilidad? Si no hubiera estudiado con Luis Águila tal vez nunca me habría enterado. Le pregunté al consejero cuándo podía matricularme en los cursos de verano.

De repente se hizo la luz. No solo estaba a la par con mi clase sino que les iba a ganar a los demás. Iba a terminar, me iría. Todavía no les había hablado a mis padres de la posibilidad de ir a la universidad o de no tener que hacer el cuarto año. Pensé que la clave era presentarles mi plan cuando ya todo estuviera listo. Y decirles entonces que todo era gratis. Luis me dijo que la UPR costaba muy poco. Era cierto: solo unos setenta dólares el semestre. Lo único que necesitaba era sacar buenas notas en los exámenes de ingreso a la universidad.

Sabía que podría con el inglés; pensé que también podría con las matemáticas porque se trataba sobre todo de fórmulas y ecuaciones. El gran reto era el español. Pero lo cierto era que casi sin darme cuenta mi español había mejorado mucho; estaba muy bien. La gente de San Sebastián ya no se reía de mis giros ni de mi vocabulario, sino de mi acento. No podía borrar de pronto mi manera de hablar de Chicago pero nadie podía acusarme de hablar mal gramaticalmente. Ahora ya no confundía el tratamiento informal con el formal, aunque todo el asunto me parecía un poco ridículo. Ya no tenía problema comunicándome con Tino y Luis. Había sentido mi progreso mientras estaba en Chicago durante el verano. Allí había sido el adolescente que mejor hablaba español de Lincoln Park.

Si yo pudiera traducir mis progresos en español y bajarlos de mi lengua a los circulitos de las hojas de los exámenes estandarizados de ingreso a la universidad, me dije, podría estar camino de salir de la escuela superior. Todos me decían, incluso Mrs. Badillo, que no me preocupara, que saldría bien en los exámenes. Pero yo estaba preocupado y no dormí bien la noche antes del examen.

No me preocupaba el inglés, que fue lo primero. Me sentía confiado de haber contestado bien todas las preguntas. Respiré hondo y pensé: ¡lo hice! Eso me dio confianza para hacer el resto de los exámenes. Las matemáticas fueron tolerables. Yo no era tan buen estudiante de matemáticas pero me podía memorizar lo que necesitaba saber. Iba bien. Ahora quedaba el español.

Leí las preguntas como si se tratara de un segundo idioma para mí, pero de uno que yo entendía bien. Mientras contestaba el examen, pensé: Papi me sacó del círculo de mis amigos, me obligó a trabajar en su restaurante, pero me hizo bilingüe. Y quizás pueda llegar a la universidad. Nada de eso hubiera pasado en Chicago. Y si yo no hubiera sido tan terco como él, es posible que hasta le hubiera dado las gracias.

Entregué mi examen. Me sentía confiado. Esperé los resultados.

Al igual que con su forma práctica de dividir a los muchachos por clases desde el grupo 11-1 hasta el grupo 11-14, en San Sebastián el tercer año no recibía un sobre cerrado con los resultados de sus exámenes. Tampoco nos mandaban una carta amable, felicitándonos en privado por nuestro esfuerzo. Ponían las notas en largas columnas en el tablón de edictos de mejor a peor, justo afuera de la oficina del consejero, para que todos las vieran. Me abrí camino entre la multitud. Algunos muchachos parecían aliviados, otros celebraban, otros parecía como si quisieran que sus nombres no estuvieran tan visibles hacia el final de la lista. No tuve que bajar mucho en la lista para encontrar mi nombre.

Saqué casi 600 de 800 en matemáticas y español. No es que fuera estupendo, pero estaba sobre el promedio. Ya era oficial: mi español era bueno. Saqué 793 en inglés. No acerté una pregunta y pensé que había sido un error en el proceso de corrección. Me pregunté si debía protestar pero me resigné al hecho de que quizás había llenado el circulito equivocado con mi lápiz #2. Mis resultados combinados de más de 1900 me pusieron en el primer diez por ciento de los estudiantes en Puerto Rico. La clave había sido el inglés. En aquel entonces, en Puerto Rico no había un proceso especial para solicitar ingreso a las universidades. Miraban tus notas y lo que habías sacado en los exámenes, te asignaban un lugar en su escala y te aceptaban o no. Eso, combinado con mis buenas notas, me permitía escoger entre las universidades de Puerto Rico, entre ellas la mejor: la UPR de Río Piedras, que era –además– muy barata.

Quisiera poder decir que tomé mi triunfo con modestia y cortesía. No fue así. Los muchachos se preguntaban unos a otros por los resultados. Les dije a todos que buscaran mi nombre al principio de la lista; yo era el que había sacado 1900. ¿Me recuerdan? Yo era el muchachito de quien se habían burlado tanto. El forastero. El gringo. Voy a ir a la UPR, y me voy el año próximo.

Me encontré con Luis. Estaba contento porque también él había salido bien. Estábamos encaminados.

CAPÍTULO SIETE

Una declaración de independencia

L A META QUE ME PROPUSE el día que fui a coger café era sencilla: quería coger tantos granos de café como pudiera y llenar mi canasta. Con aquella abundancia le mostraría al mundo que nuestra Isla podía proveer para todos nosotros. Mis manos volaban, los granos se desprendían de las ramas y caían en mi canasta. Como iba tan rápido, no tenía tiempo de velar el progreso de los otros que estaban recogiendo café conmigo, pero las pocas veces que miré, los vi moviéndose lentamente, examinando cuidadosamente cada planta. Evidentemente, los que habían nacido en la Isla no tenían el ímpetu ni el entusiasmo que yo tenía para hacer del cultivo del café la base de la independencia de Puerto Rico.

El propietario de la finca, un hombre mayor y muy paciente que había puesto una bandera puertorriqueña frente a su plantación de café, no necesitaba a quince o veinte partidarios idealistas de la independencia de Puerto Rico avanzando entre sus plantas y recolectando su café. Los arquitectos y abogados, los choferes de guagua y los estudiantes estaban allí para pasar un "día agrícola" a beneficio del Partido Independentista Puertorriqueño (PIP), un día que nos permitiera volver a nuestras raíces y proteger el legado

131

agrícola de nuestra Isla –de nuestra nación– como ahora pensaba apasionadamente de Puerto Rico. Recolectar café era una expresión de una creencia fundamental de los que apoyaban la independencia. Estábamos usando los recursos naturales de Puerto Rico, demostrando que teníamos todo lo que necesitábamos aquí mismo, en nuestra Isla. Con cada grano de café estábamos ayudando a que Puerto Rico alcanzara su autosuficiencia.

Cuando llevaba ya dos años en Puerto Rico, me volví un partidario entusiasta del movimiento independentista puertorriqueño. Estaba comprometido con dos metas claves. La primera era estudiar en verano para terminar mis créditos de manera que pudiera dejar la Escuela Superior Manuel Méndez Liciaga e irme a la UPR. La segunda era difundir mi creencia en la independencia de Puerto Rico.

Una cosa que aprendí muy pronto en aquella finca en los montes de San Sebastián es que no es fácil recoger café. Allí no había nadie que me recordara a Juan Valdez. El Juan Valdez de los anuncios de televisión de mi infancia era un hombre muy guapo y siempre sonriente, de tipo latino, vestido de un blanco inmaculado. Las mamás suburbanas se derretían ante su sonrisa confiada y el pañuelo colorado que usaba alrededor del cuello. Su burro era casi tan guapo como él. Pero el día que yo fui a recoger café, ni Juan ni su burro se aparecieron por aquellos parajes.

También aprendí que los arbustos de café no crecen en filas ordenadas. Juan no pudo haber paseado en burro por el campo mientras recolectaba café. Al café le gusta la sombra y crece en las laderas de los montes. Los arbustos tienen ramas tupidas y fuertes. Hay que acercarse mucho para recoger los granos. Y las plantas comparten el terreno con animales a los que les gusta la sombra, como culebras, arañas e insectos como el abayarde, un tipo de hormiga particularmente dañina que pica a los recolectores de café en Puerto Rico. Los montes son, además, resbalosos: es como si uno estuviera trabajando en una pista de esquiar. Tras trabajar durante una hora, no vi ni a un solo recolector que tuviera las ropas limpias y planchadas como las de Juan Valdez. No creo que Juan les hubiera resultado tan atractivo a los bebedores de café si lo hubieran visto sucio y sudoroso, tratando de quitarse las arañas de encima.

De todas maneras, tras una hora o más de haber trabajado bajo el sol puertorriqueño, pensaba yo que era, ciertamente, el recolector de café más veloz de nuestro grupo. Tenía la canasta llena mientras los demás parecían moverse a cámara lenta. Las canastas de mis amigos no tenían ni la mitad de granos que la mía. Cuando ya no le cabían más, no grité "¡Gané!", alzando los brazos como un campeón como si hubiera estado en un concurso, pero así me sentí. Se acabó el juego, pensé, el muchachito de Chicago ganó. Desde hace tiempo le debieron haber pedido a este gringuito algunos consejitos sobre cómo recolectar café.

Cuando le dije al dueño de la finca que había llenado la canasta, pareció impresionado, pero también escéptico. Era un hombre que había cosechado mucho café y sabía cuánto tiempo se necesitaba para llenar una canasta. Se mostró curioso. También los otros pararon su faena para mirarnos. Se habían sorprendido de que yo hubiera avanzado tanto. La gente me miraba como si pensara que quizás se podía patentizar mi técnica de recolección para salvar la economía.

El cafetalero miró mi canasta y sonrió. Metió la mano muy adentro de los granos y dejó caer algunos a través de los dedos, examinándolos de arriba abajo, tocándolos con familiaridad. Mientras más miraba el contenido de mi canasta, más gracia parecía darle. Sacó un grano de color rojo oscuro y me lo dio para que lo mirara.

"El grano es rojo cuando está maduro; es de un rojo profundo, casi marrón. De ahora en adelante, no recojas sino los rojitos", dijo. Me sonrió: era una sonrisa de tolerancia. Reconocía que no se podía ser demasiado selectivo cuando se trataba de los hermanos independentistas. Uno trabaja con lo que tiene. Los demás se rieron. Una mujer me pasó la mano por la cabeza como lo hace una madre que consuela a un niñito que ha sido decepcionado. "Aléjate de los verdes", me dijo.

La mayoría de los granos que tenía en mi canasta eran verdes. Es probable que en un momento dado, antes de que empezáramos, alguien dijera "Corten solo los rojos", pero yo no lo recordaba. Quizás el dueño de la finca pensó que era tan evidente que hasta el muchachito de la ciudad grande sabría que si los granos eran de dos colores –rojos y verdes– había que dejar los verdes en el arbusto. Pero realmente no entendía la idea de "maduro". ¿Qué sabía yo? Era un muchachito de la ciudad; nunca había pensado mucho acerca del estado natural de los alimentos cuando aún estaban en la planta. Si había llegado hasta la bodega, te lo podías comer.

Uno de los trabajadores de la finca cogió mi canasta. En vez de ayudar, le había complicado el trabajo al agricultor. El trabajador seleccionó sólo los granos rojos. No había nada que hacer con los verdes recogidos prematuramente. Sacaron la pulpa de las cerezas rojas y colocaron los granos sobre una lona al sol. Todavía tostaban el café al sol. Salvaron lo que pudieron de mi canasta y luego seguimos recolectando: estábamos trabajando por el futuro de Puerto Rico.

Recolectar café con otros independentistas fue una de las formas en que podía mostrar mi compromiso con la nación puertorriqueña. A lo largo de mi segundo año de escuela superior me fui educando sobre la historia de Puerto Rico y me fui contagiando con la pasión de los independentistas de San Sebastián, gente comprometida con la preservación de los ideales patrióticos que llevaron a derrocar a los españoles y establecer el primer gobierno libre e independiente de Puerto Rico en la vecina Lares hacía más de cien años.

Las cosas no acabaron bien para aquellos rebeldes: como les ha sucedido a muchos patriotas de todas partes a través de la historia, perdieron una batalla pero se convirtieron en modelos para las generaciones posteriores. Ahora yo era parte de una de esas generaciones. La educación que los líderes independentistas de San Sebastián le estaban dando al muchacho de Chicago me transformaba cada día más.

LOS MOVIMIENTOS NECESITAN líderes y el nuestro era Rubén Berríos. Rubén era joven y guapo y parecía haber salido de la nada para dirigir el Partido Independentista. Era un abogado que había estudiado en Georgetown y en Yale. Era rubio: parecía más un vikingo que un boricua. Se enfrentó a los norteamericanos que estaban usando la pequeña isla puertorriqueña de Culebra para entrenamientos navales y organizó resistencias pasivas y protestas. Su conocimiento de la historia puertorriqueña y de la norteamericana era vastísimo. Yo nunca había oído a nadie, en ningún lugar, hablar como él.

Admiraba a la gente que hablaba con confianza y con orgullo, quizás porque mis padres hablaban con mucha suavidad. Yo era el miembro más expresivo y más inexplicablemente hablador de una familia muy callada. Mi papá era catedrático de la escuela de "no hables sino cuando tengas algo que decir". Valoraba el silencio. Berríos valoraba la retórica directa y hermosa sobre el futuro de Puerto Rico y su potencial. El pueblo puertorriqueño puede hacer cualquier cosa que se proponga, nos dijo. Nuestro potencial era ilimitado y no tenía nada que ver con un Congreso lejano que ni siquiera permitía que nuestros miembros puertorriqueños votaran. Solo podríamos cumplir nuestro potencial, explicaba Berríos, si pudiéramos tomar nosotros mismos todas nuestras decisiones. Su receta para el mejoramiento de Puerto Rico era la autosuficiencia.

Se burlaba de la idea casi universalmente aceptada de que los puertorriqueños debían agradecerles a sus vecinos del norte su generosidad y ayuda. Solía enumerar una lista de cosas que deberíamos proveernos a nosotros mismos, pero para las cuales dependíamos de los Estados Unidos. Yo oí a Berríos contar sucesos de la historia de Puerto Rico, de cómo los gobiernos de todo el mundo habían colonizado y gobernado a pueblos enteros sin su consentimiento y de cómo Puerto Rico —nuestra nación puertorriqueña— nunca había tenido la oportunidad de gobernarse sin la tutela de los españoles ni de los norteamericanos. Rubén Berríos no venía al pueblo a hablarnos de la electricidad, como lo hacían los populares que defendían el Estado Libre Asociado.

No hablaba de los impuestos ni de las obras públicas. Hablaba de la belleza de la cultura puertorriqueña y del potencial que tenía el pueblo. Berríos decía que ya era hora de que los puertorriqueños tomaran todas las decisiones que afectaban a Puerto Rico.

Desde luego que todo aquello tenía mucho sentido para un muchachito norteamericano de Chicago. A mí me encantaba el Cuatro de Julio, creía en George Washington. Yo celebraba con toda mi familia en nuestro picnic del Cuatro de Julio porque los Estados Unidos querían tomar todas las decisiones sobre sus cosas y su futuro. ¿No se llamaba esa fiesta Día de la Independencia? Cuando yo relacionaba la retórica apasionada de Rubén Berríos en torno a la independencia con la historia que yo conocía, pensaba en Thomas Jefferson y en Ben Franklin. A mí siempre me parecieron tipos admirables.

Berríos recorrió la Isla una y otra vez para las elecciones de 1972. Eso fue mucho antes de que la eficacia de una campaña se juzgara por los anuncios que salían por la televisión o por la cantidad de fondos de campaña que se recolectaban. Se juzgaba una campaña y su impulso en relación con algo mucho más personal y real. ¿Cuánta gente había ido a escuchar a Berríos? ¿Cuán entusiastas eran? ¿Qué efecto habían tenido sus palabras en ellos? ¿Qué te hacía *sentir* Berríos cuando lo escuchabas?

Cuando yo escuchaba a Rubén Berríos, pensaba que Puerto Rico estaba en vísperas de algo histórico. Gente que yo nunca había visto en San Sebastián llegaba al pueblo para oírlo hablar. En medio de la plaza me encontraba entre una multitud de puertorriqueños que ondeaban banderas de Puerto Rico, que se sentían tan conmovidos por los discursos de Berríos como yo. Me encontraba entre hombres y mujeres, entre jóvenes y viejos que gritaban asintiendo cada vez que Berríos decía que solo los puertorriqueños debíamos decidir nuestro futuro.

La primera vez que lo oí hablar en San Sebastián me sentí fascinado. No podía ni imaginar siquiera que un puertorriqueño pudiera votarle en contra. La segunda vez que vino al pueblo, Luis Águila y yo nos llevamos el carro del papá de Luis y seguimos a Berríos el día entero. Pronunció un discurso en San Sebastián y entusiasmó a la gente. Cuando terminó, Luis y yo lo seguimos en el auto a Isabela, volando por la carretera para no perdernos ni una sola palabra de lo que decía, como hacían los Deadheads, que no querían perderse ni una sola nota de Jerry García. Lo oímos hablar tres veces en un día; era básicamente el mismo discurso, pero gritamos de entusiasmo cada vez.

Yo miraba a Berríos cuando estaba sobre el estrado; podía estar sonriendo y calmado en un momento dado y al minuto siguiente podía mostrarse enojado y agitar los brazos, dando golpes sobre el podio y exigiendo que todos lucháramos junto a él por un cambio. He llegado a casa, pensé. Ninguno de los que gritaban conmigo en la multitud se preguntaba si yo era suficientemente puertorriqueño. Yo sabía, cuando lo escuchaba, que lo era. Y no solo porque todos los que tenemos nombres raros y piel oscura nos defendemos los unos a los otros de los ataques de policías racistas o de maestros que daban por sentado que éramos pandilleros o estúpidos. Ser puertorriqueño no era solo un mecanismo de defensa contra el prejuicio y las expectativas nulas de una estructura de poder mayormente blanca. Era algo que había que celebrar, algo de lo que podíamos estar orgullosos porque éramos un pueblo especial que venía de un lugar que no se parecía a ningún otro en esta tierra. El Partido Independentista y Rubén Berríos me estaban enseñando lo que significaba tener a Puerto Rico en el corazón. No era solo que estuviéramos siempre juntos ni que comiéramos la misma comida ni que nos defendiéramos cuando los policías pasaban lentamente por Halsted y nos miraban mal.

Tener a Puerto Rico en el corazón significaba saber que, independientemente de si uno vivía en San Sebastián o en Lincoln Park o en el Bronx, uno tenía una conexión indestructible con una hermosa isla tropical que medía cien millas de largo y treinta y cinco de ancho y que quedaba en el Caribe. Tener a Puerto Rico en el corazón significaba saber que teníamos la habilidad de gobernarnos, como lo supieron los rebeldes de Lares que arriesgaron sus vidas para demostrarlo. Significaba saber y comprender los sacrificios y la historia de nuestros antepasados puertorriqueños: Segundo Ruiz Belvis, Don Pedro Albizu Campos, Ramón Emeterio Betances y muchos más. Era creer que los puertorriqueños no necesitábamos que nos gobernaran como si fuéramos niños ni que nos supervisaran burócratas distantes e impersonales en Madrid o en Washington.

También significaba creer que nuestra Isla era un lugar donde había una bonanza de riquezas. Podíamos cosechar azúcar y café; teníamos pescado para comer y para exportar; playas y bosques lluviosos que atraían a los turistas y apuntalaban la economía. Era saber que había cuatro millones de personas en Puerto Rico, personas inteligentes, capaces de establecer negocios, de crear arte y de cosechar los productos agrícolas. Teníamos recursos para consumir y vender, artes y cultura para celebrar y disfrutar, gente que nos podía liderar e inspirar. Mi papá tenía razón acerca de los independentistas. Eran unos revoltosos. Ante la relación política fundamental que tenía la Isla con los Estados Unidos –una relación que había definido a Puerto Rico desde principios de siglo– se preguntaban: "¿Por qué? ¿Por qué necesitamos que alguien nos gobierne? Tenemos todo lo que necesitamos aquí mismo. Somos puertorriqueños. Nos podemos cuidar nosotros mismos".

Era un mensaje inspirador para mí. Los puertorriqueños no se unían solo para sobrevivir en un mundo difícil administrado por personas que no tenían el mismo color de piel que nosotros. Podíamos unirnos para salir adelante. No teníamos que conformarnos con lo que teníamos, podíamos aspirar a más. Podíamos ser autosuficientes; podíamos ser independientes.

Pero el ideal de la independencia era algo más que un recurso político para mí. Era algo personal. Los líderes y activistas del movimiento independentista me dedicaron tiempo, me escucharon, me enseñaron nuestra historia. Yo compartí comidas con médicos, abogados e ingenieros, gente respetada en San Sebastián. Estos no eran los radicales de los que me había hablado mi papá; era gente que curaba a los enfermos y que eran dueños de negocios. Era gente comprometida y organizada.

Uno de los dentistas de San Sebastián era un ferviente defensor de la independencia. Al igual que a muchos otros de los líderes y activistas mayores, mi caso le llamaba la atención. Yo era un muchachito de Chicago tratando de aprender español y pasándola bastante mal en San Sebastián. Era el tipo de muchachito que podría recolectar todos los granos verdes de café si lo dejaban suelto en una finca. Y, sin embargo, estaba devorando la historia puertorriqueña y aprendiendo de memoria la plataforma del Partido Independentista. Siempre quería saber más. Todos ellos me prestaron mucha atención y trataron de que me sintiera bien entre ellos.

Después de las reuniones, los líderes más jóvenes me llevaban aparte y me daban una versión más personal de lo que yo estaba leyendo en la literatura oficial.

"Tú eres puertorriqueño, siempre lo has sido. No dejes que nadie te diga otra cosa, que nadie te quite eso". Para ser tan auto-suficiente como pensaban los independentistas que debía ser Puerto Rico, nuestra islita no podía darse el lujo de rechazar ni a un solo puertorriqueño. Cuando un dentista o un médico o un abogado me decía "Tú eres puertorriqueño", lo que yo pensaba era: ¡Al fin! Aquí estoy, rodeado por toda esta gente tan importante e inteligente y todos creen que soy puertorriqueño de veras. Lo dejaron muy claro: adondequiera que vayas y hagas lo que hagas, eres uno de nosotros. No eres un forastero: eres un exilado que regresa a casa. La manera en que hablas español puede ser excelente o terrible. Puedes ser pobre o rico. Puedes vivir en Lincoln Park o en San Sebastián, pero nunca debes dudar de que eres puertorriqueño. Juan Antonio Corretjer escribió en un poema: "Yo sería boricua aunque naciera en la luna". Eso era lo que yo quería oír.

Encontré un hogar en San Sebastián. Y aprendí a pensar en la política como algo apasionante y entretenido, sobre lo que se podía discutir y que se conectaba con la propia vida. Me metí en la política independentista con fervor. Estudiaba la plataforma independentista y me la iba aprendiendo de memoria por las noches, hasta muy tarde. Iba a todas las reuniones que había en la escuela superior y las convocadas por los líderes mayores del pueblo. Me ofrecía de voluntario cada vez que podía.

Hasta me comprometí a hacer algo que nadie más quería hacer: sin pensarlo dos veces, me planté en medio de la plaza a vender el periódico del Partido Independentista, *La Hora*. No había una manera más conspicua de identificarse como independentista y de anunciar la lealtad a ese partido que vendiendo *La Hora* en la plaza. Todo el mundo iba a la plaza. Vender *La Hora* en la plaza era como poner tu cara en una valla publicitaria que anunciara la independencia. Pero yo me sentía orgulloso de que me vieran a la entrada de la plaza con la lata de café donde recogía el dinero y el paquete de periódicos, gritándoles a los que pasaban que podían leer las noticias –las verdaderas noticias– por solo una peseta.

Con cada compañero de clase que se sorprendía de ver al muchachito de Chicago vendiendo el periódico "radical", con cada cliente del restaurante que me preguntaba por qué favorecía la independencia, aumentaba el orgullo que sentía de haberme sobrepuesto a la soledad y al aislamiento. Según difundía el evangelio de la independencia, quería mirar de frente a mis compañeros y decirles: "¿Quién es el gringo, ahora, quién es el americanito?". No yo. Yo era independentista, era el muchachito que vendía los periódicos en la plaza.

Con cada conferencia a la que asistía, con cada periódico que vendía, me preparaba para hacer más. Era insaciable: devoraba la historia de Puerto Rico y la polémica sobre nuestro futuro. Afortunadamente, las elecciones se aproximaban y yo estaba a la vanguardia, luchando por nuestros candidatos. Rubén Berríos se había postulado para el Senado y otro hombre –que también era motivo de inspiración, Noel Colón Martínez– se había postulado para gobernador. Yo estaba preparado.

CON LAS ELECCIONES DE 1972 tuve la oportunidad de probar que mi interés en la independencia de Puerto Rico no era algo pasajero.

La enmienda vigesimosexta a la Constitución de los Estados Unidos redujo la edad de votar de veintiuno a dieciocho años. Esa enmienda se aprobó en 1971, y en Puerto Rico el PIP tenía esperanzas de que los jóvenes puertorriqueños salieran a votar y le dieran un triunfo sin precedentes al partido.

Cada mitin de Rubén Berríos y de Noel Colón Martínez parecía afirmar que íbamos bien. A mi generación le encantaban los líderes independentistas. Nuestro partido iba hacia arriba. Estábamos unidos, éramos entusiastas.

Me preparé para el día de las elecciones como si fuera el día de mi boda. Yo iba a ser inspector del Partido Independentista en un centro de votación. Quería que se sintieran orgullosos de mí. Quería sacar cada voto pro independencia que pudiera y quería actuar como un supervisor honrado y admirable en mi centro de votación. Yo sabía lo que tenía que hacer: conseguir que mis vecinos votaran por la independencia y asegurarme de que ni los estadistas ni los populares nos robaran ningún voto.

Enseguida me di cuenta de que los otros inspectores de los partidos, Popular y Nuevo Progresista, estaban dispuestos a dejarme todas las responsabilidades del centro de votación a mí y a mi amigo José, otro defensor de la independencia que sería mi compañero el día de las elecciones. Los estadistas y los populares no confiaban los unos en los otros, de manera que me dieron la llave de la caja de los votos, se la dieron al muchacho de dieciocho años que nunca antes había estado en un centro de votación. Puede que pensaran que los independentistas estaban locos, pero también pensaban que éramos honrados.

El partido les había dado un adiestramiento meticuloso a los inspectores. Nos enseñaron qué hacer con los votos y cómo asegurarnos de que el votante insertara la papeleta en la caja, además de pedirnos que nos aseguráramos de que ningún observador tuviera acceso a los votos. En aquella época todo se hacía mediante una simple papeleta; el voto se marcaba a mano. Nos pidieron que custodiáramos la llave de las cajas de los votos como si fuera una cuestión de seguridad nacional. Yo me había estudiado el manual de elecciones como si fuera una biblia. Estaba preparado.

Tenía que estarlo, porque en el Puerto Rico de 1972, todo el mundo votaba. No conocí a una sola persona que no votara. No se permitía vender licor el día de las elecciones, lo cual quería decir que la noche antes de las elecciones había grandes celebraciones y todo el mundo compraba licor para sobrevivir un largo martes seco. En 1972 no era posible imaginarse que alguien dijera que no iba a votar. Ni siquiera era práctico. ¿Qué iban a hacer el día de las elecciones? Todo el resto de la gente estaba votando y haciendo campaña y sacando a sus amigos para que votaran y jactándose de que iban a ganar o burlándose de uno por haber votado por el partido equivocado. Nadie se quedaba sentado jugando al dominó. Hubiera sido vergonzoso quedarse lavando el carro mientras todos los demás estaban paseándose por el pueblo, hablando o gritando sobre las elecciones.

Nuestro centro de votación estaba localizado en la escuela a la que yo asistía. Ni siquiera necesitábamos el día entero. Los votantes sabían que los centros de votación abrían a la una de la tarde. Era el momento para votar. Todo el mundo venía y hacía una fila afuera. A la una de la tarde abrí la puerta y los vecinos entraron, algunos de ellos preguntándose quién sería el muchachito nuevo, tan flaquito, que estaba a cargo. También se preguntaban si yo tendría quince años de edad, como parecía. Cerramos la puerta a la una y media. No había por qué mantenerla abierta. Todo el mundo estaba allí.

No hacía falta mucho tiempo para marcar la papeleta con el lápiz porque casi todo el mundo votaba íntegramente por un partido. Se ponía una X debajo de la pava, el sombrero de paja de los cortadores de caña puertorriqueños, que era el símbolo del Partido Popular Democrático y cuyo nombre estaba impreso en la papeleta. Casi todos votaban o por la pava o por la palma —este era el símbolo de

levantado pero no había iniciado su rutina usual en el restaurante. Miré a mi mamá, que estaba de pie cerca del mostrador. Se veía confundida. Señaló hacia la puerta de entrada.

Había un letrero diferente. Pensé que quizás mi papá le había puesto nombre al restaurante por fin.

Abrí la puerta y miré. El letrero era sencillo, casero: solo tenía una palabra escrita con pluma: CERRADO.

Mi papá me miró y me dijo: "Tenemos que empezar a empaquetar las cosas enseguida y a decidir lo que nos queremos llevar y lo que queremos guardar. Cerramos".

Su actitud dejó claro que no era que hubiéramos cerrado ese día o esa semana o que abriríamos después de una remodelación. Habíamos cerrado para siempre.

Lo primero que pensé, como lo haría cualquier adolescente, fue: "Ahora no tendré que levantarme tan temprano todos los días". Mi segundo pensamiento fue el de alguien con más madurez: "¿Cómo nos vamos a mantener?".

Mi papá no me había dicho una palabra. Tampoco me era claro por la expresión de la mirada de mi mamá si le había dicho algo a ella. Tras un año de cocinar y limpiar y pelear con los clientes, todo había acabado sin aviso, sin discusión. A la hora del almuerzo vinieron los clientes habituales. Los miramos a través de las ventanas y las puertas mientras limpiábamos y ordenábamos las cosas. Mi papá les hizo señales para que se fueran. Se mostraron sorprendidos. Los que apenas el día anterior se habían quejado porque el pollo estaba muy salado no podían creer que hubiéramos cerrado. Parecían confundidos. ¿Dónde comerían?

Mi papá solía fiarles a los clientes. Muchos le debían dinero todavía. A lo largo de las siguientes semanas, mucha gente vino a pagar sus cuentas. Mi papá no quiso aceptar su dinero. Fue tanto por coraje como por generosidad. Mami pensaba que lo que había hecho que mi papá se rindiera habían sido las peleas constantes y las quejas y las negociaciones para conseguir que los clientes pagaran su comida.

Ahora que ya había dejado el negocio del restaurante, no quería su dinero; quería que se fueran.

"No pudo más", dijo mi mamá. "Hizo este restaurante hermoso y nadie lo apreció".

Ahora que pronto no existiría más, me empezó a parecer hermoso. Lo manteníamos inmaculado. Mi papá había comprado equipo nuevo y caro. La cocina abría hacia el restaurante y estaba siempre limpísima. Las botellas de licor habían estado colocadas cuidadosamente detrás de la barra, que brillaba. Mi papá era un perfeccionista. Quería que las cosas estuvieran siempre bien. Pero la gente peleaba por centavos.

Me di cuenta de las tensiones que tenía mi papá. Tenía que enfrentarse a lo mismo todos los días: los clientes que se quejaban durante el día, el juego de dominó hasta altas horas de la noche, el esfuerzo de sonsacar a los tipos de la mesa para que se tomaran otra cerveza. Y nada parecía cambiar: nuestro negocio no prosperaba. Veíamos a los mismos obreros en la mañana tomar un desayuno rápido antes de entrar en la fábrica, a las mismas señoras que llegaban todos los días a almorzar, a los mismos tipos que bebían cerveza y jugaban dominó por la noche. Tras un año de trabajo, era evidente lo que éramos y seríamos: un lugar barato para que almorzaran los obreros de la fábrica.

Yo nunca llegué a ver un libro de cuentas ni oí a mi papá hablar en detalle acerca del lado financiero del negocio. Los que hacían entregas entraban y salían y mi papá les pagaba. Él cocinaba y nosotros limpiábamos. Hacíamos todas las comidas en la cocina del restaurante. Pero la actitud de mi papá me mostró más que cualquier libro de cuentas. Estaba preocupado. No llegaba a la casa hasta muy tarde en la noche, cuando la última partida de dominó se había jugado y la última Lowenbrau se había servido. Llegaba cansado y de mal humor; mucho más de lo que había estado en Chicago. Mis padres parecían haber cambiado de roles y personalidades en San Sebastián. Mi papá había perdido su confianza, su sentido del lugar que ocupaba en el mundo.

Mientras tanto, al otro lado del pueblo, mi tío Keko todavía vendía cuchifritos en Cuchilandia mientras sus clientes hacían largas filas para comprarlos. Su negocio iba viento en popa y no había tenido que comprar un asador ni refrigeradores ni hornos nuevos. Tenía su gran caldero, su gran cucharón y unos cuantos cuchillos gigantescos. Esos eran los instrumentos de su negocio. Papi decía que Cuchilandia era "la mina", es decir una fuente inagotable de dinero.

Mi papá también veía pasar los camiones de comida hacia la fábrica todos los días. Vendían arroz y habichuelas y sándwiches en platos de papel desde la parte trasera. No tenían más gastos que la comida y la gasolina. No tenían que pagarle alquiler a Pedro para que sus hijas siguieran gastando, no tenían que pagar las reparaciones de la estufa.

Mi papá estaba tratando de hacer algo más: no solo servir cuchifritos ni servir desde un camión. Aunque yo no lo entendiera en aquel momento, mi papá quería que nuestro pequeño café fuera un lugar especial. Pero quizás no supiera cómo hacer funcionar un restaurante en medio de la montaña de un pueblecito en Puerto Rico. Hizo lo que pudo y sintió que había fallado.

En Chicago había sido chofer de taxi y le había ido bien. No teníamos mucho, pero teníamos suficiente. Luego fue superintendente de un edificio, el hombre de confianza del dueño que tuvo que instalar un teléfono para que pudiera comunicarse con él. Administraba sus edificios y administraba su tiempo, sabiendo que cuando hubiera acabado su trabajo se podía sentar a leer el periódico o llevar a su hijo al juego de pelota.

En Puerto Rico mi papá se mostraba distraído y malhumorado. Como dueño de un restaurante pequeño y aparentemente no exitoso, no tenía tiempo para ir a la pelota o para leer las noticias de la tarde. Yo veía cómo mi papá sudaba y trabajaba y se preocupaba. Me preguntaba de nuevo por qué habría decidido mudarse a miles de millas de distancia para poner un restaurantito en medio de una isla tropical. Los días en que me cogía pena a mí mismo pensaba que él había tenido la culpa: estaba recibiendo su merecido por poner en práctica su plan absurdo de abandonar Chicago.

Pero en días mejores quería que las cosas le salieran bien, que tuviera éxito. Mi papá era simplemente un hombre honorable tratando de establecer su propio negocio y de cuidar de su familia. No era feliz y me sentía mal por eso. Me sentía mal por nosotros. Echaba de menos al papá que había conocido antes de San Sebastián, al hombre con quien crecí en Chicago. Quería volver a sentarme a su lado en Wrigley Field y a vitorear de nuevo a Clemente.

Unos meses después de que escribiera CERRADO en aquel papel que pegó en la puerta, todo había acabado. Trató de vender el negocio con todo el equipo. Nadie parecía interesado. Acabó vendiéndole casi toda la comida y la bebida a Pedro. Ya no habría más pollos ni más Fanta. Por esos días aún no existía eBay ni Craigslist y tuvo que vender el equipo a precio de ganga a quien estuviera interesado. No había mucha gente en San Sebastián que estuviera buscando comprar refrigeradores comerciales. Nos mudamos del apartamento de Pedro. Mi mamá y mi papá empezaron a buscar empleo. Nuestra breve historia como pequeños empresarios había terminado.

Lo único que queda hoy del experimento de mi papá como dueño de restaurante son las recetas de nuestra familia. Yo nunca lo supe antes de que él decidiera abrir un café en los montes de Puerto Rico, pero mi papá era un gran cocinero. La comida que comíamos en la cocina de nuestro restaurante era deliciosa. Yo trato de emularlo hoy, sin la ayuda de su gran caldero para cocinar arroz y sin su asador.

Una de sus especialidades era el bistec encebollado. Ahora, cuando cocino yo, compro carne de falda o bistecs machacados, como lo hacía él, y los corto al tamaño adecuado. Los froto con ajo, les echo sal y pimienta y los cubro con cebollas. Luego mezclo aceite y vinagre, le echo la mezcla a la carne y las cebollas, y dejo que se impregnen de ese adobo. "Tienes que dejar que el aceite, el vinagre y el ajo sean los que cocinen la carne", solía decir mi papá, mientras le daba vuelta a los bistecs dentro del adobo. Tenía razón. Uno lo menea al segundo día y se lo come al tercero. Sabe riquísimo. A mis hijas les encanta y siempre me piden que les prepare ese plato.

Cuando comen mi bistec encebollado, con frecuencia me dicen: "Papá, deberías abrir un restaurante". Y yo pienso para mis adentros: "Ya lo hicimos una vez".

CAPÍTULO OCHO

Los números puertorriqueños
de la suerte

COMENZAR A ESTUDIAR en la Universidad de Puerto Rico un año antes de que me tocara graduarme me parecía un escape. Mis padres me habían traído a Puerto Rico. Había tenido que lavar pisos y fregar platos; había aprendido español y ya me sentía bien en la isla tropical. Ahora iba a hacerme cargo de mi propia vida. Me enfrentaría a mi futuro con doce meses de anticipación.

Ser independiente no significaba que tendría más dinero. La matrícula no era cara, pero había que seguir comiendo. La UPR no tenía muchos dormitorios entonces, de manera que busqué el hospedaje más barato que pude. Tenía que compartir una habitación con cuatro estudiantes en un apartamento de tres habitaciones. Las dos literas y la camita sola lo llenaban todo. Nos supervisaba una mujer malhumorada que nos hacía el desayuno y la comida por la noche. El almuerzo iba por nuestra cuenta, lo que significaba que a menudo me lo saltaba.

Pronto me di cuenta de que la UPR se quedaba desierta durante los fines de semana. La mayor parte de los estudiantes se quedaban sin dinero y querían irse a sus casas para que sus padres los alimentaran. Yo no tenía un auto. Luis Águila me daba pon, pero él había arreglado su horario de clases de manera que se pudiera ir temprano los viernes para ver a su novia en San Sebastián. Cuando no me podía salir de las clases sin que me vieran para coger el pon de Luis, me quedaba por mi cuenta. Me volví un experto en transporte público y en coger pon. En la plaza de Río Piedras podía coger un carro público –una guagüita que no salía hasta que se llenaba de gente que quería salir de San Juan. Me llevaba hasta Bayamón. Desde allí, mi pulgar era lo único que me ayudaba a llegar a San Sebastián. Yo siempre llevaba un bulto rojo con la insignia de la UPR para que los choferes supieran que era un estudiante y no un asesino en serie. Nunca me dio trabajo conseguir un pon hasta mi casa.

Y tampoco me daba trabajo estudiar. Ya para cuando llegué a la UPR mi español era bueno, y mi excelente dominio del inglés me seguía dando una ventaja. Pasé el primer año con facilidad. Volvía a San Sebastián casi todos los fines de semana pidiendo pon. Como casi todos los universitarios, trataba de decidir cuál sería mi camino en la vida, qué era lo que realmente quería hacer, pero no estaba muy seguro.

Todavía giraba en torno a San Sebastián; pensaba en mis amigos y en el movimiento independentista. Todavía pegaba carteles, vendía *La Hora* los fines de semana y escuchaba a los líderes de mayor edad. Pero ya estaba listo para emprender algo diferente; estaba impaciente. Habían transcurrido más de dos años desde que mi papá nos había metido en el Impala y nos había separado de todo lo que conocíamos. Siempre pensé que regresaría a los Estados Unidos tan pronto me fuera posible. Pero ya no sabía bien en dónde estaba mi hogar.

AL FINAL DE MI SEGUNDO AÑO en la UPR vi un anuncio en el tablón de edictos del dormitorio que informaba de un programa de intercambio para estimular el conocimiento del inglés. La UPR tenía un acuerdo con la Universidad Estatal de Nueva York. Si te aceptaban, podías ir a parar a cualquiera de las universidades de su sistema; podía ser Syracuse o quizás Binghamton.

Mis amigos independentistas se rieron de que la UPR tuviera un programa de intercambio con una universidad norteamericana. La Universidad Estatal de Nueva York no tenía programas de intercambio con los estudiantes de Wisconsin o de Idaho. Esas contradicciones típicamente puertorriqueñas sucedían todo el tiempo. Todavía es así. Si uno llama a una línea aérea para reservar un vuelo a Puerto Rico, muchas veces lo refieren a la sección de vuelos internacionales. Uno paga fletes internacionales si manda un paquete por UPS o FedEx a Puerto Rico. Cada cuatro años vitoreamos al equipo olímpico puertorriqueño. Nunca he notado que haya tanto entusiasmo por un equipo olímpico de Tennessee.

Pero, tras reírme de la condescendencia colonial, consideré el programa. Me preguntaba cuáles serían las diferencias y semejanzas entre mi experiencia y la de los estudiantes universitarios de Nueva York. Es cierto que no iría a Chicago, pero volvería a los Estados Unidos.

En caso de que se aceptara al estudiante, todos los gastos estarían pagos. No tendría que pedirles ni un vellón a mis padres.

Llené la solicitud; tenía preguntas que hubieran sido más apropiadas para un estudiante de Nicaragua o de España. Seguramente habían sido escritas por algún académico experto en diversidad con el propósito de sacar de algún cañaveral a algún chico tercermundista de piel tostada y darle la oportunidad de ver la belleza extraordinaria de los Estados Unidos. Me di cuenta de que ya para esa época, cuando estaba en el segundo año de universidad, había pasado por una transformación. No respondí a la solicitud como si fuera un muchacho de Chicago un poco molesto por el tono, pero contento por la oportunidad de volver a los Estados Unidos. Leí la solicitud como un puertorriqueño, y me ofendí de que algún tipo en una oficina de Nueva York pensara que todos necesitábamos ser ilustrados por los profesores norteamericanos.

Yo quería volver a los Estados Unidos y salir adelante. Lo quería hacer por mi Isla, por mi gente. Quería demostrarle a todo el mundo que los puertorriqueños no eran ciudadanos de segunda clase. Poco después de que enviara mi solicitud, recibí un sobre pesado de la Universidad de Nueva York en Albany. El siguiente otoño tendría la oportunidad de mostrarle al sector norte del estado de Nueva York lo que podía hacer un muchacho puertorriqueño.

CUANDO ME BAJÉ de la guagua que había tomado en La Guardia, cogí mi única maleta, fui a mi dormitorio –el dormitorio internacional, desde luego– y encontré mi habitación. La situación era confusa. Había muchachas por todas partes, algunas con maletas. Otras estaban desempacando en habitaciones muy cercanas a la mía.

En la UPR todavía prevalecía la estructura tradicional de la sociedad puertorriqueña. Las muchachas estaban guardadas muy bien en sus propios dormitorios, como en la bóveda de un banco. Durante los días de semana cerraban los dormitorios a las diez de la noche; los viernes y sábados se quedaban abiertos hasta las once.

Durante mi segundo año me había mudado de la casa de hospedaje a un dormitorio, pero pasaba mucho tiempo en el apartamento de un amigo. Me metí en un lío. Un día de tantos, le di clases en el apartamento –juro que eso es lo que hacía– a una muchacha que conocía. Esa misma tarde me encontré con mi amigo, que me dio un golpe en la cabeza.

–¿Por qué hiciste eso? –le pregunté.

–Porque nuestro casero amenaza con botarnos del apartamento. Dijo que estuviste encerrado allí con una muchacha muy bonita toda la tarde. Tú sabes que no puedes llevar muchachas al apartamento.

–No hicimos nada, estábamos estudiando –dije.

Mi compañero de cuarto se rio: –Bueno, eso es una estupidez aun mayor: debí haberte dado más duro.

Las reglas que imperaban en la Isla reflejaban la creencia de que hombres y mujeres solteros que estaban juntos sin supervisión no podían hacer otra cosa que pecar. No había excepciones.

En Albany había muchachas por todas partes; se les permitía que fueran libremente adondequiera que quisieran ir. Para mí fue una sorpresa y una liberación. Todos estábamos tratando de ser maduros, de encontrar nuestro propio camino. Me encantaba la libertad; nuestro dormitorio era una especie de laboratorio de culturas y de gente. Desde luego que todos los puertorriqueños del programa de intercambio querían vivir en el dormitorio internacional, pero eso no me sorprendió. Yo me había criado en los Estados Unidos y me había mudado luego a Puerto Rico. Conocía la diferencia. El dormitorio internacional era perfecto para nosotros.

Yo nunca había estado en otros lugares más que donde me habían llevado mis padres. Ahora estaba conociendo a jamaiquinos que tenían afiches de Bob Marley en las paredes de sus habitaciones y a muchachos españoles. Me fascinaron tres israelíes que estaban locos por hacer amigos para hablar de su país.

Nunca antes había conocido a un israelí. En realidad, nunca había conocido a un judío. Estos muchachos tenían mi edad, pero eran tan serios que parecían mucho mayores. Sentían reverencia por Israel y hablaban de su país con orgullo y actuaban como sus embajadores a la menor oportunidad. Describían lo que era un kibutz y hablaban de la importancia de la agricultura. Describían en detalle la industria y las fábricas y hablaban de construir una economía que pudiera mantener a su gente. Querían que uno entendiera las amenazas constantes a su seguridad, lo que era estar rodeado por vecinos hostiles. Muchos líderes independentistas puertorriqueños criticaban a Israel porque no apoyaban la creación de un estado palestino independiente. Israel tampoco ganaba amigos entre los independentistas porque siempre estaba de acuerdo con los Estados Unidos y se oponía a cualquier esfuerzo o formulación anticolonial que se presentara en la ONU. Estar en contacto con gente de otros países me brindaba la oportunidad de conocer nuevos puntos de vista.

A mediados de año, el compromiso de los muchachos israelíes con su país se convirtió en algo más sustancial que palabras cuando se fueron a defenderlo en la guerra de 1973. Estuvieron ausentes unas seis semanas y luego, de repente, regresaron y estaban de vuelta en la cafetería almorzando con todos. Algunos muchachos se iban de vacaciones en primavera, pero los israelíes se fueron a su país, lucharon en una guerra y lo salvaron. Y regresaron quemados por el sol, como si hubieran estado cortando caña. No se quejaron ni una vez.

Mientras más los oía hablar acerca de Israel, más familiar me parecía lo que decían. La pasión que tenían por su nación dejó en mí una impresión indeleble, no solo porque eran jóvenes comprometidos con algo mucho más trascendental que el próximo examen o la próxima fiesta. Su país era parte de ellos y harían cualquier cosa por servirlo: incluso dejar su educación e ir a arriesgar la vida. Amaban su tierra y vivían la autosuficiencia sobre la que mis amigos y mentores independentistas nos sermoneaban en Puerto Rico.

Empecé a pensar que, si Israel puede lograrlo, ¿por qué no Puerto Rico? Mis padres y mucha gente de la Isla habían vivido con la idea de ser norteamericanos, o casi norteamericanos, durante tanto tiempo que la idea de ser una nación independiente parecía como una fantasía infantil a pesar de que sentían, a la vez, un sentido profundo de patriotismo hacia Puerto Rico. ¿Por qué? Puerto Rico tenía los mismos o quizá más recursos naturales. Teníamos hermosas atracciones turísticas que podían anclar nuestra economía y gente capaz y trabajadora. ¿No era el kibutz la extensión lógica del día agrícola que dediqué a recoger café?

Israel sobrevivía y prosperaba a pesar del hecho de que su tierra es desértica y el país está rodeado de enemigos. Puerto Rico tenía mar, playas y bosques pluviales. Ni República Dominicana ni Haití nos han amenazado con misiles. Aún si obtuviéramos nuestra independencia, Estados Unidos no sería nuestro enemigo.

Por el momento dejé de lado toda inquietud que mis antecedentes independentistas despertaban con respecto al colonialismo. Admiraba el orgullo y el amor que mis nuevos amigos israelíes sentían hacia su patria. Me preocupaba su suerte cuando se fueron a la guerra. Nunca había estado más convencido de que trabajar por nuestro futuro como nación sería el camino adecuado para Puerto Rico.

EN EL VERANO COGÍA EL METRO desde el apartamento de mi tía en el Bronx hasta Wall Street; desde los apartamentos en la parte alta hasta los rascacielos en la parte baja de Manhattan. Era un peregrinaje que me llevaba, cuadra por cuadra, desde un vecindario en el que los puertorriqueños y los negros metían tanta gente como les era posible en sus apartamentos para que durmieran hacinados en las habitaciones y se pasaban la vida sentados en las escaleras del frente, hasta el centro del mundo financiero. Incluso conseguí un empleo en un banco, pero no conversaba con los titanes de las finanzas; ni siquiera tenía que contar dinero o recibir depósitos. Mi labor era regalar tostadoras.

Quería ganar un dinerito para ayudarme con la universidad. En Albany también tenía que comer. Mi tía me dejó quedarme en su casa aquel primer verano y encontré una agencia que colocaba a empleados temporales y que me garantizaría trabajo durante tres meses.

No podía creer la buena suerte que había tenido cuando empecé en el banco. Nunca había tenido un empleo más fácil. Aprendí lo que significaba la frase "horas de banquero". No tenía que llegar al trabajo hasta las nueve y a nadie se le ocurría quedarse más allá de las cinco. Me dieron una mesa en una esquina, un lugar tranquilo que tenía aire acondicionado. Yo solo era el tipo que daba los regalos, pero había que empezar por alguna parte.

Sonreía y le decía a la Sra. Smith que estábamos encantados de que abriera una cuenta con nosotros. Le daría una preciosa tostadora nueva para que se sintiera feliz. Pensé que me estaban tomando el pelo. Ganaba lo mismo por solo hacer feliz a la gente que lo que había ganado como aguador del Golden Nugget o pelando verduras en Carson's.

No quería perder el trabajo. Fui tan cortés y amigable que probablemente la gente pensó que tomaba alguna poción química para no perder la sonrisa. Estudié las reglas. Sabía exactamente qué había que hacer para conseguir una tostadora gratis. Me imaginé por primera vez lo que sería una carrera que requiriera estar en un banco.

Cierto día se me acercó una mujer con la constancia de que había abierto una cuenta nueva. El requisito para recibir una de mis tostadoras era abrir una cuenta con quinientos dólares. La saludé con entusiasmo:

—Bienvenida y gracias por abrir una cuenta con nosotros. Nos encanta tenerla de cliente.

No le impresionó para nada mi saludo tan amistoso. Quería dos tostadoras porque había abierto su cuenta con mil dólares.

Era fácil tomar una decisión: solo tenía que seguir las reglas. Independientemente de cuán grande fuera la cuenta, si el cliente solo había abierto una, solo le tocaba una tostadora.

—Lo siento, señora, pero solo regalamos una tostadora por cada cuenta que se abra —le dije, sonriendo.

Ella insistió que la había abierto con el doble de la cantidad que se necesitaba para recibir una tostadora. Quería que le dieran dos.

Empecé a sudar. Yo era tan solo un muchachito que pesaba ciento diez libras y que estaba encantado de tener un empleo temporal en una oficina agradable y fresca. Me encantaban mis horas de "banquero". No le iba a dar una tostadora extra. Pero pensé que quizás le podía dar alguna información.

—Señora, quizás si hubiera abierto dos cuentas con quinientos dólares cada una, le podría dar dos tostadoras.

Me miró como si yo estuviera loco, como si no entendiera lo más mínimo acerca de cómo se tenían que regalar las tostadoras. Pero yo no iba a darme por vencido. Las tostadoras no eran mías para que las estuviera regalando como dulces. Se fue y en sesenta segundos regresó con el gerente, que no me había hablado nunca. No parecía como que fuera a felicitarme por haber seguido órdenes.

–Joven, ¿le puede dar dos tostadoras a esta amable señora, por favor? –me ordenó el gerente.

Se las di. Ningún problema. Le di a la señora buscona una sonrisa muy agradable y me pregunté cuántas tostadoras podría necesitar una persona. Si hubiera puesto cinco mil dólares en una cuenta nueva, ¿habría supuesto que le darían diez tostadoras? Podría haber abierto una tienda de tostadas.

Cuando la rica coleccionista de tostadoras se fue, el gerente volvió. Fue muy simpático y me dijo que entendía que yo solo estaba tratando de seguir las reglas. Y me dijo que me asegurara de que cada uno de los clientes se fuera contento.

No tenía problema con eso; no era yo quien estaba pagando las tostadoras. Si hubiera podido prever mi futuro, le hubiera dado las dos tostadoras pero le habría informado que treinta años después, cuando fuera presidente de un subcomité del Comité de Servicios Financieros de la Cámara de Representantes, reglamentaría la industria para asegurarme de que solo dieran una tostadora por cada nueva cuenta.

LLEGUÉ A LA AGENCIA la mañana de mi tercera semana preparado para dar una tostadora por cada quinientos dólares de depósitos. Pero entonces los tipos que trabajaban por contrato me dijeron que volviera a las cinco y media con ropa cómoda. Eso no me sonaba como un trabajito de oficina. Me equivoqué; sí era un trabajo de oficina, pero lo que tenía que hacer era limpiarlas.

Esa semana empecé a trabajar como conserje. La semana antes había estado disfrutando de una hora larguísima para el almuerzo. Ahora estaba limpiando urinarios. Reemplazaba a unas señoras polacas en un enorme edificio ocupado casi todo por firmas de inversionistas y corredores de bolsa. Hacía el turno del conserje que estuviera enfermo o que se hubiera ido uno o dos días de vacaciones.

El trabajo era solitario. Ya para las cinco y media todo estaba en silencio. Ya sea que estuviera en el quinto o el quincuagésimo piso, todo me parecía igual. Había filas y filas de cubículos con escritorios y oficinas un poco más grandes pegadas a las paredes. A veces alguien que estaba trabajando hasta tarde me hacía señas para que me fuera: se trataba casi siempre de algún tipo joven que parecía haber cometido un gran error durante el día y que estaba tratando desesperadamente de arreglarlo. Me gustaba que me dijera que me fuera: era un escritorio menos de entre los cien que tenía que limpiar. Yo me desplazaba parsimoniosamente de oficina en oficina, aprendiéndome la rutina. Primero limpiaba el escritorio con movimientos circulares, empezando por el medio, y vaciaba todos los ceniceros. Vaciaba también las papeleras y le pasaba la aspiradora a los pisos. Dejaba para el final los baños y lo peor de todo: limpiar los inodoros y los urinarios.

Después de ponchar, las únicas palabras que escuchaba durante las siguientes ocho horas eran las de quienes todavía estaban allí, pidiéndome que regresara más tarde. Para las siete u ocho de la noche, ya no quedaba nadie por aquellos ámbitos. Me sentía como Jack Nicholson caminando por el hotel desierto en la película *The Shining*. La rutina no variaba: a veces los inodoros estaban más sucios que otras; de vez en cuando los empleados me dejaban los restos de una fiesta para que yo los limpiara. Pero la mayor parte de las veces se trataba de trabajo y más trabajo rutinario. Había que barrer, mapear el piso, limpiar, vaciar las papeleras.

No solía terminar antes de la una y media de la madrugada. Sentía que yo era mi propio jefe, a cargo de mi propio negocito de limpieza. En aquel edificio no había latinos trabajando a tiempo completo como conserjes. Apenas empezaba entonces el trabajo de los inmigrantes latinos en el campo de la limpieza para la gente rica. La generación anterior de inmigrantes de Europa del Este todavía tenía las escobas en las manos. Solo veía a los otros conserjes a la hora de entrada y la mayor parte de las mujeres no hablaban mucho inglés. Estaba solo con mi trabajo. Lo hacía metódicamente, yendo de oficina en oficina, de escritorio en escritorio. El carrito con mis útiles era como mi oficina rodante. Colgando del medio tenía un gran zafacón y al frente llevaba mi aspiradora y el mapo. Allí tenía todos mis útiles de la limpieza: detergente industrial barato, trapos, limpiador de cristales y un cepillo para los inodoros.

Pienso en aquel verano cada vez que mis colegas o los analistas de los programas de la cadena Fox hablan de los empleos que los inmigrantes les están quitando a los norteamericanos. Por aquel entonces solo trabajaban un puñado de mujeres polacas de edad y yo. Nadie se había inscrito en la lista de la agencia que suplía trabajadores temporales esperando la oportunidad de conseguir un empleo limpiando baños. Todos estaban contentos de que yo lo hiciera. No había dejado detrás a una larga fila de entusiastas de la limpieza de urinarios. No he visto evidencia alguna de que las cosas hayan cambiado desde entonces.

Yo sabía –o esperaba– que mi trabajo con el cepillo de inodoros fuera temporal. Limpiaba urinarios para conseguir el dinero que me permitiera seguir estudiando y que me permitiera también seguir comiendo. Mis compañeros de empleo, sin embargo, lo habían hecho durante años: habían limpiado miles –quizás decenas de miles– de escritorios sucios y habían vaciado esa misma cantidad de ceniceros. Lo hacían por tres o cuatro dólares la hora. Y sin embargo se presentaban día tras día al trabajo; todas las mañanas, cuando los corredores de bolsa comenzaban a trabajar, encontraban sus oficinas limpias. Aquellas señoras polacas limpiaban los inodoros porque tenían un motivo más importante que comer caliente o comprar un pasaje de avión para volver a casa en Navidad. Lo hacían por sus familias. Estoy seguro de que muchas de aquellas mujeres polacas lograron finalmente que un hijo o una hija ocuparan una oficina como la que estaban limpiando. Como tantos otros inmigrantes hoy, esa era la única paga que realmente querían recibir al final de un largo día de limpiar y mapear.

Mi programa de intercambio en Albany duraba solo un año. Mi familia suponía que yo volvería a Puerto Rico; la UPR también. La Universidad me mandó un pasaje de avión para que volviera a San Juan. Pero yo no estaba seguro. Tino y Luis me hacían falta, echaba de menos la política independentista de San Sebastián pero, ¿estaba mi hogar en aquellos montes y en los dormitorios de la UPR?

Yo sabía que las cosas se habían puesto tensas en la familia Gutiérrez. Cuando cerramos el restaurante, mi papá empezó a trabajar como vendedor de autos en Mayagüez. Su carrera como vendedor de los Opel no duró mucho; había que vender demasiados autos para hacer dinero. Mi papá era un hombre de pocas palabras; no era un vendedor nato. Era difícil imaginárselo tratando de convencer a los clientes. No era difícil, sin embargo, imaginárselo diciéndole a alguien que era mejor ahorrar su dinero que comprar un auto nuevo. Mi mamá empezó a trabajar en una fábrica de ropa interior de la marca Hanes. Se llevaba a casa prendas que tuvieran algún defecto y me las enviaba. Yo era Luis el Defectuoso, el rey de la ropa interior. Me mandaba tantas prendas desechadas por la fábrica que hasta hubiera podido regalarles algunas a mis amigos. Mientras mi mamá trabajaba, mi papá buscaba otro trabajo.

Para sorpresa de mi hermana, lo encontró en un programa auspiciado por la Administración de Veteranos que alentaba a los veteranos a volver a la escuela. Se interesaban sobre todo por que volvieran a la universidad, pero también había ayuda para quien quisiera terminar la escuela superior. Mi papá estudió los detalles del programa; llamó a la Administración de Veteranos para hacerles preguntas. Se dio cuenta de que su gobierno se estaba ofreciendo a pagarle para que consiguiera su diploma de escuela superior.

Él solo tenía octavo grado. La escuela había sido un lujo. Necesitaba hacer dinero y había encontrado su primer empleo como proyeccionista. Ahora la Administración de Veteranos le estaba ofreciendo ambas cosas: educación y dinero. El problema era que no se trataba de un programa en que pudiera coger un GED (General Education Development, un examen de educación general), ni uno que pudiera coger por correspondencia. Para participar, tenía que asistir a una escuela superior. Eso significaba, en el caso de la familia Gutiérrez, que tenía que ir a la escuela Manuel Méndez Liciaga: la misma a la que asistía mi hermana.

Ir a aquella escuela superior había sido difícil para mí. Pero no estoy seguro de que el ataque del Sr. Hernández contra mi manera de hablar español fuera tan fuerte como el que Ada tuviera que cursar su último año de escuela superior junto a mi papá. Él caminaba por los pasillos muy orondo, como cualquier otro estudiante; ella lo veía en el almuerzo y a todas horas del día. Sus amigos pensaban que su familia estaba loca y le preguntaban por qué su papá estaba en la clase de álgebra con ellos. Él seguía a Ada por todas partes para no perderse en el edificio. No le incomodaba en lo más mínimo. Para conseguir su dinero tenía que ir a la escuela con Ada. ¿Y qué? Hacía décadas que no le importaba lo que un montón de muchachos de escuela superior –su hija entre ellos– pensaran de él.

A fin de cuentas, a mi papá le gustaron más las clases que el dinero. Cuando regresé de Albany para la Navidad del cuarto año de mi papá y de Ada, él sacó su ejemplar muy usado de *Don Quijote* para discutir sobre Cervantes conmigo. Nunca antes lo había visto leer un libro. Le encantaban las ciencias políticas y las clases de educación cívica. También quería discutir por qué él tenía razón en apoyar el Estado Libre Asociado y no yo en apoyar la independencia. Quería discutir conmigo el pensamiento de Platón y de Sócrates. Mi hermana hizo una mueca y me dijo que se alegraba de que hubiera alguien más con quien él pudiera discutir sus recién descubiertos intereses académicos. Le pregunté a Ada si mami había aceptado ir con él al baile de graduación. Mi pregunta no le hizo ninguna gracia.

Mi papá no era el único. Había unos cuantos veteranos más caminando por los pasillos de la escuela superior: tenían la edad de mi papá, no tenían trabajo o estaban encantados con la idea de hacer unos cuantos pesos sin trabajar. Yo me alegraba de que mi papá obtuviera su diploma pero también pensaba en lo mucho que había cambiado su vida desde que nos habíamos ido de Chicago. Durante nuestras discusiones sobre *Don Quijote* me vi tentado de preguntarle si veía algún paralelo entre los molinos de viento y un pequeño café escondido en las colinas de Puerto Rico, pero no lo hice. Volví a Albany; tenía que decidir lo que haría.

Al final del año escolar, tenía el sobre con mi pasaje de vuelta a San Juan sobre mi escritorio. No quería pensar en el asunto. Mis padres se preguntaban cuándo volvería a quedarme de fijo en Puerto Rico. Aunque no estaba seguro de adónde quería ir, sentía que tenía opciones. Una ventaja de no tener dinero es que la situación es igual adondequiera que vayas. Tras pasar un par de días pensando en mi futuro, fui a la oficina de la línea aérea.

Esperé en fila y le dije al tipo que estaba trabajando ese día que quería devolver mi pasaje para que me dieran el dinero. Lo miró, buscó unas instrucciones en un libro y me dijo que, como yo no lo había comprado, no podía recibir dinero. Salí de la oficina y me senté en la acera. Pensé en las alternativas. Volví a entrar y me puse en fila, con la esperanza de que me atendiera otro agente. Cuando llegué al frente de la fila, solicité algo diferente.

—Cambié de planes de viaje —dije—. ¿Puedo cambiar el destino de este pasaje e ir a Chicago?

Este empleado era más amigable. Dijo que sí. Me puse contentísimo. Busqué un vuelo que saliera al día siguiente hacia Chicago. Hasta me devolvieron algún dinero: el vuelo a Chicago era más barato que el de San Juan.

Volví a casa y empaqué mis cosas. Todavía cabían todas en una maleta. Me quedaba una tía en Chicago; la llamé. Mi tía Nilda dijo que me podía quedar en su casa. Al día siguiente volé a Chicago y cogí la guagua y el tren desde el aeropuerto O'Hare. Ella no tuvo que explicarme cómo llegar porque se había mudado a nuestro viejo apartamento en la calle Willow. Su marido, mi tío Joe, había cogido el viejo empleo de mi papá como superintendente del edificio. Tras años de echar de menos Chicago, volvía a mi casa, al mismo lugar adonde me había criado, adonde había guardado mi ropa en dos gavetas, adonde todo parecía fácil antes de que papá comprara la guagua Impala y nos mudara a Puerto Rico. Ni siquiera tuve que dormir en un pasillo: tía Nilda me dejó compartir una habitación. De nuevo dos primos tuvieron que hacerle espacio a Luis Gutiérrez. Era el viejo cuarto de Ada.

Sentía como si le hubiera dado la vuelta al mundo desde la última vez que había dormido en Lincoln Park. Cuando me fui era un adolescente rebelde de Chicago, un muchacho que solo hablaba inglés y que se sentía exilado de su hogar y enviado a un lugar en donde solo se hablaba español. Ahora había vuelto a punto de graduarme de la universidad y listo para pedir justicia para los latinos y la independencia para los puertorriqueños. Podía hablar español mejor que nadie en el vecindario. Me alegraba volver a casa.

EL RETO QUE ME ESPERABA en Chicago era el mismo que hubiera tenido en cualquier otro lugar. Necesitaba un empleo para ganar algún dinero de manera que pudiera pagar mi educación y terminar en el otoño.

Tía Nilda sabía de algunos puestos disponibles durante el verano en la fábrica de Helene Curtis, una compañía en ascenso que fabricaba champú y cosméticos. Necesitaban gente que trabajara en el almacén y llevara los productos a su departamento de envíos. Había mucho que hacer y mucha gente haciéndolo, lo cual resultó muy diferente de la soledad que pasé como conserje. Operaba una pequeña grúa y movía cajas el día entero. El lugar me daba energías. No tenía tostadoras que regalar, pero por lo menos había otra gente con quien hablar.

Durante la primera semana desplegué demasiada energía. Se suponía que uno moviera mil trescientas cajas al día y ya para mediodía yo había movido ochocientas. Los empleados de verano éramos unos pocos; la mayoría de los otros tenía un empleo fijo. Uno de ellos, un tipo irlandés que parecía como si debiera estar trabajando en construcción o jugando fútbol, me llamó aparte.

–Muchacho, vas a estar aquí solo durante el verano. Nosotros hacemos esto todos los días. No trabajes tan endemoniadamente rápido –me dijo.

No parecía que estuviera bromeando. Hice lo que me dijo. Era un trabajo duro, físico, y de todas maneras no creo que hubiera podido seguir al mismo ritmo todo el verano, especialmente porque el gerente me gritaba todo el tiempo. Le gritaba a todo el mundo. Parecía salido de una agencia para actores: tenía pelo muy corto, usaba camisas blancas de manga corta y cuello abotonado y siempre estaba con una libreta en la mano. Estaba a la caza de los que se quejaran o de los agitadores prosindicato. Escuchaba las conversaciones de todo el mundo y les informaba a los supervisores si oía comentarios adversos a la compañía. Era evidente que no había muy buen ambiente en la sección de envíos. El gerente se portó como un tirano durante todo el verano: negaba los pedidos de vacaciones, delataba a los trabajadores que hubieran cometido faltas menores, fueran reales o imaginarias, y siempre estaba gritándole a la gente. Sacaba a los empleados del baño tan pronto se acababa el tiempo libre. Hacía comentarios continuamente en contra del sindicato y consideraba que detrás de cada conversación había un complot socialista. Me daban pena los tipos que no se podían ir de allí al final del verano.

Decidí mostrar una mayor dosis de solidaridad con mis compañeros de trabajo. El último día de mi empleo de verano, fui con mi grúa hacia el sistema de micrófonos que el gerente siempre usaba para gritarnos a nosotros. Lo prendí y grité que tenía que hacer un anuncio importante. Todo el mundo se detuvo. Nadie había oído una voz diferente a la del gerente por el intercomunicador. Me paré encima de mi grúa y grité: "Nosotros somos los que creamos toda la riqueza para esta compañía y no nos dan nada a cambio".

Mis compañeros de trabajo me miraron como si estuviera loco pero todos escuchaban.

"Tenemos que irnos a la huelga en busca de justicia".

El gerente se puso colorado de ira y corrió hacia el centro del piso. Mis compañeros de trabajo empezaron a disfrutar de aquello.

Grité todos los lemas izquierdistas que recordaba, todos los que defendían a los obreros, sobre todo porque sabía que aquello sería lo que más incitaría la paranoia antisindical del gerente.

Me gritó a mí y luego les gritó a los demás empleados. Les dijo que me ignoraran, que cualquiera que se me uniera sería despedido. Creo que trató de despedirme, pero le recordé que mi carrera allí había terminado.

"¡Poder obrero!", seguía gritando. El gerente se rindió, lo cual le quitó la diversión al asunto y yo me bajé de la grúa. Los otros se reían o sacudían la cabeza ante el muchacho loco, mientras yo caminaba hacia la salida. Yo quería conseguir una última cosa de Helene Curtis: la compañía siempre estaba regalando botellas de champú que se habían dañado de manera que cogí unas cuantas para la tía Nilda. Tenía tantas ya en su casa que nunca más tendría que pagar por lavarse el pelo.

HELENE CURTIS SIGUE siendo una compañía importante en Chicago. Poco después de que yo fuera elegido al Congreso, el dueño me llamó; había visto que yo había sido empleado de ellos. Dijo que le encantaría que los visitara para presentarme a sus obreros actuales.

Fui a visitarlos; se habían mudado. Todo el proceso era ahora automatizado. No había nadie operando grúas, nadie gritando. Era una buena compañía, pero era menos interesante. Me sentí decepcionado de no poder ver el micrófono por donde había gritado mis consignas izquierdistas. De todas maneras, me trataron como a una persona muy importante. Todos fueron muy agradables conmigo.

"El congresista trabajó aquí", les dijo el gerente a los obreros. Yo saludé a todo el mundo y hablé con ellos, pero lo que en realidad hubiera querido decirles era que seguramente los archivos del personal estaban incompletos, de lo contrario no me habrían invitado.

NORTHEASTERN ILLINOIS UNIVERSITY se había convertido en la escuela de preferencia de los puertorriqueños del vecindario. No costaba mucho y se podía ir en la guagua que subía por la avenida Kimball. La institución estaba empezando a reclutar estudiantes latinos y tenía varias clases sobre temas latinoamericanos. Algunos de mis viejos amigos del vecindario se habían matriculado. La escogí para hacer allí mi último año.

Lo primero que hizo mi amigo Freddie cuando me llevó por los predios de Northeastern fue presentarme en la Unión de Estudiantes Puertorriqueños. Me hice miembro. Recaudamos dinero para los estudiantes puertorriqueños que necesitaban ayuda: les pagábamos los almuerzos o la ropa o los libros. Exigimos más profesores latinos y más cursos remediales para que los estudiantes latinos mejoraran su inglés.

La Unión estaba comprometida con el activismo político dirigido hacia la independencia para Puerto Rico. Publicamos un periódico, *Que Ondee Sola*, que informaba sobre Puerto Rico y difundía nuestros sentimientos acerca de nuestra bandera. Muchos de los estudiantes estaban aprendiendo la historia de la Isla y del activismo y la filosofía de la independencia que yo había estado viviendo y promoviendo en Puerto Rico. El tiempo que había vivido en la Isla me hizo partícipe de una experiencia que interesaba a todos. Yo ya no era un forastero: era más bien un experto. A las dos semanas de estar allí me hicieron vicepresidente de la Unión y reclutaba miembros nuevos todos los días.

Al cabo del año ya estaba al mando. Un día la Unión se reunió para decidir si debíamos hacer una protessta "acampando" en la oficina del presidente de la universidad porque no quería despedir al director del programa de reclutamiento de latinos. Se suponía que el tipo ayudara a los estudiantes latinos, pero lo que hacía era estudiar derecho a tiempo completo y postularse para concejal. Apenas le quedaba tiempo para satisfacer las necesidades de los puertorriqueños que iban a Northeastern. Todos creíamos que debía irse, excepto por el presidente de nuestro grupo, que no quería problemas con eso.

Cuando la reunión empezó a salirse de control, decidió que era mejor dejar el debate para otro día. Declaró cerrada la sesión y se fue junto con toda la gente que estaba de acuerdo con él.

Miré alrededor del salón. Había mucha más gente allí de la que se había ido con el presidente. No recordaba que se hubiera sometido a votación su moción de levantar la sesión. Entonces me di cuenta de que conocer las *Robert's Rules of Order* (Reglas del orden parlamentario) me daba un arma poderosa.

Me subí al podio, les recordé a todos que era vicepresidente y les pregunté a mis amigos si recordaban que se hubiera hecho una moción o se hubiera sometido a votación la propuesta de levantar la sesión. Nadie lo recordaba. Les pregunté si querían votar sobre el asunto que teníamos entre manos –la acción de sentarnos fuera de la oficina del presidente en protesta. Dijeron que sí. Cuando aprobaron esa resolución, les hice otra pregunta. ¿Creían que deberíamos tener un comité para enjuiciar al presidente de la Unión por abandono de funciones? Como lo esperaba, todos los que estaban allí todavía, la mayoría gente amiga o que yo había reclutado, pensaron que era buena idea. El presidente no regresó para defender su posición. En un plazo de dos semanas pasé a ser el nuevo presidente.

Mi golpe de Estado hizo que la Unión fuera más activa. También me granjeó un puñetazo en un ojo dos semanas después, cuando me atacó el hermano del presidente depuesto. Mi amigo Freddie se fracturó la mano cuando, a su vez, me defendió. Llevaba apenas un par de meses en Northeastern y ya tenía un ojo morado, mi amigo tenía un hueso roto, me habían hecho presidente de la unión estudiantil y estaba completamente comprometido con los estudiantes puertorriqueños y con buscar justicia para los latinos.

ACABABA DE TERMINAR de vender el periódico *Claridad* en el campus. Ya era experto vendiendo ese periódico de corte izquierdista y defensor de la independencia puertorriqueña. En Northeastern, si alguien se cruzaba conmigo en el campus, no iba a recibir de mí una invitación a una fiesta. Yo trataba de venderle el periódico o de reclutarlo para que fuera miembro de la Unión de Estudiantes Puertorriqueños.

Solo descansaba de mi activismo para comer. Un día frío de invierno, cuando entré en la cafetería tras vender mis periódicos, me encontré con María y con su amiga Soraida. Las veía a las dos en la universidad y solían comprarme *Claridad*. María se dirigió a mí.

–Luis, mi iglesia va a celebrar un baile el día de San Valentín y necesito vender las entradas. Ayúdame, por favor; compra una entrada y ayuda a mi iglesia. Te divertirás –María sonreía encantadoramente a la vez que me recordaba sin decirlo que ese año ella se había gastado algunos pesos en mis periódicos izquierdistas.

Inmediatamente pensé que esa era una oportunidad para algo mucho más importante.

–¿Por qué querría comprar una sola entrada para ir a un baile? Uno no se divierte si va solo a un baile. Pero si tu amiga Soraida quisiera ir conmigo, entonces habrás vendido dos entradas en vez de una para el baile.

El interés económico que tenía María en la función fue más fuerte que su lealtad a su amiga. Se volteó hacia ella y le dijo con entusiasmo:

–Soraida, tienes que ir con él. Puedo vender dos entradas en vez de una.

A Soraida le daba lo mismo cuántas entradas vendiera su amiga. Y no parecía demasiado entusiasmada ante la perspectiva de ir al baile con el estudiante más radical del campus.

Le sonreí y decidí irme de allí antes de que dijera que no.–Tengo que revelar unas fotos para el periódico –le dije–. Estaré en el cuarto oscuro. ¿Por qué no me avisan cuando decidan?

Yo era tanto el vendedor como el fotógrafo de nuestro periódico. Pensé que esperaría en la oscuridad hasta ver qué era más fuerte: si la lealtad de Soraida a su amiga o su renuencia a ir al baile conmigo.

No era la primera vez que había tratado de convencer a Soraida Arocho a que saliera conmigo.

En el invierno anterior, habíamos participado en una celebración cultural latina auspiciada por el Departamento de Español de Northeastern. Aquella noche hicimos diferentes actuaciones para realzar nuestras raíces latinas, casi todas de los chicanos. Hubo canciones, bailes y lecturas dramáticas. Yo no quise dejar pasar una noche en que se celebraría nuestra cultura puertorriqueña. No es que yo cantara o bailara especialmente bien, pero nadie era más entusiasta que yo respecto a su legado puertorriqueño.

Recité un poema que celebraba las raíces africanas de la cultura puertorriqueña mientras reconocía además el trabajo que hacían los puertorriqueños. Me vestí como un cortador de caña, me puse una pava y salí descalzo, recordando aquel tiempo en que había sido pagador. Hasta encontré un machete. Ejecuté un baile nativo y recité mi poema al son de unas congas que tocaba un amigo. Fuimos tan afropuertorriqueños como pudimos. Si en 1975 hubieran existido las cámaras en los teléfonos y el YouTube, alguno de mis contrincantes políticos habría subido luego el video para sorprender a mis votantes blancos en algún punto de mi carrera. Mi baile fue recibido con aplausos entusiastas.

Pero la mejor parte de la noche fue la actuación de Soraida. Hizo un baile con María en el que parodiaba la política; terminaba con las dos mostrando cartelones que decían VOTEN POR YO. La vi actuar y me impresionó que aquella muchacha tan bonita que había visto varias veces por el campus también tuviera sentido del humor. Y podía bailar. Se había ganado mi voto.

Es posible que el éxito de mi poema me diera confianza. Busqué a Soraida y le dije que me había gustado mucho su baile. Me quedé a su lado; le fue difícil deshacerse de mí. Antes de que finalmente lo hiciera, le pasé una nota invitándola a salir. Esperé su respuesta.

A los dos o tres días no me pudo evitar más. Se encontró conmigo en el campus. No podía salir conmigo, me dijo.

–¿No puedes o no quieres? –le pregunté.

Me dijo que iba a volver a Puerto Rico. Su papá se había muerto y su mamá quería volver con la familia. Yo sé lo que es mudarse a Puerto Rico, le dije: le podía dar algunas ideas. No se interesó en mi oferta; se iría en unos cuantos meses. No necesitaba más complicaciones antes de irse. Quería comenzar una nueva vida en Puerto Rico sin ataduras.

Como ya me había dicho que no una vez, no me sentía optimista de que ahora tuviera una contestación positiva. Mientras revelaba las fotos en el cuarto oscuro, esperaba. Yo tomaba fotografías de la gente que iba a comprar el periódico y les decía que las revelaría y se las daría. Estaba seguro de que tenía fotos de Soraida por algún sitio. Las estaba buscando cuando sentí que tocaban a la puerta del cuarto oscuro. Estaba listo para el rechazo. Por lo menos me ahorraría unos cuantos pesos porque no tendría que comprar las entradas.

Era Soraida. Salí del cuarto oscuro. Ella solo dijo una palabra: "Sí".

Iría al baile después de todo.

NECESITABA COMPRAR ROPA. Solo tenía mahones, unas camisetas baratas y un abrigo viejo que había comprado en la tienda de sobrantes del Ejército. Quería impresionar a Soraida, pero no tenía nada decente que ponerme para un baile en una iglesia.

Decidí gastar veinte dólares –lo cual aniquilaría mi presupuesto– en un nuevo par de pantalones de vestir y una camisa. Debí haber guardado aquella camisa porque hubiera sido perfecta para un museo de los años setenta. Era de nilón, brillosa y con un cuello grande. Más bien parecía un mural por sus estampados: un cuadro de mujeres bailando. Hay que pensar en John Travolta en la película *Saturday Night Fever* para tener una idea de cómo era, aunque mi camisa era aún más espectacular. Estaba seguro de que me iba muy bien.

Tras gastar los veinte dólares, quise proteger mi inversión y asegurarme de que todo saliera bien aquella noche. Anoté una lista de preguntas para hacerle a Soraida, una lista a la que podría recurrir cuando la conversación decayera. Todavía recuerdo el recordatorio que escribí en la primera línea: "No más puertorriqueño contestatario" —era mi manera de recordarme de que debía hablar de alguna otra cosa que no fuera la independencia y la exaltación de Puerto Rico. No a todo el mundo le fascina estar conversando durante dos horas sobre políticas agrícolas y colonialismo. "Habla de películas" era otra de las instrucciones. Estaba dispuesto a ir al baño a revisar mi lista cuando fuera necesario.

Me fui en guagua a casa de Soraida. Toqué la puerta y me sometí a la inspección de su familia. Era algo rutinario. La familia de todas las muchachas puertorriqueñas que yo había conocido me habían interrogado, empezando con la mamá aquella que se preocupó de que yo fuera pariente del zapatero "oscuro". Pero la mamá de Soraida ya se había ido a Puerto Rico para preparar la mudanza y su papá se había muerto. Me iban a examinar la abuela y el hermano de Soraida, Cisco, que estaba allí en representación de sus doce hermanos y hermanas. Como solía suceder, Soraida todavía se estaba vistiendo, de manera que ambos tuvieron tiempo suficiente para entrevistarme.

Distraje su atención hablando de la vida en Puerto Rico hasta que Soraida bajó las escaleras. Estaba preciosa. Me miró y preguntó:

–¿Dónde tienes el carro?

Pensé: "Mi papá tiene un auto y está en Puerto Rico". Poseer un auto no era algo que jamás me hubiera parecido remotamente posible. Lo que había comprado había sido una camisa nueva. Comprar un auto era mucho pedir. La iglesia quedaba a solo tres cuadras.

–Pensé que podríamos caminar –dije, ante las risas de todos los que estaban en la habitación. Me miró como si hubiera sugerido que fuéramos a Wisconsin en motora, como si fuera evidente que las muchachas no iban a los bailes de la universidad a pie.

Tomó el teléfono. El novio de su sobrina tenía un carro. Chula y Luís nos recogerían y nos llevarían al baile.

Una vez que llegamos al baile, volví a entusiasmarme. No tuve que usar nada de lo que estaba en mi lista de conversación porque Soraida y yo teníamos muchas cosas de las que podíamos hablar.

Soraida había nacido en Puerto Rico, en Moca, un pueblo que quedaba a unas diez millas de San Sebastián. Luis Águila y yo habíamos seguido a Rubén Berríos hasta ese pueblo. Su familia también era pobre. Mi mamá se había sentido feliz de pequeña por haber tenido una pluma de agua al pie de un monte para buscar agua. Soraida recordaba haber ido a buscar agua al río cuando era pequeña.

A medida que crecía su familia, las probabilidades de que sus padres pudieran mantener a todos sus hijos disminuían, de manera que su papá se los llevó a todos a Chicago. Soraida se crio en el área de Humboldt Park, del otro lado de la autopista de Lincoln Park. Cada cuento que me hacía suscitaba algún recuerdo en mí. Tuvo que aprender inglés en Chicago cuando era pequeña; yo tuve que aprender español en San Sebastián cuando estaba en la escuela superior. Ahora su mamá se la llevaba de nuevo a Puerto Rico y allí tendría que empezar de nuevo.

Varios de sus doce hermanos y hermanas ya se habían regresado a Puerto Rico. Su mamá no quería quedarse en los Estados Unidos después de la muerte de su marido. Las historias de Soraida sobre su papá no tenían parangón con las del mío. Su papá había criado una familia de trece hijos siendo el boletero del barrio, el hombre a quien los puertorriqueños le compraban el juego de la bolita, un juego de azar ilegal. Soraida no recordaba que hubiera tenido otro empleo nunca. Crio a sus hijos usando su ingenio y su empuje.

Se llamaba Juan y en el vecindario lo conocían como "don Juan". Todos sabían que don Juan podía conseguir una botella de pitorro, que sabía dónde había un juego de cartas o que se le podía pedir dinero prestado si uno se quedaba corto una semana. Soraida quería mucho a su papá. Le gustaba el respeto que le tenían en el vecindario y admiraba que tuviera tantos amigos. Era un hombre que había vestido bien, el que mejor se vestía del vecindario. Rara vez lo vio sin su sombrero fedora.

"Uno tiene que verse como si tuviera dinero", le decía. "Yo presto un servicio en este vecindario. Hablo con nuestros amigos y vecinos, que me traen sus problemas. El hábito hace al monje".

Los boliteros del vecindario eran realmente los intermediarios. Todos trabajaban para el banquero que vivía en otro sitio. Hacían dinero con las propinas. Cuando el número que alguien jugaba resultaba ganador, había que darle al bolitero un poco de las ganancias, una "pruebita". Se ganaban la vida gracias a la simpatía y confianza. Si a la abuela Pérez se le había olvidado una semana comprar el número que siempre compraba y ese número ganaba, don Juan le pagaba de todas maneras. Un gesto de bondad se traducía en más dinero más adelante. Cuando alguien se pegaba en la bolita, había que celebrar. Con solo jugar dos vellones o una peseta se podían ganar cincuenta y cien dólares respectivamente; con un dólar, el premio era de quinientos dólares. Ya eso era dinero de verdad, dinero de verdad para el que ganaba y dinero de verdad para don Juan.

La policía siempre estaba detrás de los boliteros, pero ellos también eran parte de la comunidad, al igual que el dueño del colmado o el barbero. El bolitero era casi equivalente al lechero. Los policías eran los de afuera. Soraida decía que la policía hablaba con los clientes regulares de don Juan, la gente que le compraba la bolita todas las semanas. Les preguntaban si don Juan era bolitero y ellos les respondían que no sabían de lo que les estaban hablando, que nunca habían oído hablar de don Juan. Cuando Soraida se hizo mayor y el Departamento de Policía empezó a emplear a unos cuantos policías puertorriqueños, también estos le compraban la bolita a don Juan. Pensaban que era tan natural como comprar un dulce en la tienda.

Pero ni siquiera así los dejaban tranquilos los policías en su apartamento de Humboldt Park. Un día Soraida oyó que su cuñado gritaba desde el apartamento de arriba: "Las cosas están malas, las cosas están malas", repetía una y otra vez. Era un aviso de que la policía estaba cerca. No tocaron a la puerta, sencillamente entraron. Lucy, la hermana mayor de Soraida, les preguntó si tenían un permiso para registrar el apartamento. Le enseñaron un pedazo de papel, les dijeron a los niños que se sentaran en el sofá y procedieron a abrir todas las gavetas y a buscar debajo de todos los cojines. Soraida y Lucy lo observaban todo. No encontraron nada hasta que vieron una libreta de papel con largas líneas que formaban columnas. No había nada escrito allí. Le preguntaron a Lucy de qué se trataba.

—Es papel de arte, es para mi proyecto de arte —les dijo ella.

—¿Estás segura?

—Es mi proyecto de arte —repitió Lucy.

La policía no se llevó nada aquel día pero seguían visitándolos y registrando aunque nunca encontraran nada. Cierto día, Lucy, Soraida y su mamá estaban viendo televisión. Hacía un tiempito que la policía no las visitaba, pero don Juan les seguía diciendo que estuvieran pendientes porque los tenían vigilados. En eso dieron por las noticias que había habido un arresto en conexión con el juego de la bolita.

Estaban viendo las noticias y Lucy fue la primera que gritó: "Dios mío, es papi". Lo habían arrestado a él y a un amigo que lo llevaba a todas partes; el incidente fue lo primero que dieron en las noticias. La policía dijo que había sido un gran arresto en conexión con el juego puertorriqueño de la bolita. Lo hicieron parecer como si don Juan hubiera sido un pandillero, el líder de una gran organización criminal. Soraida dijo que se había preocupado y asustado, pero también, que le había impresionado lo bien que se veía su papá por la televisión. Tenía puesto su abrigo largo y su sombrero y se veía muy guapo. Se preguntaban cuándo lo verían de nuevo.

Su tío prestó la fianza y la policía confiscó el auto de su amigo para usarlo como prueba. Eso los satisfizo. Soraida no recuerda que su papá fuera a la corte, y nunca pasó un día en la cárcel. A ella le pareció que habían formado todo el lío para que la policía apareciera por la televisión como una fuerza eficaz.

Toda aquella atención por parte de la policía hizo que don Juan tuviera mucho cuidado al hacer pitorro, el ron puertorriqueño que se elaboraba en la casa. Él era conocido por la buena calidad de su ron. "Estaba vendido aún antes de que lo hiciera", decía Soraida. Lo vendía por veinticinco dólares el galón. Era mucho dinero, pero tomaba mucho tiempo destilarlo gota a gota hasta llegar a un galón.

Se podía usar levadura, caña de azúcar y maíz para fermentarlo, aunque los puertorriqueños eran muy creativos con los ingredientes que usaban. Él lo producía de la noche a la mañana y cubría las ventanas con periódicos para que las autoridades no se asomaran a ver lo que estaba haciendo. Lo hacía en la cocina para controlar el calor. Soraida lo olía desde su cuarto y se dormía al son de la gota de ron pitorro cayendo toda la noche. Ella decía que la policía la asustaba mucho menos que la posibilidad de que su papá provocara una gran explosión con aquel laboratorio casero.

También había que ser creativo para tener éxito como bolitero. Don Juan tenía muchos empleos diferentes. Cuando llegó por primera vez a Chicago, fue piragüero, es decir, vendedor de piraguas.[1] Sacaba un carrito de madera, compraba un bloque de hielo y cinco o seis siropes para darle sabor a la piragua y se ponía a venderlas. Se quedaba en una esquina donde todo el mundo pudiera verlo, y los clientes acudían durante todo el día. Hizo muchos amigos y conexiones.

Ser bolitero, para don Juan, era un negocio de familia. A veces trabajaba con su hermano, el tío Lorenzo de Soraida. Juntos podían cubrir más terreno. Lorenzo era diabético y había perdido una pierna, así es que caminaba con una pierna postiza. Los dos eran pilares de Humboldt Park. El papá de Soraida vestía como el protagonista de una novela romántica y su hermano le seguía siempre detrás tratando de seguirle el paso con su pierna buena. La pierna postiza también servía de almacén. Su tío se la quitaba y metía en ella los números y el dinero. Era un escondite muy seguro. Funcionó bien hasta un día en que la policía lo detuvo en la acera frente a su casa e hizo que se quitara la pierna. La sacudieron vigorosamente y de ella volaron papelitos por toda la acera: una nevada de números puertorriqueños que habían acertado en el juego.

En Lincoln Park pensábamos que la policía debía dejar tranquilos a los boliteros. Eran empresarios. Aquello era parte de la cultura puertorriqueña, algo así como el bingo que se jugaba en las iglesias.

---

[1] Las piraguas consisten de hielo raspado servido en conos de papel con sirope de frutas encima. (Nota de la traductora)

Pero la policía los perseguía de todas maneras hasta el momento en que el gobierno decidió quedarse con el negocio. No fue la policía la que dejó a los boliteros sin negocio sino la lotería: un juego de números administrado y regulado por el estado. Cuando la lotería llegó a Illinois, recuerdo haber pensado que don Juan podía considerarse ahora como un pionero, un hombre de negocios que tuvo una idea tan buena que el estado de Illinois la iba a usar para obtener fondos para sus escuelas.

Soraida quería mucho a su papá, pero respetaba aun más a su mamá. "Era una santa para vivir como vivió", ha dicho siempre.

Había que tener mucha paciencia para ser la esposa de un bolitero. Ella solía llevarles café a los hombres que jugaban póker en el sótano, arrimados a una mesa cubierta de dinero. Ayudaba a su marido a cubrir las ventanas cuando hacía pitorro. Nunca sabían lo que pasaría la siguiente semana. A veces don Juan llegaba con un rollo de billetes. A veces, cuando sus clientes no tenían suerte con la bolita o él no la tenía con las barajas o cuando la policía lo estaba observando muy de cerca, casi no traía nada a casa.

Cuando le iba bien en el negocio, quería compartir las ganancias con su mamá, que vivía todavía en Moca. A veces Soraida y Lucy se miraban la una a la otra y una de ellas decía: "¿Cuándo fue la última vez que viste a papá?". Después de que eso pasara varias veces, sabían lo que estaba sucediendo. "Debe estar en Puerto Rico", decía Soraida. Él solía irse de la casa con el tío Lorenzo un viernes y regresaba un lunes o un martes con regalos y pidiendo perdón. Traía mangós y quenepas de la Isla como artimaña para hacerse perdonar. A veces la mamá de Soraida estaba tan enojada que tiraba por la ventana las frutas y los muchachos corrían al patio a recogerlas y comérselas. Nadie iba a dejar que aquellos mangós se desperdiciaran.

Pero ahora don Juan ya no estaba y la mamá de Soraida quería regresar a Puerto Rico. Tenía cuatro hijos menores que Soraida, que estaban todavía en escuela elemental y superior. Todos ayudarían para que la familia saliera adelante en Puerto Rico. Ella pensaba como mis padres: se iría a vivir a un sitio caliente, seguro y familiar. Soraida se iría con ella en dos meses.

Aquella primera noche lo pasamos muy bien en el baile. Fue la mejor inversión que he hecho en mi vida. No tuve que mirar mis notas con ideas sobre temas de conversación ni una sola vez. Todo lo demás que pasó después del baile salió también de lo mejor. Volvíamos juntos a la casa en guagua después de las clases, íbamos al cine y su familia me invitó a una fiesta sorpresa para su cumpleaños. Yo me resistía a creer que la muchacha que había hecho el bailecito gracioso con tema político, que había viajado de Chicago a Puerto Rico y de vuelta, cuya familia era aún más impredecible y graciosa que la mía, la muchacha que era tan bonita y encantadora y buena iba a estar a dos mil millas de distancia de mí.

Llegó el momento en que se iría y finalmente tuve la valentía para hablarle de lo que su partida significaría para nosotros. ¿Cómo manejaríamos su partida, nuestra separación?

Soraida no estaba preocupada. Habló como si tal cosa.

—Siempre supiste que me iba. Te lo dije la primera vez que salimos. No quería ataduras, ¿te acuerdas?

Me lo dijo como implicando que ella seguiría adelante y que yo también debía hacer lo mismo, tal como ella me había prevenido.

Ella aún no me conocía bien. En ese momento supe que ella tenía razón. Yo seguiría adelante: iría a San Sebastián, Puerto Rico. Estaría en la Isla cerca de Soraida.

CAPÍTULO NUEVE

Chofer de taxi, exterminador, vendedor de bujías

YO APENAS SABÍA GUIAR. ¿Cuándo podía haber aprendido? Ciertamente que no podía comprar un auto y mi papá me había dado una sola lección de cómo guiar en Puerto Rico. Si había guiado cincuenta millas en toda mi vida, era mucho.

Ahora me encontraba tras el volante de un enorme taxi en la ciudad de Chicago. Iba al garaje que quedaba en Halsted y me reportaba con el despachador para que me dieran mi taxi. En cuestión de minutos estaba en la calle. Aquellos no eran los taxis que uno ve hoy; eran enormes y amarillos, grandes y redondos. Piensa en Robert De Niro en la película *Taxi Driver*. Habrían parecido tanques de guerra si les hubieran puesto un cañón y una torrecilla encima. Yo pesaba unas ciento veinte libras y mi cintura medía unas veintiocho pulgadas, pero conducía un vehículo que pesaba cuatro mil quinientas libras por el tráfico de Chicago.

Necesitaba dinero para regresar a Puerto Rico. Necesitaba comprar un pasaje. Y aunque mis padres me dejarían vivir con ellos, no iban a financiar mis esfuerzos para enamorar a Soraida Arocho. Sentía que debía cumplir una misión: creía que Soraida y yo estábamos destinados el uno para el otro. Pero tenía un problema: ella se había ido a una isla tropical que quedaba a dos mil millas de distancia y yo no tenía dinero para ir a buscarla. Tenía que ganarlo rápidamente.

No tenía muchas opciones. No era probable que en Helene Curtis me volvieran a emplear, a menos que una revuelta de los obreros reemplazara a la gerencia. Emplearme en un restaurante solo me daría para pagar el alquiler. Entonces recordé la caja de puros de mi papá. El dinero que había allí había pagado muchas comidas cuando yo era un niño. Podría estudiar durante el día y guiar por las noches. Conseguiría licencia para guiar taxis.

"¿Cuán difícil puede ser guiar un taxi?", pensó el muchachito que nunca había guiado un auto. Tenía cierta razón: no fue difícil conseguir la licencia de guiar. Lo único que se necesitaba era una licencia válida y pasar un examen de la geografía y los nombres de las calles de Chicago. Me puse a estudiar. Las calles State y Madison están en el centro de Chicago. De ahí salen las otras hacia el este, el oeste, el norte y el sur. Empecé a aprendérmelas todas. Puede que fuera un chofer malo, pero era un buen estudiante. Tras un examen que certificó que me sabía las calles, obtuve mi licencia. Era un flamante chofer de taxi en Chicago.

Pronto supe que había una gran diferencia entre contestar preguntas de examen en un salón de clases tranquilo y que un hombre de negocios me gritara desde la parte de atrás del taxi: "Lléveme a Wells y Goethe". Por aquel entonces aún no existían ni MapQuest ni los GPS. Me perdía a menudo. Aprendí mucho consultando mi directorio de las calles de Chicago y pidiéndoles ayuda a mis pasajeros. Afortunadamente para mí y para la seguridad de ellos, me di cuenta muy pronto de que el noventa por ciento de los pasajeros de los taxis se dirigen a lugares similares por rutas similares. Una vez que aprendí cómo orientarme entre los distritos comerciales de State y Michigan para llegar a la calle Union y a las estaciones de tren de Northwestern y los edificios de oficinas del Loop —el centro de la ciudad–, ya pude llegar bien a todas partes. Nunca antes había guiado en una autopista, de manera que hacía lo imposible para no tomar el Kennedy o el Dan Ryan. Allí todo el mundo conducía a gran velocidad; me parecía peligroso.

Cuando empecé, si un pasajero me daba una dirección que no reconocía, sencillamente me volvía hacia el asiento de atrás y le decía la verdad.

"Señora, lo siento. No sé cómo llegar allá. Acabo de empezar. Estoy guiando este taxi porque necesito ganar dinero y regresar a Puerto Rico para buscar a mi novia. Necesito verla tan pronto me sea posible. Por eso, si a usted no le importa, me podría ayudar diciéndome cómo llegar adonde va".

Lo decía con seriedad. No quería perderme ni hacer gastar dinero en balde a mis pasajeros. Pero pronto me di cuenta de que aquello de "solo estoy tratando de ganar dinero para regresar a Puerto Rico para estar con mi novia" me convenía mucho. Finalmente me di cuenta de que algunos pasajeros querían saber más detalles sobre mi historia de amor y de lo que había decidido hacer para no perder a mi novia. Las mujeres que iban de compras –que no tenían prisa por llegar a una reunión de negocios– eran mi mejor público.

"Se fue hace un mes y es una mujer bellísima. Sé que si no llego pronto a Puerto Rico va a conocer a algún otro tipo y la voy a perder", decía yo mientras los clientes me dirigían hacia donde querían ir y escuchaban mi historia. Estoy seguro de que si se hubiera hecho entonces un informe de mis ingresos, hubiera registrado un aumento en las propinas provenientes de los pasajeros que escuchaban de mi deseo de estar con el amor de mi vida. Manejar un taxi resultó ser una gran experiencia de aprendizaje en las áreas de mercadeo y ventas.

Mientras más escucha uno en un taxi, más aprende. Aunque yo estaba aprendiendo que ser cortés, conversador y desafortunado en amores podía ayudarme, nunca le presté mucha atención a mi apariencia. Me vestía como si fuera a las clases de Northeastern. Me ponía cualquier pantalón que estuviera relativamente limpio y usaba mi vieja chaqueta verde del ejército. Nunca gasté mucho en cortes de pelo.

Un día, tras oír mi historia sobre mi novia y Puerto Rico, un tipo blanco, muy simpático, vestido con un traje caro, me pagó el viaje, me dio una buena propina y luego se quedó un momento en el auto.

"¿Te puedo dar un consejo? Pareces ser un tipo muy agradable, pero deberías invertir en un corte de pelo y una afeitada. Yo me afeito todos los días antes de ir al trabajo. ¿Por qué no lo haces tú? Quizás debes pensar también en lo que te pones cuando estás trabajando en el taxi. Esta es tu oficina y yo soy tu cliente. Si haces un poquito más de esfuerzo, apuesto a que tendrás más negocio", me dijo, y se fue a seguir con su vida exitosa.

Nunca había pensado en eso, pero era evidente. Parecía un estudiante universitario, de manera que me daban propinas como si fuera un estudiante universitario. Invertí en un corte de pelo. Empecé a afeitarme antes de empezar el trabajo y a ponerme camisas mejores. Todo eso ayudó. Le agradecí a aquel extraño que sacara tiempo para darme un buen consejo profesional.

Hacer dinero como chofer de taxi tiene que ver con dedicarle tiempo. A comienzos de los años setenta ser chofer de taxi en Chicago era un empleo sindicalizado en el que se devengaba un salario. Yo me había hecho miembro de los *Teamsters*, el sindicato de transportistas, y estaba dispuesto a trabajar las horas que me dieran. Generalmente entraba como a las cuatro de la tarde y trabajaba el segundo turno. Tenía que trabajar toda la noche e ir por todo Chicago. Trabajaba todas las horas que podía y guardaba cada dólar que hacía en mi "Fondo de Reencuentro con Soraida".

Me tomó menos de tres meses. Nunca tuve un accidente, milagrosamente. También tuve que terminar la universidad. Le pregunté a mi consejero lo que necesitaba para graduarme y no me sorprendió que no tuviera aún todos mis requisitos de matemáticas y ciencias. Busqué clases fáciles de esas materias, ideadas especialmente para quienes estudiaban artes liberales: recuerdo haber tomado una clase de geología en la que lo único que hacíamos era ver fotografías de rocas. Así fue que terminé. Conté mis dólares, compré mi pasaje de avión y me fui a Puerto Rico. Soraida sabría muy pronto lo difícil que era deshacerse de Luis Gutiérrez.

SORAIDA Y YO NOS HABÍAMOS escrito mientras estábamos separados, pero no era como si ella me estuviera rogando que fuera a visitarla. Yo firmaba todas mis cartas con la frase "Te quiero, Luis". Cuando contestaba, firmaba "Tu amiga, Soraida". Pero no me desalenté. Su familia había regresado a Caguas, que quedaba bastante lejos de San Sebastián. Si ella no se hubiese ido a Puerto Rico para estar con su mamá y sus hermanos, tampoco yo hubiera regresado. Ya estaba decidido a construirme una vida en Chicago, pero no estaba dispuesto a que fuera una vida sin Soraida, de manera que me subí a un avión y de nuevo llegué a San Juan.

Aunque mis padres me habían estado pidiendo que regresara a casa y habían pasado más de dos años desde que los había visto por última vez, cuando llegué a San Juan no cogí un carro público para ir directamente a San Sebastián. Me fui a Caguas. Necesitaba que Soraida me diera una respuesta. El carro público me llevó a la plaza en el centro del pueblo. Mi estrategia era encontrar un hotel, dejar mi maleta y asearme y cambiarme para impresionar a Soraida. Pero en Caguas no había hoteles. El taxista me dijo que me podía llevar a un motel. Pensé que estaría bien –sería hasta más barato–, pero cuando dije que sí, me miró con cierta sospecha. No quedaba en un lugar bueno del pueblo; se veía ruinoso. Todas las habitaciones tenían un garaje. Uno no tenía ni que asomarse afuera; nadie lo podía ver a uno o al auto desde la calle. Cuando el empleado de la caseta me preguntó por cuánto tiempo quería la habitación, le dije que por dos días. Pareció confundido.

–Muchacho, aquí las habitaciones se alquilan por hora –dijo. Ahora entendía por qué el taxista me había mirado de forma rara. No había comenzado mi nueva estadía en Puerto Rico en un lugar de buena reputación, pero eso no me arredró. Me lavé y cambié. Finalmente, el carro público me llevó al apartamento de la familia de Soraida.

Yo no sabía qué esperar. El recuerdo que tenía del tiempo que habíamos compartido en Chicago era el recuerdo de haberme enamorado. Sin embargo, cuando llegó el momento de regresar a Puerto Rico con su familia, Soraida no había dudado. Me había recordado que yo había sabido todo el tiempo que se iría. Ahora, mientras llegaba a su puerta, me preguntaba si había trabajado todas esas horas en el tráfico de Chicago, si había contado todos aquellos cuentos para que me dieran propinas a cambio de un viaje a Puerto Rico que me partiría el corazón.

Soraida abrió la puerta. Se veía muy bien. A mí me parecía que no había cambiado nada. Una cosa que ciertamente no había cambiado fue el interrogatorio al que me sometió su familia. Antes de que pudiera saludarla o decirle cuánto la había echado de menos, su abuela y su mamá, sus hermanos y hermanas se nos unieron. Me miraban escrutadoramente y empezaron a hacerme preguntas en su sala.

Pensé para mis adentros: "Ustedes ya me conocen. Ya hemos pasado por esto. ¿No pueden revisar sus notas?". Pero ahora yo era el tipo que había venido a Puerto Rico siguiendo a Soraida. Las familias puertorriqueñas no se cansan nunca de interrogar a los novios. En todo caso, las preguntas eran aun más difíciles ahora.

"¿Tienes trabajo aquí? ¿Te vas a quedar en Puerto Rico? ¿Has hecho el viaje solo para estar cerca de Soraida?"

Dije que estaba buscando trabajo. Trate de evitar la frase "chofer de taxi". Traté de no parecer demasiado desesperado o ansioso pero lo cierto es que había viajado desde lejos, que no tenía trabajo y que tampoco tenía un plan más allá de enamorar a Soraida.

Finalmente hasta la misma Soraida se cansó de las preguntas. Nos excusó a ambos y salimos a caminar. Pero en Puerto Rico las parejas jóvenes ni siquiera pueden ir solas al colmado de la esquina. ¿Qué dirían los vecinos si vieran a dos jóvenes solos? Estábamos atados a las chaperonas como los convictos al grillete electrónico en el tobillo. Mandaron a Jeannette, la hermana de Soraida, a acompañarnos.

Finalmente, aunque nuestra supervisora nos seguía de cerca, pude hablar con Soraida.

—Te dije que vendría. Te dije que sería como la prima de un seguro: si me echabas de menos, allí estaría. Si no, sencillamente me iría por mi camino. Mañana me voy a San Sebastián. ¿Puedo volver la semana próxima? ¿Quieres reclamar el seguro?

Soraida parecía haber pensado sobre esto y sabía cómo responder.

—Mi mamá no acepta la noción de amistad, de que un muchacho venga desde los Estados Unidos para verme como si fuéramos amigos. Para ella, uno o es pareja o no lo es. De manera que si vas a venir de nuevo la semana próxima, tienes que pedirle permiso. Cuando regresemos debes hablar con ella y preguntarle si me puedes ver de nuevo —dijo Soraida.

Evité que trasluciera mi deseo de brincar de alegría. No me hubiera sorprendido que me diera las gracias por venir y me despachara de regreso a casa. Hizo lo opuesto. Quería seguir las costumbres puertorriqueñas e informarle a su familia de que lo nuestro iba en serio. La tradición puede ayudar mucho en todo el proceso de encontrar pareja.

Volví a la casa, tratando de disimular mi alegría e intenté hablar sensatamente con la mamá de Soraida.

—Doña Pella, tengo que pedirle algo. He ahorrado dinero y he venido desde los Estados Unidos... —hacía pausas, dudaba sobre qué palabras usar, tartamudeaba, hablaba entre dientes. Empecé de nuevo. La gravedad de lo que estaba pidiendo parecía excesiva. Pero no lo era para Doña Pella, que tenía seis hijas. Había pasado por esto antes.

—Para ahí: quieres ver a mi hija —me dijo.

Dije que sí y me dio el permiso. Desde ese momento, formé parte de la familia de Soraida. Me rescataron inmediatamente del motel que alquilaba habitaciones por hora e insistieron en que me quedara en la casa de su hermana, que se convertiría en un hogar para mí. Ni siquiera me dejaron coger el carro público a San Sebastián. Se habían hecho cargo de mí, y al día siguiente me llevaron ellos. Mis padres no solo me vieron por primera vez en dos años sino que conocieron a su futura nuera.

MIS PADRES SIEMPRE creyeron que el futuro de su familia estaba en Puerto Rico y por eso regresaron. Creo que hubieran preferido que yo no me hubiera ido, que me hubiera quedado en la Universidad de Puerto Rico, que hubiera terminado mi educación y empezado mi vida en la Isla. Se alegraron de que hubiera vuelto. Mi papá, sin embargo, se mostraba escéptico.

—¿Cómo es eso de que has estado guiando un taxi? —me preguntó, sorprendido de que estuviera siguiendo sus pasos. Él pensaba que había guiado un taxi para que yo no tuviera que hacerlo.

—Necesitaba dinero para volver —le dije, pero mi carrera como chofer de taxi lo alarmó. Pensó que quizás había estado perdiendo el tiempo en los Estados Unidos.

—Déjame ver tu diploma —me dijo.

Me tomó desprevenido. Lo cierto es que había salido de Chicago con tanta prisa que no había ido a buscar mi diploma. No lo necesitaba para enamorar a Soraida, de manera que supuse que se había quedado en alguna oficina de Northeastern University. Pero a mi papá le preocupó que yo hubiera confesado que había trabajado como chofer de taxi y que no pudiera mostrarle mi diploma. Estaba preocupado por mí y me seguía haciendo preguntas acerca de la universidad para cerciorarse de que le estaba diciendo la verdad.

Pero yo no estaba preocupado, pues ya Soraida me había aceptado. Nos hicimos inseparables. Soraida asistía a unas clases en el Instituto de Cultura Puertorriqueña en San Juan. Iba durante la semana. Mi afán era buscar trabajo y contar los minutos que me faltaban para verla los fines de semana.

No fue fácil encontrar trabajo. No abundaban en San Sebastián. Finalmente me convencí de que no debería trabajar para otros, sino ser mi propio jefe: sería un empresario. Tuve un socio en ese empeño de convertirme en mi propio jefe: mi viejo amigo Luis Águila.

Luis iba a entrar en la Escuela de Derecho, pero tenía una idea para hacer algún dinero antes de empezar. Durante años hemos discutido acerca de quién tuvo la idea, pero estoy seguro de que fue a él a quien se le ocurrió la idea del imperio de bujías Águila -Gutiérrez.

Las carreteras de Puerto Rico estaban llenas de autos Toyota por aquellos días. Y en los setenta los puertorriqueños se esmeraban en el mantenimiento de sus autos: los afinaban, les reemplazaban las bujías. Luis tuvo una gran idea. ¿Por qué no vender bujías Nippondenso? Según Luis Águila, eran las bujías originales de los Toyota. Los talleres de mecánica de Puerto Rico vendían bujías NGK. Pero Luis sabía que Nippondenso estaba tratando de entrar al mercado de Puerto Rico. Buscaban vendedores. Estábamos listos para iniciar nuestro negocio.

Mi papá compró un Volkswagen amarillo usado para ayudarme a encontrar trabajo y para que pudiera ir a ver a Soraida. Me parecía un auto hermoso. Luis tenía uno igual. Una tarde nos metimos en nuestros autos iguales y nos fuimos a San Juan para comprar bujías Nippondenso. La compañía nos vendió todas las que pudo. No les importaba que no supiéramos nada de carros y que nunca antes hubiésemos vendido nada. Para ellos lo importante era que nos habían vendido tantas cajas de bujías como cabían en nuestros Volkswagen gemelos. Cuando el equipo de ventas Águila-Gutiérrez, lleno de entusiasmo, entró por sus puertas, consideraron que era un buen día para la compañía Nippondenso, recién establecida en San Juan.

Pronto estaríamos viajando por todo el centro de Puerto Rico y de costa a costa, visitando todos los talleres de mecánica y las estaciones de gasolina que encontráramos a nuestro paso. No había que ir muy lejos para encontrar algún tipo de garaje de gasolina o de mecánica. La mayoría tenía anuncios de las bujías NGK. Llegábamos nosotros, que parecíamos dos muchachitos, con nuestros Volkswagen amarillos. Sonreíamos y sacábamos nuestras cajas de bujías Nippondenso.

"Son las mejores y más nuevas bujías que hay en Puerto Rico", le decíamos al dueño.

"¿No le gustaría ofrecerles a sus clientes las bujías originales de la Toyota?", preguntábamos.

Hacíamos cualquier cosa para lograr una venta: negociábamos el precio, dábamos descuentos por volumen. Les decíamos que les haríamos un despliegue que les garantizaría la venta de las bujías Nippondenso.

No sabíamos mucho de ventas, pero la gente se sentía intrigada por nuestro estilo. Una vez que habíamos hecho la venta, nuestra pericia en mercadeo consistía en construir una pirámide de cajas de bujías Nippondenso en sus vitrinas. Cuando terminábamos las pirámides, las contemplábamos satisfechos. El dueño nos miraba con cierto escepticismo, como si que hubiéramos puesto un montón de cajas en su vitrina no le pareciera una estrategia de mercadeo genial. Pero nuestro entusiasmo y nuestra confianza estaban surtiendo efecto. Vendíamos bujías por toda la isla. Estábamos seguros de que habíamos encontrado nuestra vocación. En el plazo de unas semanas nuestros autos, que habían estado llenos de cajas, se habían vaciado: nuestro inventario estaba en las vitrinas de muchos puestos de gasolina y talleres en Puerto Rico.

Cuando regresamos con nuestros autos vacíos, mi papá se impresionó tanto que quiso invertir en nuestra nueva empresa. Volvimos a San Juan y los que nos habían vendido las bujías Nippondenso no podían creer que las hubiéramos vendido todas. Estaban impresionados. Llenamos nuestros autos de nuevo, listos para seguir vendiendo. Mientras volvíamos a San Sebastián, Luis me preguntó cuánto tiempo le tomaba a un garaje vender una caja de bujías. Pensé sobre el asunto y lo miré, dándome cuenta de que quizás no habíamos considerado bien todos los aspectos de nuestro plan de negocios.

–No tengo idea –dije.

Lo averiguaríamos muy pronto.

Volvimos a viajar por nuestra ruta, listos para reponer el inventario de bujías de nuestros clientes. En el primer lugar en que paramos, el dueño se alegró de que hubiéramos vuelto. Casi nos gritó.

—No puedo vender esas cosas —dijo—. Todos quieren NGK. Ni siquiera estoy seguro de que estas bujías sean originales de la Toyota. Tienen que llevárselas de nuevo.

Nosotros nos fuimos, diciendo algo sobre que las ventas eran definitivas. Esperábamos que nos fuera mejor con nuestro próximo cliente. Ni siquiera llegamos hasta el taller sino que desde la carretera vimos que la hermosa pirámide que habíamos construido seguía intacta. Luis y yo nos miramos y luego miramos nuestros autos atiborrados de cajas de bujías.

Esperábamos que fuera diferente en otros sitios, pero en tienda tras tienda nos encontramos con el mismos espectáculo: vitrinas rebosantes de bujías Nippondenso. Le dije a Luis que seguramente éramos grandes vendedores. Acabábamos de venderles a los mecánicos una mercancía que nadie quería. Decidimos esperar a ver si se vendían. Les dimos un tiempo y volvimos a visitar a nuestros clientes. Nada había cambiado: nuestras pirámides parecían resistir intactas el paso del tiempo. Debimos haber construido esfinges de bujías para acompañarlas. En uno de los talleres el mecánico vio nuestros autos, nos vio a nosotros medio escondidos y trató de detenernos. Pero seguimos de largo. No podíamos aceptar devoluciones. No teníamos sitio en nuestros Volkswagen.

Pero así como nosotros no tuvimos compasión con nuestros clientes, tampoco los de Nippondenso en San Juan la tuvieron con nosotros. "Pero es que ya no podemos vender más", les dijimos. Se encogieron de hombros. Finalmente nos las compraron, pero a un precio muy reducido. Luis y yo salimos endeudados de nuestra primera aventura empresarial.

LA DEBACLE DE LAS BUJÍAS no me quitó el afán de iniciar mi propio negocio. Quería casarme con Soraida, y si me iba a casar con ella necesitaba dinero.

Puerto Rico tiene muchos insectos, así como muchos exterminadores que cobran por librar a las casas de esos huéspedes tan fastidiosos. Se trata, después de todo, de una isla tropical. Hay insectos por todas partes y crecen rápidamente bajo el sol puertorriqueño. ¿Cuán difícil puede ser el negocio de exterminarlos? Fui a la tienda local de suministros agrícolas a investigar el costo de la solución para matar insectos; la vendían al por mayor. Se trataba de una mezcla letal de insecticidas. Fui a Sears y compré un tanque con un pulverizador. Más importante aun, en Sears encontré unos pantalones y una camisa de color caqui muy baratos. Pensé que el uniforme sería clave: tenía que parecer un exterminador.

Compré el insecticida, que olía mal y parecía peligroso. Las instrucciones decían que había que mezclarlo con agua para que fuera eficaz. Pensé que mi negocio sería proveerle al pueblo de Puerto Rico el mejor control de plagas posible, de manera que hice caso omiso de las instrucciones y preparé la mezcla con más veneno y menos agua. Si la cantidad que recomendaban servía para matar insectos, supuse que usar el doble de la cantidad sería doblemente eficaz.

Durante uno de mis fines de semana con Soraida le pedí a su hermana que bordara el nombre de mi compañía en la camisa de mi nuevo uniforme

—No sabía que tenía un nombre —me dijo su hermana Nedy.

—Lo tiene ahora: R&B Exterminators —le dije.

Quería que sonara americano y novedoso. R&B era el nombre de una tienda de ropa que quedaba en la avenida Milwaukee en Chicago. A Soraida y a mí nos gustaba. Con el dinero que me quedaba compré un anuncio publicitario en el periódico de Caguas; mi nueva compañía, R&B, promocionaba el uso de las técnicas de exterminio más innovadoras. Luego, con el insecticida ya mezclado y mi gran tanque a cuestas, salí a vender mis servicios de la única manera que sabía hacerlo: de puerta en puerta.

Ya había preparado mi táctica de ventas. Cuando la gente abría la puerta y encontraba un tipo pequeño equipado con un enorme pulverizador, les hacía algunas preguntas sencillas.

"¿Ha oído usted hablar de R&B Exterminators? Somos la compañía más nueva con los métodos más innovadores".

Sorprendentemente, nadie había oído hablar de R&B.

"¿Quiere usted decirme que no ha visto nuestros anuncios televisivos? ¿Tampoco ha escuchado nuestros anuncios radiales?", preguntaba.

La gente decía que no, y no podía ser de otra forma: no había anuncios ni por radio ni por televisión. Entonces yo sacaba mi anuncio del periódico y les preguntaba si lo habían visto. Mucha gente decía que sí.

"Bueno, pues voy a informarle a la compañía que los anuncios de periódico parecen ser los más eficaces. Y ya que estoy aquí, ¿puedo ofrecerle nuestro plan introductorio especial? Puedo exterminar los insectos en toda su casa por el precio especial de $4.99", decía. Lo de $4.99 era porque el número se me quedó en la cabeza: era nuestro salario como pagadores de los cortadores de caña en la Central Plata.

Funcionó. Unas cuantas personas aceptaron mi oferta.

Cuando estaba en casa del primer cliente, bombeé el tanque con insecticida con demasiada presión y cuando eché la mezcla debajo del fregadero salió una nube de gas tan grande que estuve a punto de asfixiarme. Eso no me detuvo. Respiré aire fresco y seguí adelante. Dado que el insecticida estaba muy concentrado, estaba seguro de que funcionaría. Apliqué generosamente mi producto revolucionario en toda la casa. Y empecé a sentirme mareado y enfermo.

La peste era sobrecogedora. Vi, un par de veces, los vapores que volaban por la casa como si se tratara de un derrame químico. Tenía miedo de desmayarme, pero me preocupaba aún más que pudiera matar a un cliente. Terminé rápidamente. Estaba bastante seguro de haber matado todo lo que se moviera.

–¿Debe oler tan fuerte? –me preguntó mi cliente.

–Se trata de un producto innovador –dije–. De paso, quizás convenga que usted se vaya de la casa por un tiempito –cobré mis $4.99 y me fui, tratando de llenar mis pulmones con aire fresco.

Después de eso, mezclé mejor la solución, pero nunca pude hacerlo bien. Había usado tanto insecticida que necesitaba comprar más enseguida. Se había agotado mucho antes de lo planeado, lo cual dio al traste con mis ganancias. No en balde todos los demás ponían tanta agua. Los tanques y los pulverizadores se estropeaban y tenía que comprar otros. No me daba el dinero para poner otro anuncio. El negocio duró dos meses. Tenía algunos clientes pero no estaba haciendo dinero. Afortunadamente para mi salud respiratoria, mi breve carrera como exterminador había terminado y tuve que buscar trabajo de nuevo.

LOS ALTIBAJOS DE MI CARRERA no me impedían planear mi futuro con Soraida. Pasábamos juntos todo el tiempo posible. Yo encontraba algunos trabajos aquí y allá y ganaba algo de dinero. Los fines de semana íbamos al cine y organizábamos *picnics*. Caminábamos mucho. Jeannette, muy aburrida con su trabajo de chaperona, siempre iba con nosotros.

Creo que la familia de Soraida empezó a preguntarse si alguna vez le iba a proponer matrimonio. Pero necesitaba dinero; no podía comprar siquiera una sortija. Entones descubrí que había escasez de maestros de inglés en las escuelas de Puerto Rico. Cualificaba cualquiera que fuera bilingüe y que tuviera un diploma universitario. Me presenté enseguida.

El nuevo superintendente regional de escuelas estaba a cargo de las contrataciones. Yo sabía quién era: el antiguo director de la Escuela Superior Manuel Méndez Liciaga de San Sebastián. Era el mismo hombre que alguna vez me había llamado a su oficina para pedirme que dejara de vender el periódico independentista frente a la escuela. Yo necesitaba el trabajo; esperaba que no se acordara.

Me recibió en su oficina. –¿Todavía eres un revoltoso? –me preguntó. Pero sonreía.

–Trato de no meterme en problemas –contesté.

Creo que estaba tan desesperado por conseguir maestros de inglés que me hubiera contratado aun si Luis, Tino y yo hubiéramos organizado una revolución e invadido su escuela. Se acordaba de mí mucho más de lo que yo habría podido suponer. Recordaba que yo había sido un buen estudiante y que me había dado trabajo adaptarme.

–Tú fuiste uno de los primeros que volvieron de los Estados Unidos –me dijo.

A continuación me informó de que necesitaban maestros de inglés en Las Marías y que podía empezar enseguida. Me sentí agradecido; podía empezar a ahorrar para comprar la sortija.

Ya para noviembre había ahorrado ciento cincuenta dólares. Le mostré mi dinero a un joyero y le pedí que me mostrara lo que podía conseguir con esa cantidad. Me ofreció una sortija muy pequeñita. Pero yo no podía esperar más.

Puse aquella sortija pequeñita en una caja hermosa y la metí en la guantera de mi Volkswagen. Después de salir del cine, le dije a Soraida que tenía algo para ella en la guantera de mi automóvil. La abrió, la vio y la colocó donde la había encontrado. No dijo ni una palabra. Su familia estaría lista, pero ella no.

Mi segundo intento de pedirle matrimonio fue en medio de una larga caminata. Ella me la devolvió de nuevo. Finalmente, pensé que quizás una oferta navideña funcionaría. Envolví la sortijita en una caja gigantesca para despistarla. Todo el mundo se reunió en Nochebuena. A las 12:01 todos empezaron a abrir sus regalos. Los demás querían ver qué había en la caja grande para Soraida. Ella también. Lo que había en la caja grande era su sortijita, muy pequeña, aunque era la más grande que yo podía pagar.

Sus parientes empezaron a celebrar inmediatamente.

"¡Se van a casar!". Todos se abrazaban y reían. En algún momento, en medio de todo aquel llanto y de aquellos abrazos y celebraciones, Soraida cogió la sortija y se la puso. Le he preguntado muchas veces si hubiera dicho que sí en el caso de que hubiéramos estado nosotros dos solos y no rodeados de todos los parientes. Siempre dice "Por supuesto". Hemos estado juntos durante treinta y cinco años, de manera que estoy convencido de que es cierto.

Fijamos una fecha para más de un año después, pero la familia de Soraida quería que la adelantáramos. En Puerto Rico las chaperonas no desaparecen con el compromiso. Creo que su familia se había cansado de vigilarnos. Nos casamos en Caguas, en la vieja iglesia católica de la plaza. Yo también quería acabar con las chaperonas. Al final de nuestra boda y de la recepción, nos despedimos de nuestros parientes, listos para empezar nuestra vida como una pareja casada, sin supervisión. Cuando ya nos íbamos a nuestro hotel, su abuela Clotilde nos detuvo.

—¿Ya se van? —preguntó.

—Sí —le dijimos—, vamos a iniciar nuestra luna de miel.

—Bien. Pueden llevarme a casa —nos dijo.

Y lo hicimos. Los recién casados llevaron a la abuela de la novia a su casa y la ayudaron a acostarse. Le dimos la medicina que se tomaba por las noches, volvimos a montarnos en el auto, miramos alrededor: al fin estábamos sin chaperonas a la vista.

NO ESTÁBAMOS LISTOS PARA CASARNOS, financieramente hablando. Soraida era una estudiante. Yo tenía un pequeño salario de maestro. Nunca habíamos sido más pobres y nunca lo seríamos de nuevo. Yo me había apuntado en el programa de almuerzos gratis de la escuela para poder comer. Las señoras que servían el almuerzo me habían adoptado y me llenaban el plato de comida. Estoy seguro de que estaban violando alguna directriz federal. En casa comíamos huevos pero no pollo. Soraida se convirtió en una experta cocinera de tortillas. Íbamos regularmente a casa de su hermana Nery a las seis de la tarde. Siempre había comida hecha. Gastábamos todo nuestro dinero en el alquiler y en la matrícula de la escuela.

Después de un tiempo nos dimos cuenta de lo difícil que iba a ser para nosotros vivir con mi sueldo de maestro. Pensamos en las opciones que teníamos. Ya no podíamos contar con el negocio de las bujías ni con que yo fuera exterminador. Al igual que nuestros padres, cuando pensamos en el futuro de la familia que queríamos tener, imaginamos que habría mejores opciones económicas en los Estados Unidos. Había más oportunidades, los empleos pagaban mejor. La hermana de Soraida, Lucy, aún estaba allí y yo tenía una red de amigos que habían estudiado en Northeastern. Algunas cosas no cambian nunca: generación tras generación, la gente ha mirado hacia los Estados Unidos cuando va en busca de oportunidades económicas. Soraida y yo regresamos a Chicago.

NOS SENTIMOS FELICES de reunirnos con las amistades y la familia. Yo me puse en contacto con mis viejos amigos de la universidad Northeastern. Soraida se sentía feliz de estar con Lucy. Yo me hice amigo del marido de Lucy, Juan Torres –Juano para los amigos.

Encontramos un apartamento pequeño. Pero pronto me empecé a preguntar si nuestros cálculos económicos habían sido certeros.

Busqué empleo de todas las maneras posibles. Juano trabajaba en el correo, pero había estado en la Marina y esto lo había ayudado a conseguir ese empleo. Yo hacía un turno muy bajo en la lista. Cuando supe que Commonwealth Edison estaba ofreciendo empleos, fui a solicitar. Hubiera trabajado en cualquier cosa. Me llamaron para una entrevista, vieron mi solicitud y se preguntaron por qué estaría dispuesto a leer contadores para una compañía eléctrica si me había graduado de la universidad.

–Necesito el dinero –respondí.

–Estás sobrecalificado para leer contadores –me dijo el entrevistador.

–Pónganme entonces en la oficina de servicio al cliente –le dije.

–¿Dónde pondríamos entonces a nuestros lectores de contadores cuando los ascendamos?

En la compañía de gas me dijeron lo mismo, así como también los bancos. Tenía demasiadas cualificaciones para ser cajero. Pero yo solo quería tener cualificaciones para pagar el alquiler y para comer. Afortunadamente, Soraida encontró un empleo y siguió estudiando de noche. Yo sopesé las opciones que me quedaban. Sabía de algo para lo que sí estaba calificado. Pronto estaba de nuevo en mi taxi.

Ahora que he sido congresista durante veinte años, a la gente le sorprende que yo haya sido chofer de taxi alguna vez. Pero a mí, que entonces era joven y estaba luchando por encontrar trabajo y mantener a mi flamante esposa, me parecía lo más natural del mundo. Ese trabajo me había permitido pagar el viaje a Puerto Rico para enamorar a Soraida. Si uno estaba dispuesto a trabajar largas horas y aprender los trucos necesarios para el oficio, se podía ganar un buen dinero guiando un taxi. Una vez que tomé la decisión y volví a estar tras el volante recogiendo pasajeros, Soraida y yo nos sentimos como si fuéramos ricos.

Yo iba a la oficina de los taxis y ponchaba a las seis y media o siete de la mañana para no perderme los pasajeros de la mañana. Al principio me preguntaba por qué algunos de los otros choferes siempre tenían los taxis más nuevos y mejores y cómo era que conseguían los que tenían aire acondicionado. Hice averiguaciones. Desde luego, pensé, debí haber sabido la respuesta a esa pregunta en un sistema capitalista: uno tenía que congraciarse con el despachador. Empecé a darle cinco pesos de más, y pronto estaba rodando por las calles de Chicago en un taxi con aire acondicionado.

Uno tiene que establecer un ritmo al principio del día. Iba de la estación de trenes a un edificio de oficinas y de ahí a otro edificio similar y a un hotel. Iba para arriba y para abajo por la avenida Michigan, por la calle State y las calles Clark y LaSalle. Iba de la alcaldía a la avenida North Michigan y volvía al Loop. En un día bueno, cuando se recoge a un ejecutivo tras otro y se reciben buenas propinas, uno se siente como un *pitcher* haciendo uso de su mejor bola rápida en una tarde soleada. Siempre me mostré amigable. Si alguien quería hablar, yo hablaba. Si querían permanecer callados, yo no decía nada. Los choferes de taxi inteligentes se dan cuenta de que son parte de la industria de la hospitalidad. Si una camarera rellena constantemente la taza de café de sus clientes, recibe mejores propinas. Hay que ser agradable, eficiente; hay que mantener el taxi limpio, darle sugerencias útiles al turista: todo ello redunda en más propinas. Y algo había aprendido de mi papá: siempre llevaba un periódico en mi taxi.

Ya para las nueve y media de la mañana la prisa había pasado. Buscaba una estación de taxis, me estacionaba y esperaba cerca de un hotel o de la estación de trenes. Siempre prefería las estaciones de taxis. Es mejor estacionar y esperar media hora por un pasajero que guiar un taxi vacío y desperdiciar gasolina. Cada minuto que guiaba sin pasajeros por la calle Dearborn nos costaba dinero a Soraida y a mí. Hacia la hora del almuerzo las cosas mejoraban. Mientras uno estuviera dispuesto a trabajar, es como ser un pequeño empresario que recolecta dinero de los pasajeros para guardar en sus bolsillos. Ganaba más dinero de lo que hubiera ganado leyendo contadores, y mucho más de lo que había ganado como maestro de inglés en los montes de Puerto Rico.

Para ser exitoso como chofer de taxi, uno tiene que evitar los engaños. Nunca se sabe quién puede tratar de birlarte el dinero del pasaje. Al inicio de mi carrera, llevé a un pasajero a un enorme edificio de oficinas en el corazón del Loop. Era un tipo bien vestido con un traje caro. Llevaba un maletín de cuero de buena calidad. Me dijo que iba a dejar un documento y que luego iría al aeropuerto O'Hare. "No apagues el taxímetro", me dijo, y salió del taxi. Nunca más lo volví a ver. Se aprende pronto que hay que recibir la paga en efectivo o quedarse con el elegante maletín, cuando alguien asegura que va a volver.

Una mañana abordó el taxi una mujer joven y atractiva. La recogí frente a un edificio de apartamentos de lujo de la avenida Lake Shore. Parecía ser una mujer de mundo, muy rica. Estaba bien vestida, con tacones altos y una especie de bufanda de piel. Solo le faltaba un pequeño *poodle*, para completar la estampa. Cuando llegamos al centro de la ciudad, se dio cuenta de que no llevaba dinero. Se excusó, me dijo que estaba muy apenada y que nunca antes le había pasado algo así. Parecía que iba a llorar.

Pensé que probablemente estaba diciendo la verdad. Las ropas que vestía probablemente costaban unos cuantos centenares de dólares. Tenía tanta necesidad de estafarme cinco dólares como tendría Donald Trump de estafar a un hotel para no pagar hospedaje.

—No se preocupe, no voy a llamar la policía —le dije.

Pareció aliviada. Y entonces se percató de que tenía su chequera encima. Me dio un cheque por una cantidad que era dos veces la tarifa marcada por el taxímetro y me agradeció mucho mi comprensión. Al día siguiente llevé el cheque al banco. La cuenta estaba cerrada, y yo aprendí otra lección acerca de cómo determinar quién está tratando de robarle a uno y quién no.

Me di cuenta muy pronto de que yo consideraba a los clientes potenciales de manera diferente a como lo hacían mis colegas. En aquel entonces, muchos choferes de taxi de Chicago eran tipos mayores y blancos. Habían sido choferes por mucho tiempo; aún no había muchos inmigrantes en ese oficio. Eso significaba que a muchos afroamericanos y latinos se les hacía difícil coger taxis en la calle. Yo estaba más consciente de la discriminación racial que muchos de mis compañeros choferes. Sabía que no me gustaría estar parado en una esquina tratando de llamar a un taxi solo para ver cómo se detenía en la esquina siguiente para recoger a un hombre blanco y bien vestido. Después de todo, una hermosa mujer rubia con zapatos que costaban unos cien dólares me había dado un cheque fraudulento. ¿Cómo se puede saber quién tratará de aprovecharse de uno?

Conocía a mis compañeros choferes. A algunos simplemente no les gustaban los negros ni los latinos. Pero lo que más los hacía dudar a la hora de recogerlos eran razones puramente capitalistas: era más probable que esos pasajeros se dirigieran a un vecindario alejado de las rutas regulares de la zona rica llamada Gold Coast o el Loop. En lugares apartados era difícil encontrar pasajeros en el viaje de regreso al centro. Un viaje a la parte oeste de Chicago significaba que había que volver con el taxi vacío. Eso no me detenía a mí, pero lo cierto es que volver sin pasajeros me costaba unos cuantos pesos.

La víspera de Navidad es un buen día para los choferes de taxi porque todo el mundo va de compras o hace diligencias de último minuto antes de la Nochebuena. Un día de esos yo circulaba en mi taxi por la avenida Michigan cuando una mujer afroamericana mayor con dos niñitos comenzó a hacer señas a los taxis para que se detuvieran. Cuando la vi supe exactamente lo que iba a pasar. Todos los taxis que iban delante de mí seguían de largo como si la señora fuera invisible. Eran como las cuatro de la tarde y estaba nevando. Seguramente querría ir al oeste o al sur de la ciudad; por el tráfico de la tarde, se necesitaría una hora para ir y otra para regresar: dos horas en el lapso en que las carreras de taxi son más lucrativas. Nadie paró para recogerla, y cuando yo me aproximé parecía agradecida. Nunca se sabe: a lo mejor se dirigía a un hotel en el Loop.

No fue así. Iba para su casa, en la calle 79 y Stony Island, el lugar más extremo al sur de Chicago. Supe entonces que se terminaría mi rentable día de Nochebuena, pero si no me hubiera detenido a recogerla, se habría pasado la tarde entera parada en una esquina de la avenida Michigan. Era muy agradable y era agradecida. Estoy seguro de que siempre había tenido que esperar más tiempo para conseguir un taxi en el centro de la ciudad y estoy seguro de que sabía exactamente cuál era la razón. Me dio una buena propina y yo cesé mis operaciones por el día. Me fui a casa a celebrar Nochebuena con Soraida.

Desde luego que la decisión de recoger a cualquier pasajero no siempre funcionaba. Una tarde recogí a otra señora afroamericana en un colmado. Entró y me dijo: "Cabrini-Green, ¿sabes dónde queda eso?". Lo sabía perfectamente: Cabrini-Green era el residencial más peligroso de la ciudad, quizás de todos los Estados Unidos. Era una persona amigable y hablamos durante todo el viaje. Cuando llegamos, tuvimos que dar la vuelta alrededor de los autos quemados y la basura hasta encontrar un lugar cerca de su edificio. Recuerdo exactamente lo que indicaba el taxímetro.

—Es un dólar y cincuenta y cinco centavos, señora —le dije.

Se mostró sorprendida. —¡Un dólar cincuenta y cinco! —repitió, como si le hubiera pedido un millón de dólares.

Salió del auto y miró hacia el edificio.

—¡Tommy! ¡Tommy! —gritó. Finalmente Tommy sacó la cabeza por una ventana del tercer o cuarto piso—. Este tipo dice que el viaje cuesta un dólar con cincuenta y cinco centavos.

Tommy me miró y repitió lentamente la cantidad. Era un tipo grande y no parecía amigable. Me dio una mirada que sugería que no estaba convencido de que un dólar con cincuenta y cinco centavos fuera un precio razonable por mis servicios.

Yo pesaba la mitad de lo que pesaba Tommy. Me imaginé que el ascensor no estaría funcionando en Cabrini-Green, de manera que tenía un minuto para tomar una decisión. Ayudé a la señora a bajar sus compras y le dije que se quedara con su dólar cincuenta y cinco. Salí del estacionamiento de aquel edificio tan rápidamente como pude. Un aspecto del éxito como chofer de taxi estriba en manejar sensatamente los riesgos.

Yo solía llegar tarde a mi casa por la noche pero llegaba contento. Cuando empecé a guiar un taxi para ganar dinero y pagar mi viaje a Puerto Rico no sabía cómo manejarme en la ciudad. Ahora me sentía como pez en el agua; conocía el negocio. Conocía las calles y cómo llegar rápidamente de un lugar a otro. Regresaba a mi casa con dinero en el bolsillo y Soraida me esperaba contenta.

Pero lo cierto era que mi sueño no había sido convertirme en chofer de taxi. Mientras estuve en San Sebastián, mientras me preparaba para los exámenes de ingreso a la universidad o cuando estudiaba en la Universidad de Puerto Rico y en Northeastern, pensé que mi futuro sería diferente. Un día estaba esperando con el taxi estacionado cerca del banco Continental. No había mucho movimiento y probablemente había estado allí durante media hora.

Finalmente llegué al frente de la fila: era el momento de hacerme con algún dinero tras treinta minutos de no hacer nada.

Miré por el espejo retrovisor y vi que se aproximaba un pasajero potencial. Era un puertorriqueño que yo había conocido en Northeastern. Había pertenecido a la Unión de Estudiantes Puertorriqueños; había sido miembro cuando yo era el presidente. Estaba bien vestido y llevaba un maletín. Ya estaba muy cerca de mi taxi. Pisé el acelerador y me alejé del pasajero, renunciando a ganarme unos pesos, por lo cual había esperado durante media hora. Estoy seguro de que él se preguntó qué mosco le había picado al disparatado chofer del taxi para que saliera disparado como alma que lleva el diablo, pero no le quería explicar por qué estaba guiando un taxi, especialmente cuando era evidente que a él le iba bien.

Con el tiempo empecé a buscar otro empleo. El estado de Illinois necesitaba trabajadores sociales. Soraida y yo habíamos encontrado una casita en la calle Homer. Con un poco de trabajo de nuestra parte y con el dinero que había ahorrado guiando taxis, pensamos comprarla porque parecía un lugar ideal para una pareja joven con una hijita en camino. Como trabajador social iba a ganar un poco más de la mitad de lo que ganaba en el taxi, pero estaba listo para dar el salto. Estacioné mi taxi para siempre.

CAPÍTULO DIEZ

Letreros de campaña en neón color naranja

COMPRAMOS LA CASA de la calle Homer; nos dedicamos a lijarla, pulirla, pintarla y renovarla. Éramos jóvenes y dueños de una casa por primera vez. Queríamos mostrarles a todos nuestros vecinos blancos que el mundo no se iba a acabar solo porque otra familia puertorriqueña se hubiera mudado al vecindario. Omaira llegó a nuestras vidas y nos enfocamos en prepararle una gran vida. Soraida y yo éramos muy felices como trabajadores sociales. Nos encantaba nuestro trabajo.

Fue entonces que los comisarios de barrio de Dan Rostenkowski tocaron a mi puerta con una petición muy sencilla. Entendí exactamente lo que querían: un poco de ayuda para evitar que un tipo negro se convirtiera en alcalde de Chicago. Creo que soy de aquellos a quienes se les hace difícil resignarse a las cosas. Cuando perseguí a los tipos de Rostenkowski por la calle, yo mismo pensé que lo único que hacía era liberar un poco de estrés al gritarles y decirles que los enfrentaría. Pero una vez que se fueron, no lograba calmarme. Quería hacer todo lo que pudiera para ayudar a Harold Washington.

Tomé una decisión. No solo conseguiría que mis vecinos votaran por Harold, también le daría una lección a Rostenkowski.

HICE HONOR A MI PROMESA de intentar ganarles a los comisarios en su propio juego. Anteriormente había vendido periódicos, puesto letreros y movilizado gente a favor del Partido Independentista Puertorriqueño y la Unión de Estudiantes Puertorriqueños. Entendía cómo era la organización política, pero nunca había hecho campaña. De todos modos, el hecho que uno de los demócratas más importantes de Estados Unidos me hubiera pedido que apoyara a un republicano para alcalde me sacó de mi casa para adentrarme en mi distrito.

Para ayudar a Harold Washington, organicé a mi familia y a mis amigos, fui de puerta en puerta y aprendí lo que significaba "sumar", "restar" y "cero" en unas elecciones de Chicago. Estaba enfrentándome a la maquinaria política de la ciudad y eso me llenaba de orgullo. Tomamos nuestra hoja de inscripción −la lista de cada votante inscrito en las diez cuadras que componían el segundo distrito− y fuimos casa por casa para hablar con todos los votantes que pudiéramos encontrar. Casi todos los puertorriqueños con los que hablamos, y todos los afroamericanos, apoyaban a Harold. A esos los sumábamos. Queríamos estar seguros de que votaran el día de las elecciones. Los partidarios de Epton eran casi todos blancos. A esos los restábamos. Queríamos que no salieran a votar el día de las elecciones.

Entonces trabajamos con otro grupo importante: los que representaban los ceros. Se trataba de los indecisos. Los indecisos eran puertorriqueños que no estaban seguros de que decepcionar a los comisarios de barrio que tanto se esforzaban por elegir a Epton fuera una buena idea. Eran blancos que no estaban convencidos del argumento de que en Chicago no debería haber un alcalde negro. Incluso unos cuantos operarios regulares de la maquinaria se mostraban un poco indecisos. A muchos no les hacía gracia aquel tipo negro, pero el republicano desconocido era judío. Tenían que sortear sus miedos raciales y religiosos para decidir cuál era más intenso. Asediamos a los ceros en cada oportunidad que se presentaba para convencerlos de que Harold Washington era la mejor opción. De vez en cuando lográbamos ganarnos a un cero y sumarlo.

Aun así, los tipos que habían venido a mi casa se mostraban confiados. Conocían su distrito. Le habían hecho favores a casi todos en el vecindario. Nunca perdían. El lema de Epton –"Antes de que sea demasiado tarde"– comunicaba precisamente el pánico que querían que los votantes mayormente blancos sintieran. Los comisarios se reían de nosotros. Nunca, ni tan solo por un momento, pensaron que perderían el distrito ante unos novatos políticos que apoyaban a un tipo negro para la alcaldía de Chicago.

Pero así fue. Les ganamos por sesenta votos en su mismo territorio. En el distrito dos del distrito electoral 32, Washington le ganó a Epton por 280 a 220. Los comisarios no se lo esperaban. No parecían muy entusiasmados con la idea de informarle a Rostenkowski que acababa de perder gracias a la familia y los amigos de aquel puertorriqueño bajito que los había perseguido por la calle. Celebramos y luego comenzamos a planificar nuestra próxima victoria contra la maquinaria política.

Mi plan era sencillo. Si podía ayudar a Harold para que venciera a la gente de Rosty para la alcaldía, ¿no podría ganarle yo a Rosty y convertirme en asambleísta del Partido Demócrata? Pensábamos que Rostenkowski se merecía perder. Pensábamos que la lucha era por mucho más que un puesto en el partido local. Luchábamos contra el racismo. Nos enfrentábamos a una maquinaria política que excluía a los latinos y a los afroamericanos.

Sabía que mi vecindario estaba cambiando. Rosty era polaco. Su concejal, Terry Gabinski, también. Myron Kulas, su representante estatal, era ucraniano. A pesar de eso, cuando caminaba por la avenida North, en el corazón del distrito 32, había muchas bodegas en las que se podía comprar café con leche o jugar bolita. El distrito 32 seguía siendo un barrio de clase trabajadora y aunque aún quedaban muchos polacos e italianos que habían vivido allí por varias generaciones, los que llegaban eran personas que se veían como yo y hablaban y escribían sus nombres como yo. Igual podías conseguir un plátano que un *pierogi*, el típico platillo polaco. El distrito 32 estaba lleno de gente blanca que era demasiado vieja o no tenía los medios para mudarse a los suburbios. Los latinos tenían el dinero justo para mudarse allí. La estructura de poder, vieja, blanca y masculina no se desvivía por darle la bienvenida a los recién llegados. Los latinos, entre los que destacaban los puertorriqueños, ayudaron a que Harold Washington fuera elegido alcalde; yo pensaba que finalmente estaban listos para elegir también a sus líderes de distrito.

Emocionado por la victoria en un distrito, reuní a mi grupo de voluntarios. Lo único que teníamos que hacer era repetir lo que habíamos hecho en el distrito 2 en los otros cincuenta y tres del distrito electoral 32. Era como crear una franquicia de un exitoso puesto de *hot dogs*. Si a un barrio le gustan tus *hot dogs*, ¿cuán difícil puede ser venderlos en otro lugar?

Al día de hoy sigue siendo difícil para mí explicarles a otros congresistas la importancia que tiene la posición de asambleísta demócrata. En Chicago la gente entendía lo que *asambleísta demócrata* significaba. Por años fue una manera de decir, "el obstinado tipo que controla el vecindario". Controlaba los servicios del barrio, porque tenía una línea directa para asignar los empleos del gobierno, los empleos municipales, los empleos del condado y los empleos estatales. En Chicago se inventaron nuevas ramas de gobierno solo para darles a los asambleístas del Partido Demócrata nuevos puestos adonde colocar a sus comisarios. Podías encontrarte un comisario que trabajaba en la Junta de Revisión o en el Registro de Actas del condado Cook o en la División de Vehículos Motorizados de Chicago. Para mí era algo común conocer a personas cuyos empleos gubernamentales parecían inventados. Siempre me preguntaba: ¿qué es lo que realmente hace toda esta gente? Estaba a punto de descubrirlo. Lo que hacían realmente era tocar puertas y pedirles a sus vecinos que votaran por Dan Rostenkowski.

Ese hecho no me amedrentó. Quería ser un fiel soldado de Harold Washington, estar a su lado para destruir la maquinaria política y el racismo. Esa era nuestra motivación. Sabíamos que si tan solo lográbamos conocer a la gente y decirle la verdad acerca de nuestros planes para un mejor vecindario, ganaríamos.

Decidí anunciar oficialmente mi candidatura por el Partido Demócrata para asambleísta del distrito 32. Eso me hizo sentir muy bien durante varios meses. Creíamos que nuestra campaña insurgente avanzaba a la par de la de Rosty. Sus comisarios no eran muy visibles. Parecía que teníamos el vecindario para nosotros. Llegué a creer que habíamos puesto en jaque a un líder demócrata de nivel nacional, presidente del poderoso Comité de Medios y Arbitrios de la Cámara de Representantes de los Estados Unidos. El tiempo, la historia y el impulso estaban de mi lado, me decía a mí mismo. Soplaban vientos de cambio en Chicago. Yo estaba en la cresta de la ola y Rosty, con su manera anticuada de hacer las cosas, estaba de salida. Tres semanas antes de las elecciones, salí temprano de mi casa para visitar algunas iglesias. Había estado en todos lados tocando puertas; había ido a fiestas de barrio y repartido mis volantes caseros en la entrada del tren elevado. Quería añadir nuevas congregaciones a la cruzada de Gutiérrez.

Los letreros estaban en todas partes, incluso en mi cuadra. ¿Eran de neón? Los letreros de campaña de Rosty tenían el anaranjado más brillante que había visto en mi vida. Sobre un fondo azul marino, le brincaban encima a los que leyeran su nombre, haciéndolos sentir que estaban rodeados y a punto de ser capturados por letras de un anaranjado fosforescente. No tenían un mensaje, ni siquiera mencionaban el puesto por el que hacía campaña. Solo decían ROSTENKOWSKI. Estaban por toda mi calle y en las ventanas de mis vecinos. Al echar un vistazo, me di cuenta que no habían dejado un solo lugar vacío. Me sentía como un pillo que acaba de robar millones de dólares de un banco, solo para darse cuenta de que cientos de agentes del FBI le apuntaban con sus pistolas. Mis vecinos acababan de emitir el primer voto de las elecciones y le daba una victoria abrumadora a Rostenkowski.

Me sentí humillado. ¿Dónde estaban mis votantes por Harold Washington? Me sorprendía que todos mis vecinos se tornaran contra mí al mismo tiempo. Ellos sabían que yo tendría que caminar todos los días rodeado por los letreros de mi contrincante. No parecía que eso le importara a nadie. Era como si todos hubieran puesto carteles en sus ventanas con la leyenda "Nuestro vecino Luis Gutiérrez es un perdedor".

Nuestros vecinos de al lado eran buenos amigos. Habían sido los primeros en acercarse a nosotros cuando nos mudamos. Tenían una hija de la edad de Omaira, nuestras hijas jugaban juntas, corrían triciclos por la calle. Durante los fines de semana las niñas siempre estaban juntas en las escaleras de nuestra casa, jugando con sus muñecas, divirtiéndose. Soraida conversaba con la otra mamá todo el tiempo. Ellos también tenían un letrero de Rostenkowski en su ventana.

Por un segundo pensé que se trataba de una broma, algún malentendido. Quizás mis vecinos no sabían que yo había lanzado mi candidatura. Pero no podía engañarme a mí mismo. Ellos sabían; todos lo sabían. Yo era amigo de esta gente. Los había convencido para que votaran por Harold Washington. Les caía bien. Puede que algunas de las personas mayores entre los blancos no estuvieran muy contentos con los puertorriqueños que se mudaban a su vecindario, pero yo parecía bastante inofensivo. Tenía un trabajo. Me ocupaba de mi casa. Mi esposa y mi hija eran amables. Todos sabían que me estaba enfrentando a la maquinaria política, que quería reformar el gobierno de Chicago y castigar al sistema por haber apoyado a un republicano. Aquella mañana de domingo, sin embargo, me enteré de que estaban todos con Rostenkowski.

Me apresuré a entrar a mi casa. Comencé a sacar cuentas de cuánto había gastado en mi campaña. Le quería decir a Soraida: "Lo siento cariño, cometí un grave error. No sé en qué estaba pensando". En vez de eso, lo único que hice fue sentarme en la mesa de la cocina y decir: "Todos en la cuadra tienen un letrero de Rostenkowski en su ventana".

Soraida se sorprendió. Había estado recibiendo buenas noticias de mi campaña. Una mujer menos paciente y comprensiva hubiera dicho: "No te quejes conmigo. Yo no te aconsejé que te lanzaras contra una de las personas más poderosas del país". No lo hizo. Intentó hacerme sentir mejor. Me dijo que siguiera adelante, que no me preocupara por unos cuantos letreros.

Pero nada me consolaba. Era como si Dan Rostenkowski hubiera plantado sus letreros en el interior mismo de mis párpados. Cuando me acostaba tras un día largo de estar tocando puertas, sus letreros aún estaban ahí, brillando, penetrando mi cerebro como un virus. Nunca se fueron. Soñé con ellos, era lo primero que veía cuando me despertaba.

Aquel anaranjado con azul iluminaba mi desengaño. Había sido estúpido y arrogante. Había estado demasiado ocupado con mis sueños de una campaña guerrillera e insurgente para notar que una contrainsurgencia surgía a mi alrededor. Mientras cazaba votos con las armas de utilería de mis quejas de que Rosty no era un demócrata de verdad, él movilizaba a su ejército de trabajadores de la ciudad, del condado, del estado y del gobierno federal. Su ejército tenía mejor entrenamiento y estaba mejor equipado. Había esperado el momento perfecto para enseñarme cómo funcionaba una maquinaria política de verdad.

Sentía que no podía respirar. Mi reacción inmediata fue rogarles a mis vecinos que quitaran los letreros. Comencé con nuestros amigos de al lado.

"Hola, Donna. Veo que tienes un letrero de Rostenkowski. Es humillante para mí. Nuestros hijos juegan juntos. Aunque no votes por mí, tenía la esperanza de que me hicieras el favor de quitarlo. Me hace ver muy mal que haya tantos letreros de Rosty en mi propio vecindario, somos amigos. ¿Crees que lo podrías quitar?".

Me dijeron que el comisario de Rostenkowski había venido unas semanas antes. Les habían dicho lo decepcionado que estaba el presidente Rostenkowski –todos se referían a él de esa manera– porque habían firmado la petición que me permitía aparecer en la papeleta. Los comisarios de barrio los habían ayudado en el pasado con los servicios de la ciudad. ¿Firmarían un acuerdo que les permitiría poner un letrero en sus ventanas?, les preguntaron. Solo sería por un par de semanas.

Se veían arrepentidos y un poco avergonzados, pero habían firmado el acuerdo. Eso los comprometía de manera oficial. Los hombres de Rosty les habían hecho firmar un papel y para nuestros amigos no había nada que se pudiera hacer al respecto. Habían dado la autorización para poner el letrero. Esperaban que yo no me pusiera furioso, pero no quitarían el letrero.

Les hice la misma petición a otros vecinos. A todos les pedí que no me avergonzaran. Algunos fueron más directos que mis amigos. "Apoyamos a Rostenkowski", me respondieron. Otros hablaron de los favores que los comisarios de barrio les habían hecho. Finalmente conseguí que un par de vecinos quitaran los letreros. Pero tras media hora de esfuerzos estériles y conversaciones incómodas con vecinos que básicamente me decían que dejara de causarles problemas, entendí que me debía dar por vencido. Volví a casa.

En el camino miré la cuadra una vez más. Era territorio de Dan Rostenkowski.

HASTA ESA MAÑANA DE DOMINGO yo creía que todo marchaba muy bien. Al igual que con mi apoyo a la independencia puertorriqueña o mi romance con Soraida o las luchas de empoderamiento puertorriqueño en la universidad, no podía hacer las cosas a medias. Mi primera decisión fue ganarle a Dan Rostenkowski; para hacerlo, tenía que convertirme en un candidato de tiempo completo, no iba a ganarle si mis días estaban dedicados a mi empleo como trabajador social.

Hice lo que cualquier candidato primerizo hubiera hecho en unas elecciones contra un miembro que había sido reelegido doce veces al Congreso federal, un hombre poderoso, cuyas campañas estaban bien financiadas y que era reconocido nacionalmente. Renuncié a mi trabajo y cobré mi pensión de retiro.

Renuncié en octubre. Las elecciones eran en marzo. Cuando le dije a mi supervisor en el Departamento de Servicios para Niños y Familias que me iba para retar a Dan Rostenkowski por el puesto de asambleísta, me miró como si le hubiera dicho que me iba para ser el próximo mariscal de campo de los Bears. "Buena suerte", me dijo, tratando de sonar sincero. Los ahorros de mi pensión ascendían a un total de tres mil dólares. Con eso pagué nuestra hipoteca por los siguientes seis meses: hasta el día de las elecciones y un mes más.

Ahora que Soraida trabajaba, nuestra familia probablemente tendría suficiente dinero para sobrevivir hasta las elecciones. ¿Pero cómo imprimiría volantes? ¿Cómo pagaría la impresión de peticiones? ¿De dónde saldría la renta para una oficina de campaña? Hacía falta financiar nuestro ataque a la maquinaria política de Chicago.

Así que retomé una opción segura para generar dinero. Fui al centro, renové mi licencia de chofer y volví a ser conductor de taxi. Parecía que mis días de taxista nunca se acabarían. Pero jamás sentí que estuviera yendo en reversa. Guiar un taxi siempre había sido una fuente segura de ingresos; una cuenta de ahorros que estaba ahí para cualquier emergencia. Ahora financiaría mi batalla puerta a puerta contra el racismo. Estaba listo.

Habíamos aprendido lo básico con la campaña de Harold, pero ninguno de nosotros tenía idea de cómo duplicar aquel éxito limitado. Mis ayudantes de campaña no eran mucho más que mi familia y algunos amigos cercanos. Soraida, como siempre, estaba a mi lado. Su hermana Lucy y su marido Juano, que también era mi mejor amigo, estuvieron con nosotros todo el tiempo. Ada estaba en nuestros planes, y se adhirió entusiastamente a otro proyecto dudoso de su hermano mayor. Juntos hicimos todo lo que suponíamos que se debía hacer en cualquier campaña ganadora.

Buscamos una oficina que se ajustara a mi presupuesto de taxista. El frente daba a la calle y consistía de un cuarto grande y un baño diminuto. Las losas del piso estaban levantadas. De haber sentido la necesidad urgente de redecorar, se hubieran podido arrancar todas en una sola tarde. Tenía un portón de tipo acordeón frente a la vitrina que había que juntar para cerrarlo con candado. En aquel vecindario hubieran roto las ventanas si no hubiera tenido un portón, aunque adentro no hubiera nada que robar. La oficina no tenía calefacción, así que compré un calentador de área y le puse una vasija con agua encima para que sirviera de humidificador. El baño parecía el de una estación de gasolina medio abandonada de las que uno se encuentra cuando se pierde al salirse de la autopista. Se usaba solo si era indispensable. Si podías esperar hasta llegar a la casa, tanto mejor. La pintura estaba descascarada, así que compré un poco de pintura blanca –la más barata– y, con la ayuda de mi amigo Felipe Najar, le di una mano de pintura al lugar. El depósito que hubo que dar para conectar una línea de teléfono por poco nos lleva a la quiebra, así que decidimos que un solo teléfono era más que suficiente para enfrentarse a Dan Rostenkowski.

El obstáculo más difícil en unas elecciones, particularmente en Chicago, es lograr que el nombre de uno aparezca en la papeleta. Un asambleísta demócrata como Rosty era muy bueno postulándose sin que hubiera un contrincante. Las reglas para aparecer en la papeleta no solo requerían un número mínimo de firmas de votantes registrados; también tenían un máximo. Eso lo hacía mucho más difícil. Si hacían falta 1,900 firmas válidas de votantes registrados, una manera de hacerlo era conseguir una firma de cada persona remotamente cualificable, con la esperanza de que de las 5,000 firmas recolectadas, 1,900 fueran de personas que habían dicho la verdad cuando dijeron que estaban registrados. Pero no es así como funciona en Chicago. Necesitaba 1,900 firmas para aparecer en la papeleta, pero no podía entregar más de 2,500.

Era un truco brillante de la maquinaria política, diseñado para proteger a quienes ya ostentaban un cargo. Tenía que encontrar unos dos mil votantes registrados, pero no me podía pasar del límite. Además tenía que convencerlos para que firmaran por mí. Y lo tenía que hacer en diciembre, cuando hacía frío y la gente no estaría muy complacida con la idea de abrirle las puertas a un puertorriqueño que no conocían. No era una coincidencia que Illinois tuviera una de las primeras primarias en la nación. La votación se celebraba en marzo porque los que controlaban las elecciones sabían que pocos seres humanos racionales saldrían a hacer campaña en Chicago durante los meses helados de diciembre, enero y febrero.

Pero yo estaba decidido a ganarme un lugar en esa papeleta. Me dedicaba al taxi tres o cuatro días a la semana para ganar el dinero de la renta de la oficina e imprimir más peticiones. Durante el resto de la semana me dedicaba a ir de puerta en puerta, pidiéndole a la gente que firmara a mi favor. Desde antes de empezar sabía que tendría que vestirme como un funcionario electo. Eso era un problema porque no tenía un traje. No había contemplado ese tipo de gasto en mi presupuesto de campaña. Así que saqué mi tarjeta de crédito de JCPenney, me dirigí al departamento de caballeros y salí con un flamante traje azul en la mano, cien por cien poliéster. No pudo haber costado más de cien dólares, pero lo sentía como si fuera la vestimenta de un ganador. Lo cierto es que no tenía muchas opciones. No contaba con cien dólares en el bolsillo, pero tenía dos tarjetas de crédito, de Montgomery Ward y de JCPenney, así que mi traje tendría que salir de una de esas dos tiendas. Me decidí por la opción lujosa con Penney's. Estaba listo para ir de puerta en puerta.

Lamentablemente, no tenía consultores de campaña para decirme que ya que me estaba vistiendo como un candidato respetable, un corte de cabello no estaría de más. Para acompañar mi traje azul marino llevaba una especie de medio afro. Era el afro de un treintañero que ya había empezado a perder el pelo. Era grande y ondulado, más alto en algunos lugares que en otros. No obstante, mi bigote eclipsaba mi afro. No estaba perdiendo un solo pelo sobre mi labio superior. Mi bigote era impresionante por lo ancho y lo grueso. Todavía pesaba 130 libras. El hecho de que con ese peso pudiera sostener ese afro y ese bigote seguramente desafiaba alguna ley de la física. Pero a Soraida le gustaba cómo me veía. No era muy diferente a los demás puertorriqueños del barrio, por lo que nunca consideré darme la vuelta por el barbero. Simplemente me puse mi traje y salí a hablar con las mujeres polacas de edad del vecindario de Dan Rostenkowski.

Cuando hablaba con votantes blancos les decía que lucharía por el Partido Demócrata y sus principios. Muchos de ellos me dieron su firma. Estoy seguro que el interés de alguno de ellos era sacar al puertorriqueño del bigote gigante de la entrada de su casa antes de que se robara algo.

Con los puertorriqueños mi mensaje era claro. Les hablaba de empoderamiento y de lo que es justo.

"Llegó nuestra hora. Necesitamos líderes puertorriqueños que entiendan a la comunidad puertorriqueña", les decía una y otra vez. Era un mensaje fácil de transmitir. Puede que no entendiera toda la mecánica de una campaña todavía, pero sabía que los latinos habían sido ignorados. Sabía que estaban furiosos, como yo lo estaba. La gente respondía, respondía de la misma manera que lo había hecho un año antes cuando les hablaba de Harold Washington. Solía recorrer cuadras enteras de puertorriqueños en el distrito 32 para hablar con familia tras familia que no sabía lo que era tener un representante puertorriqueño. Su concejal era polaco. Unas cuantas cuadras al oeste, en el distrito 26, el representante de todos los puertorriqueños era Michael Nardulli, un italiano. Los puertorriqueños al norte del distrito 33 eran representados por Dick Mell, quien tenía una mezcla de polaco con alemán. Estos no eran líderes que se acercaran a la creciente comunidad latina. Pensaban, más bien, en asegurarse de que todos los italianos y los polacos votaran por ellos. Los puertorriqueños estaban listos para un cambio.

Lo que me tomó por sorpresa fue el trabajo que me dio que los afroamericanos firmaran mis peticiones. A duras penas conseguía que me abrieran la puerta. Estaban encantados conmigo cuando iba de puerta en puerta haciendo campaña a favor de Harold Washington. Había sido uno de ellos entonces, un miembro de una minoría enfrentándose a los tipos blancos en el poder. Si quería tener una oportunidad de ganarle a Rosty, tendría que tener una buena acogida entre mis amigos afroamericanos. Pero en apartamento tras apartamento, en casa tras casa, me dejaban solo en el pasillo o en la entrada. Si las puertas se abrían y yo decía "Soy Luis Gutiérrez y me estoy postulando para el puesto de asambleísta demócrata", la gente ponía cara de impaciencia porque yo había entrado en su sala para hacerle perder el tiempo con esa tontería.

Pasé una noche entera reconsiderando mi estrategia afroamericana. Al día siguiente abandoné mi presentación de "Gutiérrez para Asambleísta".

Harold Washington era el alcalde de Chicago, pero eso no significaba que tuviera el control de la ciudad. Casi todos los concejales blancos se habían unido en un bloque de oposición inamovible contra Harold. Su líder era Ed Vrdolyak, quien representaba todo lo que los que habíamos apoyado a Harold queríamos eliminar en Chicago. "Fast Eddie" (Eddie el Pretencioso) —un apodo que no le importaba que le endilgaran—, se vestía con trajes caros y pronunciaba rimbombantes discursos. Ignoraba a las minorías. Lo llevaban a todas partes en un Cadillac negro con una placa que leía "Eddie V10", su apodo en el distrito que representaba. Si Harold quería declarar que un día dado sería "Día de los Mininos", Vrdolyak se oponía. Había una guerra dentro de la Asamblea Municipal y Vrdolyak era el villano perfecto, un Lex Luthor cargado de criptonita para Harold Washington.

Al día siguiente, cuando empecé de nuevo a ir de puerta en puerta por los vecindarios de la comunidad negra, no les dije ni pío sobre mi campaña. En vez de eso, toqué a la puerta de un votante y grité: "¡Comité para echar a Ed Vrdolyak!". La gente abría sus puertas luego de escuchar eso. Un tipo que parecía que acababa de alzar pesas en el gimnasio vino a la puerta, miró mi petición, y me dijo: "Esto no dice nada de echar a Ed Vrdolyak. Dice Luis Gutiérrez".

Mire hacia arriba —muy arriba— y le dije: "Exacto. Ese soy yo. Vota por mí y yo votaré para echar a Ed Vrdolyak".

Era cierto. Los asambleístas demócratas elegían al presidente del Partido Demócrata del condado Cook y ese era nada más y nada menos que Ed Vrdolyak. De llegar a ser asambleísta, votaría a favor de echarlo. El hombre musculoso me miraba con escepticismo, pero como casi todos los afroamericanos que escuchaban mi discurso sobre "echar a Eddie", firmó mi petición. Una vez que explicaba por qué era importante tener a un asambleísta que le fuera fiel a Harold, más y más personas firmaban.

Al final conseguí 2,400 firmas —cientos más de las que necesitaba, cien por debajo del máximo. Eran firmas de calidad. De eso estaba seguro porque las había conseguido yo mismo. Usualmente la maquinaria política las refuta. Pero tenía la cantidad correcta, había conseguido a la gente correcta, mis peticiones eran buenas. En fin, había logrado aparecer en la papeleta.

EL HECHO QUE MÁS DE LA MITAD del distrito hubiera votado contra Harold Washington para alcalde no me disuadió de hacer de mi apoyo por Harold la base de mi campaña. En los distritos afroamericanos continuaba hablando de echar a Vrdolyak. Tomé un poco del dinero que había ganado en el taxi e imprimí unos letreros con los colores de la campaña de Harold. Aún más prominente que mi nombre estaba el lema SI QUIERES ARREGLAR LAS COSAS, MARCA EL 266, mi número en la papeleta. Al lado había una foto de Harold Washington.

Cuando estaba en la campaña de recolección de firmas, me cuidaba de visitar cada rincón del distrito electoral, aunque solo fuera para conseguir unas cuantas firmas en una cuadra. Quería que la gente de Rosty creyera que teníamos partidarios en todos lados, que los soldados de la campaña del insurgente Luis Gutiérrez estaban peinando la campiña y que no quedaría villa alguna sin visitar. En realidad era un ejército de un solo soldado: yo mismo, que recorría las calles en mi Volkswagen.

El siguiente paso fue utilizar el correo para parecer omnipresente. La campaña contra Rosty sucedió varios años antes de que la propaganda política enviada por correo fuera una práctica común en las elecciones. Me imagino que él nunca había escuchado la frase "envíos masivos". Mi idea era enfurecer a Rosty mediante el envío de cartas de agradecimiento a las 2,400 personas que habían firmado mi petición. Fue una decisión costosa: requería de muchas horas guiando taxi para pagarla. La mía era una campaña que ni siquiera tenía presupuesto para encargar chapas de propaganda. Lo que hicimos fue comprar una máquina para elaborarlas. Pasábamos largas horas en nuestra oficina de campaña –congelados de frío– estampando manualmente chapas plásticas que leían "Vote por Gutiérrez". Nos emocionamos cuando tuvimos cincuenta para regalarles a nuestros seguidores. La decisión de comprar 2,400 sellos de correo de primera clase constituía una gran inversión.

La carta que escribí hablaba de la equidad y la justicia social. Juano, Felipe, Soraida, Ada, Lucy y yo pasamos una semana en la oficina doblando papeles para ponerlos en sobres donde luego escribíamos las direcciones y les poníamos el sello postal. Miraba uno de los 2,400 nombres en las peticiones y reescribía la dirección en el sobre, nombre por nombre.

Ya para el segundo día de ese proceso me dio calambre en una mano. Solo pensaba en los días en que me tenía que quedar en St. Michael's después de clase escribiendo quinientas veces en la pizarra: "No hablaré en clase" o "No masticaré chicle en clase". A veces doscientas veces, a veces quinientas veces. La manera más rápida de hacerlo era dividir la oración en frases, escribir "no hablaré" en una columna y luego escribir en una segunda columna "en clase" hasta acabar. Sé que es la manera más rápida por la cantidad de veces que me tocó hacerlo.

Pero con los sobres no había atajos. Hoy en día los candidatos le hacen un cheque a un consultor que tiene una lista de direcciones y él envía una carta preciosa, con fotos perfectas que hubieran podido salir en un anuncio de Ralph Lauren o de Chevrolet. Pero en aquel tiempo éramos solo mi familia, mis amigos y yo encargándonos de cada sobre y cada sello. Era mucho menos eficiente, pero mucho más divertido. Con cada sobre terminado pensábamos que sembrábamos las semillas del caos en la campaña de Rostenkowski. "Dios mío, el Gutiérrez ese está en todos lados", diría Rosty al ver mis cartas cubriendo el distrito como si de una tormenta de nieve se tratara.

Una vez que acabamos, ni siquiera se nos ocurrió llevar las cartas al correo central de Chicago para que llegaran más rápidamente. Simplemente cargamos con nuestras grandes cajas hasta la esquina y depositamos miles de cartas en el buzón más cercano, convencidos de que una ola gigantesca llamada Gutiérrez distribuida por carteros cubriría el distrito 32. Todos los que habíamos trabajado en el proyecto estábamos orgullosos. Comimos frituras, bebimos refrescos y sellamos nuestros sobres sintiéndonos más conectados que nunca con la campaña. Claro está, no hubo tal ola gigantesca. No recuerdo que votante alguno me haya comentado algo sobre la carta, pero todos pensábamos que había valido la pena.

Mi carta estaba en el correo. Yo me seguía desplazando de puerta en puerta. Mi traje de Penney's iba regularmente a la tintorería y se veía cada vez más brilloso. Cuando hacía falta dinero, abordaba mi taxi de nuevo. Había invertido dinero en volantes de campaña que mi amigo Slim Coleman había mandado a hacer a una imprenta izquierdista y barata llamada Justice Printing. Pero me hacía falta dinero para más letreros. Solo había una manera de conseguirlo: más horas en el taxi.

Así que hice lo que cualquier candidato sensato haría: le di un beso de celebración antes de tiempo a Soraida y me dirigí al Gold Coast de Chicago para guiar el taxi en la noche de Año Nuevo. Es una buena noche para los taxistas. La gente está borracha y feliz, lo que usualmente trae mejores propinas. Y no es que solo estén un poco borrachos, como puede pasar un jueves en la noche luego de haberse dado un par de tragos tras el trabajo y en vez de llamar a un taxi deciden que ellos mismos pueden guiar hasta sus casas sin problemas. En la noche de Año Nuevo la mayoría de la gente está tan borracha que lo único que quiere es tomar el taxi más cercano.

Me di la vuelta por la calle Division, el centro de la vida nocturna en Chicago. Iba desde Mother's Bar a las fiestas elegantes en los salones de baile de los hoteles y regresaba. De Mother's a Palmer House, de Drake a la calle Rush, mi taxi se llenaba de fiesteros agradecidos. Algunos estaban lo suficientemente sobrios como para sentir pena de que yo estuviera trabajando en Año Nuevo. Me aseguré de hablarles de mi esposa y mi hija, que celebraban en la casa sin mí. Guiaba y guiaba, celebrando cada chiste de borrachos, deseándole a cada uno de estos un próspero Año Nuevo. Cuando llegué a mi casa a las 5 a.m. le di a Soraida el dinero. Los fiesteros de Chicago habían pagado por los letreros de campaña de Luis Gutiérrez.

Una vez sometidas las peticiones y enviadas las cartas, estaba listo para utilizar el dinero ganado en Año Nuevo para cubrir el distrito con mis letreros. Había puesto algunos en casas particulares. Tenía uno en mi propia ventana. Pero mi experiencia en San Sebastián con la lucha por la independencia puertorriqueña me había enseñado que la manera más rápida y fácil de poner un letrero es encontrar una pared vacía, saltar del carro, poner el letrero, volver al carro y encontrar la próxima pared vacía. Esa estrategia de ataques relámpagos de colocación de letreros iba de la mano con el espíritu de la campaña. Estábamos en todos lados y en ninguno. Un día podías encontrar una pared en blanco en un edificio vacío y al otro, transformada por la magia de la campaña, encontrabas una valla publicitaria de Gutiérrez.

Teníamos una herramienta indispensable para nuestros esfuerzos de empapelar el distrito con letreros. La pasta de trigo era una pega que se podía comprar por casi nada –el precio perfecto para mi presupuesto. Lo único que necesitabas era pasta, agua, un cubo, unas cuantas brochas y ya eras un equipo de poner letreros. Mezclamos nuestra pasta de trigo, la pusimos en la parte de atrás de la camioneta de Juano y salimos. En cada parada hacíamos lo mismo: hundíamos las brochas en el cubo, pintábamos la parte trasera de los letreros y con eso estaba listo para adherirse a la pared. Aquellos letreros se quedaban pegados sin descascararse.

Hacía frío, acababa de pasar el día de Año Nuevo y nosotros queríamos comenzar el año 1984 con letreros en todas partes. ¿El viaducto en Fullerton y Western? Llénalo de letreros. ¿Algún espacio en el distrito que ya se había llenado con anuncios de una banda, un bar u otro candidato político? Les pegábamos nuestros letreros encima con pasta de trigo. ¿Aquel edificio con una pared súper visible que decía "No Pongas Un Letrero Aquí"? Gracias por el consejo, también la llenamos de letreros. ¿El lado vacío del buzón azul del vecindario? No pudimos resistir la tentación.

Luego de varios fines de semana de reír y pegar —siempre alertas a la llegada de la policía, en caso de que Rosty y su gente nos hubieran mandado a buscar—, los espacios públicos del distrito gritaban "Gutiérrez". Unos años después, la ciudad de Chicago prohibiría los letreros políticos en lugares públicos y exigía una multa cuantiosa por cada uno que se encontrara. Es una buena ley. Lamentablemente, creo que Juano y yo hicimos más de lo que nos tocaba para convertir esa ley en realidad. Pero en aquella campaña estábamos encantados con los resultados de nuestro esfuerzo.

Algunos días, mientras hacía campaña de puerta en puerta o guiaba alrededor del vecindario, miraba a mi alrededor, veía los letreros y pensaba que realmente había un ejército haciendo campaña por Gutiérrez. Casi se me olvidaba que cada uno de esos letreros los habíamos puesto mi concuñado y yo.

PERO TODO ESO SUCEDIÓ antes de que Dan Rostenkowski activara su maquinaria de campaña. Puede que nos estuviéramos engañando a nosotros mismos, pero no lo estábamos engañando a él. Una mañana de domingo, sus letreros aparecieron: fue el primer cañonazo que inició una lluvia de fuego que acabaría por enseñarme exactamente lo que una maquinaria política es capaz de hacer.

Antes de postularme en las elecciones, solo tenía un entendimiento rudimentario de lo que era la "maquinaria" de Chicago. Los comisarios de barrio se daban la vuelta por tu casa para pedirte que votaras por el candidato que el asambleísta apoyaba. Los tipos que yo había perseguido calle abajo cuando me pidieron que votara por Epton habían estado en mi casa antes y nunca habíamos tenido una discusión. Muchas veces habían abogado por candidatos y puestos electivos que no me interesaban. ¿Realmente me importaba que un hombre mayor blanco fuera elegido como secretario del condado Cook? La mayoría de las veces asentía amablemente y ellos seguían su camino.

Había una razón importante para prestarle atención a los hombres del asambleísta cuando tocaban a tu puerta. En el 1984 en Chicago, pagar impuestos sobre los ingresos, la propiedad y las ventas no garantizaba que se recibieran todos los servicios que esos impuestos financiaban. La maquinaria política creaba un intermediario entre los impuestos y la recolección de basura, por ejemplo. En Chicago uno no compraba los servicios del gobierno al por mayor, se compraban a través de un corredor de servicios y ese corredor era el asambleísta.

Los comisarios de barrio no eran voluntarios idealistas de Dan Rostenkowski, gente que quería tocar las puertas de sus vecinos en enero porque estaba encantada con el último discurso de Rosty acerca de impuestos y créditos de inversión. Los comisarios de Rosty, al igual que los de todos los otros distritos en Chicago, eran empleados públicos que le debían sus puestos a Rosty. El deseo de mantener el empleo, o conseguir un ascenso, o una transferencia, o un trabajo para su hijo o su hermano o su mejor amigo, eran las motivaciones principales para ayudarlo. Esto también los ponía en la posición de ser quienes ofrecían los servicios.

Yo les decía a los votantes que sería un luchador. Les decía que apoyaría la agenda de cambio de Harold Washington. Les decía que alzaría la voz a favor de los ideales demócratas. Los tipos de Rosty les decían a los votantes que se ocuparían de sus multas de tránsito. Podarían sus árboles. Estaba compitiendo con ciento cincuenta voluntarios de Rosty que tenían conversaciones como esta todos los días:

Comisario: Esperamos que puedas votar por Dan Rostenkowski para asambleísta demócrata. ¿Podemos contar con tu apoyo?

Votante: Bueno, hace más de un mes que hay un bache enorme en la calle frente a mi casa. ¿Crees que se pueda ocupar de eso?

Comisario: Claro. Rostenkowski se ocupará de eso. ¿Puedo contar con tu voto?

Votante: Gracias. Seguro, lo apoyaré y también estaré pendiente de que rellenen ese bache.

Comisario: Solo recuerda quién fue el que se ocupó de eso.

Entonces ese comisario le diría a otro, que era asistente del superintendente del Departamento de Sanidad y Carreteras, que necesitaba que rellenaran un hoyo en la calle Wabansia. Antes de las elecciones, el votante tenía una calle lisa frente a su casa y Rosty había ganado un voto.

No había un mejor momento en Chicago para salirse del deber de ser jurado o descartar una violación al código de construcción que antes del día de las elecciones. Aquel invierno hubo una tormenta de actividad en el distrito 32, producida por trabajadores que respondían a una lista de peticiones que había circulado el comisario de puerta en puerta. Todas esas peticiones acababan con las palabras del votante: "Seguro, yo estoy con Dan Rostenkowski".

Pensé que el éxito que yo había tenido al persuadir a mis vecinos de que votaran por Harold Washington se traduciría en algo similar en la contienda por el puesto de asambleísta. Pero la gente era mucho más dada a votar por lo que les dictaba su conciencia en unas elecciones por la alcaldía. El voto para un candidato a asambleísta era un voto para que el servicio de recolección de basura funcionara sin contratiempos.

La mayoría de los comisarios había vivido en el vecindario por años, por lo que llevaban haciendo favores desde siempre. Una vez que empezaron a presionar a los votantes, a mí se me hizo difícil que me abrieran la puerta. Hasta la gente que me había firmado las peticiones se escondía de mí. Hablé con un puertorriqueño mayor que me había firmado la petición con entusiasmo; abrió su puerta solo un par de pulgadas para mirarme.

–Solo quería asegurarme de que todavía me apoyabas. ¿Recuerdas que firmaste mi petición? –le pregunté a través del resquicio de la puerta.

–Lo sé –me dijo mientras movía la cabeza de un lado al otro–. Ya me hablaron de eso. Vinieron a hablarme. Me metiste en problemas. Por favor, eres un tipo bueno. Yo no quiero más problemas. Déjame en paz.

Y sin más, cerró la puerta. Ese fue el estribillo constante durante las últimas tres semanas: "me metiste en problemas". No le caía mal a las personas, solo querían evitarse dolores de cabeza frente a los tipos que podrían facilitarles un permiso municipal para una fiesta de barrio.

Debí haber escuchado al puertorriqueño que manejaba una bodega popular del vecindario. Era un tipo muy conocido, un latino orgulloso. Muy al principio de la campaña le había pedido permiso para poner un letrero en su ventana. Él sonrió y me invitó a que entrara a la tienda.

"¿Tienes hambre?", me preguntó. Le dije que sí. Entonces me llevó al fondo de su tienda y le pidió a uno de sus empleados que me preparara algunos sándwiches. "Cuando tengas hambre, te daré de comer. Si necesitas comida para tus voluntarios, te la daré. Me alegra que estés representando a los puertorriqueños. Pero no voy a poder poner tu letrero en mi ventana. ¿Sabes por qué? Porque vas a perder. Y cuando pierdas, no quiero tener que lidiar con los hombres de Rostenkowski y sus inspectores de edificios haciéndome la vida difícil. ¿Qué vas a hacer por mí después de que pierdas?"

Pensé que era un tipo anticuado, que no quería arriesgarse por su gente. Para el día de las elecciones, sin embargo, una tienda tras otra

–muchas de ellas en manos de puertorriqueños– tenían letreros de Rostenkowski en sus ventanas.

Ese bombardeo de letreros abarcaba no solo casas y negocios. También incluía los postes de electricidad de la ciudad. Rostenkowski tenía equipos de trabajo con camiones y escaleras que habían cubierto mis letreros, coronando el tope con carteles de dos caras, grapados y ajustados con soga. Estaban a lo largo y a lo ancho de cada calle del distrito. En las últimas tres semanas habían comprado todas las vallas publicitarias del vecindario. Lo que yo tenía era unos letreritos que Juano y yo habíamos pegado en el lado de los buzones. Él tenía vallas publicitarias de veinte por cuarenta pies en las intersecciones más transitadas de la ciudad. Casi lo podía escuchar riendo al decir: "Oye, Luis, ¿tú querías letreros? Mira bien para que veas cómo se hace".

El mar anaranjado y azul no se limitaba solamente a los letreros. La mercancía de Rostenkowski se infiltraba cada vez más en la vida diaria del vecindario. Si ibas al colmado, la mitad de las mujeres de edad cargaban bolsas de compra con el nombre de Rostenkowski o utilizaban sombreros impermeables que decían Rostenkowski. Uno escribía con un bolígrafo de Rosty, te peinabas con una peinilla de Rosty, lavabas los platos con una esponja de Rosty. Su nombre estaba grabado en una banda sonora diaria que acompañaba cada paso que uno daba en el distrito.

Rosty se limitó a publicar un solo folleto, pero logró su cometido. Tenía su retrato y mencionaba todos sus logros. El encabezado llevaba una pregunta sencilla. "¿Quieres al presidente del Comité de Medios y Arbitrios o a un taxista?". Tenía una idea bastante clara de cómo contestaría esa pregunta la mayoría de la gente.

El bombardeo de letreros y los folletos acerca del taxista lograban su objetivo. Yo estaba desmoralizado. Sabía que la contienda se había acabado. También sabía que nunca había comenzado del todo. Soraida me daba ánimo por las noches. "Estás haciendo lo correcto", me decía. "Te va a sorprender lo bien que vas a salir". Mi esposa me apoyaba a pesar del dinero que había perdido. Aún estaba conmigo, no le importaba que el único letrero de Gutiérrez en nuestra cuadra fuera el de nuestra propia casa.

Sabía lo que iba a suceder. Yo era un cadáver político que aún caminaba. Solo faltaba que llegara el día de las elecciones para que Rosty terminara de apretar la soga que me había echado al cuello. Seguí adelante por un sentido de gratitud hacia mi familia y mis voluntarios. Le hablaba a cualquiera que todavía me abriera la puerta. Hacíamos nuestras sumas y yo contaba los días que quedaban para que todo aquello se acabara.

El día de las elecciones trabajé duro, saludé a los votantes y conté los minutos que faltaban antes de que los comicios cerraran. Decidí que al final del día estaría en mi hogar, junto a mi esposa.

Soraida también estaba exhausta. Había trabajado en un distrito todo el día. Finalmente estábamos en nuestra cocina, escuchando un radio transistor que manteníamos en el mostrador. A las siete de la noche sonó la campana que indicaba la hora en la estación de noticias. El locutor dijo: "Son ahora las siete de la noche, los comicios han cerrado".

Soraida me miró y vio que una lágrima se deslizaba por mi mejilla. No me acordaba de la última vez que había llorado. Ella también se sentía mal.

—Luis, no llores. Deberías estar orgulloso. No hay razón para estar triste.

Le dije la verdad.

—No estoy llorando de tristeza. Son lágrimas de felicidad. Estoy tan contento de que esto se haya acabado finalmente.

LE HABÍA PEDIDO A NUESTROS voluntarios que me llamaran a casa con los resultados cuando los recibieran de sus distritos. Anita llamó desde Wicker Park, un precinto donde casi todos eran puertorriqueños.

"¡Ganamos!", gritó. Me quedé patidifuso. Anita estaba orgullosa. Otras personas también llamaron para dar las buenas noticias; todos eran de barrios puertorriqueños.

"Casi le ganamos", decían mis amigos mientras me contaban cómo habían perdido por un escaso margen en sus precintos. En Noble Square, el centro de la campaña "echa a Vrdolyak", le ganamos a Rosty. Los afroamericanos que habían elegido a Harold Washington habían salido a votar por mí.

La gente se tardaba más en llamar con las malas noticias: de esas hubo muchas también. Nos estaban aplastando en los lugares con pocos puertorriqueños, donde perdíamos por un margen de 6 ó 7 a 1. Muchos precintos presentaban resultados desequilibrados de 180 a 25 o 210 a 40. Hice mis cálculos a vuelo de pájaro: a nivel de distrito quizás conseguiría veinte por ciento del voto, quizás treinta.

Para mí, esos resultados no eran motivo suficiente para tener una fiesta de celebración en esa noche de elecciones. No nos podíamos permitir un salón de bailes, ni siquiera un restaurante. Nos reunimos todos en el sótano del negocio de mudanzas de un amigo que estaba dispuesto a enfrentar las represalias de Rosty por dar la fiesta. No era el lugar ideal, pero era todo lo que teníamos. Montamos mesas plegadizas y sillas. Compramos cerveza barata y vino, algunas papitas fritas y *pretzels*. Se nos habían acabado los letreros.

Soraida me dio un gran abrazo y un beso cuando nos preparábamos a darle la bienvenida a los voluntarios. El trabajo que habían hecho era importante para mí. Aun así, había un ambiente de funeral en el lugar. Estaba comprobado que sabía cómo vender periódicos y cómo abogar por la independencia de Puerto Rico, cómo organizar a los estudiantes puertorriqueños, pero realmente no sabía cómo dirigir una campaña. Había perdido dinero y el tiempo de mis amigos.

Mientras íbamos en carro hacia el negocio de mudanzas, me prometí a mí mismo que jamás y nunca volvería a intentar algo así. Esta sería mi última campaña. Me imaginé lo triste que estaría todo el mundo al escuchar el resultado final, con unos resultados electorales tan desiguales, y cuán deprimente sería el convite de papitas y refrescos en el negocio de mudanzas. Había defraudado a todo el mundo.

Llegamos a la fiesta. Soraida y yo nos agarramos de la mano y caminamos por la estrecha escalera que llevaba al sótano. Uno tenía que agacharse para poder entrar al lugar.

Cuando pisamos la última grada se desató una ola de aplausos y vítores. Cada uno de los cuarenta o cincuenta voluntarios que en algún momento había sellado un sobre o tocado en una puerta del vecindario en mi favor se había dado cita allí. Estaban todos celebrando. Juano y Lucy bebían de mi cerveza barata, riendo y sonriendo; a ellos les había tocado un precinto puertorriqueño y habían estado cerca de lograr la victoria. Ada estaba encantada: era una de las ganadoras, había vencido a Rosty en su escuela vecinal. Cada uno de ellos tenía una historia acerca de comisarios de barrio furiosos con ellos porque habían sacado más votos de lo esperado.

La gente estaba ansiosa por abrazarme, felicitarme y darme las gracias por haber trabajado tan duro.

¿Felicitarme por qué?, pensé. Nos habían dado tremenda paliza. Rosty se reía de nosotros. Pero nadie más se sentía así. Uno tras otro decían: "Le ganaremos la próxima vez", o "Sé que nos irá mejor en las próximas elecciones". Pude ver que no estaban bromeando, no lo hacían por animarme. Alguien había puesto música en una casetera. Era una fiesta de verdad, una celebración. El sótano era pequeño y estaba lleno de gente y emoción. Todos contaban sus historias. Querían saber qué seguía.

Al principio solo sonreía y daba las gracias. No quería ser descortés y recordarles que habíamos perdido, que todo estaba acabado. Pero escuché a cada uno de ellos. La gente en aquel sótano no había renunciado a lo que creían. Creían en Harold Washington. Creían que los latinos deberían tener un poco de poder. Mi familia y amigos, esos que habían salido a tocar puertas por mí en el frío y que habían perdido por unos cuantos miles de votos, querían que me lanzara nuevamente. Creían que una campaña era más que podar unos cuantos árboles. Le habíamos ganado a Rostenkowski en unos cuantos precintos y habíamos salido bastante bien en unos cuantos más. Los puertorriqueños –muchos puertorriqueños– se habían enfrentado a la maquinaria política para votar por Luis Gutiérrez. No importaba que me hubiera quedado sin dinero o que me faltara experiencia o que fuera un taxista. Ellos creían en mí y estaban listos para la próxima campaña.

Miré a mi alrededor, a Soraida y a Juano, a Felipe y Ada y Lucy; a todos mis amigos. Estaba orgulloso de ellos. Estaba agradecido. Pensé que si ellos estaban listos, entonces yo también lo estaba. Mi retiro de la política había durado sesenta minutos.

CAPÍTULO ONCE

Enfrentado a la maquinaria política de Chicago

MI NUEVA OFICINA parecía un cuarto de interrogatorio, el tipo de lugar donde dos rudos sujetos irlandeses podrían poner en práctica conmigo la vieja táctica del policía bueno y el policía malo. Era una oficina grande esquinera, pero lo único que tenía era un escritorio, un archivo metálico y una bombilla solitaria suspendida por un cordón eléctrico en el mismo centro del techo.

Unos meses antes lo más cercano que había tenido a una oficina era la destartalada camioneta de Juano. Tenía una hipoteca que pagaba con lo que había cobrado de mi fondo de retiro. El día después de perder ante Rosty, lo único que me quedaba era el veinticuatro por ciento del voto y mi taxi. Pero cuatro meses después de mi derrota electoral, el alcalde Washington había decidido que Luis Gutiérrez —ese chico puertorriqueño tan temerario, que pensaba que podría vencer al poderoso miembro del Congreso, Dan Rostenkowski— debía trabajar para la ciudad de Chicago.

Ahora tenía mi propia oficina y mi propio chofer.

Mi chofer era Carlo, un italiano entrado en años que parecía acabado de llegar de Sicilia. Carlo era un tipo redondo, bajito y calvo. Hacíamos una buena pareja: los dos medíamos aproximadamente cinco pies con seis pulgadas, pero él me llevaba la delantera en el peso por unas cien libras. Guiaba un Ford Crown Victoria tan largo como un bote. No podía haber sido más simpático. Lo primero que me dijo cuando me recogió por primera vez fue que había salido recientemente de prisión. Le pregunté por qué había estado allí.

—Unas actividades en las que mis socios y yo estábamos involucrados —me dijo, conduciendo feliz por la ruta que me llevaba a mi lugar de trabajo.

Eso me despertó la curiosidad. —¿Qué clase de actividades? ¿Quiénes eran tus socios?

Se limitó a sonreír. Me sugirió con su acento italiano que de haber dejado satisfecha la curiosidad de otras personas interesadas en el asunto, quizás no lo hubieran enviado a la cárcel desde un principio. Yo era su nuevo jefe, pero eso no significaba que compartiría sus secretos conmigo.

Carlo me recogía en la casa de la calle Homer por las mañanas, me llevaba al trabajo y luego se sentaba a beber café con su hijo en lo que esperaba a que yo le pidiera que me llevara a algún lugar. Su hijo también trabajaba para mí. Ambos venían con mi nuevo puesto. Pasaban mucho tiempo hablando de qué iban a almorzar. Yo había progresado: si antes llevaba a la gente en un taxi, ahora me llevaban a mí. Tenía empleados que incluían a un equipo de padre e hijo.

Mi nuevo puesto era de supervisor de un enorme centro laboral que incluía espacios de oficinas alrededor del Incinerador del Noroeste de Chicago. Allí se incineraba cerca del veinte por ciento de la basura de Chicago desde finales de los años sesenta. Dos chimeneas grandes se alzaban sobre los puntos de referencia del noroeste de la ciudad. Se suponía que solucionara los problemas de basura de Chicago, pero en la práctica había grupos ambientalistas que lo cerrarían seis o siete años después. A sus alrededores había grandes talleres de camiones y mantenimiento. También servía de almacén de piezas y abastecimiento. Había un mundo entero de trabajadores municipales en el lugar, más de los que nunca pensé que existieran.

Como asistente para el superintendente de la Oficina de Servicios de Equipo de Chicago, había conseguido repentinamente uno de esos trabajos misteriosos de los que siempre hablaban los comisarios de barrio. Me había contratado Ernest Barefield, jefe de personal del alcalde Harold Washington.

El alcalde me había rehuido durante la campaña. No había enviado un cheque ni se había unido a un solo mitin de campaña. Cuando le preguntaron por mí en un acto en el que participaban otros candidatos reformistas como yo, dijo "a mí también me cae bien Luis", antes de alejarse rápidamente del podio. Harold no simpatizaba con Rosty y Rosty tampoco simpatizaba con él. Pero eso no significaba que el alcalde apoyaría a un taxista que no tenía la más mínima oportunidad de vencer a un congresista que conseguía millones de dólares para la ciudad.

Todo cambió cuando dejé de ser el contrincante de Rosty. El alcalde necesitaba aliados. Aparentemente pensó que mis esfuerzos kamikaze mostraban iniciativa, una determinación sin sentido. Para mi sorpresa, me estaba enterando que una campaña fracasada me había convertido en un personaje dentro del mundo político de Chicago. Yo era como el muchacho debilucho que se ajusta el casco para salir a atacar al campeón profesional del equipo contrario en un juego de fútbol. Puede que me hubieran dejado inconsciente en el piso, pero eso hizo que algunos pensaran que debería jugar para su equipo.

No pasó mucho tiempo antes de que Barefield me llamara a su oficina.

–El alcalde necesita ayuda, está buscando a gente joven y talentosa que trabaje en su gobierno. Quiere reclutar a gente que lo ayude a implementar sus planes. Le gustaría ver lo que tú puedes hacer por la ciudad –dijo Barefield.

Estaba en la alcaldía con una oferta de trabajo de Harold Washington. No lo pensé dos veces.

–Haría lo que fuera por este alcalde. Haré un gran trabajo. Seré sus ojos y sus oídos, puedes contar conmigo –dije. Le di la mano y me preparé para salir.

Barefield sonrió y me preguntó si no estaba interesado en saber cuánto pagaba.

Ni siquiera se me había ocurrido. Trabajar para Harold Washington era suficiente para mí. Era como ganarse la lotería. Cuando Barefield me ofreció el trabajo, Soraida y yo estábamos sin un centavo. Apenas me importaba cuánto iba a ganar, aunque todavía me acuerdo exactamente de cuánto me ofrecieron, $29,844. Era casi el doble de lo que ganaba como trabajador social.

Cuando llegué al Incinerador del Noroeste, otro tipo se me acercó para informarme que era mi asistente. Le pregunté qué quería decir con eso. Él se encogió de hombros y me dijo que eso quería decir que haría lo que yo le pidiera. Le dije que no necesitaba un asistente. Menos de una hora después, el único otro puertorriqueño que trabajaba allí escuchó que yo estaba despidiendo a mi asistente y se me acercó para decirme que yo lo debería contratar a él para reemplazarlo. Los puertorriqueños deben unirse. Le dije que no necesitaba un asistente, aunque fuera uno puertorriqueño.

El Incinerador del Noroeste atraía a gente que había sido apadrinada, pero cuyos padrinos no sabían dónde ponerlos. Mi supervisor era un irlandés entrado en años. Yo esperaba que me orientara, que me diera alguna tarea, posiblemente un plan de trabajo. Simplemente me miró enfundado en mi brilloso traje adquirido en una ganga de JCPenney, que a duras penas había sobrevivido la campaña.

–¿Tú eres el que acaba de enviar el alcalde? –me preguntó.

–Así es –le dije.

Era difícil acostumbrarme a la idea de ser "del alcalde", pero me gustaba cómo sonaba. Mi nuevo jefe no parecía haber sido "del alcalde" afroamericano. Más bien parecía uno "del clan Jameson", el *whisky* irlandés.

–Dime lo que haces –dijo nada más.

Nada más. No hubo una descripción de mis responsabilidades, nada de vídeos de entrenamiento con el lema "Bienvenidos a la ciudad de Chicago". Lo que yo hacía era descifrar lo que tenía que hacer. El alcalde me había dado mucha responsabilidad. Yo era el supervisor de todos los choferes de camiones. Tenía un puesto y una oficina, tenía el respaldo del alcalde.

Acababa de llevar a cabo una campaña contra el clientelismo político. Ahora lo veía de cerca. Una de las consecuencias de una asamblea municipal disfuncional era que el alcalde Washington, para poder hacerse cargo de la ciudad, necesitaba contratar a gente que llevara a cabo sus instrucciones. Las agencias municipales estaban llenas de tipos como los comisarios de Rosty, esos que habían venido a mi casa a pedirme que votara por Epton. El alcalde administraba una ciudad en la que habían proliferado los nombramientos políticos a lo largo de cuatro décadas, funcionarios contratados por alcaldes irlandeses con nombres como Daley o Byrne. Casi todos odiaban a Harold Washington. Implementar una agenda reformista bajo esas condiciones no era tarea fácil.

Miré a mi alrededor en el almacén y los talleres de trabajo: estaban repletos de hombres que suelen leer los periódicos y estudiar el menú de almuerzo de los restaurantes cercanos como si fueran mapas de algún tesoro. Los camioneros movían sus vehículos hacia adelante y hacia atrás sin motivo aparente, como si se divirtieran con un juego infantil. Aquí era donde finalmente se enterraban los recaudos de los impuestos. Barefield quería ver lo que yo podía hacer con esa situación. Decidí que mi asignación sería agitar el sistema lo más que pudiera.

Le dije a mi jefe que no necesitaba un asistente.

Me puso cara de fastidio: –Me estás dando más trabajo. Ahora tengo que encontrar otro lugar donde colocarlo.

Le dije que estaba tratando de ahorrarle dinero a la ciudad. Entonces comencé a preguntar cómo funcionaban las adquisiciones. Al principio la gente me miraba como si estuviera loco. A manera de contestación, les mostraba mi identificación que decía ASISTENTE

DEL SUPERINTENDENTE y seguía preguntando. ¿Cómo se anunciaban los contratos? ¿Cómo se decidía quién participaba en el proceso de licitación? ¿Qué constituía una emergencia? No tomó mucho tiempo antes de que me diera cuenta de que había muchas adquisiciones "de emergencia", lo que facilitaba la contratación sin un proceso extendido de licitación pública. Eran los mismos proveedores los que siempre se ganaban los contratos "de emergencia". El que entendiera cómo funcionaba el sistema podría hacer una fortuna. Nadie quería hablar, pero nadie quería acabar enemistado con el alcalde tampoco, así que normalmente me decían lo suficiente como para que continuara molestando a alguien más.

Comencé a reportar lo que encontraba a la oficina del alcalde. Ben Reyes, el vicealcalde de Harold, que me había ayudado a conseguir el trabajo, se veía impresionado con mis reportes, pero estaba aún más impresionado con el hecho de que me había negado a pasar las horas sentado en mi oficina mandando a mi asistente a buscar café. Me sentía como si hubiera pasado una prueba.

Antes de que me diera cuenta de lo que estaba sucediendo, iba camino a Hyde Park para participar en unas reuniones muy distintas. El único motivo que había tenido anteriormente para ir a Hyde Park era para llevar pasajeros. Ahora estaba de camino al apartamento del alcalde de Chicago.

Harold Washington llevaba a cabo reuniones políticas en su casa durante los fines de semana. Me habían invitado a hablar de política con él. Los sábados el apartamento se llenaba con gente como yo. Algunos habíamos formado parte de su campaña, otros se habían enfrentado a gente como Rostenkowski. Todos pensábamos que éramos parte de una cruzada para lograr un cambio en la ciudad de Chicago. Haríamos todo lo que fuera necesario por él.

Su apartamento, sencillo y funcional, parecía el lugar de alguien recién egresado de la universidad. Él sacaba algunas sillas mientras que siete u ocho de nosotros nos sentábamos para discutir cómo podríamos superar la oposición del concejal Ed Vrdolyak. El alcalde hacía preguntas sobre las prioridades de los latinos y sobre cómo expandir el voto latino.

Para mí, era como estar frente a una celebridad. El alcalde Washington era grande, medía casi seis pies, y cargaba treinta o cuarenta libras de más. Parecía un exjugador de fútbol que hubiera dejado de entrenar. Tenía un tono de barítono que retumbaba en el espacio. La sonrisa que tanto había encantado en Chicago funcionaba en privado también. Le gustaba reír y divertirse. También le gustaba hablar. Podía hablar de política hasta cansar a todos en la habitación. Los debates televisados habían sido fundamentales para su candidatura. La gente sintonizaba para escuchar el debate entre los dos candidatos de verdad, Rich Daley o Jane Byrne, pero les sorprendía el tipo negro, que era gracioso, inteligente y elocuente.

En privado era aún más divertido. No parecía tener otro interés en la vida más que la política y el gobierno. No jugaba golf. No iba al teatro. Su pasatiempo era la política. El alcalde ventilaba con nosotros sus frustraciones con el último sabotaje que le había hecho la Asamblea Municipal o con la dificultad de conseguir que los trabajadores fieles a Daley y Rostenkowski y Vrdolyak y otros veinte tipos como ellos hicieran algo por él.

Cada reunión era una enseñanza. Él conocía de primera mano que los vecindarios de minorías habían sido ignorados por la maquinaria política. Mientras más lo escuchaba, más me convencía de que con él surgía algo nuevo en Chicago. Eventualmente me empezaría a llamar para que lo visitara en la alcaldía. Me reuní con comisionados, le sugerí a otros latinos que podría contratar, formas en que la ciudad podría ayudar a nuestros vecindarios. Le hablé de la necesidad de tener más viviendas de bajo costo. Le dije que teníamos que remolcar los carros abandonados que se habían regado por nuestro vecindario como si fueran envolturas de *hot dogs*. Él me escuchaba. De esas reuniones salía con instrucciones sencillas y directas. Tenía que encontrar formas, desde mi humilde esquina en el incinerador gigante de Chicago, de ayudar a implementar su agenda.

A mi jefe irlandés le molestaba el tiempo que pasaba afuera. Pensaba que me traía algo entre manos. Me hizo pasar por su oficina.

"Te he dado mucha libertad aquí. Ahora parece que te la pasas en la alcaldía. No puedes abandonar tu lugar de trabajo sin permiso. Tienes que obtener primero mi autorización y también debes entregarme unos informes donde expliques todo lo que has hecho en el tiempo que has estado fuera de la oficina", me dijo.

Se veía complacido de poder ponerme en mi lugar. Pero yo tenía una respuesta sencilla: yo era el que se reunía con el alcalde, no él.

—Deja ver si te entiendo, cuando el alcalde me llame le debo decir que necesito tu permiso antes de ir a verlo. Y luego de la reunión debo informarte todo lo que me diga. Solo quiero asegurarme que te escuché correctamente. Tengo que contarte todas mis conversaciones privadas con el alcalde. ¿Es eso lo que me estás pidiendo?

Nos miramos un momento. Él probablemente maldecía en silencio el hecho que Chicago fuera ahora una ciudad en la que un puertorriqueño flacucho le podía decir que lo dejara en paz.

Me sonrió y dijo: —Eso no va a ser necesario.

Al poco tiempo mi jefe tuvo motivos para celebrar: la gente del alcalde me había trasladado. Me asignaron al Departamento de Electricidad. No sabía la diferencia entre AC y DC. Más allá de mi habilidad de enchufar una tostadora, no sabía absolutamente nada de electricidad. A la gente del alcalde no le importaba. Solo querían que siguiera causando problemas. Les seguían llegando quejas de lo mucho que tardaba el Departamento en hacer lo que tenía que hacer. Los electricistas salían a arreglar un farol y eso les tomaba todo el día. Ahora mi carro era mi oficina; Barefield me daba luz verde para seguir a los electricistas de la ciudad y averiguar qué era lo que realmente hacían.

Averigüé inmediatamente que lo primero que hacían al llegar a un lugar de reparaciones era ir a desayunar. Yo llegaba en mi carro, esperaba a que llegaran los camiones y luego seguía a los electricistas al restaurante, donde pedían huevos y una pila de panqueques. Quienes trabajan con postes de luz son hombres grandes. Yo pesaba ciento treinta libras. Era la última persona que ellos hubieran pensado que interrumpiría su café mañanero. Les preguntaba cómo era que necesitaban un descanso antes de empezar los trabajos del día. Me miraban como si acabara de llegar de Júpiter. En más de una ocasión estuve tentado a traer una grabadora que dijera "¿Quién carajos eres tú?" antes de que ellos pudieran hacerlo, porque eso era lo que decían cada vez, sin excepción. Les mostraba mi identificación y, finalmente, se regó la voz de que un nuevo superintendente loco andaba por ahí sembrando el caos: un tipo que no le rendía pleitesía a ninguno de los padrinos políticos habituales, un tipo que hacía el trabajo sucio del alcalde.

Eso no detenía a los trabajadores de la ciudad a la hora de tomarse descansos largos en medio del trabajo. Visité el sudeste de la ciudad, donde se hacía eterna la espera para instalar luces nuevas. Había dos o tres camiones de la ciudad y habían puesto conos anaranjados de seguridad para desviar el tráfico del lugar donde se hacían los trabajos. Pero no había nadie allí.

Toqué en la ventana de un chofer solitario que disfrutaba un café en su camión. Le enseñé mi identificación. No se mostró muy complacido.

—¿Dónde está todo el mundo?

—Aquí estoy yo.

—Ya veo. ¿Dónde están los demás?

—Lo único que sé es que yo estoy aquí.

—Bueno, seguramente vendrán pronto.

Me senté en mi carro al otro lado de la calle. Él parecía como si estuviera esperando que yo me fuera para proseguir con su siesta. Supuse que sus compañeros no se podrían desaparecer por mucho tiempo. Estaba equivocado. Estuve allí sentado el resto de la tarde. El chofer no tenía manera de escaparse. Estaba aburrido, pero por lo menos le había arruinado el día.

Justo antes del cierre del día se abrió la puerta del bar de la esquina y tres trabajadores municipales salieron para cruzar la calle, listos para

montarse en el camión y regresar a sus casas. Aproveché para dejarles
saber quién era; les dije que llevaba horas esperándolos. Volví a la
alcaldía para escribir un informe para denunciarlos por haber pasado
la tarde en un bar en vez de dedicarse a arreglar los postes de luz.
Hice algo así varias veces. Perseguía a los trabajadores, denunciaba a
trabajadores abusivos para luego negociar su castigo con el sindicato.
Me gustaría decir que logré acabar con una cultura de trabajadores
municipales más interesados en que sus asambleístas fueran ree-
legidos que en rellenar los hoyos de la carretera o podar árboles. No lo
hice, pero logré convencer al alcalde Washington y a Ernie Barefield
de que ellos podían contar conmigo.

LA REALIDAD DEL CASO ERA que desde un principio el alcalde me estuvo
poniendo a prueba para una tarea. Necesitaba concejales fieles
para superar la oposición de Eddie Vrdolyak. Pensaba que pronto
tendría una oportunidad para conseguirlos. Unos grupos de derechos
civiles habían demandado a la ciudad por la manera en que se había
realizado el mapa electoral de la Asamblea Municipal, tras el censo
de 1980, con la intención de limitar la representación de las minorías
de Chicago.

Había pocos lugares donde esta cartografía creativa se evidenciaba
tanto como en los barrios puertorriqueños. Humboldt Park era el
corazón de la comunidad puertorriqueña en Chicago. La intersección
de las avenidas North y Western quedaba cerca del epicentro de la
población puertorriqueña de la ciudad. Los concejales blancos que
habían hecho el mapa marcaban esa intersección como el punto de
partida para tres distritos diferentes, dividiendo a los puertorriqueños
en tres bloques electorales que respondían a diferentes concejales
blancos. Dividía a cerca de cien mil puertorriqueños en tres partes,
que de esa manera quedaban convenientemente en minoría frente a
los polacos, los ucranianos, los irlandeses y los alemanes. Los viejos
jefes políticos sabían cómo crear coaliciones: entre ellos mismos. No

querían a nadie en su coalición con un color de piel que fuera más oscuro que un bronceado de sol.

Bajo Jane Byrne la ciudad había luchado en contra de las demandas de derechos civiles, argumentando que las fronteras de los distritos eran justas. No lo eran. Estaban en franca violación de las leyes que protegían el derecho al voto de las minorías, pero la batalla legal había logrado frenar las demandas.

Una vez elegido Harold Washington, envió al abogado de la ciudad para decirle a la corte: "Nos rendimos, somos culpables de lo que nos acusan". Los abogados de Harold dijeron que estaban de acuerdo con que las fronteras eran discriminatorias. No lo pelearían más, recomendaron que se hicieran mapas electorales nuevos. Hasta en un Chicago lleno de jueces que simpatizaban con la maquinaria política, era muy difícil fallar a favor de un acusado que admitía su culpabilidad.

Había mucho más que justicia en la balanza para Harold. Su agenda se había estancado frente a una Asamblea Municipal intransigente, que no daba su brazo a torcer, liderada por Ed Vrdolyak. Se habían apoderado de los comités, haciéndoles el trabajo difícil a los concejales que se mantenían fieles al alcalde. Hasta poner un letrero de pare en sus distritos les costaba trabajo.

El tranque en la Asamblea Municipal de Chicago era tan disfuncional que se había convertido en una broma nacional. Cada reunión de la Asamblea era una oportunidad más para ver un poco de teatro político de Chicago, una función que usualmente terminaba con la aprobación de la legislación propuesta por la mayoría de Vrdolyak. El alcalde la vetaba. Vrdolyak no tenía los votos para sobrepasar ese veto. Las reuniones consistían en tres o cuatro horas de griterío que no llevaban a ningún lado.

El *Wall Street Journal* le puso a Chicago la "Beirut en el lago". El comediante Aaron Freeman acuñó la frase "la Guerra de la Asamblea", poniendo a Harold como "Luke Skytalker" y Vrdolyak como "Darth Vrdolyak", un villano amenazante que hablaba del poder de "la influencia". Las payasadas no tenían límite, la animosidad y el coraje eran muy reales, las acusaciones llegaron a ponerse muy feas. Vrdolyak cuestionó las preferencias sexuales del alcalde en una de las reuniones de la Asamblea.

Las facciones rivales dentro de la Asamblea Municipal no solo peleaban por cosas grandes, tampoco se ponían de acuerdo con los nombramientos básicos de comisiones y paneles. La Asamblea estaba formada por cincuenta miembros; Vrdolyak controlaba veintinueve votos. Su bloque se opuso a los bonos municipales que el alcalde quería emitir, bonos que utilizaría para reparar calles y aceras en toda la ciudad. Como no se podían poner de acuerdo sobre contrataciones y reglamentaciones, proyectos como la iniciativa para expandir el aeropuerto O'Hare y arreglar las líneas del tren elevado no llegaron a ningún lado. Hubo momentos cándidos en los que concejales blancos admitían abiertamente que la estrategia era clara: asegurarse que Harold no pudiera hacer nada y elegir a alguien más la próxima vez.

Los caricaturistas hacían su agosto. Una de las caricaturas mostraba a un editor de periódico preguntándole a su reportero si había cambiado algo desde que Washington era alcalde. "Para nada, sigue siendo negro", le contesta el reportero.

Era así de simple y Harold lo sabía. Harold era inteligente y enérgico, entendía perfectamente la dinámica que le impedía gobernar realmente su ciudad. Lo decía todo el tiempo. Cuando los votantes irlandeses elegían a un alcalde irlandés, eso solo era política étnica de la más inteligente; pero cuando los votantes negros elegían a un alcalde negro, de alguna manera eso se convertía en una amenaza para toda la gente blanca.

La única manera de vencer a Darth Vrdolyak y declarar la paz en las Guerras de la Asamblea era conseguir una que le fuera fiel al alcalde. Todo el mundo pensaba que cuando se deshiciera del mapa electoral viejo y entrara en vigor uno nuevo, los puertorriqueños tendrían un distrito para ellos. Resulta que el alcalde tenía a un tipo puertorriqueño trabajando para él que ya había convencido a los puertorriqueños de que votaran por él. Solo esperábamos por el mapa nuevo. Ya yo me había lanzado al ruedo electoral nuevamente.

Esta vez no fue algo tan solitario. No era un desconocido esforzándose por remar contra la marea inamovible de Dan Rostenkowski. Yo era el tipo que posiblemente le entregaría el control de la Asamblea Municipal a Harold Washington.

En vez de rogarle a mi familia y a mis amigos que me ayudaran, gente que nunca había conocido se me acercaba para ofrecerme ayuda. Se regó la voz de que trabajaba para la ciudad. No fui tímido a la hora de decirle a la gente que me reunía regularmente con el alcalde. No era ingenuo. Sabía que la mayoría de los seguidores que conocía todos los días no eran fanáticos de Luis Gutiérrez. Eran fanáticos de Harold Washington. Yo también lo era. Teníamos un interés en común: sacar a la ciudad de la garras de los veintinueve votos que controlaba Vrdolyak.

El único problema era que todavía no teníamos un mapa electoral o un distrito. Así que empecé la Organización de Política Independiente de West Town. Apliqué las destrezas que había aprendido con el movimiento independentista de Puerto Rico y la Unión de Estudiantes Puertorriqueños, al igual que las experiencias que me brindó mi fracaso contra Rostenkowski. Publicamos un periódico. Formamos una organización con sus propias leyes y funcionarios electivos. Comenzamos un fondo para comprar zafacones en las áreas que Mike Nardulli, el concejal italiano, había ignorado. Imprimimos mi nombre en algunos zafacones.

Es difícil transmitir cuán olvidadas estaban algunas áreas de los vecindarios puertorriqueños. Los líderes blancos habían comenzado a abandonar Humboldt Park cuando llegaron los puertorriqueños. Ese vecindario siempre se ha visto como un imán para inmigrantes y fue muy próspero por mucho tiempo. Los doscientos acres en medio del parque constituían un centro que atraía visitantes. El vecindario había acogido a escandinavos, polacos, alemanes y judíos rusos. En la calle Division, al sur de Humboldt Park, se habían criado Saul Bellow, Nelson Algren y Studs Terkel. Cada grupo de inmigrantes elegía a sus propios representantes.

Hasta que llegaron los puertorriqueños. Ahí fue cuando la última ola de inmigrantes se dedicó a detener el reloj y aferrarse al poder. De la misma manera que Harold lo había visto suceder con los negros, la estructura blanca de poder trabajó arduamente para seguir a cargo de Humboldt Park cuando llegaron los puertorriqueños. Dividieron la población y destinaron los recursos a los vecindarios blancos que aún quedaban. Cuando regresé a Chicago luego de acabar la universidad en Albany, me quedé atónito con lo mucho que había cambiado Humboldt Park. Mi antiguo vecindario de Lincoln Park había mejorado tanto que los puertorriqueños ya no podían vivir allí. Familias ricas, blancas en su mayoría, compraban las casas para renovarlas y reconstruirlas. Se estaba construyendo por todas partes. Restaurantes finos reemplazaban los bares de barrio. Lincoln Park se convertía en el hogar de los habitantes más ricos de Chicago. Mis antiguos vecinos latinos y negros quedaban fuera de esa transformación.

En Humboldt Park las cosas iban en la dirección contraria. Todos se referían al corazón del barrio como "el hoyo". En ese hoyo había cuadras enteras que no tenían de un lado más que casas abandonadas y lotes vacíos. Las familias puertorriqueñas vivían del otro lado, entre pandilleros y vendedores de drogas que ocupaban los lugares vacíos. Algunas cuadras se habían convertido en vertederos de basura. Las compañías que se negaban a pagar las cuotas de vertederos privados mandaban sus camiones a descargar en medio de los lotes vacíos. Los choferes fumaban y miraban a su alrededor mientras depositaban basura y desechos de edificios frente a las áreas donde jugaban los niños del barrio. Este tipo de "descarte relámpago" se hacía rutinariamente. Los lotes se llenaban de carros abandonados. Uno podía llenar una carretilla con latas vacías de cerveza en cuestión de diez minutos. Podías llenar un cubo con jeringuillas en el mismo tiempo.

Nardulli brillaba por su ausencia en el hoyo. Para él aquel lugar no existía. Para la ciudad de Chicago era un pueblo fantasma con recolección esporádica de basura, aceras rotas y luces fundidas. No parecía tener arreglo.

Nosotros vimos la oportunidad. Y los votantes. Que un candidato político caminara a lo largo de la calle era una novedad en el hoyo. Pero aquello no me detuvo a mí, ni a Juano ni a Felipe. Ni a ninguno de mis amigos de la Organización Política Independiente de West Town. Registramos votantes, anotamos sus quejas. Martillamos grandes estacas alrededor de los lotes abandonados para prevenir los descartes relámpago. Hablamos de vivienda asequible. Nardulli no quería vivienda de bajo costo. Eso solo significaría más puertorriqueños que no le interesaban.

Yo me sentía a gusto en el hoyo. Había vivido rodeado de puertorriqueños pobres toda mi vida. Había sobrevivido a la banda de los Harrison Street Gents y a los estafadores del billar en San Sebastián; aquí también sobreviviría. Aun así, pensaba, este barrio está mal – peor que cualquier barrio puertorriqueño que me hubiera podido imaginar cuando vivía en Lincoln Park. La manera en que la maquinaria política de Chicago había abandonado a Humboldt Park era un crimen.

Muchos estaban de acuerdo conmigo. La OPI de West Town era una organización que agrupaba a otras organizaciones. Teníamos nacionalistas negros y blancos radicales. Había miembros de todas las organizaciones izquierdistas con tendencias marxistas radicales de la ciudad. Teníamos independentistas puertorriqueños y miembros del Partido Socialista de Puerto Rico, activistas a favor de mejores viviendas, ambientalistas. A todos nos unía un interés en común: se acercaban unas elecciones para concejales y todos queríamos quitarle el control de la Asamblea Municipal a Ed Vrdolyak.

Necesitábamos dinero para mantener la organización en pie de lucha. No había convencido a nadie de que me diera dinero para lanzarme contra Rostenkowski. El único dinero que pude recaudar venía de mi trabajo en el taxi. Esta vez tenía la determinación de ser más profesional. Alquilamos un salón en la avenida Milwaukee para celebrar un evento de recaudación. Yo mismo le pasé un mapo al lugar. Cargué los barriles de cerveza por las escaleras. Eran pesados, pero los subí escalón por escalón y les puse hielo. Soraida, Lucy, Felipe y yo hicimos las llamadas para invitar a la gente. Nuestra organización estaba despertando entusiasmo. Pero el entusiasmo más grande lo despertaba el único invitado especial de la noche: el alcalde Harold Washington.

No cabía una persona más la noche del evento y cuando finalmente llegó el alcalde tuve la oportunidad de presentárselo a Soraida. Le dije que no solo era mi esposa, sino también la tesorera de la organización. Harold tomó la mano de Soraida, le echó un vistazo lento de pies a cabeza y luego me dijo: "Ya veo cuál es tu secreto: una mujer hermosa e inteligente. Es bueno que le des el control del dinero".

Harold era así: un hombre encantador que tenía la habilidad de lanzar un piropo sin ofender a nadie. Aquella noche, antes de irnos a dormir, Soraida me dijo: "Hasta el alcalde sabe que yo soy la clave de tu éxito". Harold se quedó con una fanática de por vida.

Cuando el alcalde habló en el acto, no pudo haber sido más claro con sus intenciones para los barrios latinos: "¿Cómo puede ser que nuestra ciudad tenga tantos latinos sin representación? No es justo. No está bien. Pero lo podemos arreglar. Podemos hacer un mapa electoral que represente a todo el mundo, podemos elegir a Luis Gutiérrez para la Asamblea Municipal".

La gente vociferaba su aprobación, me abrazaba, me daba palmadas en la espalda. Harold lo había hecho oficial. Yo era uno de los suyos y juntos pondríamos la Asamblea Municipal de su lado.

MIENTRAS RECAUDABA DINERO, los grupos de derechos civiles negociaban una resolución para la demanda por la rezonificación electoral. Yo estudiaba la posibilidad de realinear nuevos distritos. Sabía que la maquinaria política protegería a Rostenkowski, manteniendo a la mayoría de los polacos en el distrito 32. Mis cálculos indicaban que el distrito predominantemente puertorriqueño sería el 26. Yo no vivía dentro de la zona del nuevo distrito. Tenía que mudarme.

Dejar nuestra casa de la calle Homer fue difícil para Soraida y para mí. Habíamos sobrevivido un incendio y reconstruido nuestro hogar. Allí habíamos criado a Omaira. Pero no parecía que Homer formaría parte del nuevo distrito. Me mudé a la cuadra puertorriqueña más céntrica que pude encontrar, pensando en que sería difícil mantenerla fuera del nuevo distrito. Abrimos la oficina para nuestra campaña en la calle Division. Hice mi apuesta y esperé el resultado.

Cuando se anunciaron los nuevos mapas, mi apuesta había rendido frutos. Mi casa estaba en el distrito 26. Casi todo Humboldt Park estaba en el distrito 26. Wicker Park, donde me había lanzado contra Rosty y convencido a la mayoría de los puertorriqueños de que votaran por mí, estaba en el distrito 26. Comenzaba con una base política sólida. El alcalde me había enviado a sus mejores organizadores. Cada día gente como Slim Coleman, un tejano trasplantado que era un organizador de la ciudad clave para el alcalde, me ayudaba a hacer de nuestros voluntarios idealistas un ejército disciplinado.

Vrdolyak y la maquinaria política también habían estudiado el mapa. Hasta ellos sabían que no podrían depender de un candidato blanco en este distrito. Necesitaban a un puertorriqueño. El concejal Dick Mell, un aliado de Vrdolyak, lo ayudó a conseguir uno. El año anterior, Mell había logrado que uno de sus comisarios de barrio, Manny Torres, fuera nombrado a la junta del condado Cook cuando se condenó a uno de sus miembros por extorsión. Manny era puertorriqueño. Era un tipo grande y musculoso; alzaba pesas. También era uno de esos demócratas fieles a la maquinaria política: la clase de individuo que necesitaban para mantener al distrito 26 bajo el mando de Darth Vrdolyak. Ya tenían su candidato.

Para vencer a la maquinaria política hay que limitar los votos que recibe de gente que no existe. Mis voluntarios y los expertos del alcalde repasaron las listas de votantes en las antiguas áreas de Rostenkowski y Nardulli. Las listas reflejaban muchas más familias polacas de lo que se veía en la calle. Seguimos tachando a gente de la lista, una a una. Eran personas que simplemente no se podían encontrar cuando las buscabas en la dirección indicada. Eran jóvenes que se habían mudado hacía mucho tiempo; gente que había muerto; votantes que parecían aferrarse a su derechos de votación mucho después de que se le expiraran los derechos de respiración.

Me tomó por sorpresa lo rápido que nos convertimos en una operación política eficiente, lo mucho que yo había madurado y crecido desde mi primer intento casero contra Rostenkowski. Siempre identificábamos a Manny Torres como el candidato de la maquinaria política y eso lo sacaba de sus casillas.

"¡Miren la campaña de Gutiérrez!", gritaba hinchando sus músculos. "Tiene a toda la gente del alcalde. Tiene todo el dinero del alcalde. Tiene su organización. Gutiérrez es el candidato de la maquinaria política", decía una y otra vez.

En cierta manera tenía razón. Incluso en una ciudad controlada por su archienemigo, el alcalde tenía mucho poder político. Aun así estábamos enfrentándonos a décadas de control por parte de la maquinaria política demócrata, y era lo que Harold intentaba desmantelar. Tenían tantos voluntarios como nosotros en los precintos y recaudaron más dinero que nosotros. Sus comisarios de barrio eran activistas con experiencia, individuos que habían trabajado en el Incinerador del Noroeste y en cientos de puestos municipales. Nosotros teníamos activistas a favor de vivienda asequible y maestros y agitadores a favor de los derechos de los inmigrantes. Nuestro equipo se veía desaliñado, pero fue adquiriendo organización y disciplina. Sabíamos que lo que estaba en juego era más que un puesto en la Asamblea. No solo se trataba de un trabajo municipal para nosotros, se trataba de lograr un cambio en la ciudad.

Con la ayuda del alcalde, finalmente había conseguido un poco de dinero. En vez de pasta de trigo, podíamos permitirnos vallas publicitarias. Recordé cómo se sentía estar ahogándose en el mar de carteles azules y anaranjados de Rostenkowski. Lo primero que hice fue comprar las vallas publicitarias más cercanas a mi oficina y a mi casa. No quería volver a mirar por mi ventana y encontrar los letreros de mi contrincante. Pensé un poco más en mi estrategia para los carteles: regresé a la compañía que los hacía y compré la valla publicitaria que se encontraba al otro lado de la oficina de campaña de Manny. Lo primero que vería todos los días sería un letrero gigante de GUTIÉRREZ PARA CONCEJAL. Los colores, por supuesto, eran anaranjado brillante y azul.

Nuestra estrategia de campaña era sencilla. Le quitaríamos el distrito 26 a la maquinaria política y se lo devolveríamos a la gente que vivía allí. Hablamos de vivienda y recolección de basura en el barrio, que los de allí tuvieran los servicios que les tocaban, del respeto que se merecían los latinos. Mencionamos el nombre de Ed Vrdolyak casi tanto como el de Luis Gutiérrez, especialmente cuando hablábamos con votantes afroamericanos.

La estrategia de Manny era sencilla también. Decía que yo no le haría frente al crimen, que era un radical peligroso, un terrorista.

El hecho que la gente me llamara terrorista sin pensarlo dos veces habla de cómo se trata a las minorías cuando postulan a un candidato político. Es cierto que siempre había sido un activista y un progresista. Cuando me lancé contra Rostenkowski, estaba activo en la escuela superior puertorriqueña del vecindario. Allí había un centro comunitario que servía de lugar de encuentro para puertorriqueños progresistas que creían en la independencia para Puerto Rico. Durante mi tiempo en Northeastern, la Unión de Estudiantes Puertorriqueños agitaba constantemente a favor de causas de izquierda. Así que Manny Torres consiguió ejemplares de los periódicos y los repartió, citando algunas historias que promovían la independencia de Puerto Rico y criticaban a los Estados Unidos por ser colonialista. Incluso en la Isla, la gente miraba a los que apoyaban la independencia con recelo. Nuestros adversarios siempre trataban de hacernos ver como antiamericanos. Unos cuantos meses de activismo pro independencia en San Sebastián consiguieron que pasara de ser "el americanito" a "el antiamericano". No tenía sentido. Extrañaba los Estados Unidos, amaba los Estados Unidos. Pero fue precisamente cuando vivía en una isla caribeña, con un removedor gigante que usaba para batir un caldero lleno de cuchifritos mientras escuchaba a toda mi familia y a mis vecinos hablar español, que aprendí que no tenía ningún sentido que los Estados Unidos se hiciera cargo de Puerto Rico.

Pero la idea de que uno puede amar a los Estados Unidos y odiar la relación que tiene con Puerto Rico es demasiado complicada para que la entienda la mayoría de la gente. Mientras más tiempo pasaba en Chicago, más cuenta me daba de que la gente que entendía este sentimiento eran personas que habían vivido en ambos lugares. Entendían que la relación de los Estados Unidos con la Isla era, fundamentalmente, una entre los que dominan y los dominados; un poder mundial anglohablante que ejercía su voluntad sobre una sociedad y una cultura muy diferentes simplemente porque podía hacerlo.

Pero Manny Torres nunca había vivido ni un solo día en Puerto Rico. Manny, igual que Rostenkowski, pensaba que mis amigos y yo éramos "radicales", que éramos peligrosos. Políticamente, sin embargo, veía una oportunidad. Para Manny y los que lo apoyaban, muchos de los cuales eran votantes blancos que estaban nerviosos, mi campaña representaba el estereotipo del latino que asusta. Sí, había sido un activista durante mis días estudiantiles. Había liderado protestas que habían cerrado la oficina del presidente de la universidad. Tenía el pelo rizo y salvaje y un bigote gigante. Mi campaña estaba llena de afroamericanos que habían apoyado a Harold Washington y liberales blancos que parecían decepcionados con el hecho que los años sesenta se hubieran acabado.

Hay muchos miembros de minorías que saben cómo funciona esto. Solo basta con preguntarle a Barak Obama. ¿Quién podría ser menos amenazante para los votantes blancos que él? Fue el presidente del *Harvard Law Review*. Es apuesto, inteligente y de voz suave. Es conciliador por naturaleza. A pesar de esas credenciales, el setenta por ciento de los hombres blancos de los Estados Unidos votaron contra él en las elecciones de 2012. ¿Y cuál es el truco que siempre usan sus adversarios cuando necesitan atacarlo con fuerza? Obama es un radical que da miedo. Su nombre rima con Osama. Es un musulmán camuflado. Es un inmigrante. Solía andar por ahí con Bill Ayers. Su pastor es un negro nacionalista. Para completar –horror de horrores–, le gusta Saul Alinsky.

Me he encontrado con este tipo de resistencia desde mis primeras elecciones. La cadena de televisión Fox News hubiera catalogado mi campaña de 1986 como algo diez veces más horripilante que cualquier cosa que haya hecho Obama en su vida. La mayoría de mis seguidores blancos también seguían a Saul Alinsky, algunos de ellos cargaban con su libro, *Tratado para radicales*. Yo era un nacionalista puertorriqueño. En la década del ochenta en Chicago, si radical significaba querer deshacerse de la maquinaria política, entonces yo era el más radical del mundo.

Así que no me tomó por sorpresa cuando un reportero se apareció un sábado antes de las elecciones para pedirme que comentara sobre una bomba que no había llegado a detonar frente a la oficina de Manny. Usualmente no me quedo sin palabras, pero en aquella ocasión no supe qué decir. Por eso dije lo primero que me vino a la mente, que Manny probablemente la había puesto él mismo. Me estaba tendiendo una trampa. Siempre habían querido probar que yo era un terrorista, ¿qué mejor manera de hacerlo?

Ese era el tipo de campaña en la que estábamos involucrados. Dos semanas antes de las elecciones primarias, el fiscal general del condado Cook, Rich Daley, anunció un operativo en contra de las bandas de Humboldt Park. La mayor parte del tiempo el fiscal general del estado actuaba como si Humboldt Park no existiera, pero este fiscal, que un día llegaría a ser alcalde de la ciudad, apoyaba a Manny y su campaña basada en la ley y el orden. Arrestaron a varios puertorriqueños. Estoy seguro que algunos se lo merecían. También estoy seguro que hubo algunos que no. Pero yo sabía que ese operativo no engañaría a nadie. Los funcionarios de la ciudad habían descuidado Humboldt Park por tanto tiempo que nadie podía pensar que los arrestos no eran más que un truco de campaña. La gente sabía que era una movida política y eso hizo que se alzaran más letreros de Gutiérrez en el hoyo. Manny le trató de dar la vuelta a ese suceso diciéndole a la gente que todos los pandilleros estaban de mi lado.

Éramos nosotros los que teníamos el impulso. Cada día era más fácil encontrar puertorriqueños para registrarlos electoralmente. Pero aún quedaban muchos votantes blancos en el distrito 26; Vrdolyak y Mell coparon el lugar con sus trabajadores. Durante el día aquello parecía un desfile de voluntarios de campaña que se pasaban de calle en calle tocando puertas, cada lado mirándose mal desde la acera opuesta. Los medios presentaban la noticia como si se tratara de una pelea callejera.

Creíamos que ya habíamos dejado atrás las acusaciones de terrorismo y los arrestos espectaculares cuando llegó el domingo antes del día de las elecciones. Fue entonces cuando se presentaron exaltados los reporteros en uno de nuestros actos. Me preguntaron si quería hacer algún comentario sobre los tiros que le habían disparado a Manny Torres.

Cuando Manny y su esposa salieron de la oficina de campaña el domingo por la noche para un acto, dijeron que escucharon tres disparos y sintieron las balas que dieron en un edificio detrás de ellos. Lo primero que hizo, luego de cerciorarse de que no estaba sangrando, fue llamar a los reporteros.

"Los seguidores de Luis Gutiérrez me están disparando", dijo. La policía encontró casquillos de bala. Nunca sabré si fueron reales o si alguien los puso allí. Ciertamente no había pruebas de que le hubiéramos disparado. Nunca pudo decir quién, de mis seguidores, era el que le disparaba. Eso no detuvo a los reporteros que le dieron cobertura a su acusación. Me vinieron a ver y yo contesté con mi propia acusación. Después de todo, ¿qué se supone que uno haga cuando un reportero te pregunta si estás tratando de matar a tu contrincante?

Dije que estábamos a punto de ganar estas elecciones, ¿por qué lo arriesgaría todo cometiendo un delito? Obviamente, Manny exageraba y mentía cuando decía que nosotros estábamos involucrados.

Los reporteros regresaron donde Manny. Esta vez fue su esposa la que contestó. Ella fue más enfática.

"Si encuentras las balas, encontrarás las huellas digitales de Luis Gutiérrez", dijo.

¿Cómo se supone que contestara yo a eso? ¿Cómo explicar que nunca había tocado una bala en mi vida? No hay manera de contestar algo así. Solo seguí concentrándome en el día de las elecciones. Nadie fue arrestado y no creo que buscaran demasiado. Era más fácil dejar que Manny siguiera diciendo que yo le disparé.

EL DÍA DE LAS ELECCIONES amaneció frío y gris. Toqué puertas y me dediqué a buscar gente todo el día. Dos años antes, contra Rosty, las elecciones parecían una marcha fúnebre. Yendo de un centro de votación a otro, la gente de Rosty sobrepasaba a mi familia y a mis amigos por una proporción de 5 a 1, de 6 a 1. Esta vez los igualábamos. Retomaríamos Humboldt Park y Wicker Park y todos los barrios. Estábamos luchando por nuestro alcalde.

El día antes de las elecciones, el alcalde Washington apareció en vivo en las noticias de la televisión, compartiendo la pantalla con Vrdolyak. El mensaje de Harold era claro: al día siguiente se decidía quien controlaría la Asamblea Municipal, y él necesitaba que apoyaran a Luis Gutiérrez.

Me llamó luego de la entrevista. Estaba de buen humor.

–¿Cómo nos irá mañana, Lou? –me preguntó.

Le dije que ganaríamos. Luego añadí que no tenía que aparecer en televisión con Ed Vrdolyak para ayudarme. Vrdolyak no se merecía esa clase de respeto. No tenía que hacer eso por mí.

Harold rio. –Lou, yo solo quería dejarle saber a la gente quién es mi campeón para mañana. Vamos a hacer historia.

Eso me dejó pensando el día entero. No podíamos defraudar al alcalde. Al final del día, los voluntarios regresaban a la oficina con una actitud de celebración. Tenían confianza en que íbamos a ganar. Cuando los votos comenzaron a llegar, pensé que el alcalde tenía razón: vamos a hacer historia.

CAPÍTULO DOCE

Prefiero cortarme la yugular antes de contar esas papeletas

S I YO LE GANABA A MANNY TORRES, Darth Vrdolyak y su bloque sólido de veintinueve concejales tendrían que renunciar finalmente al poder que le habían quitado al alcalde legítimamente elegido, Harold Washington.

La noche de las elecciones fuimos presa de muchos sentimientos encontrados; fuimos de la esperanza al desaliento y viceversa. Al principio parecía que las cosas iban bien. Luego parecía que no. A medianoche Manny tenía 35 votos más que yo, y parecía que ya se habían contado todos los distritos. En su fiesta de celebración, Manny ya estaba subido al escenario, pronunciando el discurso de la victoria. Nuestro equipo de campaña oyó la noticia de que Vrdolyak y Manny estaban celebrando el triunfo. Había gente llorando; no podían creer que hubiéramos perdido.

Pero mis comisarios de barrio del distrito siete me dijeron que no se habían contado todas las papeletas de su distrito. La máquina que cuenta los votos se había dañado, de manera que se llevaron la urna a la Junta de Elecciones. En su celebración, Manny parecía estar ignorando el hecho de que no estaban contados todos los votos. Las elecciones dependían ahora de un solo distrito.

Los comisarios de barrio del distrito siete eran unos voluntarios estupendos. Yo sabía que habían trabajado mucho: durante meses habían ido de puerta en puerta por todo el vecindario. Cuando me dijeron que los votos de su distrito no habían sido contados, me enseñaron su tarjeta oficial para las elecciones. Se trata de un instrumento fundamental de campaña, un pedazo de cartón del tamaño de un periódico. Tenía pegada una hoja de papel con el nombre de todos los votantes registrados en el distrito, con sus direcciones. Casi todos los nombres de esa tarjeta tenían un símbolo de más, de menos o un cero al lado. Ellos habían hablado con alrededor del noventa por ciento de los votantes. Sabían los que estaban conmigo y los que estaban con Manny. Habían pasado las últimas trece horas sacando a nuestros partidarios de sus casas para que fueran a votar. En el centro de votación, uno de nuestros voluntarios iba tachando el nombre de cada persona que votaba. No necesitaban esperar el conteo de los votos. Sabían exactamente quién había votado y por quién.

—Dame la noticia —le pedí a uno de los comisarios.

—Ganamos por 50 votos.

Les creí; los abracé; salí al escenario. Dije que el asunto no se había acabado porque no solo quedaba un distrito sin contar sino que cuando lo contaran, seríamos nosotros los ganadores. La gente no sabía si creerme o no. Los candidatos siempre dicen cosas así para tener un último momento de gloria antes de enfrentar la realidad e irse a casa como perdedores. Les dije a todos que no le hicieran caso al discurso de victoria de Manny. Los reporteros estaban esperando que yo concediera las elecciones, pero me negué. Dije que estábamos esperando que se contara oficialmente el último distrito.

La Junta de Elecciones dijo que contaría las papeletas del distrito siete una por una. Allí estaban todas las estaciones de televisión de Chicago. Los funcionarios de la Junta de Elecciones —que eran leales a Vrdolyak– las dejaron entrar. Iban cantando cada voto. Yo había progresado mucho desde mi voto solitario por los independentistas en Puerto Rico en 1972. En aquellas elecciones, mi partido había recibido un solo voto en mi distrito: el mío. Pero esta vez cantaban "Gutiérrez" una y otra vez. Yo estaba al lado de mi comisaria de barrio, que había sido tan leal. De vez en cuando, cuando cantaban el nombre de Manny varias veces seguidas, la miraba:

–¿Todavía tienes confianza? –le pregunté.

–No te preocupes –me dijo.

Ella se ponía más y más contenta, mientras que los funcionarios electorales parecían más disgustados cada vez que tenían que cantar el nombre de Gutiérrez.

Según sus datos, habíamos ganado el distrito por 50 votos pero se equivocó. Fue mejor que eso. Tuvimos que esperar hasta el día siguiente de las elecciones, pero, por un margen de veinte votos, pasé a ser concejal por el distrito electoral 26.

En el lapso de dos años, de ser un tipo enojado porque los comisarios de barrio de Rostenkowski querían colocar un cartelón a favor de Epton en mi ventana, pasé a ser el concejal de Chicago que le daría el control de la Asamblea Municipal a Harold Washington.

Lo único que se necesitaba para que los resultados fueran oficiales era que la Junta de Elecciones certificara el voto. Yo tenía 5,245 votos; Manny tenía 5,225. Los operarios de la maquinaria de Vrdolyak habían sacado de la papeleta a un guardia que vigilaba el cruce de calles de una escuela. Se llamaba Jim Blasinski. No querían que sus viejecitas polacas se confundieran y votaran por él en vez de por Torres. Pero él se negó a retirarse y se postuló como candidato independiente. Recibió 11 votos.

Ganar por veinte de los 10,481 votos contados constituye una elección extremadamente reñida. La Junta de Elecciones, controlada por Vrdolyak, retrasó la certificación de los resultados y la debatió. Manny radicó demandas que cuestionaban mis papeletas de voto ausente. Radicó una petición para que se volvieran a contar los votos.

Yo, por mi lado, radiqué mis propias demandas. Uno de los dos tenía vistas en los tribunales casi todos los días. Pero la Junta de Elecciones seguía sin certificar los resultados. La prensa decía que se trataba de la campaña interminable.

No esperé por la Junta de Elecciones. Organizamos un desfile de la victoria por la calle Division. Había puertorriqueños a ambos lados de la calle y yo les daba las gracias desde la parte trasera de un convertible. Convertimos mi oficina de campaña en la oficina de un concejal. Empecé a escuchar peticiones y trabajé con todos los amigos que tenía el alcalde en el gobierno municipal para ofrecer servicios. Fuimos a corte para sacar de la Asamblea Municipal a Mike Nardulli, que ya no vivía en el distrito electoral pero que nos seguiría representando hasta que la Junta de Elecciones actuara. Mandé a imprimir tarjetas que decían LUIS GUTIÉRREZ, CONCEJAL POR EL DISTRITO ELECTORAL 26. Cuando contestábamos el teléfono decíamos "Oficina del concejal Gutiérrez".

Mis abogados iban de tribunal en tribunal, exigiendo que la Junta de Elecciones certificara los resultados. Cuando el tribunal fallaba a favor de nosotros, Vrdolyak y los suyos apelaban para ganar más tiempo. Me presenté en una reunión de la Asamblea Municipal y exigí que se me considerara parte de ese cuerpo. "Soy el concejal del pueblo", le decía a quien quisiera escucharme. Traje conmigo a cincuenta de mis ayudantes de campaña que gritaban "¡Nardulli se tiene que ir!". El alcalde Washington retrasó el inicio de la reunión por dos horas con la esperanza de que la Junta sintiera la presión pública y me certificara. No lo hicieron y el alcalde tuvo que presidir aún otra reunión controlada por Vrdolyak y sus aliados.

"Uno gana y no lo certifican. Esto es absurdo", dije durante la reunión. Pero todos mis desfiles y conferencias de prensa, mi oficina y mis tarjetas oficiales no detuvieron a Eddie Vrdolyak. Pensaban que tenían los votos y se sentían inmunes ante los medios de comunicación, la opinión pública y el sentido común.

A pesar de que les habían faltado veinte votos para elegir a Manny Torres al puesto de concejal, Vrdolyak aún pensaba que tenía los votos que contaban. La comisión de escrutinio de funcionarios municipales de la Junta de Elecciones, el grupo que tendría que certificar los resultados, tenía cinco miembros. Tres de ellos, incluyendo el presidente de la junta, eran leales a Vrdolyak y a sus veintinueve. Dos eran aliados del alcalde. Vrdolyak sacó las cuentas. Creía que esos tres votos valían más que mis 5,245 votos.

Los tribunales se demoraban. Había pasado casi un mes desde el día de las elecciones. Manny y yo habíamos radicado siete demandas diferentes. El Tribunal de Circuito del condado Cook y el Tribunal de Apelaciones de Illinois dictaminaron que la Junta de Elecciones tenía que certificar los resultados. El caso llegó al Tribunal Supremo de Illinois. Pensé que allí se resolvería la cosa. Manny y Vrdolyak ya no tenían adónde apelar y además no tenían tiempo.

Pero mientras yo esperaba en mi oficina de concejal aún en entredicho, recibiendo pedidos de zafacones nuevos y de arreglos a las aceras, su equipo ideó un plan brillante para salvar a Manny Torres. No tenía que ver ni con un recuento ni con una demanda, sino con empezar de nuevo.

Las elecciones para concejal son no partidistas en la ciudad de Chicago. No había por qué postularse en las primarias demócratas ni republicanas. De todos modos no había republicanos. De manera que todos los que querían postularse iban a una sola primaria. Si un candidato recibía más del cincuenta por ciento de los votos, las elecciones se terminaban. Si nadie recibía más del cincuenta por ciento, entonces los dos que habían recibido más votos iban al desempate. Así son todavía las elecciones municipales en Chicago.

Manny y yo nos habíamos enfrentado en los tribunales por tanto tiempo que faltaban menos de dos semanas para las elecciones de desempate. Pero dado que solo dos de nosotros estábamos enfrentados, nadie –ni yo mismo– consideró que se necesitaban unas elecciones de desempate en el distrito electoral 26. Era una primaria en la que ganaría el que tuviera más votos entre nosotros dos. Yo había ganado porque había tenido más votos.

Pero todos los que creíamos que aquel sainete terminaría en el Tribunal Supremo de Illinois no habíamos apreciado suficientemente el genio creativo de la maquinaria política de Chicago. Desde aquellas elecciones yo me he imaginado a Vrdolyak despertándose a medianoche, incorporándose y murmurando "Blasinski" con una sonrisa en la cara.

Según las demandas y apelaciones llegaban al Tribunal Supremo, Eddie y Manny cambiaron de táctica. Sabían que un tribunal obligaría finalmente a la Junta de Elecciones a certificar los resultados, de manera que buscaron otro resultado.

Yo tenía veinte votos más que Manny. Blasinski, el guardia de cruce, de quien nadie había oído nada y que no hizo campaña, logró once votos por escrito. Si Blasinski hubiera recibido nueve votos más, todavía yo tendría más votos que Manny, pero no tendría el requisito para ganar, que era un cincuenta por ciento más uno. Los veinte votos de Blasinski forzarían a unas elecciones de desempate entre Gutiérrez y Torres.

El 2 de abril, menos de dos semanas después de la primaria, la Junta de Elecciones anunció que habían descubierto 9 votos por escrito adicionales a favor de Blasinski en su escrutinio postelectoral de votos. Los votos se descubrieron en el sótano de un almacén de la Junta de Elecciones, donde se habían guardado las papeletas para "custodiarlas" tras las elecciones. Cuando estos votos por escrito fueron descubiertos, no había nadie de mi campaña presente y tampoco había observadores independientes. Las papeletas con el voto por escrito parecían haber sido llevadas de una caja grande en el almacén a otra más pequeña que fue a parar a la Junta de Elecciones. Alguien las había movido: no se supone que eso suceda con papeletas de voto por escrito. Nadie podía explicar cómo era que no habían sido tomadas en cuenta hasta entonces. Estaban allí y eso era todo: los votos justos para Blasinski, esperando a ser contados. Torres le pidió inmediatamente a la Junta de Elecciones que contara los votos por escrito y certificara el voto. Contar esos votos me dejaría con menos del cincuenta por ciento de los votos y tendríamos que ir a unas elecciones de desempate.

Era algo inaudito. Nuestro equipo de campaña seguía pensando que si los tribunales exigían una certificación, todo estaría bien. Hasta el periódico *Chicago Tribune*, que nunca ha estado de parte de los candidatos progresistas, dijo que el súbito descubrimiento de las papeletas era "muy sospechoso". Que el *Tribune* nos ayudara a Harold Washington y a mí era como si Rush Limbaugh dijera que el plan de salud de Obama es "una buena idea". Todo el mundo pensó que el descubrimiento del número exacto de votos por escrito a favor de un candidato desconocido que se necesitaban para forzar un desempate era algo tan escandaloso que ni aún Vrdolyak, ni siquiera en Chicago, podría salirse con la suya con ese plan. Celebré conferencias de prensa y me quejé. Radicamos una demanda para evitar que las papeletas se contaran. Dijimos que habían sido manipuladas. Vrdolyak siguió adelante con su plan, confiado aún en que tenía los únicos tres votos que contaban: sus muchachos de la Junta de Elecciones.

Finalmente, doce días antes de la fecha fijada para las elecciones de desempate, el Tribunal Supremo de Illinois le ordenó a la Junta de Elecciones que certificara los resultados.

Pensé que Torres y Vrdolyak ya no podrían hacer nada más. Me preparé para jurar mi cargo. Hice arreglos para que Omaira, que cursaba primer grado, faltara a la escuela. Unos cien de mis voluntarios iban a ir conmigo al centro de la ciudad para celebrar. Había contratado a una banda para que tocara música tradicional puertorriqueña. Algunos reporteros nos siguieron mientras nos dirigíamos a la alcaldía. Me detuve en la tienda de licores y pedí champán sin alcohol.

"No quiero pasarme de tragos y que me arresten el primer día que ocupo el cargo", le dije a la multitud. Todos rieron y me aclamaron.

Llegamos al centro justo cuando la Junta de Elecciones se estaba reuniendo en el Tribunal de Circuito del condado Cook, en el edificio Daley. Les estaban entregando la orden del Tribunal Supremo de que debían certificar las elecciones. Estuvieron de acuerdo.

El director de la Junta pidió un voto para certificar las elecciones. Enseguida, un miembro de la junta de escrutinio hizo una moción para incluir las papeletas de voto ausente que se habían encontrado en el almacén durante el conteo final. Los espectadores que había en el recinto se sorprendieron y luego empezaron a gritar y abuchear. Eso no afectó a la Junta, que pasó a votar. Para decirlo como fue, los aliados de Vrdolyak votaron primero –uno, dos, tres– a favor de incluir las papeletas de voto ausente. Les tocaba luego votar a los aliados de Harold. Uno de ellos era un afroamericano grande con una voz profunda, como la de Harold. Miró a los otros miembros y dijo: "Preferiría coger un cuchillo y cortarme la yugular antes de contar estas papeletas".

No importaba para nada que se cortara o no el cuello. Estaba en minoría. El voto fue de tres a dos. Se contarían las papeletas que se habían descubierto misteriosamente y que eran a favor de Blasinski. Las elecciones se habían certificado. Ahora me faltaba un solo voto para tener una mayoría.

Las estaciones de televisión de Chicago transmitieron en vivo en las noticias de las cinco de la tarde. Durante casi un mes todos habían pensado que era cuestión de tiempo para que el alcalde Washington pudiera controlar finalmente la ciudad. Ahora, en una acción que era increíblemente atrevida, aun en el contexto de las maquinarias políticas de Chicago, íbamos a tener una votación de desempate en doce días.

Los reporteros buscaban entrevistas. La gente del alcalde estaba furiosa y gritaba "¡Se la robaron!". Hablaban de acciones legales. La gente de Vrdolyak dejó claro que acatarían lo que decidiera la Junta, como si fueran ciudadanos comunes y corrientes que seguían las órdenes de una organización gubernamental imparcial. Los reporteros querían que yo les hablara. Estaban preparando un espectáculo televisivo en vivo con un Luis Gutiérrez furioso. Yo no había sido muy tímido ni discreto durante las primarias. Había acusado a Manny de poner una bomba casera bajo su propia escalera. Los representantes de los medios de Chicago probablemente creían que yo sentaría un nuevo récord en los niveles de ira a los que se puede llegar en una conferencia de prensa.

Me acerqué a los micrófonos para encarar al enjambre de cámaras que informaban en vivo en la televisión de Chicago. Negué con la cabeza y hablé lo más tranquilamente que pude, asegurándome de que se me oyera bien.

"No sé lo que voy a hacer. Causaron nuestra quiebra. Mi campaña ya no tiene más dinero. La maquinaria tiene todo su dinero sucio y conseguirán más. Yo gasté todo el mío y no sé cómo conseguir más. Haré lo mejor que puedo, pero no sé cómo ganarle a esta maquinaria".

Los reporteros seguían preguntando por la decisión y comentando sobre la ira que yo debía sentir. No mordí el anzuelo. Sencillamente me proyecté como un hombre triste y derrotado. Me alejé del micrófono y Ben Reyes, mi jefe de campaña, me miró como si estuviera loco.

–¿Qué te pasa? Diste la impresión de que te has rendido. La gente pensará que ya no tienes oportunidad.

–Ya verás –le dije. Nos metimos en su carro y volvimos a mi oficina de campaña.

La única falla de mi estrategia fue no tener suficientes personas en mi oficina listas para recoger las donaciones. Cuando llegamos a la calle Division, la oficina estaba rodeada; era un escenario similar al de cuando la gente invade un banco para sacar su dinero. Cuando me vieron salir del auto, la gente empezó a gritar, a corear: "¡Gutiérrez, Gutiérrez!". Gritaban y suplicaban: "¡No te des por vencido!".

Era gente del vecindario, gente que no tenía mucho dinero. Estaban haciendo fila para ayudar como voluntarios, para dar lo que podían, lo que tuvieran. Algunos entregaban uno o dos dólares. Nos daban billetes de cinco dólares, de diez dólares. Nos daban cincuenta dólares que habían recolectado entre sus amigos. Sabían que les habían robado y estaban invirtiendo en la revancha.

No exageré cuando hablé con los reporteros. Era cierto que no teníamos dinero; más bien teníamos una deuda de veinte mil dólares.

Entre la campaña y las demandas, no contábamos ni con un vellón para financiar las elecciones de desempate. Pero una hora después de la decisión increíble de la Junta de Elecciones y de mi pedido, empezamos a mejorar.

La gente estaba furiosa. ¿Cómo podía ser de otra manera? Un panel eleccionario anónimo acababa de contar el número preciso de papeletas necesarias para forzar un desempate. Las habían encontrado en un sótano. Por eso yo había decidido que no tenía que añadir leña al fuego: necesitaba hacer un llamado a la gente. Los puertorriqueños entendían lo que yo estaba haciendo. Era el viejo truco de "Ay bendito, pobre de mí, nadie me ayuda. ¿Qué voy a hacer?".

Yo sabía lo que tenía que hacer. La gente ya estaba bien furiosa. Lo que necesitábamos era dinero.

En el lapso de unas horas lo teníamos. Durante toda la noche gente vino a la oficina con cheques por cantidades pequeñas y con dinero en efectivo. Al día siguiente, un hombre afroamericano apareció en nuestra oficina. Nunca lo había visto. Dijo que había hecho una colecta entre sus compañeros obreros afroamericanos de la fábrica en que trabajaba en el sur de Chicago. "No les vamos a dejar que le roben esta a Harold", me dijo. Se subió a su automóvil y se fue. Nos dio ochocientos dólares. ¡Ay, bendito!

El dinero entraba a raudales. La gente estaba entusiasmada. Teníamos tantos voluntarios que ya no sabíamos en dónde ponerlos a trabajar. Gastamos parte del dinero que había entrado en nuevas chapas de campaña y las repartimos. Cuando nuestros voluntarios y seguidores las vieron, se rieron: decían: REELIJAN AL CONCEJAL GUTIÉRREZ.

CUANDO REUNIMOS EL DINERO y volvimos a trabajar en unas elecciones que ya habíamos ganado, los tipos de la maquinaria política habían encontrado ochocientos votos absentistas. La maquinaria vivía buscando papeletas de voto ausente. Chicago tenía más votantes que no habían podido llegar a sus centros de votación el día de las elecciones que ninguna otra ciudad del mundo. Todos ellos, además, votaban a favor de la maquinaria. Algunas de las direcciones de esas papeletas eran solares vacíos. En un abrir y cerrar de ojos, subieron su ventaja a mil votos. Pero yo sabía que tenía la opinión pública de mi lado.

Reelijan se convirtió en la palabra clave, nuestro grito de batalla, un código cifrado que significaba "No dejes que nos roben de nuevo". La compañía que hacía nuestras vallas puso la palabra "reelijan" en ellas y nosotros le pedimos que cambiaran primero la que estaba frente a la oficina de Manny. Esto lo sacó de sus casillas. Convocó a una conferencia de prensa solo para anunciar que yo no había sido elegido a nada.

"Les está mintiendo a los votantes", dijo Manny. "No ganó nada. No lo pueden reelegir".

La mayor parte de los reporteros lo escucharon y luego escribieron de nuevo sobre todo el problema de las papeletas fantasmas que se habían encontrado en un sótano. Cada vez que Manny se quejaba, los votantes recordaban que nos habían robado las elecciones. Aprendí una lección política importante: cuando tu contrincante te está pegando duro y va ganando terreno, no te defiendas. Es el momento de atacarlo y cambiar de tema.

Finalmente Manny cambió de tema. Volvió al único con el que se había sentido cómodo todo el tiempo: que yo era un terrorista peligroso.

Manny celebraba una conferencia de prensa todos los días en la que me acusaba de algo terrible. Una semana antes de las elecciones de desempate, se paró frente a la cárcel del condado Cook, señaló hacia el edificio y dijo. "Esta prisión está llena de presos que apoyan a Luis Gutiérrez y votan por él". Su estrategia era evidente: convencer a los votantes blancos de que yo no tenía una posición fuerte contra el crimen y que sería blando con las bandas de criminales. Los votantes blancos eran su base y él haría cualquier cosa por mantenerlos temerosos y motivados.

Cuando llegó el momento de la votación, yo sabía que los puertorriqueños ya estaban cansados de escuchar el mensaje sobre la ley y el orden y nada más. Pero Manny estaba tan enamorado de su retórica de línea dura que no comprendió que iba a representar un vecindario lleno de latinos que estaban cansados de eso, como lo estaba yo. Los puertorriqueños estaban hartos de que los representaran concejales distantes que nunca habían caminado por las calles de sus vecindarios. También estaban cansados de las bandas de criminales, pero asimismo estaban cansados de que los policías blancos los trataran como si cada puertorriqueño fuera un Latin King. Tenían la idea loca de que el distrito electoral 26 —hasta en sus secciones más pobres, más llenas de puertorriqueños— debían recibir su parte proporcional de servicios municipales. Estaban dispuestos a encararse con la maquinaria política y luchar por Harold Washington.

Al final no pude más con las acusaciones constantes de que era un criminal y un terrorista. Me hice un cuadro mental de que los medios de Chicago estaban conectados a una polea que los hacía moverse continuamente entre Manny y yo, entre su oficina y la mía. Nos preguntaban todo el tiempo sobre la acusación que el otro había hecho esa mañana. Me encontraban haciendo campaña en la calle o sentado en mi oficina inundada de voluntarios esperando ser asignados a un trabajo. Yo les hablaba en medio del trajín.

Tras la acusación de que los prisioneros estaban todos a mi favor, les dije a los reporteros: "Manny hace esas acusaciones ridículas todos los días porque es un cobarde. Nunca me las diría a la cara. Tiene demasiado miedo. Por eso quiero desafiarlo a una serie de debates para que los votantes puedan escuchar la verdad y para que nos veamos frente a frente. Yo sé lo que va a decir: que no lo quiere hacer".

Dije lo más importante a lo último.

"Y debemos debatir tanto en español como en inglés. Para que todos los votantes del distrito electoral 26 nos entiendan."

Los reporteros fueron directamente adonde Manny.

"Gutiérrez dice que eres un cobarde. Dice que no querrás debatir con él. Y dice que lo deberían hacer en inglés y en español. ¿Debatirás con él?"

Supongo que lo abordaron cuando no lo acompañaba nadie del grupo de Vrdolyak. Ninguno de ellos tenía interés en un debate. A Manny no se le daba bien la televisión y ellos lo sabían. Yo era impredecible y decía cosas sorprendentes, pero siempre tenía una respuesta. La gente del alcalde se preocupaba de que yo saliera con algo inconveniente, pero sabían que siempre lo diría con gran pasión.

Manny no se estaba postulando para concejal porque tuviera propuestas políticas detalladas ni porque fuera guapo. Lo habían escogido porque era un buen comisario de barrio. Era grande y parecía fuerte; más que un político, parecía un guardia de seguridad. Si la gente de Vrdolyak hubiera estado allí esa tarde, se hubiera reído de mi desafío a un debate. Pero Manny no iba a dejar que le dijeran cobarde.

"Debatiré con Luis Gutiérrez en cualquier momento, en cualquier lugar y en cualquier idioma. Debatiré con él en español, ruso y chino", les dijo a los reporteros.

Fue el momento más importante de la campaña. Manny había picado el anzuelo y estábamos preparados.

No estudié las directrices ni los puntos importantes de mi política pública al prepararme para el debate. Solo repasé mis temas principales, que se podían resumir de esta manera: estoy a favor de Harold Washington y de que a los latinos se les dé más importancia y poder. Manny Torres está a favor de Ed Vrdolyak y del *statu quo*. Manny y yo aparecimos en numerosos programas televisivos que trataban de asuntos públicos. Pasamos mucho tiempo gritándonos el uno al otro. Yo le recordaba a la gente que ya me habían elegido una vez. Él me llamaba un mentiroso, con la cara enrojecida de indignación. Insistía en que nunca me habían elegido a nada.

Cuando llegamos a nuestro último debate en inglés el domingo antes de la primaria, la periodista de Chicago especializada en política, Carol Marin, nos llamó al orden. Dijo que nuestros puntos de vista eran demasiado negativos y que nos habíamos atacado constantemente sin fundamento. Preguntó si queríamos recoger vela con una retórica más tranquila o si queríamos pedir perdón por lo que habíamos dicho. Creo que temía que nos hiciéramos daño físico.

Las cosas se habían puesto muy feas. Hasta Soraida me decía que bajara el tono.

Miré directamente a la cámara y dije: "He dicho algunas cosas de las que me arrepiento y lo siento. Los votantes merecían algo mejor". Pensé que un poco de humildad al final de la campaña no vendría mal.

Carol pareció contenta de que el impredecible Luis Gutiérrez entonara un *mea culpa*. Se volvió hacia Manny con la misma pregunta.

Manny puso su mirada más feroz de fortachón. Parecía que la estaba desafiando.

"No me arrepiento de nada. Él es un terrorista y un criminal. Todo lo que he dicho es cierto".

Así terminaron nuestros debates. Pero faltaba uno. Un lunes por la noche, el día antes de las elecciones, Manny había accedido a debatir conmigo en español en el canal 44, afiliado a Telemundo, que era el canal de lengua española con más audiencia en Chicago.

Mientras Manny celebraba conferencias de prensa frente a las prisiones y me acusaba de haberle disparado, nuestra campaña había estado difundiendo otro rumor.

Mientras mis comisarios de barrio iban de puerta en puerta en los vecindarios puertorriqueños, y especialmente en el hoyo, tocaron una serie de temas muy específicos. "Limpiaremos el vecindario: no habrá más autos abandonados, no habrá más basura. Recogeremos la basura todas las semanas. Queremos construir más viviendas asequibles, no prohibir que se construyan".

Y entonces, como si hubiera sido algo que se les acababa de ocurrir al despedirse del votante, decían: "Y creo que Manny Torres ni siquiera habla español. No lo sé de seguro, pero lo dice todo el mundo. Yo no sé cómo se va a comunicar contigo si no habla español".

Dijimos y repetimos esto, siempre al final de una larga conversación en español. Era como una pregunta, como si tuviéramos curiosidad: "¿Será cierto que Manny no habla español?".

Yo no lo sabía de seguro. Como todos los otros políticos latinos, Manny decía que sabía "un poco" de español, pero yo nunca lo había escuchado decir adiós o gracias ni una sola vez.

Mi cálculo era que alrededor de una cuarta parte de los que residían en el distrito electoral 26 en 1986 hablaban español como primer idioma. Un tema fundamental de mi campaña era que la comunidad latina había sido olvidada e ignorada. Por décadas nos habían representado tipos con apellidos como Kulas y Rostenkowski que no se interesaban en las necesidades de los latinos. Cuando uno se ha postulado con una plataforma de fortalecer al grupo latino, es esencial hablar el idioma principal que hablan los votantes. Yo les hablaba en español cuando los visitaba en las casas. Cuando tenía dudas acerca de lo que hablaba un votante, empezaba con el español. A los puertorriqueños que solo hablaban inglés no les ofendía, y me ayudaba a transmitir la idea de que yo era diferente y que estaba comprometido con que los puertorriqueños fueran tratados con justicia. Había aprendido mi lección en San Sebastián: nadie iba a hablar más español que yo.

En la oficina de Mike Nardulli no había gente importante que hablara español. Si uno vivía en el distrito electoral 26 y solo hablaba español y necesitaba ayuda de su concejal, se fastidiaba. Pensamos en sembrar la semilla de la duda en las mentes de los votantes sobre si tendrían un concejal que hablara español si elegían a Manny Torres. Apostamos a que con eso ganaría algunos votos. Nunca esperamos que Manny nos diera una oportunidad para probarlo, pero el lunes por la noche, en Telemundo, escucharíamos las habilidades de Manny como hablante de español. Nuestros comisarios de barrio habían ido de puerta en puerta y habían forrado el hoyo con propaganda, pidiéndole a todo el mundo que viera el debate. La semana antes del día de las elecciones, el mensaje diario que les enviábamos a los latinos era sencillo: sintonice Telemundo, Canal 44, el lunes por la noche.

Creo que Manny accedió al debate de la noche antes de las elecciones porque pensó que ya era demasiado tarde para que cambiaran los resultados: pero cada día de nuestra campaña era un día más en el circo. Nuestro debate era el asunto noticioso más importante de

Chicago. El estudio de Telemundo estaba lleno de gente y había reporteros de todas las demás estaciones. Manny entró acompañado de su séquito habitual, ninguno de ellos parecía sentirse cómodo en una estación televisiva de lengua española. Todos los empleados de la estación fueron simpáticos con nosotros. Mis seguidores solían mirar la televisión de habla hispana. Nos sentimos como en casa.

El debate duraba tan solo media hora, quizás era lo bastante breve como para que Manny saliera airoso de la prueba. Antes de empezar, entré en pánico por un momento: ¿y si su español resulta ser estupendo? Acabábamos de decirles a miles de votantes que lo comprobaran. Quizás el tiro me saldría por la culata.

El asistente de producción nos puso los micrófonos y tomamos nuestros puestos tras los podios del estudio. Yo tuve la palabra primero, y el muchachito de Chicago que se había sentido tan mal en San Sebastián porque su español era tan deficiente y había querido regresar a casa para hablar inglés con sus amigos le hizo un tributo entusiasta a la belleza y la importancia de la lengua española.

"Me alegro mucho de tener la oportunidad de hablarle a la gente del distrito electoral 26 en español. Durante meses hemos discutido los problemas en inglés. Hemos debatido en inglés toda la semana. Me complace que nuestra estación de televisión, el Canal 44, nos haya dado media hora para hablar en español con ustedes. Quiero que sepan que en mi oficina de concejal los que quieran podrán comunicarse en español y que allí todos los hispanohablantes tendrán un espacio en el que se les respetará y en donde se les atenderá".

Mi oda a la lengua española tuvo solo un límite: el tiempo. Me hicieron detenerme y la cámara se centró en Manny.

Me di cuenta enseguida de que no tenía que preocuparme de nada. Su español era terrible. No terrible de la misma manera en que había sido el mío cuando traté de hablar con el Sr. Hernández durante mi primer día de escuela, el de alguien que trataba de mejorar su segundo idioma. Su español era terrible porque no sabía hablarlo.

Dijo –mal dichas– tres o cuatro oraciones que era evidente que había practicado durante todo el día. El acento era de Chicago. Mi polaco era tan bueno como su español.

Pero por lo menos estaba tratando de hablarlo y muchos latinos podrían darle cierto crédito por haber hecho el esfuerzo.

Empezamos con las preguntas. Manny logró contestar algo a la primera pregunta. No parecía cómodo allí: parecía que estaba en una cámara de torturas.

Después de mi turno, el periodista de Telemundo le hizo a Manny otra pregunta en español. Pero a Manny se le había acabado el español por esa noche. Se había memorizado un discursito para el principio. Había contestado una pregunta. No iba a seguir hablando en otro idioma que no fuera el inglés por el resto de la media hora.

Tras la pregunta del periodista, Manny miró directamente a la cámara y dijo: "Voy a hablar en inglés durante el resto del debate. Ese es el idioma de la Asamblea Municipal de Chicago. Es el idioma que necesitaré para ser concejal del distrito electoral 26. Todo el mundo merece entender lo que hablamos aquí esta noche".

Le dijo a un público de hispanohablantes que no solo no estaba dispuesto a hablarles en español sino que su idioma no importaba mucho en los asuntos de la Asamblea Municipal. Y cumplió su palabra. Durante el resto de la media hora, Manny Torres no pronunció ni un hola más. Los televidentes veían a un Luis Gutiérrez hablando español animadamente con unas erres impecables y con un vocabulario extenso mientras que al lado había un tipo nervioso que hablaba inglés ante un público televisivo que no entendía lo que estaba diciendo.

Los teléfonos empezaron a sonar enseguida. La telefonista de Telemundo se había ido. Solo quedaban los empleados del departamento de producción y los reporteros que informaban sobre el debate. Pero yo tenía mucha gente allí; tenía voluntarios por todas partes, esperando y observando. No había nada que les impidiera contestar los teléfonos, de manera que empezaron a hacerlo.

Los que llamaban estaban enojados. Pensaban que sus llamadas podrían tener un efecto. "Dígale que hable en español. No le entendemos". La gente estaba viendo un debate en ese último día antes de las elecciones para escucharlo en español. Pero uno de los oradores estaba hablando inglés. La gente preguntaba: "¿Por qué no habla en español?"

"Es que no habla español", les contestaban mis voluntarios. "Si usted tiene coraje, vote por Gutiérrez. Él sí habla español". Era como si hubiéramos tenido un equipo telefónico a favor de la campaña "Gutiérrez para concejal". "Desde luego que Manny debería hablar español; vote por Luis mañana".

Yo seguía contestando preguntas en español, añadiendo comentarios sobre la dificultad para que la gente recibiera servicios necesarios si Manny Torres no respetaba a sus votantes lo suficiente como para hablar su lengua.

Hacia el final del debate, Manny sudaba y estaba desesperado por irse. Los reporteros de lengua inglesa lo siguieron, preguntándole por qué no hablaba español. Pero lo cierto es que no se dieron cuenta de cuán serio era el problema de Manny. No era que su español fuera terrible; era que se había mostrado desdeñoso, como todos los polacos y los irlandeses y los italianos de la maquinaria política, que habían sido desdeñosos durante décadas. Nos había dado la espalda.

Que Manny no hablara español era negativo pero que no respetara la lengua era imperdonable. Yo lo sabía. No habían pasado tantos años desde que yo había llegado a un lugar extraño en el que no hablar la lengua que hablaban todos me estigmatizaba como forastero. Mi única salvación había sido aprenderla tan pronto como me fue posible. Era una lección que Manny nunca había aprendido.

Esa noche, de camino a casa, me detuve en una estación de gasolina para llenar el tanque de mi Celica. Había un tipo puertorriqueño a mi lado. Se alegró de verme y me gritó: *"Hey, you're Gutiérrez. That other guy* nos faltó al respeto. *I'm voting for you"*. Cambió al español en el medio de la oración solo para enfatizar que Manny no respetaba nuestra lengua.

Manny no sabía que nuestros voluntarios habían ido de puerta en puerta por el distrito electoral durante semanas, como operarios encubiertos, regando la pólvora de que "Manny no sabe hablar español". El ambiente estaba cargado con esa pólvora y aquella noche, en Telemundo, Manny encendió el fósforo.

Telemundo empezó con su cobertura de las elecciones desde temprano a la mañana siguiente. Le preguntaba a la gente que hacía fila en los centros de votación por quién votaría.

Una mujer de edad puertorriqueña dijo: "Voy a votar por… se me olvidó su nombre… por el que habla español".

Eso mismo se escuchó durante todo el día en los distritos. La gente se sentía orgullosa de su cultura, orgullosa de su lengua; quería elegir a un puertorriqueño a la Asamblea Municipal. Todo el mundo estuvo gritándome en español durante el día: "Muy bien, Gutiérrez; anoche le hiciste saber lo que era bueno". Había miles de banderas puertorriqueñas ondeando. Nuestros autos, equipados con altoparlantes, circulaban de arriba abajo por la calle Division y otras calles aledañas poniendo música de salsa a todo volumen.

Creo que Vrdolyak supo, al ver el informe del tiempo, que Manny estaba con el agua al cuello. Era un día de abril cálido: la temperatura ascendía a ochenta y cinco grados. La gente estaba despertando del largo invierno. Yo caminaba por las calles; la gente disfrutaba el buen tiempo desde los escalones de las casas o se asomaba por las ventanas.

"¿Ya votaron?", preguntaba yo una y otra vez. No dejaba en paz a los tipos que estaban en sus balcones tomando cerveza hasta que se iban a hacer fila a sus centros de votación. Fuimos por todos los solares vacíos que habíamos estado limpiando durante meses para llegar a las casas de familias que los comisarios de barrio decían que no habían votado todavía. Durante trece horas hablamos con los puertorriqueños que estaban disfrutando de un día balsámico de primavera. En algunos de los centros de votación las filas de puertorriqueños le daban la vuelta a la cuadra; todos esperaban para "reelegir" a Luis Gutiérrez.

La mayor parte de los trabajadores votan al final del día. Las filas se alargaban cada vez más según pasaba la tarde. A las cinco, la fila de afroamericanos en la avenida North y Maplewood le daba la vuelta entera a la cuadra. Los saludé. Me vitorearon. La gente de Manny estaba enfadada y nuestros voluntarios nos dijeron después que los comisarios de barrio de Manny habían dicho que nuestra fila de votantes era "el tren Hershey".

Más tarde ese día, un comisario de barrio que conocía a gente de la campaña de Manny, nos dio algunos datos sobre la estrategia que Manny había usado en el debate.

"Sus comisarios de barrio les dijeron a los votantes blancos que vieran el debate en el Canal 44 para que se dieran cuenta de qué candidato respetaba la lengua inglesa". Incluso la víspera de las elecciones, Manny estaba tratando de ganarse la base de votantes de Vrdolyak, que eran los blancos y lo estaba haciendo aunque el debate era en un canal de habla hispana.

Fue su error.

La noche de la primaria que se había celebrado seis semanas antes, la información que iba llegando sobre el conteo en cada distrito hacía que aquello pareciera una pelea como las de Ali y Frazier. Llegaban datos de los distritos puertorriqueños y yo me ponía en cabeza. Cuando se informaba de los votos de algunos distritos blancos, yo iba a la zaga. Un distrito de afroamericanos me daba la delantera de nuevo. Había sido así toda la noche hasta que por fin tuvimos que ir a la Junta de Elecciones al día siguiente para contar las papeletas una a una.

Las elecciones de desempate no fue una decisión tras quince asaltos. Fue un *nocaut* en tres asaltos. Cuando llegaron los resultados del primer distrito, supe que ganaríamos. Era un distrito mayormente blanco en lo que había sido la base de Mell y que antiguamente era el distrito electoral 33. Ese distrito lo habíamos perdido por casi 2 a 1 en las primarias. Lo perdí de nuevo, pero esta vez el resultado fue más reñido. Cuando se fueron conociendo los resultados de los distritos puertorriqueños, nuestra delantera era definitiva. No solo era el amplio margen con que estábamos ganando, sino el volumen inmenso de votos. Ningún puertorriqueño quería quedarse en casa y permitir que Ed Vrdolyak siguiera en el poder. Ejercían su derecho al voto como si se tratara de un deber patriótico. Muchísima gente salió a votar y los números seguían aumentando. Grandes victorias en los distritos latinos, pérdidas menos fuertes en los distritos blancos. Aquella noche nunca estuvimos perdiendo.

Nuestra fiesta de esa noche de elecciones se celebró en un salón de baile del piso más alto de una iglesia rusa ortodoxa. Teníamos una banda de música y mucha comida y bebida. La gente trajo más comida de la que podíamos repartir. Cuando llegué yo, ya era imposible subir las escaleras. Había gente hasta en la calle. Los camiones de los canales de televisión estaban por toda la cuadra, listos para transmitir en vivo. En el plazo de dos años habíamos pasado de servir papas fritas y galletitas en el sótano de una compañía de mudanzas a celebrar la fiesta más sonada de la ciudad.

La salsa se iba poniendo cada vez más estruendosa, la gente se iba poniendo más contenta y todas las estaciones de televisión de la ciudad querían hablar conmigo. Cuando celebramos la fiesta después de la campaña de Rostenkowski, apenas había nadie a quien dar un abrazo aparte de mi esposa, mis amigos más cercanos y Juano y Lucy. Ahora a duras penas pude encontrar a mi familia porque el lugar estaba repleto. Vimos a Manny Torres por televisión, que estaba celebrando una fiesta poco animada. Llegó al escenario y no quiso conceder la victoria. La mirada vacía que tenía decía más que cualquier discurso. Seguimos contando y parecía que íbamos a ganar por mil votos.

Yo sabía que esta vez ni siquiera Ed Vrdolyak podría encontrar mil papeletas por escrito en un sótano. No pasó mucho tiempo antes de que Eddie mismo lo declarara oficial. Ya se estaba adaptando a su nueva realidad. Les dijo a los reporteros: "Espero trabajar con el alcalde en proyectos que puedan ayudar a la gente de Chicago". Manny Torres no tuvo que aceptar su derrota. Darth Vrdolyak lo hizo por él.

Hubo que pasar por mucho: demandas, papeletas misteriosas en un sótano y unas elecciones que se tuvieron que celebrar dos veces. Al final, me salvó mi destreza para hablar español, una destreza que aprendí en los billares, los cañaverales y los salones de clase de San Sebastián, el pueblecito adonde mi papá me llevó contra mi voluntad. Pero, al final, se había acabado. Yo ya era el concejal del distrito electoral 26 y Harold Washington estaba a cargo de la ciudad de Chicago.

CAPÍTULO TRECE

Un soldado en el ejército
de Harold Washington

ESTA VEZ, LA JUNTA DE ELECCIONES no se demoró en certificar los resultados. Tras una semana de mi "reelección", votó unánimemente para certificarlos. Harold Washington tampoco perdió el tiempo. Soraida y yo fuimos a la alcaldía; puse mi mano sobre una Biblia y –finalmente– me juramentaron como concejal del distrito electoral número 26. Charles Freeman, el primer juez afroamericano del Tribunal Supremo de Illinois, tomó el juramento. Harold Washington estaba detrás de mí, con su amplia y singular sonrisa.

Harold había sido elegido alcalde en abril de 1983, pero durante casi tres años veintinueve concejales habían evitado que asumiera el mando de la ciudad. Los habitantes de Chicago habían padecido treinta y seis meses de peleas y amenazas, de posicionamientos y tranques en el seno de la Asamblea Municipal. La siguiente reunión de la Asamblea sería una semana más tarde. Después de mi juramentación, Harold me dio un abrazo. "He estado esperando esto por mucho tiempo", me dijo.

El 9 de mayo, Harold inauguró la reunión. Las reuniones de la Asamblea Municipal se llevaban a cabo en un recinto cavernoso del segundo piso de la alcaldía, con secciones asignadas a la prensa y a los espectadores. El lugar estaba más lleno que nunca. Desde la elección de Harold, las facciones opuestas luchaban desde las largas mesas que servían como escritorios en el pleno mientras los espectadores aprobaban o abucheaban. Esta reunión parecía una fiesta. Los concejales que apoyaban a Harold, muchos de los cuales habían hecho campaña conmigo, me recibieron como a un libertador: sonreían, se reían, me daban palmadas en la espalda. Sentíamos que nuestro momento había llegado.

Nuestro alcalde no esperó para empezar a ganar votos. Tenía una larga lista de nombramientos que debía hacer. Tenía departamentos municipales con directores y comisionados interinos y no había podido colocar líderes nuevos en las agencias afiliadas de Chicago. Desde las escuelas hasta la vivienda pública, las posiciones importantes de liderato estaban en manos de los enemigos del alcalde.

Algunos de los líderes habían estado trabajando desde que Harold era joven. Desde el día en que fue elegido, por ejemplo, el alcalde había estado tratando de deshacerse de Ed Kelly, director del Distrito de Parques de Chicago. Kelly había estado en ese distrito desde 1947. Lo había convertido en una fábrica de clientelismo político. El parque Welles, que quedaba en el vecindario de Kelly, tenía más trabajadores de tiempo completo que Humboldt Park, con un área de 207 acres. Welles Park tenía unos 15 acres. Kelly había sido el primer asambleísta del Partido Demócrata en endosar a Epton, el republicano, para el puesto de alcalde. Ahora que Harold había obtenido una mayoría en la Asamblea Municipal, sin embargo, tanto Kelly como muchos otros como él irían directo al desempleo. Un terremoto político había sacudido Chicago: había ocurrido un cambio sísmico en el poder.

Harold pidió los votos enseguida, solo para probar si estaba soñando o no en su intención de controlar la Asamblea Municipal. El voto fue muy reñido; Harold no tenía una mayoría. Mi elección había dividido la Asamblea y la había enfrentado 25 a 25. Cuando el ayudante del alcalde anunció: "El voto ha sido un empate: veinticinco a veinticinco" tras el voto de prueba, Harold sonrió y dijo "Ya no" e hizo constar su voto. Fue el primero que dio en un día en que hubo muchos más que rompieron el empate. Durante un año Harold no pudo levantarse de la mesa durante una reunión de la Asamblea ni para ir al baño. Sin su propio voto, no tenía mayoría.

Ese día aprobamos nombramiento tras nombramiento. Fue la reunión más ordenada de la Asamblea Municipal que había tenido Chicago desde que Harold pasó a ser alcalde. Ed Vrdolyak –tan animado, conversador y combativo, quien había dado al traste con los planes de Harold Washington durante tres años– estuvo muy callado. Durante mi primer día como concejal del distrito electoral 26, no recuerdo que Vrdolyak dijera una sola palabra.

Voté con el alcalde todas las veces. Esa noche celebré con Soraida. Unos años antes no hubiera podido imaginarme que sería un funcionario elegido. Era un puesto muy público y el proceso político parecía lento. Yo no estaba muy inclinado a negociar y a hacer cesiones. Me gustaba gritar y marchar, me gustaba ser la persona que exigía el cambio.

Incluso en aquellos años en que había escuchado los discursos de Rubén Berríos o de Noel Colón Martínez en la plaza de San Sebastián, no había podido imaginarme en el puesto que ellos tenían: siempre me imaginé luchando como un soldado raso por las cosas en las que ellos creían. Los puertorriqueños que favorecían la independencia de manera radical ni siquiera creían en las elecciones norteamericanas. Pensaban que votar legitimaba el poder colonial. Durante la campaña para concejal, los veía caminando por la cuadra y diciéndoles a los puertorriqueños que no votaran por nadie.

Pero observar a Harold me cambió. Aunque Vrdolyak le había quitado el control de la Asamblea Municipal, nunca se dio por vencido y nunca negoció con su enemigo. En tres años de luchas con el grupo de Vrdolyak, no recuerdo que Harold cediera en un solo punto clave.

Había sido exactamente lo que prometía ser la primera vez que fui a escuchar uno de sus discursos de campaña, cuando habló en nuestro vecindario en 1983. Yo estaba sentado junto a Soraida, con Omaira en mi regazo, oyendo a Harold hablarle a una multitud en el Northwest Hall en una noche de mucho frío. Me recordó a Rubén Berríos. Decía cosas que yo no creía que ningún político fuera a decir. Habló del asesinato de dos puertorriqueños a manos de la policía en Humboldt Park y dijo que esos crímenes debían ser investigados. Nunca antes había oído a un funcionario elegido de Chicago sugerir que la policía había hecho algo mal. Dijo que había que despedir al superintendente de la policía. Habló de emplear a latinos en la alcaldía. Yo mecía a Omaira en mis rodillas y me preguntaba ¿de dónde salió este hombre?

Una vez que lo conocí mejor, me di cuenta de que nadie más era como él. Nadie más disfrutaba de la política y de las campañas más que Harold. Cuando me postulé para concejal, vino a cada uno de los mítines de campaña. Cada vez que venía, yo pronunciaba un nuevo discurso de campaña para ver qué era lo que más le gustaba. Quería impresionarlo. Poco antes de la primaria, y de nuevo en Northwest Hall, hice la prueba con un tema nuevo. Con Harold a mi lado, grité: "Cuando llegue a la Asamblea Municipal y dé mi primer voto y el oficial haga el conteo, veremos si todavía hay otros veintinueve burros que quieran votar en contra de ti".

Harold brincó, subió al podio y me abrazó. Me aguantó el brazo en alto. Estaba ansioso por ganarle a Vrdolyak. En esa misma ocasión, después de que terminara de hablar, cogió una pava puertorriqueña –el gran sombrero de paja de los obreros del azúcar y símbolo del jíbaro puertorriqueño– y se la puso mientras le sonreía a una multitud que cantaba y vitoreaba. En otras ocasiones se ponía mi gorra de campaña, la que decía "Gutiérrez para el distrito electoral 26" y me acompañaba. Las actividades políticas que yo hacía junto a Harold no estaban tan programadas como suelen estarlo hoy. Todos los eventos de Barack Obama a los que he ido parecen preparados como si se tratara de la escena de una película: cada momento está planificado y dirigido. Los actos políticos en los que participé con Harold parecían un resurgimiento de viejos tiempos.

Harold, como Rubén Berríos y los líderes independentistas puertorriqueños, creía en el poder de la palabra –les hablaba a las personas hasta que las convencía de que debían estar de su lado. Le encantaba jugar con las palabras. Nunca decía "adivina" si podía ser "pronostica". Prefería "expedito" a "rápido". Los comentaristas, casi todos blancos, se reían de él por eso. Yo pensaba que lo que quería era acabar con la noción que tenían demasiados votantes de que un negro no podía ser el tipo más elocuente de todos.

Era simpático y hacía que uno sintiera que la política era alegre, algo que había que celebrar. Su entusiasmo era parte de la razón por la cual la mayor parte de sus seguidores pensaban que era sencillamente "Harold". Apenas recuerdo que algún afroamericano le dijera "alcalde Washington". No se le podía decir "alcalde Washington" a un tipo que subía al podio y te abrazaba en medio de una manifestación ni a uno que se ponía alegremente una gorra graciosa. La noche que les ganó a Byrne y a Daley, sus seguidores cantaban: "Queremos a Harold" una y otra vez hasta que finalmente él subió al escenario y aceptó la nominación.

"¿Quieren a Harold? Tienen a Harold," gritó. Fue un momento que nadie que estaba allí ha podido olvidar. Así era él: Harold, el que nunca se dio por vencido frente a Vrdolyak; Harold, que sonreía e inspiraba confianza en medio de las luchas más desagradables. Harold, quien finalmente podía hacerse cargo del gobierno.

Tenía muchas ideas. El entusiasmo que acompañaba a su nuevo poder dinamizó la alcaldía; era como si hubieran liberado un montón de rayos láser. La Asamblea Municipal se reunía una vez por mes y en cada reunión tratábamos de que Chicago progresara. Propuso un plan de reforma de ética muy fuerte. Propuso reformas para la Ley de Libertad de Información que hizo que los periodistas tuvieran acceso a más información sobre la ciudad. Pudo negociar bonos que le dieron el dinero necesario a las mejoras de infraestructura de los vecindarios de Chicago. Reclutó a profesores y activistas comunitarios y los puso a cargo de los departamentos de la ciudad.

Yo votaba con Harold y trataba de cumplir las promesas que le había hecho a la gente del distrito electoral 26. Habíamos hecho muchas promesas. Ser un concejal en Chicago es estar en la base misma de la política norteamericana. Tus seguidores y votantes no se contentan con verte en la televisión, quejarse con sus compañeros de trabajo y desear que las cosas sean diferentes. Vienen a tu oficina, esperan a tu puerta y exigen que arregles el gran hueco que hay en la calle frente a su casa. Todos los lunes por la noche yo me reunía con la gente del distrito electoral y todos venían a hacer fila para contarme de problemas que habían sido ignorados y de pedidos que habían sido denegados. Ya durante la campaña yo había escuchado a la gente hablar sobre los problemas del vecindario. Tenía largas listas de prioridades: solares vacíos, luces rotas, esquinas en donde se reunían a diario los integrantes de las bandas.

Empezamos a trabajar renovando las aceras, las calles y los callejones de Humboldt Park. Buscar fondos para financiar mejoras de capital era como romper dos diques. El primero era que a Nardulli y su gente no les importaba la gente pobre que vivía en Humboldt Park. El segundo era que Vrdolyak no le daba dinero a Harold. Peo ahora teníamos dinero y empezamos a cavar y asfaltar y limpiar. Cuando las brigadas de la alcaldía llegaban a repavimentar las calles en el hoyo, la gente salía de sus casas y se sentaba en las escaleras del frente para observar, sorprendida de que Chicago hubiera descubierto que había gente viviendo en su vecindario. Era como si la Organización de las Naciones Unidas hubiera estado trayendo suministros por avión.

Se necesitaban mejoras en las áreas comerciales también. La calle Division tenía aceras abovedadas – una rareza histórica de Chicago. La ciudad había sido construida sobre un pantano. Como se inundaba todo el tiempo, a finales del siglo diecinueve se habían elevado los edificios y las calles, creando nuevas aceras que a veces estaban a seis o siete pies por encima de las viejas. El corazón del Chicago puertorriqueño, la calle Division, tenía viejas aceras abovedadas con cráteres que se abrían hacia un hueco de seis pies hasta el nivel que la calle tenía en 1880. Si uno no tenía cuidado, podía ir caminando por la cuadra y desaparecer por un hoyo hasta llegar al siglo diecinueve. Era peligroso, pero nadie había hecho nada al respecto. Reconstruimos las aceras cuadra por cuadra y los negocios empezaron a relocalizarse de nuevo en la calle Division.

Sentía que el alcalde y yo formábamos un equipo. Poco después de que yo fuera elegido, Harold hizo un viaje a Nueva York para reunirse con las agencias de evaluación del crédito, los inversionistas y hombres de negocios que tal vez quisieran venir a Chicago. Su meta era convencer a los banqueros y a los que manejan los mercados de inversiones de que él había traído la paz a la Beirut en el lago, que las guerras en la Asamblea se habían acabado y que él había ganado. ¿Qué mejor prueba de que había triunfado que llevar consigo al concejal que finalmente había obligado a Vrdolyak a rendirse?

Harold estaba cuidando su vigesimoquinto voto. Era cierto que nos necesitaba a todos, pero cuando tú estás en el lugar de la llave que finalmente abre el candado, te prestan atención especial. Obligó a uno de sus guardaespaldas a cambiar su asiento conmigo en el vuelo para que yo pudiera ir en primera clase. Nunca antes había volado en primera clase. El alcalde me informó sobre la estrategia que seguiría en las reuniones. Iba a señalarme y a decir: "Miren a este hombre, ganó y por eso ahora yo puedo estar a cargo". Pasé un día siendo la mascota del alcalde, diciéndoles a inversionistas vestidos con los trajes más caros que yo había visto en mi vida que yo estaba con el alcalde. Harold los impresionó como si se tratara de votantes. Iba de casa de inversiones a casa de inversiones y cuando nos fuimos, la reputación de Chicago había mejorado mucho entre los que tomaban decisiones sobre nuestro crédito.

Fue un día largo de reuniones y una noche larga de fiestas a las que fueron los funcionarios electos de Nueva York. En ellas mis futuros colegas del Congreso, gente como John Conyers y Charlie Rangel, celebró a nuestro alcalde. Me fui de la fiesta temprano porque, por mucho que me guste la política, ya empezaba a darme cuenta de que Harold nunca se cansaba. Su vida era un largo desfile de reuniones gubernamentales y mítines políticos, interrumpido por el tiempo mínimo para dormir.

Al día siguiente volvimos temprano a Chicago. Yo estaba medio dormido todavía. Harold estaba contento y muy despierto; leía tres periódicos. Había terminado su *bloody mary* y tenía otro en la mano.

"Tienes que mantenerte alerta, hijo", me dijo.

Yo me preguntaba cómo lo hacía. Tenía treinta años más que yo y pesaba cien libras más, pero estaba más despierto que yo. Ya estaba leyendo los periódicos en busca de ideas. Yo ordené una Coca Cola, me desperté y traté de aprender lo más que podía.

HAROLD HACÍA PROGRESOS en los nombramientos. Estaba iniciando reformas. Pero necesitaba dinero para administrar la ciudad. Las Guerras de la Asamblea habían privado de ese dinero a la ciudad. El alcalde iba a tomar un riesgo político al aumentar los impuestos sobre la propiedad.

Me llamó a su oficina para discutir la votación sobre esos impuestos. Me di cuenta de que algo fuera de lo común estaba pasando cuando vi a Walter Knorr, el experto en presupuesto que era el interventor de la ciudad. Esta no sería otra reunión más para discutir estrategias políticas.

El alcalde estaba de buen humor y listo para la pelea. Quería mi ayuda.

—Lou, la verdad es que los impuestos han disminuido para la mayor parte de la gente porque a Vrdolyak le interesaba que yo no tuviera dinero para gastar. No eran los impuestos lo que le preocupaba a Vrdolyak, sino que yo decidiera en qué gastar el dinero.

No estaba seguro de por qué el alcalde me estaba diciendo esto. Yo lo apoyaba; no necesitaba convencerme.

–Creo que la mejor manera de demostrarles a los contribuyentes –continuó explicándome el alcalde– que los impuestos han sido menores desde que asumí la alcaldía es mostrarles las declaraciones de impuestos sobre la propiedad de Vrdolyak y los concejales que se oponen a mí. Walter tiene los archivos.

Knorr tenía un montón de papeles en la mano; aparentemente eran los archivos de las declaraciones de impuestos sobre la propiedad de los aliados de Vrdolyak. Cualquiera tiene acceso a estos archivos. Se trata de información pública, pero no muchos habitantes de Chicago gastarían su tiempo en eso. Knorr tenía la información organizada en un legajo.

–Después de que aprobemos el presupuesto, yo quisiera que tú te levantaras y pidieras que las declaraciones de impuestos de los concejales pasaran al expediente. Quizás puedas dar uno o dos ejemplos. Hagamos que la gente de Chicago sepa la verdad acerca de los impuestos –concluyó el alcalde.

Al principio me sentí halagado. Siempre resultaba agradable que el alcalde me pidiera ayuda. Pero luego pensé que probablemente no era tan buena idea. Aunque la Asamblea Municipal había tenido un historial de mucha pelea, esta iniciativa tenía un sesgo demasiado personalista. Vrdolyak no se quedaría muy tranquilo mientras yo le decía a todo Chicago lo que él pagaba en concepto de impuestos sobre la propiedad.

Me preguntaba por qué querría el alcalde que yo lo hiciera. Pensé que yo no había sido escogido originalmente para llevar a cabo esta asignación. Alguien ya le había dicho que no y sencillamente había llegado a mi nombre en la lista. O quizás Harold sencillamente pensó que yo era el único de sus aliados los suficientemente loco como para hacerlo. Quizás no me debí haber sentido tan halagado.

Me quedé en silencio por un momento, frente a Knorr, que parecía un contable impaciente, y Harold, que sonreía. ¿Cómo no iba a hacerlo? Me encantaba conspirar con Harold Washington.

–Desde luego, Sr. Alcalde, lo que usted diga.

Fui a la reunión de la Asamblea Municipal con un sobre en donde estaba el historial de los impuestos sobre la propiedad de mis veinticinco adversarios de la Asamblea Municipal de Chicago. El de Vrdolyak era el primero.

Según pasaba el tiempo y el debate sobre el aumento de los impuestos se acaloraba, me alegré de haberme decidido a jugar mi parte en él. Uno tras otro los concejales blancos que habían visto cómo sus impuestos sobre la propiedad disminuían bajo Harold, se quejaron de que el alcalde no estaba administrando bien el presupuesto al pedirles a los contribuyentes más dinero. Ya se estaban alineando para la pelea por la reelección. Le habían cortado los fondos a la ciudad durante tres años y ahora eran cruzados en contra de los impuestos. Yo pensaba que su hipocresía merecía ser expuesta a la vista de todos.

Después de que se aprobó el aumento de impuestos, me puse de pie y pedí dar a conocer el material que llevaba. Entendí ahora lo que había querido hacer el alcalde. No quería la pelea antes del voto porque alguien podía cambiar de parecer. Haría hincapié sobre su punto después de haber ganado.

"Sr. Alcalde, tengo cierta información que quisiera que constara en actas. Hoy hemos hablado mucho sobre los impuestos de la propiedad. Aquí tengo las declaraciones de impuestos de los concejales que se opusieron a su presupuesto. ¿No es cierto, Sr.Vrdolyak, que usted paga menos en impuestos con Harold Washington de lo que pagaba con Jane Byrne?"

Vrdolyak pareció sorprendido. Gritó que no era cierto, que yo estaba equivocado.

"Pues tengo los números aquí. El año pasado pagó usted $5,926 en concepto de impuestos sobre la propiedad y con Jane Byrne pagó $6,846.

Vrdolyak se puso de pie. Yo seguí leyendo, aunque el resto de los que estaban con la maquinaria política empezaron a gritar. Era difícil saber lo que decían con todos ellos hablando a la vez, pero oí gritos de "¿Cómo pudo?" y "¿Cómo se atreve a hablar de mis impuestos aquí?".

"Ustedes no aprecian lo que tienen", dije. "Deberían darle las gracias a Harold Washington por su buena administración". Pensé que iba ganando, que había logrado hacer claro un punto importante en relación con el presupuesto. No noté que todos mis aliados estaban muy callados mientras que los de Vrdolyak estaban gritándome y señalándome.

Vrdolyak decidió hacerse la víctima.

"Este es mi hogar. Usted ha cometido un error. ¿Cómo puede ser tan vil? ¿Tan mezquino? ¿Tan corrupto? Nunca más me dirigiré a usted ni directa ni indirectamente en el pleno de esta Asamblea", me gritó.

Ya para entonces muchos de los aliados de Vrdolyak estaban de pie y gritando. Habían abusado durante tres años. Muchos me odiaban. Querían aparecer como víctimas ante mi mezquindad de divulgar información personal sobre sus impuestos.

A estas alturas yo estaba nervioso. Busqué ayuda. Tim Evans, ayudante del alcalde, miraba hacia abajo y ponía sus papeles en orden. Todos los que estaban en mi equipo parecían preocupados y miraban insistentemente hacia abajo.

Pensé que Harold era un tipo listo y sabía lo que hacía. Esta debía ser una buena idea. Pasé de los impuestos de Vrdolyak a los otros que tenía conmigo. Tras las de Vrdolyak, Knorr las había ordenado por distrito electoral. El concejal del primer distrito electoral era Fred Roti.

"Y usted no es el único", le grité a Vrdolyak, gesticulando con las declaraciones de impuestos. "Aquí está lo que el concejal Fred Roti pagó en impuestos" y leí los números aunque esta vez había tanto caos que nadie oyó lo que yo estaba diciendo.

El mejor amigo que Roti tenía en la Asamblea, Bernie Stone, quien tenía más de sesenta años y estaba enfermo del corazón, empezó a gritarme: "Yo pagué los impuestos todos los años. Nunca le pedí un descuento a nadie. ¿Cómo te atreves a venir aquí, renacuajo?".

Tenía la cara roja y parecía que me iba a golpear. David Orr, el concejal que estaba sentado a su lado, se puso de pie para tratar de calmarlo. Pensó que Stone se iba a desplomar debido a su padecimiento cardíaco, pero este lo empujó para que se sentara de nuevo. Los reporteros televisivos estaban encantados.

Busqué ayuda de nuevo, pero no la encontré. Stone seguía descontrolado. No se podía escuchar nada, de manera que dejé de leer los números. Por fin, aunque Stone todavía me estaba gritando, el alcalde dio un malletazo y declaró levantada la sesión. Pidió que lo dicho constara en actas. Busqué al alcalde con la vista, pero él estaba saliendo por la parte de atrás del salón, ansioso por dejar atrás el caos.

Yo no estaba seguro de si lo que había sucedido era lo que el alcalde había planeado, pero sabía que había cometido un error: leer los números de los impuestos de Roti. En primer lugar, Fred Roti me caía bien. De todos los aliados de Vrdolyak, era uno de los pocos que hablaba conmigo. Era un viejo afable que se parecía un poco a George Burns. Actuaba como si nada en el mundo le importara. Si Knorr no hubiera puesto las declaraciones de impuestos de Roti encima de las demás, nunca hubiera leído esos números.

Pero fue algo más que la amistad lo que provocó mi arrepentimiento por haber leído lo que Fred Roti había pagado en concepto de impuestos. Lo que realmente me preocupaba era que Roti no era un concejal cualquiera. Era agradable conmigo porque no le importaba lo que pensara Vrdolyak. Respondía a una autoridad diferente a la de este.

Roti creció en Chinatown y representaba tanto al centro de la ciudad como a los vecindarios aledaños chino e italiano. Su papá, Bruno Roti, había sido dueño de un colmado que había estado cerca del cuartel general de Al Capone. También era conocido como Bruno el Bombardero porque trabajaba en la misma línea que Capone. Se decía que Fred había heredado los intereses comerciales de su padre y que era el funcionario electo que conseguía que se hiciera lo que las pandillas de gánsteres de Chicago querían.

Pero Fred era tan simpático que yo no sabía qué creer. Siempre se reía del lema no oficial de su campaña que le había sugerido un periodista: "Vota por Roti y nadie saldrá lastimado". Fred había sido el concejal por el primer distrito electoral de Chicago durante veinte años, de manera que si estaba obedeciendo órdenes de los pandilleros, lo cierto es que se estaba saliendo con la suya. De modo que, aunque no me importaba ofender a Vrdolyak, porque lo merecía, de los otros veinticuatro tipos que pude haber atacado, no podía creer que había escogido a uno cuyo padre se apodaba Bruno el Bombardero.

Cuando el caos se calmó, traté de salir por el mismo lugar que el alcalde había usado. Pero no pude evitar a Fred. Vino directo hacia mí. Era el único concejal que era más bajito que yo. Me llevó a un lado, me miró a través de sus espejuelos de culo de botella y dijo, muy lentamente: "Lou, las fronteras de los distritos electorales cambian. Vienen y van. Pero una cosa que nunca cambia en el distrito electoral número uno es que siempre tendrá el río Chicago". Entonces me dio la espalda y se fue.

Volví a mi oficina tratando de decidir si lo que había oído era una amenaza de muerte. Estaba bastante seguro de que era así. No parecía que estuviera bromeando. Ya me habían tirado una bomba en mi casa. No quería correr más riesgos.

Me fui a casa y me puse a ver las noticias a la vez que mantenía un ojo en lo que pasaba afuera. Pensé en llevar a Omaira y a Soraida a un hotel. La cobertura televisiva me hizo ver la brillantez del alcalde. En vez de enfocar tan solo en el aumento de los impuestos sobre la propiedad, los periodistas hablaban acerca del caos renovado en la Asamblea Municipal. Salió el momento en que Bernie Stone me llamó renacuajo. Supe enseguida que con eso heredaba un apodo no deseado. Soraida me miraba y se preguntaba cómo me había metido en tal lío. Pensé en lo que haría; me quedé hasta tarde observando la calle y decidí que Fred no me quería hacer daño. Solo quería asegurarse de que nunca más dijera algo personal sobre él.

Al día siguiente me levanté y fui a la oficina de mi distrito electoral; la palabra *renacuajo* había aparecido en todos los periódicos. Mi personal me dijo que el alcalde Washington quería hablar por teléfono conmigo. Su voz retumbó por el auricular.

"Estuviste magnífico; me encantó. ¡Esos hipócritas! Gracias, Lou".

Y con eso, dejé de preocuparme. Era un soldado del ejército del alcalde, de vez en cuando todos los soldados reciben heridas.

Con el tiempo el furor en torno a los impuestos sobre la propiedad se aquietó. Hasta Fred Roti me perdonó. Volvió a ser amigable y volvimos a llevarnos bien. Siempre había esperado que muchas de las cosas que había oído de Fred no fueran ciertas, pero en 1990, justo antes de que me postulara para el Congreso, a Fred lo acusaron de chantaje y extorsión. El jurado lo absolvió de la acusación más seria: que había sobornado a un juez para arreglar el juicio de un asesino a sueldo de los pandilleros, pero resultó convicto de muchos otros cargos.

Pasó la mayor parte del resto de su vida en prisión. Fue un final triste para un tipo hacia el cual sentía cierta gratitud por no haberme arrojado al río.

ME REUNÍA CON HAROLD con mucha frecuencia, a veces en su casa de Hyde Park, pero más a menudo en su oficina. Era un hombre alegre y confiado que se había ganado el derecho de creer que sería alcalde de Chicago por largo tiempo.

Un día fui a su condominio con un plan importante para su futuro. Quería asegurarme de que tuviera muchos seguidores latinos. Le pedí que se reuniera con un grupo de líderes latinos y que prepararan una "agenda latina" para la ciudad de Chicago, un plan que ayudara al alcalde y le diera metas definidas para su segundo término.

—De esa manera no tendrá que estar oyendo constantemente sugerencias de diferentes concejales, grupos comunitarios y otros funcionarios electos. Tendrá un plan maestro —le dije. Estaba seguro de que a Harold le gustaría mi idea.

Él pensó por un minuto y movió su corpachón en la silla.

—Lou, estoy muy agradecido de que pienses en mí —dijo—. Pero deberías estar pensando en ti. No te preocupes por mí. Yo estaré bien.

Pero te necesito en la Asamblea Municipal. Hoy quiero hablar de lo que puedo hacer para ayudarte.

No lo podía creer. Había llegado con un plan para ayudar al alcalde y en vez de eso, él quería ayudarme a mí.

–Dime algo que pueda hacer por ti –me dijo.

–¿Cualquier cosa? –le pregunté.

–Cualquier cosa. Te quiero ayudar –me dijo.

Yo sabía lo que quería. Harold estaba usando su dinero de bonos para comprar los nuevos zafacones plásticos que pensaba poner en todos los distritos electorales de la ciudad. Pero no los íbamos a recibir todos a la vez. Tendría que pasar más de un año antes de que los pudiéramos poner en todos los distritos electorales. Los concejales estaban peleándose por ellos como si se tratara de piezas de oro. Eran más grandes que los de metal que habíamos estado usando por años, y los zafacones y las tapas eran de una sola pieza. No puedo estimar en demasía el deseo de tenerlos en un vecindario invadido por ratas y basura durante años.

Se lo dije, y Harold llamó al comisionado del Departamento de Calles y Sanidad.

"Los zafacones son para mi amigo Lou", le dijo. Yo estaba contento: me iban a dar los zafacones para la gente del distrito electoral 26.

Se lo dije a Soraida esa noche. "Me van a dar los zafacones". También se lo dije a mis colegas en la Asamblea Municipal: "Vaya, la gente del distrito electoral 26 está encantada con los nuevos zafacones". No podía evitar una pequeña sonrisa cuando hablaba con ellos porque sabía que todo el mundo los quería.

Me tomó un tiempito darme cuenta de lo que Harold había hecho. Yo quería que tuviera una agenda latina para toda la ciudad. Pensé que lo estaba ayudando para que no le estuvieran trayendo continuamente problemas y sugerencias. Pero Harold quería resolver los problemas y distribuir los favores él mismo. Quería sentir su propia agenda. Con una promesa de que yo sería el primero en tener los zafacones nuevos, cambió el tema y me dejó contento de todas maneras.

PARA 1987, unos cuantos votantes más de Chicago se estaban acostumbrando a la idea de que tenían un alcalde afroamericano. Harold estaba arreglando las calles y construyendo escuelas. Pero en estas elecciones municipales no tendría el beneficio de que Jane Byrne y Rich Daley dividieran el voto blanco. En la primaria demócrata se enfrentaría solo con Jane Byrne.

Mientras tanto, pensé que tendría que enfrentarme de nuevo con Manny Torres. Pero las cosas habían cambiado. En el distrito electoral 26, le estaban arreglando las calles a la gente y le estaban construyendo viviendas que podían comprar. Los puertorriqueños estaban unidos sólidamente y me apoyaban a mí y a nuestro alcalde. Manny decidió no postularse; se postuló su esposa. En vez de luchar por mi vida política, pasé la mayor parte de mi tiempo haciendo campaña a favor de Harold. Cuando Jane Byrne dijo que los puertorriqueños eran extranjeros, la critiqué sin descanso durante toda la campaña. Es una trampa en la que caen a menudo los políticos que no son de origen hispano: se olvidan de que los puertorriqueños son ciudadanos de los Estados Unidos y nos llaman inmigrantes o extranjeros. Casi siempre pagan ese error con votos perdidos.

Harold derrotó a Jane Byrne en la primaria demócrata con el 52% de los votos. Cuatro años antes solo había recibido el 36% en las primarias. Los reporteros apenas le prestaron atención a mi contienda, pero le gané a la esposa de Manny por una proporción de 2 a 1. Elegimos a tres concejales adicionales favorables a Harold, dándole al alcalde una ventaja en la Asamblea. Si lo reeligieran de nuevo, podría salir del recinto de la Asamblea de vez en cuando para ir al baño. Pero antes de que pudiera cantar victoria, tenía que enfrentarse a unos cuantos candidatos blancos en la elección general. Darth Vrdolyak se postuló como candidato de un tercer partido, al igual que Tom Hynes, aliado de Rich Daley.

Poco antes de las elecciones generales me iba a reunir con Harold en su oficina. No estaba seguro si asistir a la reunión que tenía programada con el alcalde porque era el día después de su debate con Vrdolyak y Hynes. Lo había visto por la televisión y me había sorprendido. Harold no parecía ser él mismo: estaba apagado y cauteloso. No pronunció frases rimbombantes, no atacó a sus contrincantes. Incluso se mostró amigable hacia Vrdolyak.

Lo primero que me preguntó fue lo que había pensado del debate. Mi reunión con él se debía a que necesitaba un favor. Uno de mis mejores voluntarios estaba en línea para ser ascendido en su empleo municipal. Yo sabía que su mujer estaba encinta y lo quería ayudar. Cuando Harold me preguntó lo que me había parecido el debate, me enfrenté a un dilema. ¿Le diría la verdad y me arriesgaría a ofender a mi amigo? ¿O le diría que estuvo muy bien y le pediría entonces el ascenso?

—Señor alcalde, tengo que decirle que vi el debate y sentí que usted no estaba en su mejor momento; no desplegó su entusiasmo habitual ni su inspiración. Parecía como si Vrdolyak se hubiera salido con la suya.

Estaba resignado a que mi voluntario tuviera que buscar otro trabajo.

El alcalde se rio y me tiró el brazo encima del hombro.

—Lou, me siento mejor ahora.

Me desconcertó: —¿Por qué?

—Porque entré a ese debate con el dieciocho por ciento del voto blanco y estaba decidido a salir de él con el dieciocho por ciento del voto blanco. Quería cerciorarme de no perder ni un voto blanco. Si tú piensas que no me fue muy bien, entonces creo que cumplí mi objetivo.

El alcalde estaba contento. A mi voluntario le dieron el ascenso. Y reeligieron al alcalde. Solo recibió el cincuenta y dos por ciento del voto contra Vrdolyak, pero derrotarlo tras derrotar a Byrne y elegir a más concejales aliados era, al fin y al cabo, una victoria que les ponía fin a las guerras de las asambleas.

SEGÚN PASABAN LOS MESES tras la reelección de Harold, parecía que la ciudad estuviera respirando tranquila tras años de batallas. Vrdolyak se había retirado de la Asamblea Municipal para postularse para alcalde. Y pensé que era evidente que las cosas iban mejorando. Harold estaba poniendo a su gente en los puestos clave, haciendo que el liderato de Chicago pareciera, al fin, tan diverso como la ciudad.

Finalmente la mayor parte de las quejas acerca de quién tenía los trabajos no vinieron de los blancos sino de los afroamericanos que pensaban que Harold no se estaba vengando lo suficiente de sus enemigos ni les estaba dando lo suficiente a los afroamericanos. Hubo un grupo de concejales afroamericanos que observaban regularmente a los seguidores latinos de Harold en las reuniones y decían que nos estaban dando demasiado.

Peo Harold tenía un dicho que usaba a menudo en sus discursos. Como alcalde iba a ser "más justo que justo". Lo decía para tranquilizar los temores de los blancos, pero también lo decía con intención. Él sabía que tendría que ser mejor que los demás ante los medios, ante los votantes blancos, ante sus contrincantes políticos. Un irlandés llamado Daley podía llenar la alcaldía con empleados blancos durante veinticinco años y nadie que no viviera en la parte oeste o en la parte sur de Chicago lo criticaría. Pero Harold sabía que a *él* lo velarían constantemente para detectar cualquier señal de favoritismo hacia los negros.

La grandeza de Harold Washington residía en que su inclinación natural era a hacer justicia. Estaba motivado por el movimiento de los derechos civiles. No estaba interesado en la venganza, sencillamente en lo que necesitaban las minorías: justicia. En privado me dijo más de una vez: "No se puede usar al gobierno para arreglar viejas cuentas". Él no lo hacía. Les dio empleo a muchos afroamericanos. Lo hizo porque en Chicago había cerca de un millón de ellos. Pero también les dio empleo a los latinos y a los blancos porque pensaba que era justo hacerlo.

Como era justo, creo que Chicago progresó en el problema racial mientras Harold fue alcalde. El Domingo de Ramos de 1983, en medio de la campaña de Epton, Harold fue a la Iglesia de San Pascual al noroeste de la ciudad con el candidato presidencial Walter Mondale. Unos residentes blancos airados rodearon el auto en que estaban Mondale y Harold, abucheándolos y gritándoles insultos. La gente se colgaba de los postes de la luz para maldecirlos. En la puerta de la iglesia alguien había pintado la frase "Muérete, negro". El asunto llegó a la televisión nacional.

El odio y la ira eran tan intensos ese día que no estoy seguro de que nadie creyera que Harold podría derrotar a Epton, pero lo hizo. Cuatro años después, Harold visitaba las fiestas y festivales de vecindarios blancos, no muy lejos de aquella iglesia. La mayor parte de los blancos no lo querían todavía, pero ya no le llovían insultos. Y al final de la mayor parte de estos festivales, Harold había hecho –uno a uno– varios seguidores blancos más.

EN UNA REUNIÓN DE LA ASAMBLEA celebrada en el otoño de 1987, unos cinco meses después de su reelección, Harold me hizo señas para que subiera al podio. Tenía una pregunta sobre las políticas; era algo sobre la vivienda, creo. Después hablamos mientras la reunión seguía. Aproveché la oportunidad para darle la buena noticia que les había estado dando a todos: Soraida estaba encinta. Esperábamos nuestro segundo hijo. Se alegró por nosotros.

–No he visto a Soraida en mucho tiempo. Trae a tu esposa a la oficina para hablar un ratito con ella.

Harold siempre me preguntaba por Soraida y por Omaira. A lo largo del tiempo he aprendido que un buen político se acuerda siempre de unas cuantas cosas acerca de tu familia o de tus logros. Yo había estado a favor de Bill Clinton desde el principio y cuando se postuló para la presidencia, ambos estuvimos estrechando las manos de los viajeros que estaban en la estación de tren de Wicker Park una mañana fría de Chicago, justo antes de la primaria demócrata de Illinois en 1992. Durante años, cada vez que veía al presidente Clinton, me hablaba de aquella mañana. Yo apreciaba el recuerdo y admiraba a Bill Clinton, pero también sabía que en el archivo mental de Clinton, la entrada que había en su cerebro para Gutiérrez leía: "mañana fría, estación de tren".

Mi relación con Harold era diferente. Cuando nos invitaba, yo sabía que realmente nos quería ver.

A la semana siguiente fuimos a la alcaldía. Cuando entramos a su oficina, Harold tenía flores para Soraida. La abrazó y nos felicitó. Los tres conversamos por un rato. Él estaba contento; se sentía como si estuviera ganando.

—Otro Gutiérrez hermoso entrará al mundo. ¿Ya han escogido el nombre de ese niño que tiene tan buena suerte?

Soraida y yo nos miramos. Habíamos pensado sorprenderlo, pero no podíamos mantenerlo en secreto.

—Sr. Alcalde, hemos escogido un nombre. Si es varón le vamos a poner Harold.

Al principio el alcalde parecía pensar que le estábamos haciendo una broma. Luego se sonrió.

—¿Le van a poner a su hijo Harold Gutiérrez? —nos preguntó.

—Así es. Así le pondremos: no Geraldo, será Harold. Y esperamos que sea igual que usted.

Se dio cuenta de que hablábamos en serio. Hizo una pausa: —Bueno, es un nombre muy hermoso.

—Si es niña, tendremos que ser más creativos. No creo que Harolda suene bien, pero ya pensaremos en algo.

El alcalde se había sorprendido. Él se había entregado a su trabajo, pero creo que le recordamos por un momento que lo que había hecho por Soraida y por mí iba más allá de la política. Vio más allá del muchachito loco que se enfrentaba a los comisarios de barrio y que había sido vencido por Dan Rostenkowski. Me dio un empleo y una oportunidad. Me convirtió prácticamente en un funcionario elegido. El alcalde de la tercera ciudad más grande de los Estados Unidos tiene mucho de qué preocuparse. Había sorteado más problemas que la mayor parte de los alcaldes; había tenido que luchar todos los días;

había ganado algunas batallas y perdido otras. Yo sabía que era alguien importante para él, pero su mundo de amigos, aliados y enemigos era muchísimo más grande que el mío. Creo que esa tarde comprendió cuán importante él había sido para mí.

Hablamos un poco más acerca de la familia y la política, de nuestros planes para las vacaciones. Estábamos a principios de noviembre; faltaban un par de semanas para el Día de Acción de Gracias. Al despedirse nos abrazó a los dos. Nos dio las gracias.

"Hoy me han dado un regalo maravilloso, Lou", me dijo. Nuestra noticia lo había hecho feliz. Yo pensaba que el alcalde Harold Washington merecía ser feliz por todo lo que había hecho por mí y por todo lo que había hecho por la gente de Chicago.

SE ACERCABA EL DÍA DE ACCIÓN DE GRACIAS y yo había cogido unos días de vacaciones. No estaba pasando mucho; la ciudad estaba tranquila. Soraida y yo estábamos en casa, limpiando y arreglando todo para las fiestas. Nuestra familia iba a venir a celebrar el Día de Acción de Gracias con nosotros. Estábamos planeando la fiesta cuando sonó el teléfono. Lo contesté.

–Luis, soy el concejal Dick Mell. No te enojes ni te pongas nervioso. Tenemos que tomar una decisión importante. Él murió. Uno de mis hombres fue el paramédico. Van a decir por la televisión que todavía tiene una oportunidad, pero te digo que ya murió.

No sabía de quién hablaba.

–¿Quién se murió?

–Tu alcalde. Está muerto. Tenemos que decidir sobre algunas cosas y quisiera que me ayudaras. Yo quiero ser alcalde de la ciudad de Chicago; voy a conseguir los votos. Quisiera que tú mantuvieras tus opciones abiertas. No tomes decisiones apresuradas.

Le dije que no lo creía y enganché el teléfono. Me sentía mal. Le dije a Soraida lo que Mell me acababa de decir y le pedí que pusiera la televisión. Al principio solo estaba la programación regular de todos los días. Buscamos otras estaciones. Nada. ¿Sería una broma de Mell?

Entonces empezaron los informes especiales. Había reporteros frente a la alcaldía y frente al hospital Northwestern Memorial. Nadie estaba seguro de lo que estaba pasando pero en unos minutos todos hablaban de "un ataque cardíaco masivo". Estaba trabajando en su escritorio cuando sucedió.

Me abracé a Soraida, que lloraba. Yo también lloraba. Mi teléfono empezó a sonar; lo ignoré. No quería hablar con Mell de nuevo; no quería hablar con nadie. Quería ver a la gente que lo había querido como yo lo había querido. Me quedé un rato con Soraida y luego fui a mi oficina en la alcaldía.

Nadie sabía nada definitivo pero todos suponían que había muerto. Escogí el lugar equivocado para encontrar a gente que sintiera su muerte como yo. Muchos de mis colegas estaban siguiendo el ejemplo de Dick Mell y ya estaban confabulándose. La Asamblea Municipal tendría que escoger al próximo alcalde y la campaña había empezado.

Mell no era el único concejal blanco que estaba tratando de conseguir 26 votos. Terry Gabinski, el aliado de Dan Rostenkowski, también estaba haciendo campaña. Me estaban buscando para conseguir el apoyo de los latinos.

Se hizo evidente que el solo rumor de la muerte de Harold acabó con la unidad afroamericana. Siempre hubo un grupo de seis o siete concejales afroamericanos que apoyaron a Harold solo porque no se atrevían a oponerse a él. Estaban esperando que volviera la maquinaria política afroamericana, algo que no iba a pasar mientras Harold fuera alcalde. Uno de ellos me miró mientras estábamos todos en la alcaldía y me dijo, con una expresión de confusión en la cara: "No lo tome tan a pecho, Gutiérrez".

Pero no lo podía remediar. Aun antes de que el médico anunciara la muerte de Harold, ya estaban llegando las cintas negras a la alcaldía. Me quedé en mi oficina. El mundo político seguía girando fuera de mi oficina. Giraba, de hecho, más rápido que nunca. En Chicago la política no se detiene ante nada. Esa tarde, mientras observaba las maniobras, los cabildeos y las promesas proferidas, y mientras me daba cuenta de que algunos concejales negros estaban tan ansiosos de tomar ventaja de la muerte de Harold como los blancos, se me hizo claro que habíamos perdido algo más que a Harold. Habíamos perdido todo aquello por lo que habíamos luchado.

Harold había sido la razón por la cual yo había entrado en la política. Y ya no estaba.

CAPÍTULO CATORCE

Se prohíbe jugar gallos en el sótano

LOS DOLIENTES SE HABÍAN formado en una fila que salía de la alcaldía y le daba la vuelta a la esquina. Todos querían decirle adiós a Harold. Su cuerpo estaba en el vestíbulo del primer piso. El ataúd estaba cubierto con una bandera de Chicago y lleno de flores. Me quedé al lado del ataúd por mucho tiempo mientras los chicagüenses me pasaban calladamente por el lado. Muchos estaban desconsolados, avanzaban arrastrando los pies, como si la pena les hubiera paralizado las piernas. Salí por las puertas y llegué hasta el final de la fila, solo para dar la vuelta y volver a entrar. Los ciudadanos de Chicago compartían mi tristeza mucho más que los políticos. Estar con ellos me hacía sentir mejor.

Los dolientes eran increíblemente diversos. Había muchos afroamericanos, pero también había bastantes latinos y gente blanca. Harold me había dicho lo contento que se había puesto por haber conseguido el dieciocho por ciento del voto blanco contra Vrdolyak. Yo me preguntaba de dónde salía tanta gente, todos estos que hacían fila, tan solemnes y tristes, que querían honrar a un alcalde en su muerte como no lo habían hecho en vida. Pensé, "Harold, esto te hubiera encantado". Me sentía muy orgulloso de él, porque la fila de dolientes reflejaba lo que la política en Chicago hubiera podido ser si no se hubiera muerto.

Mientras Chicago lloraba su muerte, la Asamblea Municipal se echaba gasolina encima para prenderse en fuego. La ciudad que se había ganado el mote de la Beirut en el lago era un destino turístico comparado a lo que estaba pasando sin Harold. Se parecía más a Pompeya. Tras su muerte, todas las viejas rivalidades –las ambiciones reprimidas y las animosidades– explotaron como un volcán.

Los que apoyaban a Vrdolyak hicieron todo lo posible por elegir a uno de los suyos. Mell le había dicho a todo el mundo que solo necesitaba un voto para convertirse en el próximo alcalde. A todos les prometía villas y castillos con tal de recibir el voto que le diera una mayoría. De haber podido ofrecer la inmortalidad, lo hubiera hecho. Se rumoreaba que le había ofrecido la presidencia del Comité de Finanzas a los concejales blancos de afiliación progresista, o que había convencido a firmas de abogados que simpatizaban con él para que ofrecieran puestos bien remunerados a los concejales que votaran por él. Pero nadie cedía.

Entonces los blancos recurrieron a los cuatro concejales latinos. Ray Figueroa, Jesús García y yo siempre apoyamos a Harold. El único que había votado con la gente de Vrdolyak era Juan Soliz. Dos días después de la muerte del alcalde, Soliz nos pidió que nos reuniéramos con él. Juan nos dijo que la facción de Vrdolyak lo apoyaría a él si conseguía que uno de nosotros lo apoyara. Nos pidió que pensáramos en el poder que eso le traería a los latinos –pero, aún más importante, el poder que él le daría al que le diera el voto que lo haría alcalde. Parecía estar seguro de que su oferta era irresistible. La reunión fue breve, nos dejó para que tomáramos una decisión. Suponía que uno de nosotros, tentado por las riquezas que Juan le daría, rompería con los otros. Tan pronto salió, los tres nos miramos. La pregunta salió casi al unísono: "¿Se ha vuelto loco?". El único latino que se había opuesto a Harold Washington era la última persona que hubiéramos querido de alcalde.

Era entre los concejales negros donde se daba la verdadera negociación por la alcaldía. Gracias al liderazgo de Harold, muchos en la ciudad habían olvidado que un buen número de concejales negros habían llegado al puesto por medio de la maquinaria política del pasado. Pero esos concejales no lo olvidaban. Habían comenzado a tramar su plan el minuto mismo en que escucharon que Harold estaba en el hospital. Para cinco, seis o siete concejales afroamericanos, esta era la oportunidad que esperaban para deshacerse de sus máscaras progresistas.

Se habían hecho pasar por algo que no eran durante casi cinco años porque, de no hacerlo, las comunidades que representaban los habrían aplastado si se hubieran enfrentado a Harold. La coalición de concejales negros que se había tornado en un bloque sólido de apoyo para Harold no lo hacía por principios; se habían unido gracias a la fuerza incontenible y a la popularidad de Harold Washington. No hay otra manera de decirlo: había algunos concejales negros aliados a la maquinaria política que se sintieron aliviados con su muerte. Estaban listos para compensar por los años en que les tocó hacer fila calladamente y recibir solo lo que les tocaba mientras Harold reinventaba Chicago.

Bob Shaw y Bill Henry, los veteranos de la vieja maquinaria política, tomaron la delantera para elegir a uno de los suyos. Si alguien hubiera pedido nombrar a dos políticos típicos de Chicago, los selecionados habrían sido Bob y Bill. Shaw era alto y ancho de hombros, con una voz de trueno, y lucía un peluquín que se le notaba a leguas desde mucho antes de que yo fuera miembro de la Asamblea. Henry era bajito, rechoncho, y siempre usaba ropa llamativa y un anillo en el meñique. Había sido condueño de una compañía de refrescos, por lo que trató de que su marca, Soul Cola, se convirtiera en la bebida oficial de festivales de la ciudad como Taste of Chicago. Ambos habían estado a gusto cuando Jane Byrne fue alcaldesa. Conseguían trabajos y contratos. Les interesaba el empoderamiento, con tal de que fueran sus amigos personales los empoderados. Pero no podrían reemplazar a Harold con un tipo blanco. Necesitaban la cooperación de los blancos para apoyar a un candidato negro que estuviera dispuesto.

No sobraban votos en nuestra coalición pro Harold. Desde el momento en que entré a la alcaldía y vi la intriga y las tramoyas de las diferentes facciones me di cuenta de que teníamos problemas. ¿Qué le podríamos ofrecer a Bob Shaw para que estuviera con nosotros? ¿Ser fiel a la memoria de Harold? Harold nunca le había gustado.

No había esas divisiones entre la gente de Vrdolyak. Estaban unidos. Con la muerte de Harold, su futuro se llenaba de posibilidades. Tristemente, en un solo día habían pasado de sentir que no tendrían ningún tipo de poder con Harold por tres o cuatro cuatrienios, a acostarse esa misma noche con el sueño de llegar a ser alcaldes.

Con la política interna en contra, nos lanzamos a la calle para convencer a la gente. Les advertimos que había concejales negros que podían llegar a un acuerdo con los enemigos de Harold. En ceremonia conmemorativa pública en el Chicago Pavilion de la Universidad de Illinois, miles de personas abarrotaron el estadio de baloncesto. Uno tras otro, nos paramos para hablar de la necesidad de unirnos en torno a su memoria. Cuando fue mi turno dije lo único que yo pensaba que podría ser de ayuda.

"¡Debemos rodear la alcaldía porque es nuestra!", grité, sin estar seguro de que quisiera decir eso literalmente. La genté gritó y aclamó. Una vez que terminé y me senté, el reverendo Jesse Jackson, quien había regresado de su campaña presidencial, se me acercó para decirme: "Debes ser un poco más cuidadoso con lo que dices". Hasta a él le preocupaba que mi sugerencia fuera demasiado peligrosa.

Chicago necesitaba un alcalde y la gente de Vrdolyak presionaba por una votación. Sobre todo cuando fue evidente que los afroamericanos que no le eran fieles a Harold habían escogido un candidato.

Eugene Sawyer era el afroamericano más longevo en la Asamblea Municipal de Chicago. Era de trato suave y conciliador. No se veía ni actuaba como Shaw o como Henry. Siempre me había caído bien Gene. Aunque votaba fielmente con la maquinaria antes de que Harold llegara, también fue el primer concejal afroamericano en apoyarlo. Otros se quejaban amargamente de que los latinos recibían más de la cuenta de parte de la alcaldía; a él nunca le escuché refunfuñar.

A Gene lo respetaban más que a los otros afroamericanos. Tenía porte de alcalde. Al principio solo decía que "lo más importante es la unidad". Lo mencionó varias veces. Decía que lo que hacía falta era un candidato de consenso. Tenía una idea de quién debería ser ese candidato: él mismo.

Cuando Gene anunció su interés en ser el próximo alcalde, sabía que la mayoría de nosotros apoyaba a Tim Evans, el joven y expresivo líder de la Asamblea que Harold había escogido para que presidiera el comité de finanzas. Todos se llevaban bien con Tim, a pesar de haber sido parte de la maquinaria política tradicional antes de la llegada de Harold. Muchos de nosotros hubiéramos preferido a Danny Davis, quien había derrotado a un concejal de la parte oeste de Chicago para entrar en la Asamblea. Los que apoyaban a Harold estaban divididos desde un principio, pero Evans parecía una opción razonable para todos.

Nunca sabré si Gene pensaba que de alguna manera podría convertirse en una opción de compromiso para nuestra coalición. Me gustaría pensar que esa era parte de su motivación. Quizás pensaba que podría llegar a una tregua entre nosotros y los tipos negros que cerraban filas con la maquinaria política. Aun así, nos quedábamos con Evans.

Los concejales blancos sabían que Eugene Sawyer era alguien que podría trabajar con ellos. Habían tratado de elegir a Mell o a Gabinski. Eso no llegó a ningún lado. Ningún latino apoyaría a Juan Soliz. Se quedaban sin opciones. Lo mejor que podían hacer con la mano que les había tocado jugar era elegir a un alcalde negro que pudieran tolerar, uno que jugara su juego antes de descartarlo por un candidato blanco en la próxima elección. El trato estaba hecho. Gene Sawyer tenía los votos para ser alcalde: todos los aliados de Vrdolyak, más cinco o seis –él alegaba que había más– de sus colegas afroamericanos.

La noticia me sorprendió. Pensaba que Gene entendía la traición que sentirían los que votaron por él –y todos los que habíamos querido a Harold– al verlo asociado con la misma gente que se le había opuesto a cada oportunidad, los que se habían burlado de él, los que habían apoyado a un candidato republicano rival, haciendo todo lo posible por derrotarlo.

En algún momento Eugene Sawyer se dio cuenta de que lo único que tenía que hacer para convertirse en alcalde de Chicago era decir que sí. No tenía que convencer a un solo votante común y corriente. No tenía que recaudar millones de dólares. La alcaldía le había caído del cielo. Solo tenía que sellar el trato. Probablemente nunca había considerado la posibilidad de hacerse cargo de la ciudad –conseguir la oficina grande del quinto piso, la limusina y el chofer, todos esos contratos y trabajos para repartir… De la noche a la mañana tenía el poder al alcance de la mano, envuelto en papel de regalo con un lazo de cinta. Solo tenía que desenvolverlo.

La votación se pautó para la tarde del 1 de diciembre, menos de dos semanas después de la muerte de Harold. Estuvimos buscando a Gene en la alcaldía todo el día: queríamos convencerlo de que no lo hiciera. De vez en cuando lo veíamos por el pasillo rodeado por los que lo apoyaban, yendo de una oficina a otra. Los políticos atraen séquitos de la misma manera que las Kardashian atraen a los *paparazzi*. Se podía ver a Gene levitando en los pasillos entre una manada de gente vestida de saco y corbata –gente que ya le tenía el ojo puesto a la oficina del director de personal, los que ya salivaban con la idea de medrar del clientelismo y cortar el bizcocho. Se había apartado de la realidad detrás de un muro de gente que lo aislaba de las noticias negativas. Que no se preocupara por la indignación que estaba aflorando, le decían, ni por la muchedumbre que le llamaba Judas a las afueras de la alcaldía.

Jesse Jackson tenía razón sobre las multitudes que rodeaban la alcaldía. No estaban molestos: estaban furiosos. Una vez que se regó la noticia de que un grupo de afroamericanos votaría con la facción de Vrdolyak, la alcaldía se llenó de gente. Los afroamericanos protestaban en las oficinas de los concejales que sospechaban que votarían a favor de Sawyer. No pasó mucho tiempo antes de que los diez o doce votos que Gene aseguraba que tenía se convirtieran en cuatro o cinco, e incluso esos concejales se tuvieron que esconder de los votantes que habían venido desde sus distritos a protestar.

La policía había redirigido el tráfico alrededor de los manifestantes que rodeaban la alcaldía. Adentro, los pasillos se llenaban rápidamente. Había policías en cada pasillo tratando de mantener algunos espacios libres para que se pudiera caminar. No cabía un alma en la sala de la Asamblea. La consternación había dado paso a una rabia que se podría tornar violenta en cualquier momento. Sin la presencia de la mayoría de la policía de Chicago, probablemente no hubiéramos podido reunirnos. Durante la votación de esa noche, cualquiera hubiera podido cometer una fechoría en la ciudad. La policía no daba abasto asegurándose que no le pasara nada a Gene Sawyer.

Las noticias reportaban que Gene vacilaba. Él no llegaba aún a la reunión. Atrasamos el comienzo de la sesión. El tiempo pasaba lentamente. La atrasamos de nuevo. Nadie parecía saber qué estaba sucediendo. La gente esparcía rumores.

"Sawyer se desmayó. No lo hará".

"Gene está enfermo, se lo acaban de llevar al hospital en una ambulancia".

"Se dio de baja. Tenemos que empezar el proceso nuevamente".

Nadie sabía qué creer.

Finalmente alguien lo encontró. No estaba en el hospital, pero se veía muy mal. Lo convencimos de que se reuniera con nosotros. Nos reunimos en la oficina del comité de finanzas de Tim Evans. Uno a uno, todos le pedimos que reconsiderara. Se veía como un hombre que había cometido un grave error, un error del que se arrepentía profundamente. Parecía un personaje de una película de zombis – alguien que había dejado su cuerpo y su mente atrás. ¿Quería ser alcalde? Bueno, ¿a qué político no le gustaría ser el alcalde de la tercera ciudad más grande del país? Pero las protestas de la multitud le hacían entender el precio que pagaría por sentarse en ese escritorio.

Le pedí que esperara.

"Gene, esto no se tiene que hacer hoy. Vamos a tomarnos un respiro. Introduciré una moción para suspender las actividades y así aplazamos la votación. Nos conviene tomarnos un tiempo para darle más pensamiento a esto. Siempre hemos sido amigos. Tú no eres así", le dije. Pensaba que hacer lo que le pedía era lo correcto. Quizás necesitábamos un candidato totalmente nuevo. No era absolutamente necesario irnos con Tim Evans, Harold no había dejado un testamento notariado designándolo a él como alcalde. Le dije a Gene que podíamos llegar a un acuerdo. Él apenas habló. Quizás lograríamos que entrara en razón.

Justo cuando Gene consideraba nuestra petición, las puertas se abrieron. Todos miramos. No habíamos invitado a nadie más.

Era un concejal blanco descontento. Ni siquiera nos miró. No le interesaba hablar con nadie que no fuera Gene Sawyer, a quien miró a los ojos.

"Gene, esto puede ir de dos maneras. Puedes venir a la Asamblea Municipal para que te hagamos alcalde, como nos prometiste". Enfatizaba las palabras "nos prometiste" como si fueran una amenaza. "O te puedes quedar aquí como un cobarde y te elegiremos alcalde sin que estés presente. De una manera o de otra al final del día serás alcalde. Debes salir de aquí y reunirte con los que te apoyan. No les hables más a esta gente". El concejal se quedó ahí parado, como si esperara a un cachorro que le iba a seguir los pasos.

No recordaba otra ocasión en que le hubieran hablado así a un miembro de la Asamblea Municipal de Chicago, (excepto aquella vez que leí los impuestos de propiedad de cada uno de ellos en voz alta). Pensé que se había pasado de la raya, que Gene lo mandaría al carajo. Pero Gene no lo refutó, simplemente se paró y lo siguió. En aquel momento me pareció que todo había terminado. Era como si Gene Sawyer estuviera en trance. Algunos de nosotros intentamos ir tras él, pero ya se había escurrido por la puerta y desaparecido por el pasillo.

El día había dado paso a la noche. Los manifestantes estaban furiosos, hambrientos e impacientes. Gene parecía estar listo para ser alcalde. Lo vi llegar al pleno de la Asamblea con su equipo de trabajo. Se le habían sumado algunos ministros religiosos que oraban por él, tratando de hacerle sentir que estaba haciendo lo correcto. Hasta las iglesias se pueden beneficiar de contratos municipales.

Los fieles de Vrdolyak tenían un último obstáculo que vencer antes de elegir a Gene Sawyer. El alcalde interino era David Orr, el concejal que había tratado de evitar que a Bernie Stone le diera un ataque al corazón el día de mi truco con los impuestos de la propiedad. Él había sido aliado de Harold. David controlaba los turnos para hablar en el pleno y en las mociones, incluso la del nombramiento del alcalde.

Pasaron horas, más allá de la medianoche y hasta la mañana, sin que David le hiciera caso a los tipos de la maquinaria política que pedían a gritos un turno. Eran invisibles. David Orr solo le concedía la palabra a los aliados de Harold. No podíamos cesar las labores y tampoco podíamos elegir a Evans. No teníamos los votos para hacerlo. En su lugar, uno a uno, hacíamos discursos que santificaban a Harold Washington y vilipendiaban a Eugene Sawyer.

Gene estaba atornillado a su silla, sin moverse un centímetro. Los concejales blancos formaban un escudo humano a su alrededor para protegerlo de las burlas y abucheos del público. Al comenzar la sesión, la gente que estaba en las gradas comenzó a tirar cosas. Finalmente comenzaron a tirarle menudo —centavitos y vellones. Los concejales blancos se vieron forzados a esquivar monedas durante toda la sesión. La policía seguía sacando a gente de las gradas, pero por cada seguidor de Harold desalojado, surgía uno nuevo que lo reemplazaba. Era como una piñata llena de partidarios de Harold.

Se sentía el peligro en el aire. Se rumoraba que Bill Henry llevaba un chaleco a prueba de balas bajo su traje. Una línea de defensa frente a Gene lo mantenía a salvo. Pero nada lo salvaba de los abucheos. Todos los que tenían turno para hablar tenían que gritar para ser escuchados. Yo fui más severo con Gene que la mayoría de los que se pararon a hablar.

Estábamos indignados. Había razones para estarlo. La gente que ahora elegía a Sawyer había pasado años obstruyendo las iniciativas progresistas que Harold tenía para Chicago. Los habíamos vencido. Ahora corríamos el riesgo de perderlo todo, por un solo voto. Parecía algo sacado de un drama de Shakespeare. Nos peleábamos entre nosotros y nuestros enemigos reían.

A pesar de eso, desearía no haber sido tan duro con Gene Sawyer esa noche. Debí de haberle dicho en público lo mismo que le dije en privado. Debí haber dicho, "Tomemos un respiro. Busquemos una solución pacífica". Siempre pensé que Gene Sawyer era un hombre bueno en el fondo. Debimos de haber apelado a la persona que era antes de convencerse de que sería el próximo alcalde.

Puede que nunca nos hubiera escuchado. Un hombre negro se puede tornar blanco: así de pálido se veía Gene durante la sesión. Se hundía en su silla, perdido. Tuvo que soportar los gritos de cada uno de sus compañeros. Él lo recibía todo sentado, rodeado por una muralla de gente que odiaba a Harold Washington y que lo convertiría en el próximo alcalde.

Todos los partidarios de Harold hablaron por turno para condenar las intenciones de Gene Sawyer. Dick Mell se hartó de esperar. Se trepó en el escritorio con las manos arriba, exigiendo un turno.

Llegó el momento en que David Orr no pudo aguantar más. ¿Qué más podía hacer? ¿Lograr que la sesión se extendiera por una semana? Orr le dio un turno a un concejal de la maquinaria política. Nominaron a Sawyer y lo alabaron con sus discursos. El secretario de la Asamblea pasó lista para el voto. Eran las cuatro de la mañana. Desde que había asumido mi puesto de concejal del distrito electoral 26, cuando le entregué la Asamblea Municipal a mi mentor, habíamos ganado votación tras votación. Pero Harold ya no estaba; perdimos la única votación que realmente importaba. Eugene Sawyer era el nuevo alcalde de Chicago.

RECORDÉ TODAS LAS HORAS que caminé por el distrito electoral 26, todas las millas que se acumularon entre las visitas a los cafetines, a las reuniones comunitarias y a los clubes de barrio. Había querido ser concejal, pero mi motivación principal era ayudar a Harold que había logrado el control de la Asamblea durante dos años. Harold era mi brújula política. Ahora ya no estaba. Me sentía a la deriva. Los nuevos caciques se dieron a la tarea de reorganizar la Asamblea. Yo era presidente del Comité de Eventos Especiales. Eliminaban a los líderes de los comités importantes primero. Llegué a la conclusión de que pasaría algún tiempo antes de que se deshicieran de mí. Me tomé un respiro para aclarar mi cabeza.

Me fui a Iowa. Era mi primer viaje al extenso Medio Oeste para hacer campaña por un candidato afroamericano a la presidencia entre los maizales. Estaba allí por Jesse Jackson. No tenía una relación cercana con él, como la había tenido con Harold, pero hacer campaña por alguien en quien creía me vigorizaba. Fuimos de puerta en puerta en busca de latinos que pudiéramos convencer de que fueran al *caucus* a apoyar a Jesse. Se nos hizo difícil encontrarlos. Fue mi primera experiencia política fuera de Chicago. Era un buen recordatorio de que la disfuncionalidad de la Asamblea Municipal de Chicago no se extendía de costa a costa. También me recordó que aún quedaba mucho por hacer en mi distrito electoral. Simplemente tendría que trabajar más duro. Mi experiencia en el Congreso me ha enseñado que lograr que las cosas se hagan cuando estás en minoría es como empujar una gran roca cuesta arriba. Harold siempre me había ayudado, había sido bueno con el distrito electoral 26. Gene Sawyer no sería de mucha ayuda.

DE VUELTA EN CASA, tenía mucho con qué distraerme de mi tristeza y mi decepción. Soraida y yo esperábamos nuestro segundo hijo. Omaira había cumplido ocho años y estaba emocionada por el hermanito o la hermanita que venía de camino. Acondicionamos un cuarto para el bebé en el dormitorio adicional; dedicamos mucho tiempo a pintarlo, a prepararnos para el nuevo miembro de la familia.

La víspera del Día de San Valentín, Soraida dio a luz a una niña hermosa. Habíamos discutido qué nombre le pondríamos y decidimos ponerle uno que nos parecía justo. La enfermera se vio confundida cuando le dije el nombre que pondríamos en el certificado de nacimiento.

–¿Pero su apellido no es Gutiérrez? –preguntó.

–Sí. Pero este es su nombre completo –le respondí.

Poco tiempo después el resto de Chicago también le dio la bienvenida. Un reportero del *Chicago Defender*, el periódico afroamericano de la ciudad, me preguntó el nombre de mi hija y lo publicó.

Unos días más tarde las cartas y las tarjetas comenzaron a llegar.

Una persona tras otra nos escribía: "Gracias concejal, Harold merece que lo recuerden".

La carta que más recuerdo decía: "Escogió el nombre justo. Sé que su hija será una luchadora, igual que Harold".

Las cartas nos hacían pensar en Harold y nos llenaban de orgullo. Nuestra hija también se enorgullece de su nombre. Siempre le dice a todo el mundo su nombre completo, y cada vez que llena una solicitud que requiere que lo ponga, lo escribe con su segundo nombre incluido: Jessica Washington Gutiérrez.

SEGUÍA TRABAJANDO, haciendo lo mejor que podía. Si hacías bien tu trabajo como concejal, la gente que representabas te veía como la solución a todos sus problemas. Su congresista es alguien más distante. El concejal es la persona del vecindario que siempre está disponible. A veces, sin embargo, uno desearía que no estuvieran tan prestos a pedir ayuda.

Tenía la costumbre de darme la vuelta por una bodega del barrio que le pertenecía a un puertorriqueño entrado en años llamado Pedro. Siempre me había apoyado y estaba encantado cuando me eligieron.

Era uno de muchos empresarios puertorriqueños que había sufrido el acoso o el menosprecio de Mike Nardulli y la alcaldía. Estaba listo para acoger a alguien que hablara español y que le diera una mano si lo necesitaba.

Lo fui a ver un día. Estaba exaltado; tenía ganas de hablar conmigo. Estaba en crisis, tenía un misterio que quería que resolviera. Me lo explicó todo en un español apresurado.

—Concejal, la ciudad está por suspender mi licencia para expendio de alcohol. Eso me liquidaría. Me obligarían a cerrar. No es justo.

Le pregunté por qué.

—Un inspector vino y me dijo que quería ver lo que había en el sótano. Lo llevé abajo sin que me importara mucho. ¿Qué podría haber en el sótano? Pues no vas a creer lo que encontró. Yo no lo puedo creer tampoco. No sé cómo pudo haber pasado.

Pensé que se trataba de comida dañada, o quizás de condiciones insalubres. Pero Pedro seguía exaltado, hablando con rapidez.

—En mi sótano hay un montón de sillas ordenadas en un círculo. En la esquina hay varias jaulas. ¿Sabe lo que hay en esas jaulas? ¡Gallos! Algunas jaulas tienen gallos. ¿Lo puede creer? ¿Cómo fue que estos animales se metieron en el sótano de mi tienda? El inspector dice que aquí hacemos peleas de gallos. ¡Que forzamos a los gallos a pelear! Esto es terrible, le dije. No sé cómo se metieron allá abajo. Luis, alguien me puso una trampa. Me voy a quedar sin el negocio por estos gallos. Necesito su ayuda.

Lo miré fijamente. No sonrió. No titubeó. Lo conocía bien. Llevaba un año entero comprándole pan. Él sostuvo mi mirada. Se mantuvo firme. Yo movía la cabeza de lado a lado. Pedro no iba a cambiar su historia; estaba seguro de lo que decía. De alguna manera, alguien había metido gallos y jaulas y sillas en su sótano.

—Vaya —dije—. ¿Cómo pudo haber pasado eso?

—No sé. Es terrible —dijo—. Yo nunca permitiría algo así.

Pensé que me daría un suave codazo de complicidad. Las peleas de gallo son legales en Puerto Rico. Uno no tiene que ir muy lejos para encontrar un sitio donde se estén llevando a cabo. Algunos lugares tienen letreros que anuncian las peleas con dibujos de gallos fieros. Al día de hoy en las afueras de San Sebastián se pueden encontrar bares donde hay peleas de gallo. No era posible que Pedro no tuviera idea de lo que estaba pasando en su sótano.

Pero Pedro no se iba por la ruta de "Soy puertorriqueño, no sabía que eran ilegales". Había llegado a la conclusión que su mejor opción era alegar que no tenía idea de nada. Pensaba que por esto era que había votado por un concejal puertorriqueño. Había ayudado a elegir a un tipo que protegería a los boricuas.

Constantemente me encontraba con puertorriqueños que habían sido ignorados o fastidiados por años y ahora pensaban que les había llegado el turno de sacarle algo al gobierno de la ciudad. Por supuesto que tenían razón. Nuestra comunidad había sido ignorada pero el derecho de hacer peleas de gallos en los sótanos no estaba en mi lista de prioridades.

—Pedro, ¿qué les pasó a las aves?

—Unos empleados de la ciudad se las llevaron.

—Muy bien. Sabes que esas cosas no pueden suceder en tu sótano, ¿verdad? Está mal. Hay leyes que lo prohíben. No importa si alguien los metió allí en medio de la noche —le dije.

—Por supuesto —la cara de seriedad no le cambiaba.

—¿Estás seguro de que esto no volverá a pasar? Quizás necesitas conseguir una puerta más segura. Si pasa de nuevo, no te puedo ayudar.

Me aseguró que no volvería a suceder. Se me ocurrió que de haber sido el alcalde de San Sebastián no tendría estos problemas. Allá yo tenía la costumbre de picar vísceras de cerdo en el patio de atrás y a nadie le importaba. Llamé a la gente de la Asamblea Municipal. Les dije que cerrar la tienda de Pedro era una medida exagerada. Pedro no tenía una ejecutoria delictiva. ¿Qué tal una multa y una suspensión? Que le revocaran la licencia si lo volvía a hacer. El gobierno de la ciudad accedió a suspenderle la licencia por un par de meses.

Uno recibe muchas lecciones políticas al ser concejal. Una de ellas es que a veces no se puede ganar. Nadie más se hubiera molestado por encontrar una solución justa a las peleas de gallo que Pedro permitía en su sótano, pero Pedro se terminó enemistado conmigo porque le revocaron la licencia, aunque fuera temporalmente. Me tuve que surtir en otra bodega en lo que reactivaban la licencia de alcohol de Pedro y él se contentaba de nuevo.

SIEMPRE HABÍAMOS HECHO todo lo que podíamos por los residentes blancos del distrito electoral que habían apoyado a Vrodlyak y a Manny Torres. Yo pensaba que habíamos cerrado una brecha cuando comenzaron a llegar para pedirnos ayuda.

Una tarde, un polaco mayor que tenía una charcutería en la avenida Chicago, en la parte ucraniana del vecindario, se presentó con una crisis. La ciudad quería cerrarle las puertas, igual que a Pedro. El problema era que ahumaba las carnes de la charcutería con su propio fogón en el callejón trasero. Yo conocía su establecimiento, era muy popular. El olor del jamón polaco ahumado se podía sentir en toda la cuadra. Pero el edificio quedaba en una zona que no tenía permisos para ahumarlas. Alegaba que su negocio fracasaría de no poder ahumarlas él mismo.

A pesar de los ataques que me lanzan los miembros del *Tea Party*, el hecho de ser progresista no quiere decir que sea antiempresarial. Mi deseo era que todos los negocios de mi distrito electoral prosperaran (con la excepción de las peleas de gallo). Nadie se había quejado de las carnes ahumadas. El dueño de la charcutería me dijo que había llegado de Varsovia a los Estados Unidos hacía dos años. Traía consigo un sobre lleno de permisos y documentos oficiales del banco. A duras penas hablaba inglés y era evidente que no entendía las reglas locales. Me podía imaginar a mi padre cometiendo el mismo error. Le dije que lo ayudaría.

Tras negociar con el departamento de urbanismo, regresé a la charcutería.

–¿Crees que puedes ahumar todas las carnes en dos días? Podría conseguir que el departamento de urbanismo te permitiera ahumar carnes dos días a la semana –le dije.

Estaba encantado. Me dio tremendo apretón de manos. Claro que podría ahumarlo todo en dos días.

–Salvaste mi negocio–me dijo.

Al día siguiente regresó. Pensé que tenía otro problema. En vez de eso, me sonrió mientras me entregaba un sobre abultado.

–Un regalo para ti –me dijo con su acento polaco.

El regalo era un sobre repleto de billetes de cien dólares.

–Cinco mil dólares. Por haberte tomado la molestia. Lograste que no perdiera mi negocio –me dijo sin dejar de sonreír.

Cinco mil dólares son muchos billetes de cien. Le eché una mirada –me dio curiosidad ver tanto dinero en efectivo– y se lo devolví.

–No puedo aceptar eso. Vas a lograr que los dos nos metamos en líos –le dije.

Frunció el ceño. Parecía estar genuinamente decepcionado. Estaba confundido, quizás me había entendido mal. Miraba el sobre y luego me miraba a mí.

–¿No lo quiere? –preguntó.

–Solo estaba haciendo mi trabajo –le respondí.

Se metió el sobre en el bolsillo de su abrigo.

–Sabe una cosa, tenía miedo de insultarle. En Varsovia cinco mil dólares es muy poco por lo que hizo. Los comunistas hubieran querido mucho más. Esto es una ganga.

Después de eso se fue. Durante todo el tiempo que fui concejal, él siguió ahumando sus carnes y administrando un negocio próspero.

COMO CONCEJAL, a veces uno se siente muy bien por haber ayudado a lograr un cambio en la vida de las personas. Otras veces los días se van en tratar de reparar lo que no tiene arreglo. Algunas peticiones eran imposibles. Había quienes se mudaban al lado de un bar y luego se quejaban por el ruido. Otros se mudaban a la cuadra de una iglesia y luego no entendían por qué no había estacionamiento los domingos. Yo intentaba ayudarlos a todos. Pero Gene se deshacía de mis amigos en la alcaldía, conspiraba con la gente de Vrdolyak para quitarles poder a los aliados de Harold. Una vez que viajé a Puerto Rico a visitar a mis padres, recibí una llamada del concejal John Madrzyk.

—Me voy a encargar de tu comité a partir de la semana que viene —me dijo—. Pensé que querrías poner a tu gente sobre aviso.

Le dije que debería considerar darle a la gente que trabajaba para mí un par de meses en vez de un par de semanas. Se rio de mí.

—¿Para qué querría yo hacer eso? —preguntó.

—Porque sin mí nunca encontrarás los treinta mil dólares adicionales que hay en el presupuesto del comité. Están escondidos en un rubro del presupuesto que nunca encontrarás —le dije.

Cuando Vrdolyak se hacía cargo de la Asamblea Municipal y controlaba todos los comités, siempre había dinero escondido. Lo enterraban en apartados insignificantes del presupuesto, y en los comités había tanto dinero escondido que probablemente nunca lo encontramos todo. Con la ayuda de Walter Knorr, yo había encontrado treinta mil dólares escondidos por la gente de Vrdolyak en el presupuesto del Comité de Eventos Especiales. Los había utilizado para respaldar el primer Festival de Cine Latino de Chicago. Sabía que Madrzyk no los encontraría. Vrdolyak era un verdadero Houdini cuando se trataba de esconder dinero de los contribuyentes.

Madrzyk no estaba convencido.

—Encontraré ese dinero, si es que realmente existe —me dijo.

—Buena suerte —le contesté.

Unos días después me volvió a llamar: —Está bien, tu gente se puede quedar dos meses más. ¿Dónde está el dinero?

Le dije donde estaba. Lamentablemente, Madrzyk lo utilizó para pagarle a gente que nunca iba a trabajar. Unos años después terminó en la cárcel por una estratagema de nóminas fantasma.

Gene Sawyer y sus aliados me quitaban la capacidad de ayudar a la gente. Me había llegado el momento de pensar en qué vendría después de la Asamblea Municipal de Chicago.

Me gustaba ayudar a la gente para que ahumaran sus carnes y mantuvieran sus bodegas abiertas. Sin embargo, quería hacer más. Los reporteros siempre me preguntaban si tenía planes de lanzarme para el Congreso. Pensaban que si estaba tan chiflado como para enfrentarme a Rostenkowski por el puesto de asambleísta, ¿por qué no para el Congreso? Mi única contestación era que lo estaba considerando. Los años ochenta llegaban a su fin, una nueva década traería nuevos distritos municipales y congresionales. La población latina había crecido, un mapa equitativo les daría a los latinos la oportunidad de elegir a un congresista.

Mientras más tiempo le dedicaba a resolver problemas de recolección de basura y licencias de alcohol, mayores eran las ganas de dedicarme a trabajar en programas públicos. Nuestro logro más grande en Humboldt Park había sido la construcción de más viviendas asequibles. Uno por uno le hicimos frente al problema de los lotes abandonados. Los que tenían problemas de impuestos los transferíamos a la Corporación de Desarrollo Económico de Bickerdike, liderada por Bob Brehm, una organización sin fines de lucro dedicada a la vivienda de bajo costo. Donde una vez se congregaban bandas dedicadas a vender drogas o donde había lugares que las compañías utilizaban para descartar la basura ilícitamente, ahora se construían cientos de casas hermosas. Cerramos los lotes que no lográbamos vender para que no se utilizaran como vertederos ilegales. Quería disponer de más tiempo para trabajar en asuntos como el de la vivienda. El Congreso era el lugar para hacerlo.

ANTES DE RESOLVER MI FUTURO POLÍTICO, la ciudad de Chicago se preparó para escoger a un nuevo alcalde. Sawyer había sido designado para terminar los últimos dos años del término de Harold. Una nueva elección se acercaba.

Tim Evans tenía planes de lanzarse, posiblemente con un tercer partido. Un progresista blanco que siempre había apoyado a Harold, Larry Bloom, también había anunciado que se lanzaría. Un nuevo y supuestamente mejorado Rich Daley entraba asimismo en la contienda. Unos cuantos fieles de Harold querían apoyar a Sawyer contra Daley en la primaria demócrata. Luego apoyarían a Evans en caso de que Daley ganara. Otros se ausentarían de la primaria para apoyar la candidatura de Evans por medio de un tercer partido. Dondequiera que miraba, la antigua coalición de Harold se desmoronaba.

La idea de un tercer partido no me atraía. Los partidos emergentes son partidos fracasados. En Chicago la gente vota por los demócratas. Esos son los candidatos que ganan. Solo basta con preguntarle a Bernard Epton. O a Ed Vrdolyak. O a Tom Hynes. Todos los candidatos de un tercer partido habían fracasado estrepitosamente en la última década.

Además, el haberle dado la espalda al candidato demócrata fue lo que me había enfurecido de la gente de Rosty en primer lugar. No me parecía bien que nos enfadásemos cuando un demócrata blanco abandonaba el partido, pero cuando nosotros hacíamos los mismo nos sintiésemos moralmente superiores. Apoyaba a Tim Evans sobre Gene Sawyer, pero la candidatura por medio de un tercer partido era meterse en arenas movedizas. Quería hablar con Tim Evans sobre su campaña. Coordiné una reunión. Él la canceló. Lo volvimos a intentar, pero pronto quedó claro que no llegaríamos a reunirnos.

Mientras que Tim Evans y yo íbamos de un desencuentro a otro, había otro líder político que intentaba contactarme. Estaba en mi oficina del distrito cuando recibí una llamada de Tim Degnan, la mano derecha de Rich Daley en su campaña política.

–Concejal, ¿sería posible que nos reuniéramos? Y me gustaría invitar también a Bill Daley, el hermano de Rich –me dijo.

–¿Su hermano? ¿No me digas que esto es como los Kennedy? –le dije entre risas. Acordamos reunirnos en mi casa.

Le dije a Soraida que tendríamos invitados ese jueves. Que dos tipos irlandeses con apellidos como Daley visiten el hogar de los

Gutiérrez no es pan de cada día. Ella se preguntaba qué me traía entre manos. Le di instrucciones específicas a Soraida de cómo quería que transcurriera la reunión. Ella estaba un poco perpleja, pero me siguió la corriente.

Degnan y Daley llegaron aquel jueves en la tarde. Les serví a mis invitados irlandeses algunos platos de la mejor panadería puertorriqueña del barrio. Nos reunimos en la sala. No conocía a Bill Daley. Parecía que, efectivamente, estaba jugando el papel de Robert Kennedy. Era un tipo inteligente y comedido que hacía muchas preguntas —más empresario que político. Las bromas por la manera en que su hermano maltrataba el inglés eran de uso corriente. Construir oraciones expresivas no era el fuerte de Rich Daley. Bill no tenía ese problema.

No se demoraron mucho en informarme lo que querían. Fueron al grano.

—Nos gustaría que apoyaras a Rich y que te convirtieras en una piedra angular de la campaña. Has demostrado que eres un líder. Queremos que seas un líder de Rich Daley en la Asamblea Municipal de Chicago.

Los escuché. Sabía que el tiempo era corto, pero ellos apenas empezaban.

El énfasis estaba en hacer la paz, armar una coalición que reuniera elementos de toda la ciudad para lograr que las cosas se hicieran. No se trataba de volver al Beirut en el lago.

—Queremos detener las peleas y las recriminaciones, demostrarle a Chicago que eso está en el pasado —dijo Bill—. Tenerte al lado de Rich Daley sería una de las maneras más elocuentes de enviar ese mensaje.

Entendí lo que proponían. Si lograban desarmar a la persona que muchos en Chicago veían como el francotirador de la Asamblea Municipal antes de que la guerra empezara, eso haría ver a Daley como un hombre de paz. Asentí calladamente mientras escuchaba. Aún tenían mucho más que decir.

Soraida salió de la cocina en medio de la presentación que hacían Daley y Degnan, justo a tiempo. Traía consigo los abrigos de nuestros invitados irlandeses y se los entregó; había transcurrido menos de media hora desde que franquearan la puerta. Parecían perplejos. Yo apenas había hablado. Me miraban como si hubieran hecho algo mal, o quizás se preguntaban si habían llegado a la hora que no era.

–Lo siento, caballeros. Tenemos un día muy ocupado. Nos mantendremos en contacto para hablar más de esto –les dije.

Tomaron sus abrigos y se fueron pensando que habían arruinado el acuerdo. Una vez que estuvimos solos, Soraida me dijo que había sido descortés con ellos. Quería saber cuál era la razón para ser tan abrupto con ellos.

–Porque no quiero que se lleven la impresión de que será fácil, si es que me uno a la campaña de Daley. Es como el vino, hay que dejarlo respirar. Lo tomaremos a sorbos –le contesté.

Llamaron al día siguiente. Acordamos otra reunión. Me dijeron que se reunirían en cualquier sitio que no fuera mi casa. Le di vueltas al asunto. Evans definitivamente se lanzaría como candidato de un partido emergente. Los afroamericanos todavía estaban furiosos con Sawyer, lo que le aseguraba una victoria a Daley en la primaria. Daley, por su parte, refinaba su mensaje de paz para la ciudad. Había contratado a un equipo de consultores políticos jóvenes, inteligentes y progresistas. Entre ellos estaban David Axelrod y Rahm Emanuel, quienes habían puesto manos a la obra para rediseñar la imagen de Daley según un modelo distinto al de su padre. Richard M. Daley parecía entender que el tiempo de Richard J. Daley había pasado. No quería ser un político más de la maquinaria, sin contactos con los barrios negros y latinos de Chicago.

Su estrategia estaba funcionando. En el área de Chicago a orillas del lago, los progresistas blancos se apresuraban a apoyarlo. Para ellos era fácil abandonar la coalición de Harold Washington. Pero no cabía duda de que si yo lo hacía, muchos de los seguidores más fieles de Harold me tildarían de traidor.

Lo consulté con otros que formaban parte de mi organización política y con los fieles de Harold. "Tienes que apoyar a Evans", me decían, como si no hubiera otra opción.

"¿Ah, sí?", preguntaba yo. "¿Tim Evans es Harold Washington? Ojalá lo fuera, pero no es así."

Hablé con cuanto votante pude. Me la pasaba en el vecindario. La gente hablaba de Daley. Parecía caerles bien. Muy al principio de la campaña por la alcaldía, llevé a cabo una encuesta informal. Fui a una barbería puertorriqueña, unos de los lugares más activos del barrio. Me senté calladamente en una esquina y escuché. A los puertorriqueños les encanta hablar de política. Uno se entera de muchas cosas mientras espera su turno para sentarse en la silla del barbero.

"No me gusta Sawyer. No estoy de acuerdo con lo que le hizo a Harold Washington", decían allí. No había nada de sorprendente con eso. No tenían razón alguna para estar con Gene Sawyer. Entonces escuché algo que estaba en boca de muchos: "Concejal, ¿qué opina de Daley? Puede que no sea tan malo. La gente por aquí no estaría muy molesta si lo apoyas". A algunos de los de más edad incluso les gustaba el padre de Daley.

Los escuché. Los puertorriqueños no eran tan diferentes a los afroamericanos y a los liberales blancos de la Asamblea. Más allá de la política progresista, lo que los había convertido en partidarios de Harold Washington era la fuerza de la personalidad del propio Harold. Cada vez había más personas en mi vecindario que pensaban favorablemente de Rich Daley.

Consideré lo que me habían propuesto. Estaba convencido de que Daley sería el próximo alcalde. Sawyer había muerto políticamente el día que hizo un trato con los blancos. Evans se embarcaba en la misión imposible de ser el candidato de un tercer partido. Yo podía ayudar a los míos de dos maneras: tirándole piedras a Daley desde afuera o trabajando con él desde adentro. Quería creer que él había cambiado. Rich Daley, el candidato que llegó tercero detrás de Jane Byrne y Harold Washington, parecía alguien que había sido objeto de una revelación. Ya fuera para darse un lavado de cara político o porque genuinamente pensaba que debía cambiar de rumbo, sabía que tenía que hacer cambios.

Durante la siguiente reunión con Daley y Degnan, hablamos con más seriedad. Hice hincapié en el plan de viviendas asequibles que estábamos creando en el vecindario y otras cosas que demostraran que Daley sería un alcalde más inclusivo. Les dije que se necesitaban más directores de agencia latinos, que a las comunidades latinas les hacían falta más escuelas.

Esa vez acabamos la reunión con un pacto político más claro.

–Queremos que sepas que nosotros pensamos lo mismo sobre lo que hace falta para los latinos y la gente del distrito electoral 26. ¿Por qué no haces una lista de lo que haría falta para que te unas a la campaña por la alcaldía?

Así de fácil: una lista de compras.

Si hay una cosa que he aprendido de las negociaciones políticas, ya sea un respaldo o una reforma integral de inmigración, es que para conseguir lo que uno quiere hace falta pedir mucho más de lo que uno necesita.

Le entregué mi lista a Degnan y Daley a la semana siguiente. Me miraron como si estuviera loco.

–No hay manera de hacer lo primero que pides en la lista. Es imposible. Ni siquiera puede haber discusión al respecto –dijo Degnan.

Yo me mostré sorprendido, decepcionado, indignado: –¿Cómo podemos llegar a un acuerdo si ustedes no pueden hacer lo primero que hay en la lista?

–Queremos trabajar contigo. De veras. Escucha, podemos hacer todo lo otro en la lista. Todo.

Hice como si aún estuviera herido, amargamente decepcionado, aunque podría llegar a algún tipo de acuerdo.

–¿Harán todo lo demás?

Dijeron que sí.

–Vale. Elijamos a tu hermano como el próximo alcalde de Chicago –le dije a Bill Daley.

Lo primero en la lista era: "Me apoyarán a mí contra Dan Rosten-kowski para congresista". Los Daley tenían una historia de treinta años con Rosty. Bill dijo: "Es un amigo, no le podemos hacer eso". La única manera de conseguir que me apoyaran para el Congreso contra Rosty hubiera sido que les robara o secuestrara su perro. Sabía que no lo podían hacer, por eso estaba en la lista. Logré que todo lo demás pareciera razonable, incluyendo hacerme la persona clave en torno al tema de vivienda asequible, lo cual, de ser elegido Daley, me llevaría a la presidencia del Comité de la Vivienda. En la lista también estaba la exigencia de que se mantuvieran los recursos para el distrito electoral 26. Entre ellos, una nueva biblioteca para Humboldt Park y nuevas escuelas para los latinos. Lo que les había pedido en cuanto a Rosty los había cogido tan fuera de base que todo el resto se veía factible.

Aprendí algo muy valioso sobre la familia Daley ese día: me subestimaban. El hecho de que creyeran que yo pensaba que ellos realmente me apoyarían a mí y no a Dan Rostenkowski para el Congreso me mostraba lo que realmente pensaban: que yo era un ingenuo. Debieron de haberme dicho: "Sabemos que no crees que podamos hacer lo primero, Luis. Vamos a negociar lo demás". No fue lo que hicieron. En su lugar, me dieron todo lo que yo realmente quería. Esa es otra cosa que he aprendido en mis casi treinta años en la política: que te subestimen puede tener sus ventajas.

Ellos querían hablar acerca de anunciar públicamente mi apoyo a Rich Daley. No tan rápido, les dije.

"Hemos llegado a un acuerdo, pero ustedes dos no están postu-lándose a ningún cargo electivo. Todavía no he llegado a un acuerdo con Rich Daley. El nombre que estará en la papeleta es el suyo. Cuando salga electo, él es quien ocupará la oficina del alcalde. Yo estoy acostumbrado a entrar allí y encontrarme a un amigo. Rich y yo necesitamos reunirnos antes de acordar nada", les dije.

Es increíble cuánto la gente piensa que puede hacer en la política sin involucrar al candidato. Al día siguiente Rich y yo nos reunimos —era la primera vez que hablaba con él en persona— en el bufete de Bill Daley. Cuando miré más allá de donde estaba sentado, pensé que nuestra asociación sería muy interesante. Justo detrás de Rich Daley había una foto de Dan Rostenkowski en la pared.

Rich se mostró cordial, entusiasmado y amable durante toda la reunión. Realmente quería mi respaldo. Hablamos de vivienda y escuelas. Nos estrechamos la mano y mencionamos el futuro brillante que nos esperaba al trabajar juntos. Unos veinte años antes, su padre había salido de la oficina del alcalde para darme cinco pesos de propina navideña –una fortuna– por ser quien le traía los periódicos. Ahora yo ayudaría a su hijo a seguir sus pasos.

EL EQUIPO DE DALEY hizo de mi respaldo un gran acto en la campaña. El anuncio tomó a los reporteros por sorpresa, así que lo cubrieron como si fuera una gran noticia. Gutiérrez y Daley juntos: era como una reunión de alto nivel en el conflicto palestino-israelí. Algunos reporteros estaban seguros de que no era más que un pacto político. Algunos de mis seguidores pensaban lo mismo. Pero fue una noticia de primera plana.

Por mi parte, solo tenía una última petición muy sencilla para el equipo de Daley.

–¿Vendrán la esposa y los hijos de Rich para el anuncio de mi respaldo? Quiero traer a Soraida y las nenas –le dije.

Degnan me miró como si estuviera loco.

–Rich no incluye a su familia en este tipo de anuncio político. Solo estarán ustedes dos –dijo.

–Bueno, sin eso no hay respaldo. Parece que hemos perdido el tiempo –le dije.

Que las familias estuvieran allí era importante para mí. Quería que esto trascendiera de la política. Quería que mi respaldo sirviera para comunicar que necesitábamos paz, que era necesario encontrar espacio para todos en la ciudad de Chicago. Habíamos tenido a un gran alcalde afroamericano que había luchado por los latinos, tendiendo puentes con nuestra comunidad. Quería que la gente supiera que ahora estaba con Rich Daley porque él haría lo mismo. Con nuestras familias presentes –la familia extremadamente blanca, extremadamente irlandesa de Rich Daley junto a la familia extremadamente trigueña, extremadamente puertorriqueña de Luis Gutiérrez– el mensaje de unión que enviaríamos sería mucho más potente.

Y lo fue. Soraida y Maggie, la encantadora esposa de Rich, se llevaron muy bien. Tuvimos un rato para que todos se conocieran antes de salir a hacer el anuncio de respaldo. Maggie no pudo haber sido más amable con nosotros. No se trató solo de dos políticos haciendo un anuncio ante los medios. Parecíamos dos socios: dos familias de lugares muy distintos de Chicago que se unían y la pasaban bien al hacerlo. La cobertura en los medios salió muy bien. Rich Daley tenía un nuevo aliado muy importante: el puertorriqueño que una vez había logrado que Harold Washington tomara control de la Asamblea Municipal.

SI ALGUNA VEZ TE QUIERES sentir solitario en una sesión de la Asamblea Municipal de Chicago, te sugiero que asumas el rol de puertorriqueño radical fanático de Harold Washington que acaba de dar su respaldo a Rich Daley para alcalde. La mayoría de mis amigos afroamericanos pensaba que los había traicionado. Los blancos nunca me habían querido y ahora, para colmo, me envidiaban. Les daba la impresión de que el tipo que había conseguido todo lo que quería de Harold, había tramado para conseguirlo todo de Daley también. No es que se hubieran enfriado las relaciones conmigo, es que estaban tan heladas como un témpano de hielo. Miré alrededor de la Asamblea a todos mis colegas, y lo único que se me ocurría era esto: más vale que Daley gane.

Hice campaña por él en toda la ciudad. De la misma manera que había sido la representación del control que Harold Washington tenía sobre la Asamblea para los corredores de bonos en Nueva York, ahora representaba la nueva coalición que se fraguaba en Chicago.

Nunca había pasado tanto tiempo en los vecindarios de blancos. En los lugares donde anteriormente los votantes habían estado resentidos conmigo, me veían con Daley y pensaban que quizás esa idea de Daley de tratar de llevarse bien con todo el mundo no era tan mala después de todo. En las comunidades latinas se despertaba un entusiasmo genuino por Daley. Él aprendió a no solo hablar de ley y orden, dijo que el Departamento de Policía seguiría diversificándose para incluir a miembros de las minorías. Hablaba de vivienda. Hablaba de construir escuelas. Hablaba de que a todo el mundo le tocaría lo justo. Los puertorriqueños estaban entusiasmados.

Ted Kennedy vino a la ciudad a hacer campaña por Daley y así fue como conocí personalmente a quien sería mi socio a la hora de trabajar por una reforma migratoria integral. Tuve que resistir las ganas de decirle que había crecido con una foto de su hermano en mi comedor. Kennedy la pasó de mil maravillas haciendo campaña con Rich Daley y su nuevo equipo de aliados diversos. Dondequiera que nos metíamos él tenía una recepción multitudinaria. El día acabó con un acto repleto de puertorriqueños.

Finalmente, con el día de las elecciones ya muy cerca, Daley se dirigió a un foro público muy importante en la comunidad latina, uno que quedaba en el distrito electoral 26, en la Escuela Superior Roberto Clemente.

Los organizadores del acto eran los partidarios de Harold de mi barrio, algunos viejos amigos que seguían conmigo y otros que no querían verme cerca de ellos. La campaña de Daley había cometido el error de aceptar la invitación sin saber quién estaba a cargo. Yo sabía que le tendían una trampa. Con Harold yo siempre me aseguraba de que estuviéramos rodeados de fanáticos míos y suyos en vez de seguidores de Vrdolyak y Manny. Los organizadores de este acto le habían asegurado que sería algo imparcial, que solo le repartirían boletos de entrada a grupos comunitarios y organizaciones cívicas.

Yo sé cómo funciona eso. Casi todos los grupos comunitarios ven el mundo a través de un lente político: es una óptica que cambia según qué funcionarios electos les den dinero, según la problemática con la que trabajan apasionadamente, o de acuerdo a los candidatos políticos que desean ver vencidos. Yo sabía qué tipo de grupo recibiría boletos para un acto como este: grupos comprometidos con Tim Evans. Los organizadores no iban a invitar al Ejército de Salvación. Habían invitado a activistas, pero solo a activistas que odiaban a Rich Daley.

Habían cometido un error, sin embargo. Los boletos del acto no estaban numerados. Yo conocía la imprenta que habían utilizado. No es fácil para una imprenta de barrio negarse a imprimir más boletos para un concejal que se los pide. Una semana antes del acto ya yo tenía dos rollos grandes de boletos, copias perfectas de los originales que les podría entregar a otros grupos comunitarios y activistas. Grupos que, casualmente, tenían una opinión muy favorable de Rich Daley.

Aun así, a Daley le preocupaba el evento. Me había encontrado con él en su oficina para acompañarlo al acto. Mientras salíamos me hizo una pregunta muy seria.

–¿Estás seguro de que esto es una buena idea? Tuve una experiencia muy negativa en la Escuela Superior Roberto Clemente en la campaña del 1983.

El hijo de un hombre que había sido alcalde de Chicago durante veinte años, el fiscal general del condado Cook, el principal candidato a la alcaldía de la ciudad de Chicago estaba preocupado por un foro vecinal de la comunidad puertorriqueña.

–Rich, es una buena idea porque yo no voy a estar en el público asegurándome que toda la gente de Harold Washington te esté abucheando –le dije–. Confía, está todo bajo control –quería añadir que de no haber impreso cientos de boletos adicionales para nuestra gente, él hubiera tenido la razón.

Para sorpresa de los organizadores, la gente que apoyaba a Luis Gutiérrez y Rich Daley seguía llegando, boletos en mano. Se preguntaban entre ellos quién les habría dado boletos a los seguidores de Daley y Gutiérrez. A Daley le tocaba hablar primero porque habían pensado que el público parcializado lo rechazaría. En vez de eso, pudo pronunciar su discurso ante la aclamación de una audiencia entusiasta, gente que en sus manos llevaba mis boletos y las pancartas de Daley. Salió victorioso del acto. Lo que se comentaba en la televisión esa noche era que Rich Daley había ganado el debate en la comunidad latina.

Daley no paraba de preguntar cómo le iba en el distrito electoral 26. Yo le había ganado a Manny Torres en una elección difícil. Habíamos ganado el distrito electoral para Harold Washington, pero nadie sabía a ciencia cierta si los puertorriqueños apoyarían a Rich Daley. Seguían presionándome, diciendo que necesitaban quedar bien en la comunidad latina.

Pasé la noche de las elecciones mirando la cobertura por televisión de la fiesta de campaña de Daley. Los resultados de cada distrito electoral se veían en una pantalla grande. La gente celebraba cada vez que Daley estaba en la delantera. Cuando llegaron al distrito electoral 26, Daley le ganaba a Sawyer a razón de 2 a 1. El lugar explotó. Si Rich Daley podía ganar en el distrito electoral de Luis Gutiérrez, eso sin duda significaba que sería el próximo alcalde.

Tenían razón. Daley ganó el cincuenta y cinco por ciento del voto contra Sawyer. No recibió apoyo de los negros, pero el apoyo de los latinos fue significativo. En el distrito electoral 26 recibió el setenta y dos por ciento del voto.

Dos meses después, tras postularse como el candidato de un tercer partido, Evans no pudo ganar. Los resultados fueron casi idénticos. Le ganamos a Evans a razón de 3 a 1 en el distrito electoral 26. Daley se llevó el voto de los latinos de toda la ciudad. Chicago tenía otro alcalde Daley.

LOS DALEY NO FALTARON A SU PALABRA. En la primera sesión de la Asamblea Municipal reorganizaron todos los comités. Al Comité de la Vivienda se le dio más autoridad para que adquiriera terrenos y construyera viviendas. Unieron dos comités, siguiendo la sugerencia que yo les había dado para hacer del desarrollo de viviendas un proceso más eficiente. Yo presidí el nuevo comité combinado.

Al poco tiempo, con el avance de la reorganización de la Asamblea, me nombraron presidente *pro témpore* del cuerpo, lo que significaba que era el número dos tras el alcalde, la persona que se encargaría de las sesiones en su ausencia. La gente de Vrdolyak lo tuvo que aguantar con una mueca en la cara.

Bob Shaw, el afroamericano alto y ancho de espalda, el del peluquín, el concejal que había ayudado a Sawyer a ser alcalde luego de la muerte de Washington, se puso de pie y pidió un turno.

–Alcalde Daley, una pregunta: ¿Hay algo más que le vaya a dar a Luis Gutiérrez o ya acabó de recompensarlo? –mis colegas rieron. El alcalde Daley rio también.

–No, creo que es todo –contestó.

Hasta el día de hoy queda un puñado de personas que me ayudaron en mi contienda con Manny Torres y que lucharon junto a mí por Harold Washington, que no me perdonan el haber apoyado a Rich Daley para alcalde. No les importa nada de lo que hizo Daley por los latinos mientras fue alcalde. No les importan los reconocimientos que he recibido de movimientos como AFL-CIO, o NOW o la comunidad LGBT, que me identifican como uno de los miembros más progresistas del Congreso. Aún piensan que no estuvo bien que apoyara a Daley, que las cosas hubieran sido diferentes para Tim Evans si yo lo hubiera apoyado a él.

Entiendo cómo se sienten, pero creo que se equivocan respecto a mis motivaciones. Están confundidos en cuanto a la política. No fui yo quien logró que los latinos se fueran con Rich Daley. Me gustaría tener ese poder, pero no lo tengo. Los latinos hubieran estado con Harold Washington contra viento y marea, al igual que yo. Pero Harold había desaparecido y la gente estaba lista para darle una oportunidad a Daley. Luego de la primera, ganó cinco elecciones municipales más. No hubo una sola que fuera cerrada y los latinos lo apoyaron abrumadoramente. No fui yo quien logró que los latinos se fueran con Daley. Fueron ellos los que me llevaron a mí con él.

En cuanto a Bob Shaw y otros colegas escépticos que creían que yo daba mi respaldo a Rich Daley solo porque eso me daría poder en la alcaldía, tampoco lo entendían. Lograría hacer cosas muy positivas con Rich Daley en la alcaldía, pero mi respaldo no era una manera de acercarme a él. Fue una manera de encontrar mi propio camino.

Quería luchar por las cosas que Rubén Berríos y Harold Washington me habían enseñado, y obtenerlas. Sabía que mi tiempo en la Asamblea Municipal se acababa. No era fácil lograr un cambio mientras se competía con otras cincuenta voces en la Asamblea. Harold Washington me había mostrado lo que podía lograr un líder de verdad. Yo quería ser de esos líderes.

CAPÍTULO QUINCE

Salarios congelados y parias del Congreso

A MI PAPÁ LE ENCANTABA HABLAR con los reporteros. Cuando me eligieron concejal por primera vez, él habló con un par de ellos, de Chicago y Puerto Rico. Para mi padre un concejal era solo un político local más. Ser concejal le parecía que era como un pasatiempo, algo que se hacía durante el tiempo libre. Una vez que me eligieron al Congreso, los reporteros hacían fila para hablar con él.

Casi toda mi familia fue a Washington D.C. para la juramentación. Junto a ellos estaban todos los puertorriqueños que me habían ayudado en el camino: los que me habían dado un lugar donde dormir o un trabajo para mantenerme, los que habían sido mi red de apoyo mientras terminaba la universidad, cuando trataba de mantenerme a flote económicamente. La tía Nilda había llegado para ver al joven que le traía las botellas desechadas de champú de la fábrica de Helene Curtis convertirse en congresista de los Estados Unidos. Rosa, la tía que había criado mi mamá y que tenía una pierna mala, también estaba allí. Juano y Lucy y otros amigos habían estado conmigo en el sótano de la compañía de mudanza cuando Rosty me aplastó. Ahora estaban conmigo en el salón de bailes del Hilton en Capitol Hill, rodeados de cientos de donantes, amigos y familia.

Haber sido elegido al Congreso era un suceso casi inimaginable para mi familia en Puerto Rico. La Isla ni siquiera tenía un representante con derecho al voto en el Congreso. El representante de Puerto Rico –el comisionado residente– solo podía votar en los comités. Cuando finalmente se votaba por un proyecto de ley, el comisionado residente no podía más que cruzarse de brazos y ser un espectador. Ahora también él estaría mirando al hijo de Luis y Ada Gutiérrez de San Sebastián.

Mi papá fue a cuanto evento hubo en Washington D.C. durante la semana de juramentación. Estaba orgulloso. Le decía a todo el que quisiera escuchar que siempre supo que yo tendría un futuro brillante por delante. No me parece que ese fuera el caso en todo momento del pasado, pero me daba gusto que lo recordara de esa manera. Los reporteros le seguían preguntando ¿cómo se sentía al tener a un hijo en el Congreso?

"Maravilloso", dijo. "Estoy tan orgulloso de él. Qué bueno que ya no está guiando un taxi", concluía. De esa manera aclaraba que no solo estaba orgulloso, también estaba aliviado.

Le compramos a Omaira un hermoso traje nuevo de color lavanda para su entrada en el hemiciclo de la Cámara y la juramentación. Jessica tenía cuatro años; la cargué muy cerca del pecho cuando alcé la mano derecha y realicé el Juramento del Congreso. Prometí que apoyaría y defendería la Constitución de los Estados Unidos contra todo enemigo, ya fuera interno o extranjero.

Miré hacia las gradas para saludar a mi mamá y mi papá, a mi hermana, tíos y tías. Todos aplaudían con entusiasmo. El chico puertorriqueño del barrio era ahora un congresista –el primer latino fuera de Nueva York, California, Texas o la Florida en ser electo como representante. Uno de solo tres puertorriqueños. Entonces miré a Tom Foley, el presidente de la Cámara de Representantes que acababa de oficializar mi entrada al Congreso. De haber sabido cómo serían las cosas con Foley y sus amigos, todos ellos líderes de la Cámara, mi familia sin duda hubiera dejado de aplaudir y habría comenzado a preocuparse por mi futuro como congresista.

ME HABÍAN ELEGIDO para el Congreso en una campaña que no había sido tan cerrada como mi contienda para la Asamblea. Derroté en las primarias a mi antiguo colega de la Asamblea Municipal, Juan Soliz, el hombre que estuvo a un solo voto de ser alcalde. A final de cuentas le faltaron miles de votos para ser congresista. En todas mis campañas anteriores, yo había ido de puerta en puerta para hablar directamente con los votantes –sumándolos o restándolos– junto a mis comisarios. Todas las decisiones las había tomado yo solo. Ahora era diferente, la campaña electoral para el Congreso era diferente. El distrito era demasiado grande para hablar personalmente con todos. Contraté a consultores profesionales, estuve rodeado de gente que se dedicaba a hacer campañas a tiempo completo. Envié una carta masiva de campaña tras otra e hice muchos anuncios en español para radio y televisión. No fue tan divertido, pero funcionó.

Arrasé en las primarias y en la elección general con el apoyo de los puertorriqueños y los votantes blancos. Los mexicanos apoyaron a mi contrincante mexicoamericano. Era un problema al que le tendría que hacer frente: lograr la unidad de los latinos sería una de mis prioridades en el Congreso.

Cuando gané, mi equipo de campaña me hizo saber que el gran beneficio de ganar las primarias demócratas en marzo –un hecho que me aseguraba la victoria contra el candidato republicano en noviembre, a no ser que de alguna manera la tendencia política de Chicago cambiara drásticamente– era que tendría varios meses de ventaja sobre mis otros colegas demócratas primerizos que también entrarían en la Cámara de Representantes.

–¿Ventaja de qué? –le pregunté a mi director de campaña–. Ya gané. ¿Para qué estaría compitiendo en Washington?

–Para conocer a los líderes. Contratar personal. Conseguir que te asignen a buenos comités.

Enfatizó lo último. Conseguir que te asignaran al comité adecuado en el Congreso era un poco más complicado que en la Asamblea Municipal. Con Harold siempre había aceptado cualquier comité que quisiera darme porque no quería causarle más dolores de cabeza. A Daley le había aclarado desde un principio que si quería que yo respaldara su candidatura tendría que ser al frente de la gestión de viviendas asequibles y del Comité de la Vivienda.

Eso no era tan fácil en el Congreso. No conocía a su presidente, Tom Foley. Él tendría encima a otros ochenta congresistas primerizos pidiéndole un puesto en los comités más importantes. Foley no me debía nada. Yo ni siquiera había estado en Washington antes de lanzarme para el Congreso. En la Asamblea Municipal de Chicago podía jugar y ganar el juego interno, pero esto lo cambiaba todo.

Estudié de cerca los recónditos reglamentos y los rituales que gobiernan la asignación de los comités. Con ventaja o sin ella, esto no iba a ser fácil. La asignación de comités era un juego misterioso que se jugaba en Washington D.C. Regla número 1: no hay reglas. Las asignaciones las hace un comité que nadie que esté fuera de Washington conoce –el Comité Directivo y de Políticas, un panel de personas escogidas por los líderes y elegidas según su región congresional. Allí se hacen las asignaciones de comité basándose en las instrucciones de líderes partidistas y directores de comités, referencias personales, lealtades regionales y por último sus propios caprichos.

No se me había ocurrido antes de la elección que necesitaría toda una estrategia para conseguir un buen comité. No sabía que eso era parte del acuerdo para llegar al Congreso. Estaba encantado con tan solo haberlo logrado. Pero soy un tipo competitivo. Como tenía una delantera de ocho meses en la carrera por conseguir un buen comité, no me cruzaría de brazos mientras los otros me daban alcance. Seguí el consejo de los expertos e inicié una serie de peregrinajes a Washington.

Si se pone la mira en lo más importante, los comités más influyentes son el de Apropiaciones y el de Medios y Arbitrios. Tiene sentido; en la Asamblea Municipal de Chicago toda la acción estaba en el Comité de Finanzas, dominado por Ed Burke. Cuando de gobierno se trata, si controlas el dinero lo controlas todo. En el Congreso, uno puede dedicarse a controlar cómo se consigue el dinero –Medios y Arbitrios– o en cómo gastarlo –Apropiaciones. Usualmente un congresista primerizo no tiene la más mínima oportunidad de conseguir un lugar en ninguno de los dos. Pero éramos tantos los que llegábamos a Washington tras la ola demócrata de Clinton, que los líderes habían hecho saber discretamente que quizás algunos primerizos podrían acabar en estos comités exclusivos.

Mi campaña por un comité comenzó con una serie de reuniones con la gente que estaba al mando. En mayo tuve un almuerzo con el hombre que estaba en tercer lugar para asumir la presidencia de la nación, el presidente de la Cámara, Tom Foley. Fue con motivo de aquel almuerzo que entré por primera vez al edificio del Capitolio, donde 535 congresistas estarían creando las leyes de la nación. A mi alrededor había turistas que llevaban mucho más tiempo ahí adentro que yo.

Al almuerzo solo fuimos otros dos novatos y yo. Estuvimos en el comedor del presidente de la Cámara. Los techos eran de trece a catorce pies de alto. Las paredes, pintadas con colores oscuros y expresivos, tenían retratos de antecesores de Foley como presidentes de la Cámara que nos miraban solemnemente mientras comíamos en una vajilla que mi familia hubiera llamado "de la buena". Había copas de cristal y la mesa estaba cubierta con un mantel de lino blanco.

Nos servían dos meseros afroamericanos, con el pelo gris y trajes oscuros con corbatas oscuras y guantes blancos. Nos trajeron la comida, llenaban nuestras copas y regularmente preguntaban en voz baja si queríamos algo más. Luego se quedaron en silencio en una esquina mientras el presidente de la Cámara me enseñaba la manera en que se hacían las cosas en Washington D.C. Los meseros me trataban de "señor", se acercaban sobre el hombro respetuosamente para servirme más agua. Se me hizo difícil concentrarme en lo que decía el presidente de la Cámara. Me distraían los meseros, quienes se quedaban tiesos en su lugar, esperando a que se requiriera algo de ellos. Eran invisibles a menos que uno necesitara algo. Son los guantes blancos lo que más recuerdo. Nadie nunca me había servido comida con guantes blancos. Casi nunca me habían tratado de "señor" antes. Los miembros de la Asamblea Municipal no se comportaban de una manera que propiciara ese tipo de trato. Sentía que Washington D.C. era el Sur. ¿Cómo era posible que a nadie se le hubiera ocurrido que tener a meseros afroamericanos en guantes blancos podría enviar un mensaje erróneo sobre los valores del Congreso?

No sé cuál era el mensaje que el presidente de la Cámara Foley tenía para mí, pero ya me daba cuenta que la vida en el Congreso sería muy diferente a la vida real. Puede que pertenecer a la Asamblea Municipal trajera beneficios, como un estacionamiento frente a la alcaldía, pero también incluía los gritos de gente extraña que me regañaba de buenas a primeras porque el gobierno de la ciudad no se había ocupado de podar los árboles frente a su casa. Ser miembro de la Asamblea quizás podría conseguirte una buena mesa en un restaurante puertorriqueño del distrito. El Congreso iba a ser como tener un cuarto privado en uno de los clubes más selectos de la nación. Era algo a lo que me llevaría tiempo adaptarme.

El presidente de la Cámara, Foley, hablaba de la "institución". Todos los que han pasado mucho tiempo en Washington usaban mucho la palabra "institución" al hablar del Congreso. La "institución" era algo que debía honrarse y protegerse. Exigía la reverencia de sus miembros. Aparentemente, a nadie se le había ocurrido que hablar tanto de la "institución" provocaba imágenes de un manicomio.

Ciertamente era un honor estar allí, pero tanta oda de Foley a la institución no cuadraba con lo que había escuchado de los votantes en mi distrito. No era que quisiera faltarle al respeto a la institución, más bien se trataba de respetar la voluntad de los votantes que me habían elegido. Eran ellos los que querían ver cambios en la manera de hacer las cosas en Washington. Yo había adoptado el lema "Menos tiempo tras bastidores en Washington, más tiempo cerca de la gente" durante mi campaña. En aquel entonces nadie en el distrito me había dicho: "Oye Luis, no sigas criticando a la institución". Ahora era yo quien me exponía a lo que sucedía tras bastidores. Era mucho más opulento y privilegiado de lo que me imaginaba.

A diferencia de la tranquilidad que se respiraba en el comedor del presidente de la Cámara, al Congreso le llovían los ataques procedentes de todo el país. Los republicanos pedían limitar la cantidad de años que un representante pudiera presentarse a elecciones. Por toda la nación había gente que apoyaba la iniciativa. Los demócratas no se habían visto afectados en las encuestas todavía, principalmente porque el país estaba cansado de Bush padre y su recesión. Los latinos tenían preocupaciones mucho más inmediatas que reformar el Congreso, pero los votantes del cuarto distrito miraban hacia Washington y lo que veían era un lugar remoto, aislado del mundo real. La mayoría de los latinos con los que había hablado no tenía la más mínima idea de lo que un congresista podría hacer para ayudarlos. ¿Cuán a menudo veían a Dan Rostenkowski? ¿Cuándo había sido la última vez que había tenido una reunión comunitaria para discutir asuntos de transporte público, educación o inmigración? No tenía por qué hacerlo. Lo habían reelegido abrumadoramente en diecisiete ocasiones. Al igual que en mis días de la Asamblea Municipal, yo quería que la gente del barrio se diera cuenta de las cosas que el gobierno podía hacer por ellos.

Me preguntaba qué haría falta para que el presidente de la Cámara se diera cuenta del descontento que sentía el resto de la nación. No era que me cayera mal Tom Foley, pero me daba la impresión de que actuaba como si fuera el presidente de la junta de un banco que había estado en manos de su familia por varias generaciones. Parecía estar más interesado en proteger la reputación de ese banco. Ciertamente no era el duro capitán de un barco llamado Congreso. No parecía estar al timón de ese barco para enfrentarse a la tormenta que se avecinaba. Salí del almuerzo pensando en cuánta gente como Foley tendría que convencer para que me pusieran en un buen comité. De algo estaba seguro: me iría mucho mejor si mis interlocutores fueran los meseros de guantes blancos.

Aun así, seguí trabajando. Fue toda una escuela. Me presenté a mis nuevos colegas. Conseguí una reunión con Kika de la Garza, un congresista latino de Texas que presidía el Comité de Agricultura. Tenía muchos regalos amontonados en su oficina, unos cuantos envueltos todavía. Sus anaqueles estaban repletos de regalos aún con sus lazos, como si todos los días fuera Navidad. Debe ser tremendo presidir un comité, pensé. Hice las rondas para visitar a los miembros del Comité Directivo y de Políticas. Quería hablarles de mi experiencia en la Asamblea Municipal y explicarles que ya sabía a cuál comité me gustaría pertenecer, con el apoyo y aprobación de ellos. Había optado por Medios y Arbitrios, el comité que presidía Dan Rostenkowski.

Uno no puede entrar en un comité sin hablar con la persona que lo preside. Había retado a Dan Rostenkowski por el puesto de asambleísta demócrata, pero prácticamente nunca había hablado con él. Nunca me había sentado bien su estilo de política, pero casi no lo conocía. Quería dejar de lado las diferencias del pasado para comenzar una nueva vida como congresista. Él quería lo mismo.

Habíamos comenzado a hacer las paces un año atrás, una vez que me postulé para representar a un distrito mayoritariamente latino en el Congreso. Su distrito se había reubicado más al norte, lo que significaba que haría campaña en la mitad de su antiguo territorio. El alcalde Daley puso sus fichas sobre la mesa al anunciar que me apoyaría en mi campaña para el Congreso. Creo que a Rosty no le molestaba deshacerse de los votantes latinos que solía representar y, con ellos, de Luis Gutiérrez. No pasó mucho tiempo antes de que recibiera una llamada en mi oficina de la alcaldía.

"Habla Dan Rostenkowski. Tengo un cheque de cinco mil dólares para ti. Esto podría traerte más atención de la que deseas, sabes. ¿Quieres que te lo envíe ahora o espero hasta que acabe la campaña? De una manera o de otra, puedes contar con cinco mil de mi parte", me dijo. Su acento de Chicago se escuchaba claramente por el teléfono.

Lo pensé un poco. Dan Rostenkowski quería darme cinco mil dólares. Era una donación generosa: el máximo permitido por ley. Cuando negocié mi apoyo por la candidatura de Rich Daley para alcalde, lo primero que le pedí fue que me apoyara contra Dan Rostenkowski. Ahora Rosty quería donarle dinero a la campaña de Luis Gutiérrez.

Rostenkowski me preguntaba si quería la donación ahora o más tarde porque ya comenzaban a surgir rumores de una investigación en la oficina de Rosty en torno al uso de fondos públicos. Aun así, lanzarse para el Congreso es una tarea costosa. Le dije que aceptaría el dinero ahora. Cuando colgué el teléfono me eché a reír. Era un cheque que definitivamente no me esperaba.

Ahora que yo estaba a punto de ser congresista, si quería estar en el comité que se encargaba de los impuestos del país, él era la persona clave. Parecía haber olvidado que yo lo había retado. Por mi parte, haría caso omiso de que él había sido la mano derecha de Ronald Reagan a la hora de reescribir el código fiscal.

Al igual que el presidente de la Cámara de Representantes, el presidente del Comité de Medios y Arbitrios tiene más de una oficina. Tiene una pequeña oficina muy cercana al hemiciclo, una oficina grande en el Capitolio y otra oficina grande en el edifico de oficinas de la Cámara. Los presidentes de comités poderosos coleccionan oficinas como los turistas coleccionan camisetas. Rosty pasaba la mayor parte del tiempo en la del Capitolio.

Durante nuestra primera reunión jugamos a que nunca habíamos sido enemigos políticos. Nunca mencionó, ni de broma, que yo me había lanzado en su contra. Desde su escritorio gigantesco contó historias del Congreso. Dan Rostenkowski es un tipo grande. Me recordaba a los tipos de la compañía de la luz que yo solía perseguir en los cafetines para que se pusieran a arreglar los postes dañados. Luis Gutiérrez cabía fácilmente tres veces dentro de un solo Dan Rostenkowski. Hablaba y se veía como un hombre que no se alejaba nunca de un buen bife y un vaso de *bourbon*. Me dediqué a escuchar cortésmente todo lo que decía. Cuando miraba la inmensidad de su oficina me preguntaba cómo era que había pensado en algún momento que un taxista podría ser la persona que lo derrotaría. No me prometió nada en cuanto a Medios y Arbitrios, pero tampoco me dijo que me diera por vencido.

Luego de hacer el contacto con Rosty, continué haciendo las rondas. Yo era muy joven dentro del mundo del Congreso –tenía menos de cuarenta años. Mi apariencia me hacía ver más joven todavía. Mis futuros colegas se sorprendían al conocer a este enérgico chico puertorriqueño que de alguna manera había navegado la difícil política de Chicago para llegar hasta Washington. Eso me ayudaba. La gente llegaba a la conclusión de que si había sobrevivido en Chicago, era bastante listo. La mayoría de los otros candidatos demócratas seguía peleando por escaños en distritos competitivos del mundo real. Yo estaba dando vueltas en los corredores del Congreso en busca de amigos y aliados.

No pasó mucho tiempo antes de que me ganara la reputación de ser un novato que valía la pena conocer. Me reuní con el alcalde Daley para pedirle que abogara por mí con Rostenkowski. Así lo hizo. Cuando llegó el otoño, justo antes de la elección general, tuve otra reunión con Rosty.

Yo había tomado impulso; sabía lo que quería sacar de esa reunión.

"Me gustaría tener tu apoyo para unirme a tu comité. Sé que a final de cuentas depende de ti. Me gustaría que, como también vengo de Chicago, como tú, poder trabajar contigo en el Comité de Medios y Arbitrios", le dije.

Sentado detrás de su inmensa mesa de juntas, me hizo la única pregunta que importaba.

"A la hora de tomar mi decisión lo importante es esto: el miembro que entre será el de menos rango. Quiero asegurarme de que cuento con el apoyo de ese miembro, especialmente si entró por mi benevolencia. Necesito saber que tendré ese apoyo", dijo Rostenkowski en espera de una contestación clara y precisa.

Ese fue el momento en que mi campaña para entrar a Medios y Arbitrios dejó de ser divertida. De la nada, se le ponía un precio a mi aspiración. Había pasado mucho tiempo negociando algo que era demasiado caro. Le contesté lo mejor que pude.

"Se lo pondré de esta manera, señor presidente. Quiero ser útil. De mí se puede esperar cooperación. Pero me fui de la Asamblea Municipal de Chicago para no tener que responder a los dictámenes del alcalde o de cualquier otro líder. Busco independencia. Pero seré útil en todo lo que pueda", le dije, pensando que había logrado un buen balance. Le había prometido que haría todo lo que pudiera.

Él no tuvo mucho más que decir. Nunca me contestó directamente a lo que le había dicho. No era que yo quisiera sabotear mis oportunidades, quería ser honesto.

Una vez que salí, me pasó por la cabeza que quizás había logrado llegar a un entendimiento de buena voluntad con Rostenkowski y los otros miembros del comité. Posiblemente eso contrarrestaría mi contestación. Fue entonces que, mientras esperaba en el área de recepción de Medios y Arbitrios, me encontré con el congresista Mel Reynolds. A Reynolds le había tomado tres intentos, pero había ganado la primaria demócrata en el segundo distrito del sur de Chicago. Era afroamericano, había recibido la beca Rhodes y era ambicioso. Había rumores de que él también quería ser parte de Medios y Arbitrios. Lo saludé y luego tuve que evitar reírme a carcajadas. Me di cuenta de que Mel y yo habíamos llegado a la oficina del director para tomar el mismo examen final que llevaría a uno de nosotros al comité. Yo acababa de tomarlo y había fallado estrepitosamente. Un solo vistazo a Reynolds me dejó saber que él sí lo pasaría. Ya no tenía dudas: nunca llegaría a formar parte del Comité de Medios y Arbitrios.

Me reuní una cuantas veces más con otros miembros, pero estaba descorazonado. Se me había metido en la cabeza que podría entrar en ese comité, uno de los más exclusivos del Congreso, a base de mi personalidad encantadora y unas cuantas conexiones en Chicago. No me interesaba dar nada a cambio para conseguirlo. Había llegado al Congreso para cambiar las cosas. Si Rosty quería hacer la paz y ponerme en su comité, fenomenal. Yo no le entregaría mi independencia para lograrlo.

Por supuesto, también pasé por una fase de recriminación personal: ¿por qué no le había dicho que sí cuando me preguntó y una vez que estuviera en el comité votar como me pareciera? Sin embargo, esa noche, cuando volaba de regreso a Chicago, estaba contento de no haberlo hecho. Quería ir al Congreso para ser libre. Mi honestidad me había liberado.

DOS MESES ANTES DE SER JURAMENTADO, justo después de que Rosty se decepcionara con mi contestación y decidiera que era mejor darle el puesto a alguien como Mel Renolds, que le diría exactamente lo que él quería escuchar, la cúpula demócrata de la Cámara de Representantes de los Estados Unidos concertó una reunión con todos los novatos. Decidieron que la clase entrante, el mismo grupo que barría a los republicanos y a Bush padre para poner en el poder a Bill Clinton en Washington, era demasiado grande para hablar con todos a la vez. Nos dividieron en tres porciones más manejables para orientar. Divididos en tercios, los demócratas entrantes constituíamos grupos más manejables, aunque no tan pequeños como para que los coordinadores tuvieran que emplear demasiado tiempo escuchándonos.

El grupo de recién llegados del Medio Oeste había hecho campaña alrededor de la decepcionante economía de principios de los noventa. Algunos de nosotros también habíamos propuesto reformas en el Congreso —un tema que nuestros contrincantes republicanos habían utilizado fuertemente. Nos acomodaron alegremente alrededor de una gran mesa cuadrada en una inmaculada sala de conferencias cerca del Aeropuerto O'Hare de Chicago. Los líderes trajeron a unos cuantos conferenciantes que nos adelantarían un poco de lo que presentarían en un seminario de la Escuela Kennedy de Gobierno de la Universidad de Harvard. Mientras repartían los materiales educativos de procedimiento del Congreso y ética gubernamental, yo no podía evitar la sensación de estar en mi primer día de campamento.

Una buena parte de la primera plana demócrata había llegado desde Washington. El presidente de la Cámara, Foley, estaba allí, al igual que el líder de la mayoría, Dick Gephardt de Misuri. Otros presidentes importantes de comités llegaban para informarnos cómo era que funcionaban las cosas en Washington. Sentado al otro lado de la sala estaba mi viejo amigo Dan Rostenkowski. Nos podíamos mirar directamente a los ojos.

Tuvimos un día largo de sesiones informativas. Dedicamos la mayor parte del tiempo a escuchar. Había mucho que aprender. De todas formas, aquello no era muy distinto a una orientación de escuela superior. Eso no era casualidad. En parte, aquella jornada se había organizado para informarnos de que el poder fluía de arriba hacia abajo en el Congreso.

El objetivo no escrito de la sesión informativa debió de haber sido incluido bajo el encabezado "Conoce tu lugar". Foley quería dejar en claro que los votos que habíamos ganado en nuestros distritos de origen nos agenciaban un pasaje al Congreso, pero todo lo que pudiéramos lograr allí adentro costaría más trabajo. Todo dependía de los seis o siete miembros del Congreso que habían llegado desde Washington. Como en la escuela superior, ellos eran los capitanes del equipo, el presidente del consejo de estudiantes. No podían cerrarnos la entrada, pero se podían asegurar de que no llegáramos a ser los primeros de la clase.

Aquello no me tomó por sorpresa. En Chicago también me había enfrentado a una férrea jerarquía. Me había acercado a la cima porque mi elección había sido clave para que Harold tuviera el control de la Asamblea y porque había sido importante en la transformación de Daley para que fuera un alcalde más inclusivo. Sabía que en Washington tendría que trabajar duro para subir, y estaba consciente de que mi entrevista con Rosty había sido desafortunada. Quedaba mucho camino por recorrer.

Al finalizar la reunión abrieron una sesión para escuchar comentarios y preguntas.

Yo traje a colación un aspecto que no habían tocado. "Quiero darles las gracias. Esta ha sido una gran oportunidad para conocer nuestras opciones. Solo tengo una sugerencia. En este itinerario de la orientación que tendremos en Washington no se programó una reunión exclusiva para los representantes entrantes. Sería bueno que se hiciera. Es un grupo grande que ha llegado hasta aquí con un mensaje claro de los votantes que quieren un cambio. Creo que le podríamos estampar nuestro propio imprimátur a algunas cosas, para darle al Congreso un sentido de quiénes somos y qué queremos lograr", dije.

No estaba molesto y tampoco era mi intención atacar a nadie. Simplemente me había dado cuenta de que había ochenta congresistas nuevos y que sería provechoso que nos conociéramos para hablar, organizarnos y sacar algunas ideas propias. Fue un intento sincero de hacer una sugerencia constructiva. Puede que estuviera sugiriendo que los nuevos nos deberíamos juntar sin la supervisión adulta del liderazgo del Congreso, pero eso era mucho más amable que cualquier cosa expresada en el pasado en el pleno de la Asamblea Municipal de Chicago.

La respuesta fue silencio. No fue solo un momento de quietud: se sentía la inmovilidad de los compadres, los otros veinticinco primerizos, que ni siquiera asintieron con un movimiento de cabeza. Miré a mi alrededor y descubrí que muchos tenían la vista clavada en la mesa. Todos excepto Rosty, quien me miraba a los ojos y sonreía. Volví a escuchar su gruñido.

"No sabe dónde queda su oficina. Ni siquiera sabe dónde está el baño y ya quiere ponerle su 'imprimátur' a este Congreso", dijo mientras se reía y movía la cabeza de lado a lado.

Mis colegas novatos sí asintieron a eso. Algunos tenían aspecto de querer alzar la mano para secundarlo. Posiblemente estaban de acuerdo con que los nuevos se deberían reunir, pero de eso no hablarían en esta situación.

El presidente de la Cámara, Foley, dejó claro cómo debían responder a mi sugerencia. "Somos un *caucus* demócrata. Tenemos que trabajar juntos. No podemos tener a nadie que quiera causar divisiones", dijo.

Logró romper el hielo. De buenas a primeras aquello se convirtió en una sala de conferencias pletórica de entusiasmo, con rumores de "unidos" y "avancemos juntos" por los cuatro costados.

Mel Reynolds –el ambicioso congresista que se había reunido con Rosty luego de que yo le dijera que no estaba dispuesto a ser lo que él buscaba: un dócil escudero listo a secundarlo sin chistar en todas sus iniciativas– fue el primero de los nuevos en formular una respuesta específica a mi herejía.

"Señor presidente de la Cámara, no estoy de acuerdo con Gutiérrez. Puede que en mayo o abril, después de cinco o seis meses juntos, volvamos a repasar este momento. Ahora mismo me parece que convocar esta reunión fue una excelente idea. Nos ha pedido nuestra opinión y le puedo decir que creo que su desempeño es impecable", dijo Reynolds, cimentando su lugar dentro de Medios y Arbitrios, en caso de que Rosty lo estuviera reconsiderando.

John Lewis, un líder de la histórica lucha por los derechos civiles que ahora era congresista por Georgia y parte del liderazgo demócrata, estaba sentado a mi lado. La gente se esmeraba tanto en reafirmar al liderazgo y diferir conmigo que él terminó por darme unas palmadas de consolación en el hombro. Era un gesto que parecía decir: "Te están dando duro, quizás te vaya mejor la próxima vez".

Sin duda Lewis solo quería hacerme sentir mejor, pero si hay algo peor que un ataque de parte de mis colegas nuevos es que alguien a quien admiro se compadezca de mí. Una vez que todo el mundo se quedó sin aliento tras el esfuerzo de distanciarse de mí, dejé claro que aún tenía algo más que decir. Entre las características que me definen no está permitir que me manden a freír espárragos sin que yo conteste algo.

"Está claro que una vez que lleguemos a Washington D.C. las cosas funcionarán de una manera muy distinta. Mientras tanto, les recuerdo que estamos en la ciudad de Chicago y yo soy el presidente *pro témpore* de la Asamblea Municipal de Chicago. Así que, hasta que estemos en Washington, todos ustedes son huéspedes en mi jurisdicción", dije.

Rosty no tenía manera de responder a eso. ¿Qué más podía decir? La gente me miraba como si hubiera perdido la cabeza. Con ese comentario estaba cerrando la reunión. Ellos sabían que se habían puesto todos en mi contra; cuando volví a hablar, esperaban que echara para atrás o que me disculpara y que comenzara con algo así como "Lo que realmente quise decir era...". No me interesaba disculparme. Sabía de sobra que mi jurisdicción no le aplicaba a nadie en aquel cuarto. No se trataba de eso. Solo quería que todos los presentes supieran que no les tenía miedo.

Mi jefe de personal me vino a buscar para llevarme de vuelta a mi oficina.

—¿Cómo te fue? —me preguntó.

—Creo que nos debemos preparar para el comité de Agricultura —le contesté.

EL RUMOR DEL DISPARATADO CONGRESISTA novato y los fuegos de artificio del O'Hare se regó rápidamente entre los congresistas. Llegué a la conclusión de que, después de eso, no tenía que esforzarme por parecer simpático. Le envié por correo a toda la nueva promoción de congresistas un ejemplar del libro *Adventures in Porkland*, del reportero del *Washington Times* Brian Kelly. En esa obra se pormenorizan algunos ejemplos del derroche del gobierno federal y de los beneficios añadidos que vienen con el trabajo de ser congresista en Washington. El tono del periodista era bastante directo: el Congreso estaba lleno de mequetrefes. Lo envié con una nota en la que les manifestaba a todos mis deseos de trabajar con ellos para mejorar las cosas.

Poco después me llamó el alcalde Daley, muerto de la risa.

"Me dijeron que tuviste una reunión bastante movida con Rostenkowski y los otros miembros nuevos. ¿Te puedo dar un consejo? Trata de llevarte bien con la gente", me recomendó.

Puede que el alcalde Daley fuera el primero en decírmelo, pero "trata de llevarte bien con la gente" es un consejo que no he parado de recibir en mis veinte años en el Congreso. Claro que lo intento. Muchas veces lo logro. Pero no me importa enredarme en una pelea. Conozco a muchos políticos, particularmente los que han estado en el Congreso por algún tiempo, que evitan conflictos a toda costa. A mí me parece que el conflicto también es necesario, a menudo es la mejor manera de lograr que se hagan las cosas que tus electores necesitan.

Traté de llevarme bien con la gente cuando me fui a Washington para la juramentación. Por supuesto, es más fácil congeniar cuando te has quedado prácticamente solo. Foley ya no me devolvía las llamadas. Nadie más en el Comité Directivo y de Políticas me hablaba. Casi todos mis colegas primerizos buscaban a otros miembros novatos menos polémicos con quienes trabar amistad. Nunca llegué a solicitar un lugar en un comité aparte del de Medios y Arbitrios. Estaba seguro que no me lo darían. Tal como estaban las cosas, ya no podía hacer llamadas en busca de una segunda, tercera o cuarta opción.

Cuando llegaron finalmente las asignaciones, no me fue fácil averiguar dónde me había tocado. Vi la lista de Medios y Arbitrios. El congresista Mel Reynolds era el primer novato en años en ser aceptado en ese comité. Finalmente le pedí a uno de mis colegas nuevos, Bob Menéndez de Nueva Jersey, que verificara mis comités. Me llamó cinco minutos más tarde.

"Servicios Financieros y de Veteranos", me dijo. Eran tan pocos los que querían ser parte del Comité de Banca y Servicios Financieros que ni siquiera habían logrado llenar todos los puestos. El de Asuntos de Veteranos tampoco era uno de los comités más solicitados. Me sentí aliviado de no haber acabado en Agricultura. Me alegré de que toda la tontería de las orientaciones y los comités hubiera acabado.

Así podíamos dejar de actuar como niños que compiten por lograr la ventaja en un juego. Había llegado la hora de ponerse a trabajar.

ME DI CUENTA RÁPIDAMENTE de que durante la mayor parte del tiempo solo hay un puñado de miembros en el pleno de la Cámara. Unos cuantos congresistas relevantes de distintos comités prestan atención y debaten cada vez que se presenta un proyecto de ley. Con frecuencia hay otros miembros que se la pasan en el área del guardarropa del Congreso. Esta área parece un club de golf exclusivo: una estancia grande en forma de L que tiene cabinas privadas para hacer llamadas, sillas cómodas y un mostrador donde se almuerza. Constantemente entran y salen de él asistentes jóvenes y empleados que entregan mensajes y se aseguran que nadie falte a una votación. C-SPAN normalmente muestra solo a la persona que está hablando en el pleno, por lo que uno se hace de la idea de que el orador se dirige a un público que tiene enfrente. Ese no suele ser el caso. La mayor parte de las veces los congresistas están en el área del guardarropa comiéndose un sándwich.

Una de las cosas que diferencian el discurso del Estado de la Unión de un día normal en el Congreso es que entonces la gente sí se presenta. Uno se puede sentar junto a casi todos sus colegas. Muy pocos se lo pierden. Los miembros se entusiasman tanto que muchos llegan temprano para guardarse asientos cerca del pasillo, como si se tratara de un concierto de Springsteen. Los que tienen suficiente antigüedad simplemente ponen una nota: RESERVADO PARA X. Algunos se salen con la suya con tan solo dejar una chaqueta en la silla. Sentarse cerca del pasillo significa que el presidente te puede dar la mano al pasar. Todos quieren que la gente de sus distritos piense que el presidente de los Estados Unidos, luego de pronunciar su discurso más importante del año, los buscó a ellos personalmente para darles la mano frente a la televisión. Eso los hace ver importantes. Es muy posible que muchos de los miembros que le dan la mano no vuelvan a ver al presidente el resto del año. Lo que realmente quiere decir es que esa persona no tenía nada mejor que hacer más que esperar toda la tarde en el pasillo, deambulando por el lugar como un fanático que espera por su estrella de *rock* preferida.

Esa competencia por las sillas, sin embargo, no desmejora el espectáculo. Los jueces de la Corte Suprema de Justicia entran en fila, con túnicas que ondean, como si fueran reliquias de un tribunal de la Antigua Roma. Todos los miembros del gabinete se dan cita, una procesión de posibles sucesores al presidente en caso de que algo terrible llegue a pasar. Fui a mi primer discurso del Estado de la Unión emocionado y orgulloso de ser un congresista. Estaba listo para escuchar al joven exgobernador de Arkansas y sus soluciones para el lío económico al que se enfrentaban los Estados Unidos en el 1993. Había llegado el momento de convertir el lema de la campaña presidencial, "Es la economía, estúpido", en política económica que funcionara.

Uno de los temas de la noche fue que todos teníamos que poner de nuestra parte. Bill Clinton había recorrido Estados Unidos de cabo a rabo en el último año. Entendía el poder del cambio. También entendía que los estadounidenses querían ver sacrificios de parte de la gente en Washington. Allí nos sentamos y aplaudimos la agenda que presentaba Clinton.

Un tema captó mi atención: Clinton estaba congelando los salarios de los empleados federales. Desde la Casa Blanca hasta las agencias federales, no habría aumentos para ningún empleado.

Miré a mi alrededor: todos mis colegas le daban una ovación que los había sacado de sus asientos. Tanto los demócratas como los republicanos apoyaban la medida con vítores. Recuerdo haber pensado que eso era bueno: a nadie le preocupaba que el presidente acabara de congelar la cantidad de dinero que recibiríamos en nuestros cheques. Eso parecía indicar que estábamos unidos en esto.

Al regresar a mi oficina tras el discurso, le pregunté a mi jefe de personal y a mi director legislativo si había entendido bien al presidente.

"Esa medida de congelar los salarios que Clinton acaba de anunciar, ¿se aplica a los salarios de los miembros del Congreso?"

Investigaron la propuesta. Enseguida encontraron la respuesta. La congelación de salarios *no* incluía a los miembros del Congreso. Había un aumento automático unido a la subida en el costo de la vida que solo se podría cambiar mediante legislación. La propuesta de Clinton sí le incluía al mesero de guantes blancos que nos había servido a Foley y a mí. Pero ni mis colegas ni yo sentiríamos su efecto.

Levantarse para aplaudir reglas que no nos afectaban me parecía chocante. Los miembros del Congreso estaban bien remunerados. Nunca me habían pagado tan bien en mi vida. No pensaba que se trataba de un sacrificio que los miembros del Congreso tendrían que hacer. Era una cuestión de equidad. Si se estaban congelando los salarios, como los de meseros y conserjes, ¿por qué no nos aplicaban la misma regla? Sentí que era esa atmósfera elitista lo que tanto molestaba a mis votantes. A ellos les parecía que vivíamos en una burbuja, aislados de los problemas reales. ¿Había algo que demostrara más indiferencia y aislamiento que no congelar nuestros salarios cuando gente con un salario que era una fracción del nuestro tendría que aceptar la congelación del suyo?

Redacté una de esas cartas que comienza con un "Querido colega" para sugerirle a mis pares que la congelación salarial se nos debería aplicar a nosotros también. Por eso buscaba a alguien que estuviera dispuesto a unirse al proyecto de ley que preparaba para esos efectos. La reacción inicial de los miembros de mayor rango fue un silencio total. El espíritu de reforma latía en algunos de los miembros entrantes, sin embargo, y algunos de mis colegas se apresuraron a unirse al proyecto. Pero no fueron muchos: éramos menos de diez.

A los medios les encantó la idea. Los programas de radio de análisis político en Chicago siguieron el proyecto muy de cerca. Llegué a hablar en la Radio Nacional Pública en una de mis primeras intervenciones a nivel nacional. Mi propuesta de congelar salarios legislativos se mencionaba en todos lados, desde el programa matutino *Today* al

Washington Post. Los reporteros se regodeaban en lo irónico que era que los legisladores brincaran para aclamar el freno salarial de Clinton... con tal de que los cheques congelados no fueran los de ellos.

La reacción de mis colegas fue tan fría como las temperaturas propias de las regiones árticas. Aquel proyecto cimentó mi reputación de revoltoso.

Muchos no tuvieron reparos en decirme lo que pensaban.

Como si fuera un Disneyland político, los miembros del Congreso viajan en un pequeño monorriel que va de nuestras oficinas al Capitolio. Cuando se celebran votaciones, el tren está ahí, exclusivamente para nosotros, transportándonos de ida y de vuelta. Tras introducir el proyecto de congelación salarial, tomé el monorriel de vuelta a la oficina después de una votación y me senté frente a un congresista que no paró de mirarme durante todo el viaje. Todavía era nuevo e intentaba aprenderme los nombres de todo el mundo, pero sabía quién era. Era el congresista William Ford, presidente del Comité de Educación. Nunca antes me había dirigido la palabra.

Una vez que el tren llegó a su destino, se paró y me miró.

—Tú eres Gutiérrez, ¿verdad? —me preguntó.

Le dije que sí.

—Más vale que no vuelvas a meter tu mano en mi bolsillo —dijo antes de salir lentamente del tren.

Ford no fue el único. Bill Richardson, quien intentaba ayudarme a encontrar mi camino en la selva de parlamentarios novatos en la que me encontraba, me llevó aparte y me dijo que tenía que dejar de hacer locuras como esas. Así no me podría ayudar.

Lo que realmente enfurecía a los líderes era verse forzados a responder a preguntas de la prensa sobre el apoyo que le darían a la congelación salarial. Otros miembros comenzaron a recibir llamadas en sus oficinas. Los votantes les preguntaban lo mismo: "¿Cómo es posible que estés recibiendo un aumento cuando el cheque de todos los demás se ha congelado?".

De haber podido, habrían aceptado el aumento sin pensarlo dos veces. Pero ya no lo podían hacer. Los líderes de la Cámara decidieron que la medida de la congelación salarial era una buena idea luego de seis días en los que Luis Gutiérrez no paraba de salir en los medios mientras que el teléfono seguía sonando. Eran los votantes que los habían elegido y estaban furiosos. Por supuesto, no aprobaron el proyecto de ley que propuse ni me dieron crédito alguno. Lo que hicieron fue anexar la propuesta a otro proyecto de ley que luego se aprobó por medio de una votación a viva voz. Tras eso, los líderes demócratas se dedicaron a hablar del sacrifico que todos debemos compartir. Tom Foley y Dick Gephardt dieron a conocer un comunicado en el que decían que "el trato debería ser parejo en cuanto a los salarios", que le deberían congelar los cheques a todos los miembros del gobierno.

No me estaba llevando bien con la gente, pero había conseguido mi primera victoria legislativa. No llevaba ni un mes en Washington. No me la habían adjudicado, pero había sido una victoria rápida.

Yo creía que congelar los salarios legislativos era lo justo: una medida en aras de la equidad. Admito que también disfruté mucho de virarle la tortilla a todos los que me hacían la vida imposible. Me habían excluido. En la reunión en O'Hare se habían burlado de mí. Entre todos los comités disponibles, me hicieron lugar en uno tan poco atractivo que aún no se llenaban los puestos vacantes. Desde el momento en que le dije a Rosty que no sería un voto automático a su favor en el comité que presidía, sumado a mi sugerencia en Chicago de que los primerizos nos deberíamos organizar por nuestra cuenta, se me había hecho muy claro que yo había quedado afuera. Si me habían excluido del club, no sé porqué pensaban que iba a seguir las reglas del club. También le ahorraba dinero a los contribuyentes. Daba la cara por los conserjes y los meseros. Era divertido.

Por más que lo disfrutara, no era nada fácil. Estaba de vuelta en la escuela superior: mis colegas finalmente decidieron que tanto mi proyecto de ley como yo éramos dignos de escarnio. Después de todo, les había costado dinero. "Esconde tu billetera, que ahí viene Gutiérrez", decía la gente. John Murtha de Pensilvania, un miembro de alto rango del Comité de Asignaciones, se reía y solía decir: "Ahí está Gutiérrez. Ese es un apellido complicado. Si solo pudiéramos recordar cómo se deletrea Gutiérrez, estoy seguro que le conseguiríamos un comité mejor. Lo que pasa es que nunca me acuerdo de cómo se deletrea".

Un día en el área del guardarropa del Congreso tuve que lidiar con un demócrata de carrera que bromeaba a mi costa sin parar. "Miren, ahí va el rey de la reforma" repetía junto a otros comentarios parecidos. El lugar estaba repleto y otros congresistas se reían. Decidí que ya era hora de detener las burlas en mi contra. Me paré para encararlo.

"Hagamos esto: me voy a poner la mano derecha en la espalda y me la voy a atar", le dije en voz alta, procurando que todos me oyeran.

"Mi mano derecha es mi mano buena. Solo tendré una mano. ¿Quieres que nos vayamos al gimnasio para acabar con esto de una vez y por todas? Te daré una paliza con mi mano izquierda. Ya que eres tan duro y tan gracioso, vamos a ver quién puede más", le dije casi a gritos.

Se quedó de una pieza. Al final se fue caminando rápidamente sin tan siquiera mirar sobre el hombro. Si se quiere jamaquear el "club social" del Congreso, hay que actuar como un matón de barrio. Conocía bien ese rol. Solo había que actuar como un miembro de los Harrison Street Gents. Como nadie me trataba con respeto, nadie parecía creer que merecía estar allí. Decidí que conseguiría la atención de todos. Sé que pensaban que me había vuelto loco, pero los chismes viajan con una velocidad impresionante y todos me dejaron en paz después de ese incidente. De no hacer algo, me pasarían el rolo por el resto del período de sesiones. Mi exabrupto le puso fin a casi todas la bromas sobre Gutiérrez.

ME DEDIQUÉ A BUSCAR nuevas reformas que proponer. Cuando llegaba al Aeropuerto Nacional notaba que los mejores espacios de estacionamiento estaban reservados para los miembros del Congreso.

Con el tráfico que había en aquel aeropuerto, no me parecía bien que los mejores espacios fueran para nosotros. Así que sometí legislación para abolir esos espacios. Era simbólico, lo sé, pero hacían falta símbolos que mostraran que nosotros éramos iguales a los votantes comunes y corrientes. Valía la pena demostrar que no éramos diferentes.

Mi siguiente tarea fue estudiar nuestro presupuesto para ver cuánto dinero se gastaba en el franqueo de la correspondencia oficial y cuán cerca al día de las elecciones se podía enviar. Estos envíos oficiales se supone que se usaran para enviar actualizaciones del trabajo hecho en el Congreso, pero en la práctica se usaban para enviar cualquier cosa. Los miembros lo utilizaban para distribuir propaganda electoral muy cerca del día de las elecciones, con el dinero de los contribuyentes. Por eso introduje un proyecto de ley que extendía la prohibición de envíos oficiales hasta noventa días antes de las elecciones. Seguí buscando. Propuse un límite en las contribuciones de los Comités de Acción Política (PAC, por sus siglas en inglés).

En vez de burlas, ahora recibía miradas fulminantes. Pero mis votantes se fijaban en la cobertura que en los medios recibían mis esfuerzos por jamaquear el sistema. En qué comité estás y cuál es tu rango en tal o cual subcomité es de gran importancia para la gente en Washington D.C. Para los que me eligieron solo importaba una cosa: que las cosas se hicieran, que los servicios se proveyeran y que los temas de importancia se discutieran. Me veían en la televisión, leían editoriales acerca de mis esfuerzos.

Seguía proponiendo reformas a la ley. Una tarde, mi secretario de prensa entró en mi oficina con cara de preocupación y de júbilo a la vez.

"Acaban de llamar del programa *60 Minutes* para pedir un montón de información sobre lo que estás haciendo. Posiblemente te entrevisten la semana que viene", dijo.

Sonreí. No me parecía que había motivos para preocuparse. No había estado llevando a cabo operaciones fraudulentas ni iba a desfalcar al gobierno federal. Yo solo hablaba de reformas y supuse que de eso querría hablar *60 Minutes*.

Me di cuenta de que estaba en sintonía con el sentir nacional cuando comencé a hablar con el productor de Morley Safer. No solo estaban siguiendo mi trabajo, realmente se hacían eco de una conversación nacional. Newt Gingrich y los republicanos de la Cámara estaban hablando del "Contrato con América", dándole duro a la idea de que el Congreso estaba aislado, desconectado de la sociedad. Foley y los líderes demócratas pensaban que eran figuraciones mías, parecían creer que si yo me callaba la boca el tema desaparecería.

Pero *60 Minutes* insistía en poner el dedo en la llaga. Pasaron varios días en el Capitolio conmigo, siguiendo todos mis pasos. Mis colegas se habían acostumbrado a verme con los medios. Pero se sorprendieron al verme con Morley Safer. La gente miraba dos veces para asegurarse que fuera cierto. Los líderes pensaban que nada bueno saldría de las caminatas de Luis Gutiérrez en el Capitolio con un equipo de *60 Minutes* pisándole los talones.

Lo lógico es que, por ser un congresista novato, estar en *60 Minutes* me pondría nervioso, pero no fue así. Safer no pudo haber sido más agradable.

—Estoy seguro de que no eres muy popular entre tus colegas en este momento —fueron sus primeras palabras.

—No tienes idea —le dije. Él se rio. Un enfrentamiento con el sistema era el tipo de noticia que le atraía.

Venir a Chicago para darse una vuelta conmigo en mi distrito fue algo que disfrutó más que las entrevistas en Washington. La gente de mi distrito pensaba que yo debía de estar haciendo las cosas bien si estaba caminando por ahí con un reportero famoso de la televisión. Algunos miembros de mi personal local le pidieron autógrafos a Safer. No hubo preguntas difíciles. ¿Cómo se las arregla un político perspicaz de Chicago para agenciarse tantos enemigos entre sus colegas? ¿Cómo es que realmente funcionan las cosas tras bastidores en Washington D.C.?

Háblame de la reunión en el aeropuerto O'Hare, donde sugeriste que querías reunirte con los otros congresistas primerizos para elaborar planes particulares, preguntó.

Le dije la verdad a Safer.

"Básicamente me dijeron que me callara", le contesté y él se rio. Nos divertimos mucho juntos.

El equipo terminó tras grabar vídeos durante un par de días en Chicago. Mi jefe de personal todavía se veía nervioso. Era *60 Minutes*, después de todo, un programa que no se distinguía por ser el mejor amigo de los funcionarios electos. Pero yo sabía que la preocupación mayor era la furia que provocaría el programa en mis colegas.

Una semana antes de que saliera al aire, mostraron los avances del segmento. "Conozca de la educación de un miembro novato del Congreso", era el tema de las promociones, que incluían muchas fotos mías. Yo estaba en un avión cuando salió el programa completo al aire ese domingo por la noche.

Mi jefe de personal me llamó tan pronto aterricé. "Tenías razón. El único problema es lo bueno que fue", me dijo.

Safer y su equipo de *60 Minutes* desplegaron prominentemente una cita. En ella yo afirmaba que estar en el Congreso era como estar en "las entrañas de la bestia". Safer dijo que yo era "un don Quijote parlamentario atacando molinos de viento sagrados".

En el programa hablé en detalle sobre la reunión de O'Hare. Hasta llegué a mencionar a mi mamá en el programa de mayor audiencia en la televisión.

"Mi mamá siempre decía 'Dime con quién andas y te diré quién eres'. Resulta que no tengo la mejor opinión de algunas de las personas con quienes ando ahora". Sabía exactamente cuán bien le caería esa cita a los pocos amigos que todavía me quedaban en el Congreso.

Lo que me tomó por sorpresa fue cuán bien cayó en el resto del mundo.

Mi oficina no estaba preparada para recibir tantas respuestas. De haber pasado lo mismo hoy en día, inmediatamente hubiéramos sido el tema más seguido en los medios con un seguimiento amplio en Twitter y Facebook. En 1994 a mi equipo se le hizo difícil atender todas las llamadas y los mensajes.

Cuando llegamos a nuestra oficina, la máquina contestadora estaba llena. Hubo un momento aquella tarde en que nadie encontraba una línea desocupada. No podíamos con tanto. Anotábamos los nombres de seguidores que habían surgido de costa a costa. Yo disfrutaba al contestar personalmente todas las llamadas que pudiera. Un par de días después, comenzó a llegar dinero por correo: cheques por pequeñas cantidades, billetes de cinco dólares. La gente seguía llamando, quería saber cómo podían apoyar.

"Llama a tu Congresista y pídele que apoye reformas en el Congreso", les decíamos. Muchos lo hicieron.

Bajo la cúpula del Capitolio, yo era más despreciado que nunca. Se llegó a hablar de una censura oficial de parte del *caucus* demócrata por lo que había hecho. Me parece que al final se dieron cuenta que si me castigaban, sacaría otro comunicado de prensa y recibiría más atención. La mayoría de los miembros simplemente me ignoraba, pero sólo había hecho falta un tercio de hora –y Morley Safer– para descubrir que tenía más amigos que nunca en todo el país.

POCO DESPUÉS de que mi segmento en *60 Minutes* saliera al aire, me encontraba en el área del guardarropa del Congreso, y Dan Rostenkowski, a quien nadie parecía haberle contado que yo había retado a uno de sus amigos a pelear, tuvo la gran idea de hacerme una broma en torno a mi nueva notoriedad.

–Oye Louie, ¿ya lograste que quitaran los letreros en el Aeropuerto Nacional? –me preguntó.

No sé por qué Rosty estaba con ánimos de bromear. Por esos días se difundía ampliamente que el gobierno federal lo estaba investigando por el uso indebido de fondos en su oficina. Todo parecía indicar que tenía graves problemas. Debió haber anticipado mi respuesta.

–Creo que es mejor dejarlos. Yo sé lo importante que es para el proceso de rehabilitación producir cosas como letreros y tablillas de carros. No quiero que te quedes sin nada que hacer cuando estés en la cárcel –le contesté.

No volvimos a hablar mucho más después de eso.

Mientras yo continuaba mi lucha contra los molinos, los opositores republicanos estaban allá afuera, en el mundo real, hablando de reformas en el Congreso. Decían que ese sería el antídoto contra la epidemia nacional que se propagaba desde Washington con sus intereses creados. Los líderes demócratas de la Cámara no se explicaban cómo era que Newt Gingrich y su "Contrato con América", junto con la campaña de los republicanos de enfrentarse a Washington, tenían cada vez más éxito. Los demócratas llevaban cuarenta años al mando de la Cámara de Representantes. No se le ocurrió a nadie, ni siquiera a Tom Foley, el protector de la "institución", que posiblemente perderíamos su control.

Una semana después de las elecciones, leí el titular TSUNAMI en la primera plana de *Roll Call*, el periódico político de Washington. Los demócratas se quedaban sin la mayoría. Unos sesenta republicanos nuevos hacían su entrada. Newt Gingrich era el nuevo presidente de la Cámara. Tom Foley no solo había perdido la presidencia, lo había perdido todo. Los votantes le quitaron su puesto en Washington. Era el primer presidente de la Cámara en perder una reelección en más de cien años. Rosty también había quedado fuera.

Varios republicanos nuevos se me acercaron. "Nos encantó tu participación en *60 Minutes*", me decían.

"Se lo mostramos a nuestro personal de campaña para motivarlos", me dijeron. Tipos conservadores de Alabama y Misisipi me decían lo entretenido que había sido y lo mucho que querían ayudar.

No tenía interés alguno en ayudar a Newt Gingrich a ser el nuevo presidente de la Cámara y sabía lo poco que había tenido que ver con su victoria. Fuera de las reformas en el Congreso, mis nuevos amigos conservadores se darían cuenta rápidamente de lo poco que teníamos en común.

Sin embargo, el éxito que tuvieron, los elogios que recibieron, me llevó a pensar que los demócratas debieron haber estado más atentos. Ese fue el año que pagamos por hacer del Congreso un club privado.

Aquellas luchas de mi primer período definieron mi relación con el Congreso. Cuando miro hacia atrás, me doy cuenta que no debí haber invitado a nadie a pelear. Pero cuando la congelación de los salarios se había convertido en la noticia más importante del momento –cuando los otros miembros pensaban que podrían ignorarme, burlarse o simplemente hacer como si yo no existiera– había que hacer algo. La reputación que adquirí en aquel primer período de sesiones se ha quedado conmigo por veinte años: Gutiérrez es difícil, Gutiérrez es impredecible. Y sobre todo: Gutiérrez no es como los demás miembros del Congreso. Parece que no entiende cómo debemos comportarnos.

Eso no es verdad. Entiendo perfectamente cómo debemos comportarnos. Lo que pasa es que comportarme así no me sale bien.

CAPÍTULO DIECISÉIS

¿Por qué tú y los tuyos no se regresan al lugar de donde vinieron?

A LOS CATORCE AÑOS DE EDAD, Omaira decidió irse a Washington en guagua.

Sin embargo, el objetivo del viaje de dieciséis horas no era solo ver a su padre. Viajaba con un grupo de puertorriqueños que iba de Chicago a Washington D.C., como muchos más que viajarían desde todo el país, para celebrar la historia y la cultura puertorriqueñas. Omaira y su prima Maritza, hija de Juano y de Lucy, eran dos alegres peregrinas, dispuestas a ondear las banderas puertorriqueñas y demostrar su orgullo patrio. Que el papá de Omaira estuviera trabajando en Washington no era más que un incentivo adicional.

Yo estaba encantado de que Omaira viniera a Washington. El trabajo en el Congreso es muy solitario. Pasaba allí tres o cuatro días cada semana, durante treinta o cuarenta semanas del año, alejado de mi familia, que estaba a setecientas millas de distancia en Chicago. Me rodeaban cientos de colegas competitivos, muchos de los cuales no iban a acoger como amigo al tipo que estaba a favor de bajarles sus salarios, según había dicho en el programa *60 Minutes*. Poco después de que fuera elegido, compré una casa pequeña en el vecindario Capitol Hill. La renové, la pinté y la arreglé. Me deshice de ella después de dos años porque era muy cara. Me trajo todos los dolores de cabeza y problemas que implica ser dueño de una casa. Para 1996, mi cuarto año como congresista, yo dormía en el sofá de mi oficina durante el período de sesiones del Congreso. Me bañaba en el gimnasio de la Cámara. Eso es algo más común ahora, pero hace quince años no había muchos otros miembros que se fueran de Washington y regresaran a sus familias y a sus votantes tan pronto como el Congreso levantaba sus sesiones semanales. Tampoco había muchos que no pudieran pagar un segundo hogar.

Soraida trabajaba y cuidaba a las niñas, de manera que no venía a Washington muy a menudo. Cuando Omaira vino, fue como unas cortas vacaciones. Estaba feliz de que mi hija me hiciera compañía. Disfrutamos juntos las festividades. Fuimos a los eventos que se celebraban en el monumento conmemorativo de la Guerra de Corea y en el monumento a los Veteranos de Vietnam. Varios de los puertorriqueños visitaban el muro de los veteranos de Vietnam por primera vez. Muchos volvieron a sus guaguas con pedazos de papel en donde habían calcado los nombres de madres, padres, hermanos y hermanas muertos. También participamos en un tributo a los veteranos del LXV Regimiento de Infantería del Ejército de los Estados Unidos, que se llamaban a sí mismos "The Borinqueneers". Había sido un regimiento compuesto sobre todo por puertorriqueños que participó en las dos guerras mundiales y en la Guerra de Corea. En esa guerra murieron más de setecientos puertorriqueños; un 2.5 por ciento de todos los estadounidenses que murieron en Corea eran puertorriqueños, más del doble de la proporción que tenemos en la población de los Estados Unidos.

Todos los miembros puertorriqueños del Congreso hablaron y el tributo fue un recordatorio de lo mucho que han sacrificado los puertorriqueños por los Estados Unidos. Cuando terminó todo, regresé al Capitolio con Omaira y Maritza. Las festividades habían acabado y ellas se irían pronto. Tras quedarse un rato en mi oficina, la manera más fácil de regresar a las guaguas era a través del edificio del Capitolio.

Ese día, los demás boricuas habían estado viendo y recorriendo el Capitolio. Cuando llegamos a la entrada principal del Capitolio, la fila para pasar por seguridad era muy larga. Todo el mundo se sacaba cosas de los bolsillos y ponía sus llaves y plumas en la cinta móvil de los detectores de metal que había a la entrada. Si eres congresista, tu lugar de trabajo es una de las atracciones turísticas más importantes de los Estados Unidos y siempre estás al lado de los visitantes que han llegado hasta allí para ver cómo funciona el gobierno de su país.

Como soy congresista, no tengo que pasar por seguridad. Los policías del Capitolio están entrenados para reconocernos y podemos evitar las filas y los detectores de metal. Uno puede pasarles por el lado y generalmente un policía muy respetuoso lo saluda llamándolo "señor" o "señora". Pero a menudo yo me ponía en fila con todos los demás y no utilizaba los ascensores reservados para miembros. Yo era un reformador, una persona que le había dicho a Rosty que iba a estar elaborando letreros de "Estacionamiento solo para miembros" cuando estuviera en la cárcel. Pensé que era prudente evitar el disfrute de algunos de los privilegios a los que teníamos derecho.

Y, además, estábamos con cientos de otros puertorriqueños como nosotros. Acabábamos de escuchar historias de puertorriqueños que habían dado su vida para defender a los Estados Unidos. Quería mostrar mi solidaridad con mi pueblo. Cuando entramos al Capitolio, Maritza y Omaira miraron los murales que había alrededor en la entrada principal y les dije que esperaríamos en fila con todos los demás. Esperamos nuestro turno riendo, hablando y comentando sobre los eventos de la mañana.

Las niñas todavía llevaban las banderitas de Puerto Rico que les habían dado en la celebración. Hay reglas muy estrictas acerca de qué se puede hacer con las banderas dentro del Capitolio y en los edificios de oficinas del Congreso. No se puede desplegar y aunque nuestras banderas eran muy pequeñas, les dije a las chicas que las enrollaran.

Cuando por fin llegamos al frente de la fila, las muchachas pusieron sus banderas enrolladas sobre la cinta móvil. Pero se desenrollaron según la cinta se iba moviendo y salieron desenrolladas por el otro lado. Mi hija y mi sobrina las recogieron.

Una joven guardia de seguridad del Capitolio vino enseguida hacia nosotros. Tenía instrucciones que darnos y no dijo "por favor" ni se dirigió a mí como "señor".

–No pueden desplegar esas banderas –dijo casi gritando.

Yo no quería causar un escándalo. Sabía que tenía razón porque conocía las reglas.

–Perdone, las enrollaremos –le dije.

–No quiero ver esas banderas –dijo ya gritando.

Eran banderas muy pequeñas.

Le dije que conocía las reglas. Me volví a las niñas y les dije: –Ustedes conocen las reglas, enróllenlas –les dije.

La guardia de seguridad se volvió hacia mí.

–¿Cómo es que usted es tan experto conocedor de las reglas? –me preguntó, aparentemente ofendida de que yo pensara que sabía lo suficiente como para dar instrucciones en el Capitolio.

–Soy un congresista –dije.

Se rio sarcásticamente. –No lo creo –dijo en tono burlón. Parecía como si estuviera tratando de reprimir una carcajada.

Yo no dije nada más: saqué mi billetera y le enseñé mi identificación de congresista. Se la di para que la viera. En todos los Estados Unidos no hay más que 535 de esas tarjetas. La miró y parecía indecisa entre reírse o empezar a gritarme de nuevo. Me la devolvió como si le hubiera mostrado mi tarjeta de identificación de Blockbuster. –Debe ser falsa –me dijo.

Me sentí como si todavía estuviera en mi viejo vecindario, batallando con alguno de los policías a quienes no les gustaban los puertorriqueños.

Pude ver que un supervisor se acercaba, pero la guardia de seguridad no había terminado. Quería probar que no me había creído.

Nos miró a Omaira, a Maritza y a mí. –¿Por qué tú y los tuyos no se regresan al lugar de donde vinieron?

El otro policía llegó en ese momento y la sacó del medio. Si no hubiera llegado, ella habría seguido hablando; quería darnos una lección. Un tercer policía nos escoltó a mí y a las niñas.

–Lo siento, Congresista, nos ocuparemos de esto –me había reconocido, pero ya era demasiado tarde. La frase "¿Por qué tú y los tuyos no se regresan al lugar de donde vinieron?" parecía retumbar por todo el Capitolio.

Cuando esa guardia de seguridad me dijo que volviera al lugar de donde venía, no creo que estuviera pensando en la esquina de Willow y Halsted en Chicago. Tampoco reflexionaba sobre la historia de la relación de Puerto Rico con los Estados Unidos ni creo que hubiera podido contestar correctamente a la pregunta de si todos los puertorriqueños nacidos a partir de 1917 eran ciudadanos norteamericanos.

Su reacción había sido simple: yo era trigueño y con cabello rizado, y estaba rodeado de otras persona como yo, que le estaban haciendo trabajar más de lo que ella hubiera querido. Probablemente había escuchado a la gente hablar español. Le parecía sencillamente imposible que este extranjero fuera un congresista.

El que las muchachas estuvieran conmigo me ayudó a reaccionar responsablemente. Me dije a mí mismo más de una vez que no debía armar un escándalo frente a mi hija. Me había mostrado tranquilo, hasta respetuoso. Pero me dio mucho coraje que Omaira y Maritza tuvieran que ver lo sucedido.

Avanzamos para alejarnos de la entrada. Las muchachas tenían que coger la guagua. Le puse el brazo sobre los hombros a mi hija.

–Le puede pasar a cualquiera –dije, ansioso de tranquilizarlas a ella y a mi sobrina. No podemos dejar que cosas como esta nos definan. Olvídense del asunto; pasamos un día maravilloso.

Omaira me miró con una expresión calmada que me recordó que ya no era una niña.

—Papá, no te preocupes. Yo sé que hay gente intolerante, y lo va a ser aunque seas un congresista. No es la primera vez que escucho: "Vuelve al lugar de donde viniste" —me dijo.

Pensé sobre eso. No importa cuánto quiera hacerlo, no siempre puedo proteger a mi hija, que es trigueñita, de que la traten mal. Ni siquiera haber sido elegido como congresista, y lleves una tarjeta de identificación como tal te salva de la discriminación.

Las muchachas se portaron como campeonas. Estaban enfadadas porque yo me había sentido mal, pero ya para cuando llegamos a la guagua, no necesitaban más consuelo.

"Estamos bien", era su actitud. Y lo estaban. Porque cualquiera que sea parte de una minoría y que se críe en los Estados Unidos tiene que aprender a lidiar con los golpes. Si no, se corre el riesgo de que lo aniquilen. Sabía que recordarían los buenos ratos de ese fin de semana: los nombres puertorriqueños en el Muro de Vietnam, la gente tocándolos y las historias de "The Borinqueneers". Me dieron un abrazo y se subieron a la guagua para emprender su largo viaje a casa.

No le di publicidad al incidente, pero un periodista se enteró y me llamó. La policía del Capitolio estaba haciendo una investigación y creo que querían que el periódico supiera que iban a tomar represalias contra la guardia de seguridad. Yo no estaba buscando publicidad. Quería que la policía lidiara con el problema y olvidarme de eso. La revista *Roll Call* publicó la historia y los medios de Chicago empezaron a llamar.

A Omaira nunca le ha dado miedo hablar con los periodistas. Mi hija —me enorgullezco en decirlo— nunca le ha tenido miedo a nada. Les dijo las mismas cosas que me dijo a mí: que no era aceptable que trataran así a la gente. No importa si eres o no congresista; a nadie se le debe faltar al respeto. Quiso recordarles a los periodistas que todos los puertorriqueños son ciudadanos de los Estados Unidos, aunque muchos estadounidenses no sean conscientes del hecho. Defendió lo que pensaba que debía defender y me sentí orgulloso de ella.

Omaira aún recuerda aquel día porque aprendió una lección. Pasó horas oyendo hablar de un regimiento puertorriqueño del ejército norteamericano que había peleado contra el ejército chino durante la Guerra de Corea. A los *Borinqueneers* les dieron 256 medallas de plata y más de 600 estrellas de bronce en Corea. Pero cuando regresamos al Capitolio con el resto de nuestros amigos y vecinos puertorriqueños, ante los ojos de por lo menos una persona que trabajaba para el gobierno de los Estados Unidos, éramos un montón de extranjeros. El papá de Omaira había salido de un apartamento de la calle Willow y había llegado al Congreso y sin embargo no era inmune a opiniones como esa. Fue una experiencia que tanto Omaira como yo llevamos en la conciencia mientras vivimos nuestras vidas: la discriminación o la injusticia nunca están muy lejos.

Finalmente la policía del Capitolio se disculpó. La mujer que me había mortificado a mí y a mi familia no pertenecía oficialmente a ese cuerpo de vigilancia: era una ayudante del grupo de seguridad, una de las personas que colocan cuando hay mucho trabajo. Les dijimos que la debían disciplinar, pero que esperábamos que no la despidieran. No perdió su empleo, pero la suspendieron durante más de un mes sin sueldo. Me llamó más tarde para disculparse. Hablamos un rato. Le dije que le deseaba lo mejor y creo que a ambos nos hizo bien la conversación.

Nunca más la vi en el Capitolio. Y yo me quedé en el país de donde venía.

PODÍA PENSAR EN ALGO BUENO que me había dejado la confrontación con aquella guardia de seguridad airada. Me confirmó que el nuevo camino que seguía en el Congreso era el adecuado. Aún antes de que me acusaran de extranjero en el Capitolio, yo había empezado una cruzada con los temas de la inmigración y la ciudadanía.

Para 1992, cuando fui elegido al Congreso, millones de inmigrantes indocumentados cumplían los requisitos para adoptar la ciudadanía como resultado de la Ley de Control y Reforma Migratoria (IRCA, por sus siglas en inglés) de 1986. Esa ley aumentaba las penalizaciones que tenían que pagar los negocios que daban empleo a inmigrantes no documentados, pero también permitía que millones de inmigrantes indocumentados que habían estado viviendo en los Estados Unidos arreglaran su situación y se convirtieran en ciudadanos. Muchos de los que hoy se oponen a la inmigración se hubieran puesto furiosos ante esa "amnistía". Hubieran estado diciendo que los Estados Unidos debían cuidarse de esa luz verde que se les estaba dando a los "ilegales".

¿Quién, entonces, firmó esta ley masiva y proamnistía? Fue Ronald Reagan, quien vio la lógica política de no enajenar un segmento de la población que crecía rápidamente. También pensaba que era lo que tenía que hacer.

A pesar de todas las cosas en que yo no estaba de acuerdo con Ronald Reagan, no era un conservador que usaba acusaciones y expresiones divisivas respecto a la inmigración, como hoy las usan muchos analistas políticos que hablan en la cadena Fox, o como muchos de mis colegas. Luchó por aquella ley y cuando terminó su período presidencial y habló de aquella "ciudad brillante" que mencionaba tan a menudo, dijo que esa ciudad debía estar "llena de gente de todo tipo que vive en armonía y paz; una ciudad con puertos libres para que prospere el comercio y la creatividad. Y si los muros son inevitables, estos deben tener puertas y las puertas deben estar abiertas a todos los que tengan la voluntad y el corazón para entrar en la ciudad".

Ese tipo de retórica hubiera conseguido que hoy se le opusiera el *Tea Party* en una primaria. Pero entonces varios republicanos del Congreso se unieron a su posición de apoyar una reforma de inmigración integral. A la mayor parte de los republicanos no le gusta que les recuerden eso hoy. Con el apoyo de los demócratas y el impulso de Reagan, IRCA fue aprobada en 1986 y los inmigrantes que se beneficiaron tuvieron que esperar unos cinco años para cumplir con los requisitos para obtener la ciudadanía. Eso significó que en todo mi distrito y por todo el país había inmigrantes listos para convertirse en ciudadanos cuando yo llegué al Congreso.

Al mismo tiempo, el posible sucesor de Reagan como gobernador de California, Pete Wilson, actuaba como si estuviera celebrando un concurso para ver a cuántos inmigrantes y a cuántos latinos podían ofender los republicanos. Si Wilson les hubiera dicho a sus consejeros: "Estoy tratando de sentar las bases de una política que garantice que los republicanos hagan enojar y ofendan a la población que más rápidamente aumenta en los Estados Unidos hoy", hubieran inventado la Proposición 187.

Con un referéndum que les negaba a los inmigrantes indocumentados acceso a los servicios sociales, entre ellos los de salud y educación, Wilson impulsó una estrategia política que por poco acaba con el Partido Republicano en California. Tras décadas en que California votaba por un republicano para la presidencia, ahora el candidato de nuestro partido, el Partido Demócrata, ni siquiera tiene que hacer campaña en California. Ponemos los 55 votos electorales en el banco y seguimos adelante. Como demócrata, yo le debería dar las gracias a Pete Wilson. Como persona que anhela justicia para todos, veo la Proposición 187 como el primer cañonazo en la guerra que han emprendido los republicanos contra los inmigrantes, una estrategia intelectualmente débil y fundamentalmente deshonesta para enfrentar los retos que encara no solo California sino todo el país: culpar de todos nuestros problemas a los mexicanos que cruzan la frontera.

Los latinos perciben a Pete Wilson como un abusador de poca monta. Su retórica hizo que los inmigrantes acudieran a cualquiera que quisiera ayudarlos. El pánico que causó la Proposición 187 creó miedo entre los inmigrantes de todos los Estados Unidos. Creo que en Illinois más inmigrantes conocían a Pete Wilson por nombre de los que conocían el nombre de nuestro propio gobernador. Con líderes como Wilson echándole más leña al fuego de la paranoia antiinmigrante, los inmigrantes quisieron protegerse aún más haciéndose ciudadanos americanos.

El reto estaba en que el proceso para convertirse en ciudadano de los Estados Unidos no ha sido nunca sencillo. Una vez que cumples los requisitos, hay tantas solicitudes que llenar que marearían al burócrata más dedicado. Hay que consignar las huellas digitales y dejar que te tomen fotos para probar quién eres y que no eres un criminal. Había pocas organizaciones que ayudaran a los inmigrantes en este proceso confuso. Casi ninguna ofrecía ayuda gratuita. La estampida creada por IRCA dificultó las cosas aún más.

Mi personal de distrito recibía el mismo pedido una y otra vez todos los días: quiero hacerme ciudadano y necesito su ayuda. También recibían quejas sencillas: quiero hacerme ciudadano y alguien me está sacando el dinero. Era una queja persistente: alguna gente había trabajado muy duro para conseguir el dinero suficiente que les permitiera consultar a un abogado —y en algunos casos resultaba ser un impostor que se hacía pasar por un experto en asuntos de inmigración. Le pedía más y más dinero a las personas, pero su solicitud siempre estaba demorada. No conseguían que las personas que se suponía que les estaban ayudando les hablaran claro.

Los grupos comunitarios trataron de ayudar. Mi amigo Danny Solís, director del grupo comunitario UNO, celebraba talleres en los que ayudaban a quienes querían hacerse ciudadanos. Le pedí a mi personal que se inscribiera en los talleres y yo mismo asistí para aprender más.

Había mucha necesidad de ayuda en todos los vecindarios. Aprendimos del trabajo que Danny y UNO estaban haciendo. No pasó mucho tiempo antes de que el número de inmigrantes que había en mi oficina esperando ayuda aumentara más que el de los veteranos, las personas de edad y los estudiantes juntos. Veía lo mismo por todo el vecindario: por lo menos una vez al mes celebraba una velada llamada "Oficina del Congreso en la comunidad". Ponía una mesa en un colmado local y una vez que la gente se sobreponía a la sorpresa de ver allí a su congresista, rodeado por aguacates y chinas, venía y me hacía preguntas. Casi todas ellas eran sobre la inmigración y la ciudadanía, acerca de hermanos o hermanas que no podían arreglar su situación, sobre un esposo o una esposa en peligro de ser deportados, sobre una solicitud de ciudadanía que estaba tomando demasiado tiempo en ser procesada.

Asistí a una enorme ceremonia de juramentación de uno de los grupos de solicitantes que fueron producto de IRCA. Habían pagado su cuota, completado sus documentos, pasado su examen y se habían convertido en ciudadanos americanos. Cuatrocientas o quinientas personas levantaron su mano derecha y recitaron el Juramento de Lealtad. Un juez federal los convirtió en ciudadanos americanos en un momento.

La asistencia a una juramentación de ciudadanía debería ser un requisito educativo para todo americano. Ver a tanta gente de tantos lugares de pie, compartiendo la alegría y el orgullo de convertirse en ciudadanos americanos, podría enseñarles algo a los que sostienen posiciones antiinmigrantes. La mayor parte de los que son juramentados llevan años viviendo y trabajando en los Estados Unidos. Muchos tienen empleos con salarios bajos y están tratando de ser parte de la clase media. Trabajan y contribuyen todos los días al bienestar de una nación que a veces se muestra hostil hacia ellos. Como son todos residentes permanentes y legales, muchos podrían seguir viviendo aquí indefinidamente con un riesgo mínimo de que sus circunstancias cotidianas cambien.

Y, sin embargo, quieren algo más. Quieren ser americanos. Hay algo por lo que vale la pena el costo y el esfuerzo, algo permanente y satisfactorio en hacerle esa promesa a nuestra nación: que uno la protegerá y defenderá sus leyes al igual que recibirá a cambio su protección. Yo lo sentí ese día. Nací siendo ciudadano americano y sin embargo por mi apellido y el color de mi piel, he sido tratado a veces como extranjero. Compartí, sin embargo, el orgullo y la alegría de los nuevos ciudadanos.

Pero mi orgullo se unió a mi confusión respecto a la manera en que se llevaba a cabo la ceremonia. El alcalde Richard Daley asistió y le dieron mucha cobertura. Allí también estaba el gobernador de Illinois, Jim Edgar. No se llevó a cabo en una institución federal. Tuve la sensación de que era el primer congresista que iba a una juramentación de ciudadanía en mucho tiempo. Sin embargo, la naturalización es una responsabilidad federal. Nadie se estaba haciendo ciudadano de Chicago ni de Illinois. El alcalde Daley no le puede dar derechos de ciudadanía a nadie. Solo lo puede hacer el gobierno federal. Miré las caras de la gente que estaba allí: casi toda latina, pero también había indios, paquistaníes, etíopes, irlandeses y polacos. Me di cuenta de algo fundamental de mi función en el Congreso: yo era el representante federal de un inmenso distrito de inmigrantes y no estaba haciendo lo suficiente para ayudar a que la gente se hiciera ciudadana.

Cuando salí del acto de juramentación, me di cuenta que necesitaba hacer algo más que proveer servicios de ciudadanía y naturalización en mi oficina. Pensé en los talleres de ciudadanía a los que había ido con Danny Solís y con otros. Esos talleres estaban ofreciendo un servicio que debía proporcionar el gobierno federal. Si una organización comunitaria bien administrada puede ayudar a la gente en los pasos del proceso de ciudadanía, ¿por qué no puede hacerlo una oficina del Congreso bien organizada?

Descubrí la respuesta. Aunque un grupo comunitario como UNO puede recibir la autorización del Servicio de Inmigración y Naturalización (INS, por sus siglas en inglés) para ayudar en cada aspecto de la naturalización de residentes permanentes legales –desde aceptar el dinero hasta entregar las solicitudes completas– ninguna oficina del Congreso había recibido la autorización para hacerlo. Según pude saber, ninguna oficina la había solicitado.

Unas semanas después de la ceremonia de juramentación, me reuní con la comisionada del INS, Doris Meissner, una mujer seria y práctica que supervisaba la política de inmigración del país en el gobierno de Bill Clinton. La mayor parte de los miembros del Congreso les piden a los funcionarios federales que vayan a verlos, pero yo había hecho el viaje hasta el Departamento de Justicia y había llegado hasta la nada glamurosa oficina del INS. Quería que Doris Meissner supiera que esto era muy importante para mí. No pareció entender al principio lo que yo pedía o por qué un congresista se tomaba la molestia de entender los pormenores de las solicitudes de ciudadanía.

Tuve que explicarle varias veces: –Ustedes autorizan a los grupos comunitarios para que procesen las solicitudes de ciudadanía. Ellos llevan a cabo talleres y luego les refieren directamente a ustedes las solicitudes. Yo quiero hacer lo mismo. Autoricen al congresista Luis Gutiérrez y a mi oficina para llevar a cabo talleres de ciudadanía y enviar las solicitudes directamente al INS. Se trata de una responsabilidad federal. ¿Por qué no puedo hacerlo yo?–. Pensé que mi pedido era razonable.

Era evidente que ningún congresista le había pedido algo así antes. Pensó por un minuto para poder contestar. Yo conocía la respuesta burocrática típica: no lo podemos hacer así porque nunca lo hemos hecho así. Finalmente, su explicación tuvo que ver con la política.

–Si las oficinas del Congreso se meten en esto, politizarán el proceso de ciudadanía. Los grupos comunitarios no son partidistas y, además, no tienen fines de lucro.

Pensé en aquello por un minuto. ¿Se convertirían en votantes esos ciudadanos? Probablemente. ¿Los estaba registrando yo para que votaran? No. ¿Me beneficiaba políticamente? Quizás, pero es posible que ayudar a una familia cuya hija estaba teniendo problemas con su ayuda federal estudiantil también pudiera beneficiarme políticamente. Nadie, sin embargo, había sugerido que no lo pudiera hacer.

–De manera que si un veterano entra a mi oficina con una pregunta sobre sus beneficios de veteranos, ¿lo tengo que mandar a la VFW para que lo ayuden? Si una persona de edad viene a pedir ayuda, ¿lo mando a la AARP? ¿Cualquier queja respecto a los derechos civiles va directo a la NAACP? Yo administro una oficina gubernamental. Se supone que ayudo a la gente. Mis votantes necesitan ayuda con cuestiones de inmigración y ciudadanía. No los puedo despachar–, le dije.

Esto la hizo pensar, pero todavía seguía preocupada de que se convirtiera en algo político.

—Si lo que a usted le preocupa es la política, entonces no podemos servir a nadie—, le dije. —¿Usted me está diciendo que un grupo comunitario puede hacerlo, pero que un congresista que vota sobre su presupuesto todos los años no lo puede hacer?

Esto le presentó un dilema. Junto con mis 434 colegas de la Cámara, yo votaba para autorizar sus fondos todos los años. Mientras ella pensaba sobre el punto, dejé muy clara mi posición.

—Comisionada, el gobierno no trabaja así. Las agencias no le pueden decir al Congreso lo que tiene que hacer. Les damos fondos y orientación. Yo quiero ayudar a que la gente consiga la ciudadanía, ¿cuál es el problema?

Pensé que si mi personal podía cumplir con las normas que ella les requería a los grupos comunitarios todos los años, no tendría justificación alguna para no dejarme hacer talleres de ciudadanía. Lo pensó un poco más. El secretario de Asuntos de Veteranos nunca le diría a los miembros del Congreso que no ayudaran a los veteranos, ¿por qué entonces podía la comisionada del Servicio de Inmigración y Naturalización decirles que no ayudaran a los inmigrantes? Tengo que decir que Doris Meissner dijo que sí, siempre y cuando cumpliéramos con ciertas normas. Me pareció justo.

Capacitamos a nuestro personal y fue aprobado. Pero esta decisión era aún más importante para mí. La comisionada Meissner creía que yo tenía un interés político. Algunos de mis amigos y asesores creían que no era una decisión inteligente. Yo era un congresista puertorriqueño que iba a ayudar a que muchos inmigrantes —sobre todo mexicanos— se hicieran ciudadanos.

Entendí su razonamiento. La población mexicana de mi distrito estaba aumentando y la puertorriqueña no. Los mexicanos seguían llegando a Chicago pero el gran movimiento puertorriqueño entre la Isla y Chicago había llegado a su punto álgido hacía cuarenta años, cuando llegaron mis padres. La mayor parte de la gente a quien ayudaríamos a convertirse en ciudadanos adquirirían con ello el derecho a votar. ¿Votarían por Gutiérrez? Algunas personas me dijeron que estaba firmando mi certificado de defunción política.

El distrito electoral 4 de Illinois era diferente a los principales distritos electorales latinos del país. En la Florida los cubanos representaban a los distritos con mayoría de cubanos. En California y Texas, había mexicoamericanos que representaban a los mexicanos y en Nueva York había puertorriqueños que representaban a los puertorriqueños. Mi distrito era diferente. Para adherirse a la ley de derechos de votación, el distrito había sido diseñado para incluir dos comunidades latinas muy diferentes. Gracias a cierta creatividad al trazar los mapas, las comunidades mayormente puertorriqueñas en vecindarios como Humboldt Park y Logan Square estaban conectadas con las comunidades mexicanas de Pilsen, Little Village y Back of the Yards en la parte sudoeste de Chicago. Las dos comunidades latinas, que están separadas por unas tres millas en su parte más cercana, están conectadas a lo largo de una serie de carreteras y bosques y ríos que pasan por los suburbios del oeste. Si uno camina por la frontera del distrito en los suburbios y tropieza y se cae, acaba en el distrito de mi amigo Danny Davis.

Cuando alguien escribe sobre la manipulación en la configuración de los distritos electorales, siempre incluyen el mapa del distrito electoral 4. Somos el botón de muestra. Los periodistas me llaman para indagar sobre la forma que tiene nuestro distrito. "Orejeras" es la descripción favorita que se hace de su forma. Los que dan las noticias por Fox News y los comentaristas conservadores suelen expresar indignación y señalar el distrito como prueba de que los liberales harán lo que tengan que hacer para elegir a más minorías para el Congreso.

El distrito parece ser extraño, es cierto. Y también es cierto que durante un par de siglos los distritos se configuraron de la manera que fuera necesaria para mantener a las minorías *fuera* del Congreso. Nunca escucho que Fox News proteste por la larga tradición americana de dividir las poblaciones grandes de latinos y afroamericanos, como hicieron alguna vez los cartógrafos de la Asamblea Municipal de Chicago para excluir a los puertorriqueños e incluir a los italianos y a los polacos. A algunos no les importa la forma de un distrito; solo si les da cabida justa a las minorías. Nunca me he sentido mal por la habilidad de que los latinos participen en una elección justa, independientemente de que el distrito se parezca a unas orejeras. Si les da participación justa, no tengo problemas con las orejeras: pueden ser cómodas y calientan cuando hace mucho frío.

De todas maneras, representar al distrito entero era un reto. En 1992 y 1994, me postulé para el Congreso contra Juan Soliz, el concejal de Pilsen que, cuando se murió Harold, quiso ser alcalde de Chicago. Parecía muy mexicano y sonaba igual. Sus padres eran trabajadores agrícolas migrantes que habían venido de Texas. Usaba botas de vaquero y hablaba español con un acento claramente mexicano. En las dos elecciones en que me postulé contra Juan Soliz, gané cómodamente entre los puertorriqueños y los votantes blancos y negros, pero él me aplastó en los vecindarios mexicanos.

Durante mi primera campaña para el Congreso, caminé por todo el vecindario mexicano de Little Village con el desfile que celebraba la independencia mexicana. El evento se celebró unos días antes de una importante pelea de boxeo entre Julio "César" Chávez, que era un héroe para los mexicanos, y Héctor "Macho" Camacho, un puertorriqueño nacido en Bayamón, Puerto Rico, pero que se crió a pocas cuadras del apartamento de mi abuela en El Barrio de Nueva York. Los puertorriqueños y los mexicanos se habían estado enfrentando verbalmente durante semanas. Cuando yo caminaba las calles de aquel vecindario mexicano, llevando una bandera mexicana y tratando de ganarme a todos aquellos mexicanos, la gente me miraba y coreaba: "Chávez, Chávez, Chávez", para que yo supiera de qué lado estaban.

Un hombre me gritó: —Oye, Gutiérrez, hagamos una apuesta sobre la pelea.

Yo le contesté: —De acuerdo, apostemos: yo le voy a Chávez.

Pareció sorprendido. —Un momento, Gutiérrez: tú eres puertorriqueño. ¿Por qué apuestas por Chávez?

Lo miré: —Soy puertorriqueño, pero no soy estúpido —le contesté.

Chávez obtuvo una victoria aplastante sobre Camacho una semana después, al igual que Soliz me aplastó entre los votantes mexicanos.

Pero eso no impidió que buscara votos en la comunidad mexicana.

Yo recordaba lo que había significado que otras etnias o razas cercanas al poder nos ignoraran. La frustración puertorriqueña al ser continuamente ignorados por los polacos y los italianos jugó un papel importante en el hecho de que me eligieran concejal. Humboldt Park se había vuelto mayoritariamente puertorriqueño y los blancos habían tratado —sin éxito— de detener la tendencia. La comunidad latina de Chicago era cada vez más mexicana. Yo no iba a cambiar eso. Uno no puede parar la marea de la historia, pero puede tratar de no ahogarse en ella.

Les dije a mis amigos que se mostraban escépticos: "Uno puede ser el motor o el furgón de cola. La gente necesita ayuda para hacerse ciudadana. Hay que ayudarla; lo quiero hacer. Puedo ser el motor e ir al frente o puedo ser el furgón de cola y seguir a otras personas que lo están haciendo. ¿Sabes lo que le pasa al furgón de cola? Lo desatan del tren y este sigue adelante. Nadie echa de menos al furgón de cola".

Me comprometí con los inmigrantes por otra razón, aún más importante. Yo sentía que los retos que nuestra comunidad latina tendría que enfrentar en el futuro no estarían determinados por nuestro país de origen. La Proposición 187 puede haber estado dirigida hacia los inmigrantes mexicanos, pero iba a aumentar la discriminación hacia cualquiera cuyo aspecto físico lo señalara como proveniente del sur de la frontera. Al ver el pelo negro lacio y las botas de vaquero de Juan Soliz, los latinos sabrían que era mexicano. Y al ver mi pelo rizo y escucharme hablar español, sabrían que yo era puertorriqueño. Pero los blancos que culpaban a los inmigrantes de todos sus problemas no diferenciarían entre ambos. Para ellos, todos éramos iguales. Pregúntele, si no, a aquella guardia de seguridad del

Capitolio. No tenía idea de mi procedencia, pero estaba segura de que yo no era de los Estados Unidos. La Proposición 187 y las dos décadas de intolerancia antiinmigrante que siguieron no serían un problema exclusivamente mexicano. Serían un problema para todos los latinos.

De manera que mi decisión fue fácil. En la política hay una regla muy lógica: cuando tengas alguna duda sobre estrategia, haz lo que esté correcto. Si pierdes, por lo menos no te sentirás culpable.

En poco tiempo estábamos organizando nuestro primer taller preparatorio para los futuros ciudadanos en una gran casa del parque Piotrowski en Little Village. Capacitamos a voluntarios para que trabajaran con nosotros; contratamos a un fotógrafo. Le pedimos al canal televisivo de lengua española que pusiera anuncios de servicio público para promover el acto. Nos aseguramos de que hubiera agua y refrigerios. Los policías que no estaban trabajando iban a tomar la impresión de las huellas digitales. Alquilamos una copiadora para las solicitudes; compramos bolígrafos y libretas y uniformamos con camisetas a nuestros voluntarios. Había tanta gente preparada en las largas mesas dentro del gimnasio para ayudar a los solicitantes que no nos imaginábamos que nos quedaríamos cortos.

Tuvimos poca imaginación.

Cuando llegué a las ocho de la mañana, la fila de gente que quería solicitar salía de la puerta, le daba la vuelta al edificio y llegaba al final de la manzana. Las familias que trabajaban trajeron a sus niños. Para ellos era algo muy importante. Hacía frío y estaba nevando, pero nadie miró la fila y regresó a su casa. La gente sencillamente iba hasta el final y se ponía en fila. El parque abrió temprano para que pudiéramos meter a toda la gente que pudiéramos dentro de la casona por el frío que hacía afuera. Y la gente seguía llegando. Llenamos filas enteras de sillas y al final tuvimos que poner la gente en las gradas. Y seguían llegando, listos para batallar con la burocracia.

Yo tenía a cien voluntarios. Me miraban como si yo les hubiera hecho enfrentar un ejército invasor. Para el momento en que se suponía que empezara el taller, había más de quinientas personas esperando y las filas estaban aumentando.

"Espero que nadie haya hecho planes para esta noche", les dije a todos.

Fue un caos, pero parecíamos lo suficientemente organizados para que la gente confiara en que podríamos ayudarlos con sus solicitudes. Antes de que yo fuera elegido, el vecindario de Little Village, que era casi cien por ciento mexicano, había estado representado durante décadas por un congresista polaco. No lo veían casi nunca. A la gente que vino aquel día no le importaba que yo fuera polaco o mexicano o puertorriqueño: estaban contentos de que estuviera allí.

Hablé con familia tras familia y sus reacciones eran las mismas: gracias por hacer esto. La gente me seguía adondequiera que iba, preguntándome por sus solicitudes, preguntando qué siguiente diligencia debían hacer. Creo que esperaban que los saludara y me fuera, que hubiera subcontratado el trabajo. Pero no había nadie más. Éramos solo nosotros. No quería que la Comisionada Meissner pensara que había tenido razón en que un congresista no podría llevar a cabo la tarea.

Un mexicano mayor que me había seguido pacientemente por un rato parecía que tenía que preguntarme algo importante. Le pregunté qué era.

Me dijo en español: "No tengo una pregunta. Solo quiero que sepa algo. Nunca, nunca espero que el gobierno me ayude a mí o a mi familia. Cuando pienso en el gobierno, pienso en agentes que quieren deportar a la gente. Gracias por estar de nuestro lado". Nos dimos la mano y él volvió con su familia, satisfecho de haberme transmitido su mensaje.

Eso mismo me lo han dicho una y otra vez en diferentes talleres. Los inmigrantes creen en el poder del gobierno de los Estados Unidos. Pero no esperan que se use para ayudarlos. Casi todo inmigrante conoce a un familiar o amigo deportado por el gobierno: un primo o colega, a veces un cónyuge o un hermano. Yo le estaba presentando a esa persona un rostro muy diferente del gobierno de los Estados Unidos: un rostro amigable, un aliado en su lucha diaria para quedarse en los Estados Unidos y poder ayudar a su familia.

La casa del parque Piotrowski estuvo llena de energía todo el día. Aquello parecía un evento deportivo. Trabajé todo el día con mis buenos amigos y coauspiciadores, el senador estatal Jesús García y el concejal Ricardo Muñoz. La gente sintió que tenía poder, que estaba entendiendo cómo bregar con el sistema. Estaba dispuesta a esperar, todo el día si hubiera sido necesario, y nos daba la cuota de solicitud de cien dólares junto con sus fotos y sus huellas digitales. Nos confiaba su futuro.

Estuvimos allí hasta casi las diez de la noche. Yo caminaba a lo largo de las filas y les daba citas a las personas para que volvieran otro día a vernos en la oficina. Cuando se mostraban escépticos, usaba un argumento que he repetido cien veces después, cuando hay talleres con demasiada gente. —¿Usted ve esta fila?, es como la de la sala de emergencia. ¿Qué sucede en la sala de emergencia?

—Uno tiene que esperar —contestaban todos.

—Así es. Tienen que imaginarse que yo soy el médico y que les estoy dando una cita para que me vean en mi oficina. No tendrán que esperar allí. Si quieren que se les atienda hoy, se les atenderá, pero tendrán que esperar más. Mucha gente acabó aceptando la cita; de otra manera hubiéramos estado allí hasta la una de la madrugada.

Para mí aquel primer taller de ciudadanía fue mucho más que un evento comunitario fructífero. El Congreso me había dado duro. Me enorgullecía de las reformas que estaba auspiciando; la gente me decía que me había visto en las noticias o en el programa *60 Minutes*. Pero yo sabía que sería difícil que se hicieran las cosas si siempre era yo el de afuera, el que estaba solo.

Miré a toda aquella gente, gente que no solo venía de Little Village sino de todo Chicago, que me hacía preguntas a mí y a mi personal, que esperaba pacientemente en fila, con sobres llenos de los documentos que probaban que cumplían con los requisitos para hacerse ciudadanos americanos. Pensé: esto es. Por eso estoy en el Congreso. Encontré lo que buscaba. Por eso es que perseguí a los comisarios de barrio de Rosty por la calle. Vamos a conseguir que miles de personas sean ciudadanos.

CAPÍTULO DIECISIETE

Cincuenta mil nuevos ciudadanos

LEGUÉ TARDE A UNA REUNIÓN del *caucus* hispano. Los miembros latinos siempre se han reunido con regularidad para intercambiar ideas e impresiones y revisar las prioridades. La mayor parte de los otros miembros ya estaban allí, escuchando a Steny Hoyer de Maryland. Steny siempre ha sido un líder del partido y es ahora el coordinador disciplinario de la minoría de Nancy Pelosi en la Cámara. Se dio cuenta de que yo había llegado.

–Quisiera hacer una pausa para dirigir la atención de todos hacia Luis Gutiérrez. Como saben, le hemos dado recientemente un premio: el de miembro con el mayor ascenso del *caucus* demócrata. Desde luego que como él estaba tan abajo, no podía ir a ningún sitio sino hacia arriba. Era el candidato obvio. Bienvenido, Luis, esperamos muchas cosas buenas de ti, –dijo Steny sonriendo.

También mis colegas se rieron, pero era una risa diferente de aquella insidiosa que me hizo querer darle un puñetazo a alguien o amenazar a Dan Rostenkowski. Yo me estaba riendo con ellos.

Uno de los beneficios inmediatos de nuestra iniciativa a favor de la ciudadanía en Chicago era la oportunidad de escuchar cómo los inmigrantes describían los retos que encaraban, muchos de los cuales no tenían otro remedio que no fuera legislativo. Newt Gingrich y su equipo habían tomado la Cámara de Representantes y estaban produciendo propuestas similares a la 187 que les dificultaban a los inmigrantes arreglar su situación y reunirse con sus familias.

Lo que decía siempre la gente que había ido a los talleres era: "Quiero mantener a mi familia unida". Pronto me di cuenta del problema que encaraban muchas personas jóvenes. Habían cruzado una frontera con sus padres antes de que pudieran caminar o hablar. Se habían instalado en los Estados Unidos, pero no tenían manera alguna de convertirse en residentes legales de nuestra nación. Vivían con un terror constante a que los deportaran a un país que no conocían – México, Colombia, Irlanda o Polonia– países tan distantes para ellos como podía ser Australia.

Al enfocarme en los aspectos básicos de las leyes y políticas de inmigración, mis relaciones en Washington D.C., cambiaron. En vez de pedirles continuamente a mis colegas reformas que muchos no querían, les estaba proponiendo políticas migratorias con las que la mayor parte de los demócratas estaban de acuerdo. Así tuve la oportunidad de defender una política importante que no conllevaba meter las manos en el bolsillo de nadie.

De manera que cuando Steny dijo que yo era el miembro del *caucus* que más había progresado, no buscaba solo carcajadas. Era lo que quería decir. También era cierto que yo había empezado desde lo más bajo. Él se alegraba de que yo hubiera encontrado algo que me ocupara fuera de la reforma del Congreso. Otros miembros estuvieron de acuerdo. John Murtha, el presidente de comité que me había dicho que la dificultad para escribir mi apellido tendría el efecto de que no podría entrar a un buen comité, un día me llamó para que hablara con él en una esquina del pleno de la Cámara. Murtha pasaba mucho tiempo en esa esquina, presidiendo sobre una especie de corte y compartiendo la sabiduría que había adquirido tras treinta años en la Cámara.

"Sabes, Gutiérrez, te atacan mucho, pero tengo que reconocer algo. Tuviste valor para hacer lo que hiciste", me dijo. Se trataba de un cumplido muy importante viniendo de John Murtha, quien había sido infante de marina y veterano de la guerra de Vietnam, un tipo que había sobrevivido unas cuantas elecciones muy reñidas en Pensilvania.

No fue el único en perdonar al tipo de las reformas sus posiciones anteriores. El *caucus* demócrata estaba cambiando. La marea republicana de Gingrich acabó con algunos de los demócratas más intransigentes. Algunos, como William Ford, se retiraron. En vez de ser un partido arrogante acostumbrado a ser mayoría durante cuarenta años, estábamos aprendiendo juntos a reinventarnos como partido de oposición. Estábamos haciendo todo lo que podíamos para ayudar a Bill Clinton a combatir cualquier idea terrible que propusiera Gingrich. Mi función era estar pendiente de la legislación antiinmigrante. Otros luchaban en los frentes que tenían que ver con los gastos, las contribuciones y la educación. Teníamos una batalla que luchar contra la nueva mayoría republicana. Les estaba mostrando a mis colegas que podía pegar tan duro como ellos.

Cuando adquirí más antigüedad, mis colegas estuvieron más dispuestos a trabajar conmigo. La antigüedad es tan importante para el Congreso como el agua para un pez. Cuando fui reelegido unas cuantas veces, todos se empezaron a dar cuenta de que el extaxista y actual reformista podría estar allí por algún tiempo. Tras derrotar a Juan Soliz dos veces, tuve poca oposición en las tres elecciones siguientes. Los miembros empiezan a conocerse mejor. En vez de gritarme, ahora era más probable que me hablaran de congresista a congresista, para convencerme de que debía dejar de meterme con sus salarios.

Un colega se acercó a mí un día y me dijo: —Luis, tengo que hacerte una pregunta importante —estaba muy serio. Le pregunté qué quería saber.

—¿Cuántas veces te has casado?

–Conoces a Soraida. Solo he estado casado con ella –le contesté.

–Una vez. Tienes mucha suerte; me alegro por ti. ¿Sabes cuántas veces me he casado yo? Voy por el tercer matrimonio: tres esposas, dos exesposas. Resulta muy caro. ¿Puedes dejar de meterte con mi aumento de salario? Necesito el dinero.

ME ALEGRÉ DE ESTAR HACIENDO unos cuantos amigos en Washington, porque las cosas se me iban complicando en Chicago. Allí, a ninguno de mis aliados políticos les importaba que yo estuviera ofendiendo a William Ford o a otro presidente de comité que se creyera rey en Washington, pero que resultaba anónimo para el 99 por ciento de los americanos. Pero muchos en Chicago estaban pendientes de mis relaciones con el alcalde Daley.

Durante el segundo año que estuve en el Congreso, el presidente Clinton decidió que el Tratado de Libre Comercio de Norteamérica era una prioridad nacional urgente. Necesitaba que la mayoría de los demócratas votaran con él para conseguir que se aprobara. Pensé que la decisión sería fácil. NAFTA (las siglas en inglés del Tratado de Libre Comercio de Norteamérica) era un mal negocio, otro convenio mediante el cual dábamos acceso a nuestros mercados sin obtener suficiente a cambio. Mis amigos en el movimiento laboral organizado y en la comunidad ambiental estaban en contra. Yo pensaba que me había enfrentado a votos más complicados y difíciles.

Muchos otros demócratas veían lo mismo que yo: teníamos dudas acerca de las promesas de nuevos empleos, estábamos seguros de que habría pérdidas de empleos en áreas como la manufactura. Pronto se hizo evidente que Clinton no tenía los votos. Ross Perot andaba por todos lados desparramando a borbotones sabiduría tejana casera acerca del *"giant sucking sound"* (gigantesco sonido de succión) que hacían los empleos de los Estados Unidos que México estaba absorbiendo. Los republicanos proteccionistas y los demócratas progresistas estaban tomando distancia de NAFTA. De repente en Washington entramos en un combate mano a mano, es decir: voto a voto.

Suele suceder que casi todas las sesiones del Congreso están marcadas por un tema que de repente va más allá de los análisis de ventajas y desventajas que hacen los comités y entra en la fase de "¿Qué necesito hacer para obtener tu voto?". Es un área que les encanta a los políticos. En esos momentos, el Congreso es igual que la Asamblea Municipal de Chicago, solo que más prestigioso, con negociadores más inteligentes y más engañosos.

Bill Richardson, quien encabezaba la posición a favor de Clinton entre los demócratas, vino a verme a mi oficina.

—El presidente quiere saber qué quieres de él a cambio de que votes por NAFTA —me dijo.

Habían enviado a la persona adecuada. Bill es inteligente y siempre había sido amigo mío. Era un miembro respetado y estoy seguro de que nuestros colegas lo atacaron mucho por ayudarme, sin importarle cuán radioactivo fuese mi último sueño reformista.

—Yo tengo preocupaciones ambientales; temores respecto a los derechos de los trabajadores. Hay que arreglar muchas cosas —le respondí.

Bill se acomodó en uno de esos sillones viejos de cuero que los congresistas tienen en sus oficinas. Me sonrió condescendientemente, como si yo no fuera muy inteligente.

—Eso no fue lo que te pregunté. Te pregunté qué necesitas para votar a favor de la medida. Cuando me vaya de aquí me voy a reunir con el presidente. Cuando hable con él, quiero decirle lo que necesitas tú.

Entendí.

—¿Qué crees que debo necesitar, Bill? —le pregunté. Seguro que ya había pensado en alguna oferta.

—¿Pues qué te parece que te hagamos Mr. Ciudadanía en los Estados Unidos? —preguntó.

Habían hecho sus investigaciones. Sabían exactamente lo que me podría tentar. Los buenos políticos entienden los intereses de sus colegas. Pensé en aquello: un miembro bastante reciente del

Congreso viajando por todo el país, enviado por el presidente de los Estados Unidos para ayudar a que los inmigrantes se convirtieran en ciudadanos de los Estados Unidos, no solo en Chicago sino en todas partes.

Como la visión era tan tentadora, contesté antes de que la idea me ganara:

—No creo que lo pueda hacer, Bill. Es que, simplemente, no puedo apoyar el Tratado.

Seguimos hablando por un rato. Le dije que lo pensaría, pero lo que pensé es que debía empezar a decirles a mis amigos que me enfrentaría a un voto difícil. Si algunas personas muy poderosas se iban a enojar conmigo por haber votado que no, sería mejor que me granjeara amigos entre otras personas poderosas al dar ese voto. Llamé al alcalde Daley para decirle que votaría contra NAFTA. Lo llamé desde Washington.

—Es una medida desafortunada y creo que nos costará empleos. Estoy en contra —le dije. Parecía que lo estaba molestando. ¿Por qué le estaba haciendo perder el tiempo con un asunto tan trivial?

—Está bien —dijo, ansioso por volver a su trabajo de gobernar la ciudad de Chicago.

Pensé que desde el punto de vista político quizás no significaba tanto, por lo menos para el alcalde Daley. Les dije a los líderes laborales locales que estaría de su lado. Me lo agradecieron.

Entonces el presidente Clinton, que seguía teniendo dificultades en conseguir los votos, puso a Bill Daley, un viejo amigo de Chicago y hermano del alcalde —su Bobby Kennedy— a cargo del equipo que manejaba NAFTA. Rahm Emanuel, otro tipo fuerte de Chicago, era su lugarteniente. Bien, pensé, ¿por qué no buscó Clinton al hermano del alcalde de *Nueva York* para ayudarlo con esta operación NAFTA?

El alcalde Daley me llamó poco después. Quería que nos reuniéramos en su oficina de Chicago. Raras veces había estado allí después de que me eligieran al Congreso. Cuando Harold era alcalde, la oficina del quinto piso era mi casa lejos de casa. Esta vez me estaban emplazando; me sentí como un recaudador de impuestos a quien hubieran llamado para reunirse con el rey porque las recaudaciones habían bajado.

El alcalde Daley se sentó frente a mí al otro lado de su inmenso escritorio. Fue al grano.

–Necesito que votes por NAFTA –dijo.

–Me dijiste que no te importaba –le contesté, fingiendo que quizás lo había olvidado.

–Bill está a cargo de conseguir los votos. Resultaría incómodo para mí. El presidente mismo me llamó. Es solo un voto –dijo el alcalde.

Se me notó la incomodidad.

–Soy demócrata. Me parece una medida perjudicial: es mala para Chicago, mala para los trabajadores, mala para México. Esos son mis principios. Por eso fui al Congreso; seguiré adelante con mi decisión, –le contesté respetuosamente a un alcalde que se estaba impacientando.

Cuando Daley se exaltaba, su voz subía de tono una octava. Sonaba como la de un chico enojado.

–¿Principios? –preguntó. La voz sonaba cada vez más chillona–. ¿Principios? Soy católico; se supone que defienda mis principios católicos. A veces hay que tomar decisiones que van contra los principios. Tengo un departamento de salud que reparte condones y que ayuda a hacer abortos. Administro un gobierno. Deja que llame al presidente Clinton y le diga que estás con él –parecía como si para él todo se acabaría con esa llamada.

No digo que no me tentara. El alcalde quería mi voto y aún resonaba la oferta de Richardson de que sería el zar de la ciudadanía. Lo que quería yo más que nada, sin embargo, era salir de la oficina del alcalde. Pero no podía decirle que sí.

–Sr. Alcalde, esto es difícil. Creo que me fumaré un cigarrillo y lo pensaré –le dije. Estaba tratando de dejar de fumar, pero sabía que no se fumaba en la oficina del alcalde. Le di las gracias y me levanté para irme. El alcalde Daley llamó a su secretario por el intercomunicador.

–Búscale un cenicero al congresista –dijo.

–Yo pensé que aquí no se fumaba –dije.

–Puedes fumar aquí si te digo que puedes hacerlo –dijo.

Lo hice. Gané tiempo. Le dije que necesitaba hablar con alguna gente. Fumé y me demoré hasta que se cansó de esperar. Salí de allí. En un distrito que está todavía lleno de votantes que querían mucho al alcalde Daley, no necesitaba añadirlo a la lista de todas las personas que ya estaban enfadadas conmigo. De esas había muchas en Washington.

Llamé a mi jefe de personal y le pedí dos cosas: necesitaba reunirme con un importante líder del movimiento laboral de Illinois y necesitaba programar una conferencia de prensa para anunciar mi posición final en cuanto a NAFTA. Me dijo que el presidente se quería reunir conmigo y le pedí que programara la reunión. ¿Quién le puede decir que no a Bill Clinton?

Al día siguiente me reuní con el presidente del movimiento laboral organizado en Illinois, un tipo irlandés muy agradable que siempre me había apoyado. Le hablé claro.

–Mire, no estoy de acuerdo con lo de NAFTA. El presidente y el alcalde me prometen lo que yo quiera si les doy mi voto.

–Pero el movimiento laboral estará con usted para siempre si vota en contra –me dijo.

–Por eso estoy aquí. Tengo un problema: usted es irlandés y Daley también. Daley tiene muchos trabajadores municipales sindicalizados. Ustedes lo necesitan a él y él los necesita a ustedes. Todos ustedes son amigos. Ahora mismo no se están llevando bien, pero pronto ustedes dos, que son irlandeses, se contentarán y yo seré el puertorriqueño solitario que se queda afuera. Soy como el tipo que se pone de parte de uno de los esposos cuando se separan y a quien nadie le habla más cuando vuelven a juntarse. Necesito saber que usted estará conmigo de verdad.

Se rio. Le gustaba la analogía.

–Estaremos siempre con usted, congresista –me dijo. Llamó a los líderes sindicales, quienes le enviaron al alcalde un mensaje muy claro de que me apoyarían.

Esa semana celebré una conferencia de prensa en Chicago en la que anuncié que estaba en contra de NAFTA. A mi lado había obreros y ambientalistas. En un clima en el que cada voto contaba, la conferencia se transmitió por las noticias nacionales. Volví a Washington.

Cuando volví a la oficina y le pregunté a mi jefe de personal sobre mi próxima reunión con el presidente, sacudió la cabeza. –La canceló –dijo.

Un aliado menos.

TODOS ESTOS PROBLEMAS hicieron que mis esfuerzos con la inmigración se volvieran más importantes. El mundo del Congreso prospera con asignaciones a comités y con recaudaciones de fondos y conexiones. Pero si uno sigue conectado con sus votantes y logra dejar sentada una posición respecto a una situación a la que puede responder apasionadamente, se pueden buscar maneras de hacer las cosas.

Supe enseguida que la política migratoria no era el asunto más atractivo de Washington D.C. Para obtener algún liderazgo no tenía que esforzarme mucho: no había tantos congresistas que fueran fanáticos del asunto. Si yo hubiera querido inmiscuirme en asuntos educativos, mis colegas me hubieran dicho: "Ponte en fila". Si hubiera querido tomar la delantera en cuanto a la protección ambiental o defendiendo el derecho de una mujer a decidir si abortaba o no, los miembros experimentados que habían trabajado con esos problemas durante años me hubieran dicho que me hiciera a un lado.

Lo de la inmigración era diferente. Aunque siempre ha habido miembros del Congreso que se han interesado y han trabajado en las cuestiones migratorias, líderes como Howard Berman de California y mi buen amigo Bob Menéndez de Nueva Jersey, es un problema difícil y mucha gente no se compromete por razones muy prácticas. Son pocos los inmigrantes que donan cheques grandes para las campañas. La mayoría no vota. Los inmigrantes legales que no son ciudadanos no votan todavía y los inmigrantes indocumentados puede que nunca lleguen a ser votantes. En el distrito que represento ahora viven casi setecientas mil personas, pero por lo menos doscientas mil de ellas no pueden votar por mí. Están buscando tener el derecho al voto. Es posible que algunos nunca lleguen a obtenerlo. Es más fácil que un funcionario elegido responda a los votantes que ya lo son que a los votantes en potencia.

Al principio, los miembros del *caucus* hispánico del Congreso nos habíamos organizado en grupos que cubrían diferentes áreas. Había mucho interés en la educación, los empleos y la economía. El grupo que se encargaba de las artes y la cultura era popular porque le permitía tener estrellas y artistas latinos en las fiestas y eventos del *caucus* hispano. Según lo recuerdo, nunca tuvimos un grupo a cargo de la inmigración. Cuando yo sugerí que lo tuviéramos, nadie peleó conmigo por encabezar la lista.

Poco tiempo después, quise construir sobre mi éxito local con los talleres de la ciudadanía. Pensaba sobre la oportunidad que había perdido ante Bill Richardson y el presidente Clinton en el asunto de NAFTA, el ofrecimiento de un liderazgo nacional basado en una campaña a favor de la ciudadanía. Lo cierto es que nadie más estaba tratando de que el esfuerzo de la ciudadanía se hiciera a nivel nacional. Muchos grupos comunitarios de toda la nación trataban de ayudar, pero yo seguía siendo el único congresista autorizado por el INS para entregarles directamente las solicitudes.

Llevé mi plan ante el *caucus* hispano.

—Establecer el Día Nacional de la Ciudadanía —dije. Les conté a mis colegas latinos cómo lo habíamos hecho en Chicago: reclutando a voluntarios, a fotógrafos y a policías que estaban libres.

—Eso suena a mucho trabajo —fue la reacción general.

Lo era, pero les expliqué lo que necesitaríamos para trabajar unidos y establecer talleres de ciudadanía en nuestros distritos de todo el país. Empezaron a entusiasmarse con la idea. Varios miembros que no eran latinos querían participar. Mi amigo Gene Greene de Houston sigue celebrando talleres hoy. Todos tenían en sus distritos inmigrantes que cumplían con los requisitos para convertirse en ciudadanos. Acabamos trabajando para que fuera un éxito. Tuvimos nuestros primeros talleres en el fin de semana del Cuatro de Julio. Ayudamos a muchas personas a que se hicieran ciudadanos, desde dominicanos de Nueva York hasta guatemaltecos de Los Ángeles, además de mexicanos de Chicago: hicimos a miles ciudadanos en un fin de semana.

CUANDO UNO LLEVA UN TIEMPO en el Senado de los Estados Unidos, hereda una oficinita cerca del pleno. Son muy convenientes, pero no están a la vista. Hay que saber dónde quedan y ser invitado a una para poder encontrarla. Ted Kennedy tenía una de las mejores: un gran salón con un área de recepción más pequeña. Parecía más apropiada para un capitán de barco que para un senador de los Estados Unidos. En la de Ted había modelos de botes y recuerdos náuticos, además de todo tipo de pequeños ornamentos y pinturas. Todo ello se combinaba con grandes cuadros históricos de Ted, John y Robert Kennedy. Era como un restaurante Red Lobster muy elegante cuyo dueño fuera también hermano de un presidente de los Estados Unidos muy querido.

Hablar con Ted Kennedy acerca del ambicioso proyecto ley sobre la reforma migratoria en que estábamos trabajando fue una de esas experiencias que me hacía volver a casa por las noches pensando en lo mucho que había progresado desde que salí de Willow y Halsted y de Pueblo Nuevo. Estuve en su oficina y vi sus fotografías privadas, en las que aparecía junto a sus hermanos. Todo me parecía familiar. Yo había visto la foto de John F. Kennedy todas las noches de mi niñez y juventud: el gran hombre admirado y luego sacrificado que compartía con Jesucristo la pared de nuestro comedor.

"Kennedy era un hombre bueno", solía decir mi papá. Para nuestra familia era importante que fuera católico, pero se trataba de algo más que eso. Era el presidente del pueblo y estaba a favor de los menos afortunados. Representaba un deseo de justicia para todos. Supe lo que debía ser un líder porque mis padres reaccionaban cuando veían que John F. Kennedy defendía al hombre común. El hecho de que los Estados Unidos fuera el lugar en donde lo pudieron asesinar fue una razón más por la cual mi papá pensó que era hora de volver a la Isla.

Ahora yo caminaba por los mismos pasillos por donde había caminado él como senador de los Estados Unidos. El haberme criado con esa admiración hacia su familia hizo que tomara mucho más en serio mi trabajo en el Congreso. ¿Cómo podía fallarle al hermano del hombre que había presidido sobre nuestra mesa todas las noches? Era una oportunidad que no podía desperdiciar, una que todas mis experiencias habían hecho posible. Mi mamá y mi papá me habían enseñado lo que estaba bien y lo que estaba mal; había tenido amigos buenos y decentes como Luis y Tino, y me habían inspirado líderes como Rubén Berríos, Noel Colón Martínez y Harold Washington. También me habían escandalizado personas como Dan Rostenkowski y Bernard Epton. Todas esas experiencias y el trabajo duro de tocar puertas, llevar peticiones, arreglar huecos en las carreteras y ayudar a entregar solicitudes de ciudadanía me habían traído hasta esta oficinita cerca del pleno del Senado de los Estados Unidos, donde estaba trabajando sobre los detalles de una propuesta integral de reforma migratoria junto al senador Ted Kennedy.

Pronto supe que Ted Kennedy era un gran tipo: generoso con su tiempo y de conversación divertida.

Él no tenía que dedicarle tiempo a un miembro reciente de la Cámara de Representantes de los Estados Unidos que estaba trabajando en una propuesta integral de reforma migratoria. Él sabía que sería muy difícil que fuera aprobada, pero pensaba que era importante, que era lo que había que hacer. Pensaba que era parte de su responsabilidad como líder en el Comité Judicial del Senado. También pensaba que hacerles justicia a los inmigrantes era la continuación natural del compromiso que siempre había tenido su familia con los derechos civiles. En todas nuestras reuniones, ni una sola vez tuve que argumentar sacando a relucir la justicia. Esos eran instintos que se daban de manera natural en él.

¿Un inmigrante indocumentado que nunca ha tenido problemas con la ley y que trabaja duro? Esa persona debería poder convertirse en ciudadano de los Estados Unidos. ¿Una mujer sin documentos pero que cuida a sus hijos que son ciudadanos de los Estados Unidos? Hay que ayudar a esa persona. ¿Los trabajadores agrícolas migrantes de California que son los únicos que trabajan cosechando ajos? ¿Un obrero que cosecha uvas en el Valle de Napa para que nos podamos tomar una buena copa de Chardonnay? Deberían poder seguir trabajando sin temor a ser deportados. Él entendía que hablábamos de gente vulnerable y fundamentalmente decente y quería ayudarlos. Preparamos un proyecto de ley que lo lograra.

Desde luego que también estuvimos dispuestos a incluir disposiciones que desalentaran la inmigración ilegal y castigaran a los patronos y a los inmigrantes que no cumplían con las leyes. Mis proyectos de ley para una reforma migratoria integral de siempre han incluido disposiciones razonables para hacer cumplir las leyes y la seguridad de las fronteras. Ted Kennedy quería que nuestro proyecto de ley tuviera oportunidad de ser aprobada y quería coauspiciadores republicanos. Yo también.

Ted encontró su principal coauspiciador republicano en un congresista que estuvo dispuesto –por lo menos lo estuvo entonces– a ser un rebelde. John McCain trabajó con nosotros. Revisó todas las disposiciones para elaborar un proyecto de ley que aceptaran los republicanos. Yo iba desde la pequeña oficina náutica de Kennedy a la oficina de John McCain, cuya decoración recordaba el suroeste del país, con sus fotos del desierto.

–Tú tienes un reto y yo lo tengo también –decía McCain–. Tienes que convencer a tus amigos del movimiento laboral organizado para que acepten un programa de trabajadores huésped. Yo tengo que convencer a todos mis amigos republicanos de que no hay manera de deportar a diez millones de personas –me dijo McCain más de una vez.

Tenía razón. Muchos demócratas no querían las disposiciones de trabajadores huésped y algunos líderes laborales se preocupaban acerca del impacto de la mano de obra barata que representaban los inmigrantes. Pero lo cierto era que los demócratas creían en la reforma migratoria y podían apoyar algo que ayudara a la gente a legalizar su condición.

A los republicanos se les hacía más difícil. Muchos de ellos, movidos por la retórica de los Glenn Beck y Lou Dobbs del mundo, estaban empezando a convencerse de que el problema de la inmigración era el mayor que tenían los Estados Unidos. Dobbs, que tenía su propio programa en CNN, convirtió sus ataques a los inmigrantes en una cruzada. Uno no podía predecir qué acusación loca haría cada noche. Acusó a los inmigrantes de ser responsables de un brote de *lepra* que hubo en los Estados Unidos. No solo no tenían la culpa los inmigrantes, sino que no hubo tal brote de lepra. Dobbs y los otros se negaban a usar cualquier otra palabra que no fuera "ilegales" para describir a los inmigrantes que no tenían documentos, aunque entrar en los Estados Unidos sin permiso es solo un delito menor. No es que esté bien, pero no es el tipo de asalto criminal contra nuestro sistema judicial que muchos de los que se oponen a la inmigración dicen que es.

De todas maneras, a pesar de la oposición de muchos en su partido, McCain lo intentó y lo admiré por sus esfuerzos. Ted Kennedy, John McCain y yo leíamos el proyecto de ley línea por línea. Cuando llegábamos a una sección de pensamiento progresista que Kennedy y yo queríamos –que diera, por ejemplo, detalles de cómo establecer un camino hacia la ciudadanía que fuera eficaz– McCain la estudiaba, se preocupaba y finalmente decía que no podía aceptarlo.

—Esto no puede estar aquí. Nunca conseguiré que los republicanos estén de acuerdo —nos decía.

Kennedy movía la cabeza como si compartiera la frustración de McCain y luego decía con su característico acento de Boston: —Sabes, John, estoy de acuerdo contigo. Pero es algo que resulta muy importante para Luis. Él realmente quiere que esté ahí. Luis, ¿crees que podemos ceder en eso ante el senador McCain?

Yo ponía cara de desaliento y accedía renuentemente, pensando que Kennedy sabía lo que estaba haciendo.

Después de la reunión, mientras regresábamos caminando, trataba de averiguar qué se traía entre manos.

—Senador, ¿de qué se trató todo eso? Eso lo puso usted ahí, no yo. Se sonreía y se echaba a reír.

—Luis, él ya piensa que tú eres otro de esos liberales locos de la Cámara. Yo tengo que trabajar con él todos los días. De vez en cuando tendrás que recibir un poco de fango para defenderme —dijo. Y yo lo hacía con gusto. ¿Cuánta gente tiene el privilegio de conspirar con Harold Washington y con Ted Kennedy en una sola vida?

Mientras trabajábamos en nuestro proyecto de ley, los dos viajábamos por el país, defendiendo la reforma migratoria y luchando por nuestra posición. Yo empecé a ir a programas de la televisión nacional y me gustó que me vieran como alguien más que el tipo reformista del Congreso.

Una mañana, en una de mis primeras apariciones en *Meet the Press*, me enfrenté con Pat Buchanan. La Asamblea Municipal de Chicago había sido un buen entrenamiento para *Meet the Press*. Pat Buchanan no es tan desagradable como Ed Vrdolyak. Defendí los mismos temas que siempre defiendo: sobre todo el de los empleos de los inmigrantes. Ellos llevan a cabo tareas que los patronos no pueden cubrir con otra gente, desde la agricultura hasta el cuidado de los niños y el trabajo por días. Por eso es que vienen a los Estados Unidos: necesitan el trabajo y satisfacen necesidades específicas.

Tan pronto como salí del estudio aquella mañana de domingo, sonó mi celular. Pensé que podría ser Soraida para felicitarme, pero escuché el inconfundible acento de Boston de Ted Kennedy. Se estaba riendo.

–Luis, te habla tu senador. Vickie y yo acabamos de ver cómo te enfrentaste a Buchanan en *Meet the Press*. Estuviste estupendo. Nunca había disfrutado tanto de ver cómo derrotaban a un irlandés en un debate. Sigue adelante, amigo –me dijo.

Ted Kennedy era así. Llamaba a un impredecible congresista puertorriqueño un domingo por la mañana solo para decirle que había estado muy bien. ¿Quién era yo para él? Un miembro menor del Congreso. En aquel momento yo ni siquiera era parte del Comité Judicial. Era solo alguien que sentía pasión por los inmigrantes y quería que se hiciera algo. Pero eso le bastó. Creía que yo estaba haciendo lo correcto y se alegraba de estar en el mismo bando conmigo, sin importarle las diferencias en nuestras experiencias de vida.

Nunca se aprobaron nuestros proyectos de ley, debido sobre todo a la intransigencia republicana. Si nuestro éxito o fracaso hubiera dependido solo de la pasión y el compromiso de Ted Kennedy, entonces unos doce millones de inmigrantes indocumentados hubieran podido ya reunirse con sus familias, pagando más impuestos y llevando a cabo empleos esenciales en los Estados Unidos. A muchos americanos se les negó un gran defensor cuando perdimos a Ted Kennedy, pero los inmigrantes de los Estados Unidos fueron los que más perdieron. Cuando finalmente aprobemos los proyectos de ley que logren la reforma integral de nuestras leyes de inmigración, Ted Kennedy será el coauspiciador honorario.

MIENTRAS YO TRABAJABA en la reforma migratoria integral en Washington, en Chicago todavía estábamos logrando que muchos inmigrantes, sobre todo mexicanos, se hicieran ciudadanos. Nuestro trabajo estaba cambiando la composición del electorado de mi distrito y la gente se estaba dando cuenta de ello.

Los primeros que me dijeron algo al respecto no eran inmigrantes sino puertorriqueños. Tras un par de años de celebrar talleres, los puertorriqueños empezaron a preguntarme cosas extrañas cuando yo iba a Humboldt Park.

–Gutiérrez, ¿qué es lo tuyo con los inmigrantes? Te estoy viendo todo el tiempo por la televisión: los inmigrantes esto y los inmigrantes lo otro. ¿Y qué de nosotros? ¿No te ocupas de tus puertorriqueños?

La mayoría me lo decía medio en broma medio en serio, pero algunos lo tomaban muy en serio. Los puertorriqueños no son inmigrantes, de manera que ¿por qué todo esto de los talleres para la ciudadanía? Algunos de mis amigos boricuas se preguntaban dónde estaban mis prioridades.

Después de un tiempo, si me veían unas cuantas veces en las noticias de la tarde o en *Meet the Press*, empezaron a sentirse orgullosos. Yo hablaba con un grupo de votantes puertorriqueños y mexicanos o con un grupo de amigos y los puertorriqueños les decían a los mexicanos: –Oigan, ¿cómo es que nuestro amigo boricua tiene que hacerlo todo? Está bien, ¿eh?: un boricua luchando por los inmigrantes. Era como un chiste, una fuente de rivalidades amigables.

Tuvimos la oportunidad de probar muy pronto que ayudar a tantas personas a obtener la ciudanía había sido buena política.

Un joven abogado mexicoamericano decidió postularse para el Congreso. Acababan de redibujar el distrito y con la nueva distribución y nuestro trabajo de ciudadanía resultó más mexicano que nunca. Creo que su cálculo político fue muy sencillo. Como mexicano, si podía solidificar el apoyo de los votantes mexicanos, tendría una buena oportunidad de llegar a ser congresista.

Yo no había participado en una campaña por algún tiempo, pero los talleres que se celebraban los sábados tenían una atmósfera de campaña. Nunca se hablaba de política, pero tuve la oportunidad de hablar con decenas de miles de residentes de mi distrito. Besaba a los bebés; dejaba que me tomaran retratos con los votantes. Era algo mejor que la política porque estábamos proporcionando un servicio muy real y esencial.

Es cierto que mucha de la gente que venía a los talleres no votaba todavía. Pero ahí estaba el secreto que les tomaría casi veinte años entender a los republicanos, un secreto que ni siquiera trataron de entender hasta que los latinos ayudaron a que Barack Obama venciera a Mitt Romney: los inmigrantes indocumentados tienen amigos y familiares que votan. Cada inmigrante indocumentado está rodeado por una red de apoyo de residentes permanentes y legales y de ciudadanos que juzgan a los políticos en gran medida por la manera en que tratan a los inmigrantes. Cada vez que yo hablaba con mil inmigrantes en un taller, volvían a sus casas y les decían a cuatro, cinco o seis vecinos, amigos y familiares que Luis Gutiérrez y su equipo de voluntarios habían pasado ocho o diez horas ayudando a que muchos de ellos se hicieran ciudadanos y que no habían cobrado ni un peso. Cuando el abogado se postuló contra mí, habíamos tramitado ya unas veinticinco mil solicitudes de ciudadanía. Eso significa que había muchos primos, vecinos y amigos que votaban, además de que muchos de esos veinticinco mil ya eran ciudadanos y también votaban.

De todas maneras, la política étnica es poderosa. Los puertorriqueños se inclinan a pensar que los otros puertorriqueños entienden sus necesidades y experiencias mejor que nadie más. Esa creencia ayudó a que yo me convirtiera en concejal. La mayoría de los otros grupos étnicos son iguales.

Nos enteramos muy pronto. Mi contrincante no podía poner sus letreros en los vecindarios mexicanos. Cubría la calle con tantos como podía y en cuestión de días los habían quitado los vecinos. Y luego los mexicanos mismos empezaron a hablar conmigo.

Un día, mientras caminaba por la calle 18 de Pilsen, una de las calles principales del Chicago mexicano, una mujer se me acercó. Parecía ansiosa de hablar conmigo.

—Gutiérrez —me dijo en español. —No quiero que pienses que ese tipo representa a todos los mexicanos. Esa es la opinión de un mexicano nada más; no me representa a mí.

Mucha gente me dijo cosas similares como si pensara que yo podría ofenderme porque un mexicano se había postulado contra mí. Oí la fase "él no me representa" una y otra vez.

Sabíamos que íbamos bien el día de las elecciones. Gente como Ed Burke y Dick Mell, que habían sido mis rivales, me apoyaban ahora y a los votantes les gustaban las reformas en las que había estado trabajando. Pero yo quería obtener votos en Pilsen y Little Village, los vecindarios mexicanos de Chicago. Quería saber que los latinos estaban unidos, que podíamos unirnos contra la discriminación que representaba la Proposición 187 y contra la agenda antiinmigrante de Gingrich. Quería demostrar la unidad. Ocho años antes, Juan Soliz me había ganado 4 a 1 y 5 a 1 en los vecindarios mexicanos. Estuve muy atento a los resultados en los distritos.

Uno de los primeros distritos no estaba lejos del parque Piotrowski, el lugar de nuestro primer taller de ciudadanía. Gané 171 a 19. En otro distrito electoral mayormente mexicano gané 106 a 9. En los distritos electorales mexicanos le gané por 3 o 4 a 1. Estaba encantado y no solo porque es estupendo ganar una elección sino porque aquellas elecciones significaban algo más. Me habían apoyado latinos de todos los sitios. Estábamos construyendo una coalición de latinos que estaban listos para unirse contra la discriminación y luchar por los derechos de los inmigrantes.

TRAS ESA ELECCIÓN, seguimos adelante con nuestros talleres. Una y otra vez veíamos lo mismo: largas filas que le daban la vuelta a los edificios, gente de pie en las filas –setecientas u ochocientas personas– buscando ayuda. Aquello era una bonanza para los empresarios del barrio. Algunos mexicanos venían con un camión de comida y les vendían tamales a los que estaban en fila. Cuando el clima mejoró, un piragüero competía con otro para vender helados mexicanos. Parecía una fiesta de barrio y como yo tenía miedo que el volumen tan grande de personas pudiera causar alguna equivocación, estaba siempre allí, dando citas de oficina, dirigiendo a la gente hacia la fila para las huellas digitales, chocando las manos con niños que pensaban que todo aquello era como una feria. A los solicitantes parlanchines los llevaba hacia las cámaras de las estaciones televisivas en lengua española que solían estar allí, cubriendo el evento de cientos de latinos que buscaban la ciudadanía.

Las familias son estupendas. Cada taller solía estar lleno de mamás y papás que traían sus dos o tres hijos. Los niños que nacen en los Estados Unidos de padres inmigrantes nacen con la ciudadanía. Las familias de todo mi distrito y de los Estados Unidos en las que la mamá y el papá no han nacido allí se preocupan de ser deportadas y tener que separarse de sus hijos e hijas que nacieron en Chicago. Los que se oponen más firmemente a las reformas migratorias forjaron una frase para esos niños: "bebés ancla". Para ellos el tener a sus niños en los Estados Unidos es sencillamente un plan por parte de los inmigrantes para quedarse en el país. El hecho es que tener un hijo que sea ciudadano no ayuda mucho con la situación migratoria de los padres. Nosotros trabajamos todos los días para tratar de evitar que separen a niños pequeños de sus padres.

Hablemos claro: si los puertorriqueños no hubiéramos sido ciudadanos americanos, yo habría sido un "bebé ancla". Mi mamá y mi papá vinieron a los Estados Unidos por las mismas razones por las cuales vienen todos los inmigrantes: para trabajar. Mientras estaban aquí, como se querían mucho y querían tener una familia, nos tuvieron a Ada y a mí, que nacimos en Chicago. Al igual que lo que pasa con toda la otra gente, su estrategia no era más maléfica que el deseo de encontrar un empleo que pagara las cuentas y tener una familia. Yo no me siento como un ancla; me siento como cualquier otro americano.

Yo siempre hablaba con los niños en los talleres. Mientras más grandecitos eran, más contentos estaban de que sus padres se convirtieran en ciudadanos. Les daba paz mental. Cualquier niño que sabe que su padre o su madre puede desaparecer de su vida en cualquier momento tiene que llevar una carga pesada de preocupación y dudas.

−¿Tu mamá se va a hacer ciudadana? −les preguntaba a los muchachos, para quienes los talleres eran una gran aventura. Muchos de ellos habían leído sobre la inmigración y habían ayudado a sus padres a entender el proceso.

−¿Y tú qué? −les preguntaba.

Se sonreían. −Yo nací aquí; ya soy ciudadano −decían orgullosos de serlo.

−De manera que pronto todos van a ser una gran familia de ciudadanos.

Me reía y la gente se reía conmigo como si estuviera recibiendo un gran regalo de Navidad antes de tiempo al esperar horas en nuestras filas para hacerse estadounidenses.

En 2010 íbamos por la solicitud de ciudadanía número cincuenta mil. Queríamos celebrar. Cuando estábamos planeando nuestro próximo taller, el que nos llevaría a superar el número cincuenta mil, un hombre entró a la oficina con preguntas sobre la manera de hacerse ciudadano. Era un hombre mayor y el personal le preguntó por qué no lo había solicitado antes. Se rio.

−No, yo tengo setenta años y he sido ciudadano desde hace años. No es para mí −dijo.

Eso pasa todo el tiempo: los padres preguntan por sus hijos o por un hermano que ha llegado recientemente al país. Al personal no le llamó mucho la atención.

−¿Es para algún hijo o hija? −le preguntaron.

Se sonrió de nuevo: −Es para mi mamá −dijo.

Su mamá, Ignacia Moya, tenía 106 años de edad. Había vivido en Chicago desde los años sesenta. Había tratado de hacerse ciudadana antes pero no pudo pasar el examen de inglés. Su vista siempre había sido mala, lo cual, según su hijo, le dificultaba aprender inglés.

Ahora era la matriarca de generaciones de ciudadanos americanos: cuatro hijos, trece nietos y muchos más bisnietos. Ignacia estaba en una silla de ruedas y apenas podía ver u oír. Había nacido cerca de Guadalajara en México, pero los Estados Unidos era su hogar y el hogar de su familia. Quería ser ciudadana de los Estados Unidos. Lo que realmente quería más que otra cosa, era poder votar, aunque fuera una vez.

–Todos mis hijos votan. Yo quiero hacerlo también –nos dijo.

Ignacia no podría pasar su examen de inglés pero conseguí que el gobierno dejara sin efecto ese requisito. Pensaron que era razonable liberalizar los requisitos en el caso de una mujer de 106 años que había vivido en los Estados Unidos durante cincuenta años y que soñaba con votar antes de morir.

El verano fue importante para todos. En junio tuvimos un taller en el cual, tras casi veinte años de talleres, tramitamos la ciudadanía para la persona número cincuenta mil.

En julio de 2010, justo después del Día de la Independencia, en un centro comunitario de Pilsen, Ignacia Moya levantó su mano e hizo el juramento, convirtiéndose en ciudadana frente a los miembros de su familia y ante las cámaras de casi todas las estaciones televisivas de Chicago. Ese noviembre, a los 106 años de edad, votó por primera vez en los Estados Unidos. Fue la cuarta persona de más edad en convertirse en ciudadana de los Estados Unidos y hasta que murió en 2012 fue la ciudadana naturalizada más anciana de país. Cuando le pregunté a Ignacia por qué quería hacerse ciudadana me dijo: –Quiero ser igual que mis hijos, una ciudadana estadounidense.

Pero para nosotros, Ignacia fue una de las cincuenta mil personas que entraron por nuestras puertas. Mientras Lou Dobbs y Pat Buchanan mostraban videos de invasores de aspecto peligroso que se subían a las verjas y aterrizaban en territorio americano, buscando inmediatamente algo que robar o un empleo que quitarle a otro, nosotros estábamos sentados en sótanos de iglesias y cafeterías estudiantiles, tomando las firmas de largas filas de niñeras y conserjes, jardineros y obreros de la construcción, mamás y papás. Los estábamos haciendo a todos ciudadanos de los Estados Unidos de América.

CAPÍTULO DIECIOCHO

El senador y el muro

E L SENADOR BARACK OBAMA necesitaba mi ayuda.

Él no necesitaba el tipo de ayuda que solicita un político cuando dice "Necesito tu ayuda" mientras le da la mano a un votante y pide su apoyo.

A finales de 2006, Barack Obama necesitaba mucha ayuda y la necesitaba rápido. Tenía un problema que aumentaba día a día. Y Barack Obama, quien se había metido en un bolsillo a la Convención Nacional Demócrata con su oratoria brillante en 2004 y quien había escrito un libro que era un éxito de ventas, no estaba acostumbrado a tener problemas. Ciertamente no necesitaba que un problema político local interfiriera con sus deliberaciones sobre si debía o no postularse para presidente de los Estados Unidos.

En septiembre de 2006, el senador Obama había votado a favor de la Ley del Cerco Seguro. Aunque estaba llena de retórica acerca de cómo íbamos a proteger las fronteras, lo que hacía la ley era bastante sencillo. Exigía que el secretario estadounidense de Seguridad Nacional construyera más de setecientas millas de un muro doble a lo largo de segmentos específicos de la frontera con México, sobre todo en Texas y Arizona.

Mientras los conservadores y los comentaristas de la televisión por cable acentuaban su retórica antiinmigrante, yo me iba acostumbrando a leyes como la del Cerco Seguro de 2006. Era una más entre una larga serie de respuestas de mucho palo y cero zanahoria a los retos que tienen los Estados Unidos en asuntos migratorios. Justo en los meses anteriores a las elecciones presidenciales de 2008, la retórica antiinmigrante iba aumentando de volumen. Los que se oponían a la inmigración apodaban a John McCain "Amnesty John" (John proamnistía), y el senador pasó de trabajar conmigo poniendo en práctica esfuerzos razonables respecto a la inmigración a disculparse por el simple intento de impulsar esta política. De la noche a la mañana empezó a decir que votaría contra su propio proyecto de ley, el mismo que había redactado con Ted Kennedy y conmigo. Se acabaron mis reuniones con él. Si yo hubiera tratado de ir a verlo, es posible que hubiera celebrado una conferencia de prensa para decirle a todo el mundo que me había puesto de patitas en la calle. A medida que el tema de la inmigración acaparaba el centro de la discusión política nacional, yo pasé a ser uno de los cucos del movimiento antiinmigrante. Durante la campaña presidencial, McCain recibió ataques desde la derecha por parte de gente que afirmaba que –si fuera presidente– le extendería a Luis Gutiérrez una "invitación abierta" a la Casa Blanca y conspiraría conmigo para darles la amnistía a millones de inmigrantes.

En este ambiente, lo del muro era una respuesta legislativa predecible. También fue un ejemplo de cómo quienes atacaban la inmigración luchaban contra sus defensores. Primer golpe: ignorar el problema real. Segundo golpe: aprovechar el temor de la gente.

Un muro suena como si se tratara del control de las fronteras. Sobre el papel es algo que acapara la atención inmediatamente. La gente lo mira y dice "Dios mío, qué muro tan grande", y luego se da una palmadita en la espalda y siente que han hecho algo bueno.

Pero, desafortunadamente, no funciona así. La Ley del Cerco Seguro hace caso omiso de un hecho: no tiene mucho sentido erigir un muro de setecientas millas de largo en una frontera que mide dos mil millas de largo. El muro no nos ayuda a mejorar nuestras relaciones con México, cuya colaboración necesitamos para lograr un control efectivo de las fronteras. Si estoy tratando de colaborar con mi vecino de al lado, construir un muro no me va a ayudar. Janet Napolitano, gobernadora de Arizona y futura secretaria de Seguridad Nacional, lo dijo bien: "Si se construye un muro de cincuenta pies de alto, la gente va a conseguir una escalera de cincuenta y un pies".

Y el dato más interesante respecto al control de las fronteras es que en años recientes hemos aprendido lo que sí funciona. Lo que funciona muy eficazmente es que haya menos demanda de obreros en los Estados Unidos. Las estadísticas recientes muestran algo que haría las delicias de connotados economistas políticos como Adam Smith y Milton Friedman: los inmigrantes vienen a los Estados Unidos para trabajar en empleos en las industrias que los necesitan. Vienen cuando pueden encontrar trabajo. A partir de 2010 la inmigración procedente de México ha disminuido drásticamente. Hoy ya no hay una inmigración significativa que venga de ese país. No llegamos a erigir un muro a lo largo de toda la frontera. Entonces, ¿qué pasó? ¿Será que los inmigrantes temen que Rush Limbaugh les grite? No. La razón es que la economía está lenta y hay menos trabajos para los inmigrantes. Los estudios son contundentes. Cuando hay menos empleo, la inmigración disminuye. Los conservadores deberían estar contentos: el mercado libre funciona mucho mejor que cualquier muro.

Los temores que instigaban la estrategia antiinmigrante eran evidentes: Barack Obama votó a favor del muro menos de dos meses antes de las elecciones a mitad de mandato de 2006, y muy pocos senadores quieren aparecer como débiles en octubre de un año de elecciones, especialmente cuando los que proponían el muro no hablaban sino de que quienes vendrían de México serían criminales y gente que defraudaría al fisco.

Nadie se sorprendió de que el muro gozara de la aceptación del grupo antiinmigrante. Pero mucha gente de Illinois se sorprendió de que su progresista senador apoyara su construcción. El candidato Barack Obama había ganado en 2004 una abrumadora mayoría de los votos latinos en su elección al Senado de los Estados Unidos.

Nuestro senador ya había pensado acerca de una campaña para buscar un puesto mucho más importante que el de senador. No estaba acostumbrado a tratar con votantes decepcionados, no le gustaba recibir cartas airadas ni ser objeto de editoriales negativos. Me localizó en mi casa, una noche bastante tarde. Generalmente me acuesto temprano y estaba a punto de quedarme dormido. Pero la identificación de mi celular decía SENADOR OBAMA, de manera que contesté.

Según recuerdo, fue al grano: "Luis, todos están hablando mal de mí. No entiendo. Estoy tratando de trabajar con los republicanos, estableciendo alguna credibilidad para poder trabajar con ellos más adelante. Lo del muro solo significa que estoy comprometido con hacer cumplir la ley".

El senador estaba perplejo ante la reacción de nuestra comunidad a su voto a favor del muro. Parecía confundido ante el hecho de que la prensa hispana y los inmigrantes estuvieran enojados. Todo el mundo lo atacaba, lo habían atacado en mi cara.

Juan Andrade, presidente del Instituto de Liderazgo Hispano, atacó a Obama en su columna del *Chicago Sun-Times*. "El senador Barack Obama se ha aliado con ciertos republicanos desesperados por lograr la aprobación de un proyecto de ley para construir un muro de 700 millas a lo largo de la frontera de Estado Unidos con México. Los republicanos estaban muy desesperados. Obama trató de complacerlos y al hacerlo hizo enojar a muchos mexicoamericanos y mexicanos. Ese voto equivocado le podría causar problemas políticos muy serios".

La gente llamaba enojada a mi oficina. A medida que más gente se enteraba de mi trabajo con la inmigración, mi oficina se convertía en una especie de centro de quejas y elogios. Los enemigos de la inmigración llamaban para decirle a mi personal que estaban trabajando a favor del diablo, aunque con frecuencia no lo decían con tanta delicadeza. Los inmigrantes llamaban para pedir ayuda. Tras el voto en torno al muro, la gente llamaba para quejarse de Barack Obama. Mis amigos y colegas se preguntaban cómo era posible que un político cuya popularidad iba en aumento votara por una iniciativa absurda que ni siquiera lo iba a beneficiar políticamente.

Barack Obama me caía bien. Una vez que fue elegido, aunque antes no habíamos sido muy amigos, me llamaba regularmente para pedir consejos y sugerencias respecto a los problemas de los latinos y de la inmigración. La mayor parte de los senadores no suelen trabajar y menos consultar con sus primos humildes de la Cámara. Yo siempre lo ayudé; creía en él. Después de todo, si no contábamos con un afroamericano liberal de Hyde Park para que votara del lado correcto en un asunto sobre la inmigración, ¿con quién íbamos a contar?

Me sorprendió su voto, pero me sorprendió aún más que no previera la reacción. En el Congreso, parte del trabajo es saber que algunos votos tendrán el efecto de que la mitad del país se enojará contigo. Cuando voto a favor del control de armas, la Asociación Nacional del Rifle (NRA, por sus siglas en inglés) y sus seguidores me mandan mensajes electrónicos y cartas insultantes. Cuando voté en contra del Tratado de Libre Comercio, no recibí cartas de amor de la Cámara de Comercio ni del sector corporativo de los Estados Unidos. Cada voto que es verdaderamente significativo suscita una respuesta airada de algún sector. Todo senador debería saber que no hay áreas grises en mi comunidad cuando se trata de un muro enorme. Yo suponía que Barack sabría que le había fallado a la comunidad de inmigrantes y que su voto a favor de los que estaban en contra de la inmigración era una decisión política.

Me dijo, cuando habló por teléfono conmigo, que pensaba que la reacción a su voto era exagerada. ¿Podía ayudarlo a entender por qué todo el mundo tenía tanto coraje?

La respuesta era sencilla.

—México es como un hogar para cientos de miles de tus votantes. Es el lugar de donde han venido. Tienen familia allá. Construimos muros para mantener fuera a los enemigos, para mantener fuera las amenazas. Les estás diciendo a tus votantes que sus amigos y familiares son enemigos de los Estados Unidos.

Un muro no es sólo una manera ineficaz de desalentar la inmigración proveniente de México, sino que es una manera de ignorar el problema. Le recordé que casi la mitad de los inmigrantes indocumentados en los Estados Unidos nunca cruzan esa frontera. Los trabajadores huésped, los estudiantes y los turistas que vienen de todo el mundo y que no se marchan del país constituyen una gran parte de la población. Pero los analistas de Fox News nunca protestan por las niñeras polacas, los médicos iraníes o los estudiantes irlandeses que se quedan en el país después de que se vencen sus visas. Rush Limbaugh nunca habla de los inmigrantes canadienses que hacen trampas al fisco. Los activistas conservadores siempre dirigen el cien por ciento de su ira a la región responsable de un cincuenta por ciento de la situación.

El senador siguió diciendo que estaba tratando de construir puentes que lo conectaran con los republicanos, demostrando así que podía trabajar con ellos.

—Pero los republicanos no están tratando de trabajar con nosotros —le dije—. Este proyecto de ley no tiene nada bueno: no incluye reformas, solo castigos. Su único propósito es forjar una pantalla para hacer creer que se está haciendo algo, y nuestra gente lo sabe. Esto va a suscitar una reacción muy personal y emocional en nuestra comunidad.

El senador escuchaba. Le interesaba mi opinión. Se sentía como si estuviera bregando con fuego. Me llamó porque necesitaba un bombero: estaba organizando una reunión y quería que lo ayudara. Quería reunir a líderes clave para hablar acerca de su voto. Me hizo una solicitud más. ¿Le haría yo el favor de asistir y sentarme a su lado? ¿Podría yo dejar claro que aún éramos aliados?

Hoy en día el presidente Barack Obama se trata de sentar tan lejos como puede de mí. En 2006, mi apoyo continuo era la evidencia de que yo creía en él. Todavía era un senador novato y pensé que había cometido un error de novato.

Para Obama era importante que la reunión no se convirtiera en un espectáculo público. No quería que la prensa estuviera presente; no quería a gente que protestara. No es fácil conseguir, sin darle publicidad, una reunión entre un senador de los Estados Unidos y líderes comunitarios de Chicago. En la mayor parte de los casos, la única manera que hay, en el mundo político de Chicago, de mantener en secreto una reunión es no celebrarla. Mantener un secreto cuando la mayor parte de los presentes están enojados es aun más difícil.

Habla bien de las comunidades latina e inmigrante de Chicago que casi cincuenta personas preocupadas por la inmigración se presentaran en el Instituto del Progreso Latino una mañana fría de otoño sin que hubiera un solo periodista cerca para decir: "Congresista, ¿me puede decir de qué se trata esta reunión? ¿Está la gente enojada con Barack Obama?" Creo que nuestra discreción se explica por la creciente madurez que había alcanzado la comunidad de inmigrantes. La gente está aprendiendo a organizarse y a defenderse tras sufrir constantemente maltratos y ataques.

Recibí al senador Obama en la entrada y lo conduje a la modesta sala de conferencias. Le dimos la vuelta al lugar, como se hace en las campañas, conociendo y saludando a todo el mundo. Era, quizás, la primera vez en mucho tiempo que Obama no estaba rodeado por seguidores y admiradores, gente que quisiera estar cerca de él, tocarlo y conseguir que le autografiara su libro. El senador llegó en actitud de campaña, listo para sonreír y estrechar manos. A pesar de su desafortunado voto, consideraba que estaba entre amigos. Pero no recibió la acogida que esperaba. Por el momento, era un sospechoso, alguien que los había decepcionado. Mientras caminaba entre la gente, su lenguaje corporal cambió. Caminó más lentamente y se puso un poco tenso. Se retrajo un poco, como si no estuviera recibiendo la admiración a que estaba acostumbrado. Su personal parecía estar nervioso: no estaba habituado a reuniones tensas.

Muchos de mis amigos más cercanos estaban en la reunión. No hubiéramos podido celebrar la reunión sin Carmen Velásquez.

En nuestro vecindario no abundan las personas que hablen más que yo y que sean de menor estatura que yo. Carmen es ambas cosas: es fuerte, es vehemente y defiende a la gente que le importa como ejecutiva principal que es de una de las clínicas de salud más importantes de nuestra comunidad. Su clínica ayuda a mantener saludables a miles de personas, independientemente de su situación migratoria.

Durante años, Carmen le ha estado diciendo a todo el mundo lo que piensa y cómo espera que sean tratados los inmigrantes que llegan al Centro Médico Alivio. Había apoyado a Barack Obama, había hecho campaña por él. Ese día, Obama la vio y actuó como lo hubiera hecho cualquier político ante un correligionario. Vio un puerto seguro en las aguas procelosas en que él mismo se había metido gracias a su voto por la ley del cerco. Vio a un amigo que lo recibiría con cariño.

Pero el puerto no era ya tan seguro.

–Yo no vine a estrechar su mano. Vine a escuchar –dijo Carmen. Se volvió y caminó hacia su asiento para escuchar la explicación de su senador.

Cuando Obama finalmente se sentó a la cabeza de cuatro largas mesas arregladas en forma cuadricular, sabía ya que sus problemas eran mayores de lo que había supuesto. Yo inicié la reunión y presenté al senador. Dije que era nuestro amigo y nuestro aliado. Si no lo fuera, no nos hubiera convocado en ese salón. Dije que merecía que se le escuchara. Dije que estaba de nuestra parte y había venido a nuestra comunidad a escucharnos. Quería empezar escuchándonos, de manera que pedimos comentarios de los asistentes.

La gente quería hablar.

Una tras otra, las personas expusieron sus historias personales acerca de cómo habían llegado a los Estados Unidos, de las dificultades que habían tenido al tratar de encontrar empleo o de asistir a la universidad sin tener documentos. La gente contó historias de las familias que habían dejado atrás en México, de cómo se siente que lo describan a uno constantemente, en los anuncios políticos y en la radio, como un criminal.

Hacia el final de la sesión de comentarios, una mujer joven contó una historia corta y sencilla que probablemente fue la que más impresionó al senador. Era joven y delgada y cuando se puso de pie para hablar, su voz era más poderosa que su estatura.

–Llegué aquí cuando aún era una niña. Mi familia no tenía nada. Mi papá no podía encontrar empleo. Pasamos la frontera, mi papá me cargaba en sus brazos. Pudimos haber muerto. No sabíamos si lo lograríamos. Nos arriesgamos para buscar una vida mejor. ¿Y ahora ustedes quieren construir un muro?

Sus palabras expresaban el sentir de todos. Somos gente buena que se arriesgó y dejó todo para llegar acá. Ayúdenos. Sea nuestro aliado.

En toda reunión, por todos los rincones del país, siempre me hacen la misma pregunta con algunas variantes. "¿Por qué tenemos nosotros que ser siempre los culpables?" La mayoría de los inmigrantes trabaja; muchos de ellos durante largas jornadas y con salarios muy bajos. La mayoría estaría dispuesta a hacer cualquier cosa –pagar cuotas, entrar en listas de espera, permitir el escrutinio de sus antecedentes penales– para legalizar su situación. Lo que quieren es mantener a sus familias.

Los ataques constantes de los noticieros televisivos que pintan a los inmigrantes como bandas bien organizadas de criminales que tratan de engañar al sistema de los Estados Unidos amenazan y estigmatizan a decenas de millones de personas que viven en todo el país y trabajan arduamente. Estos modestos trabajadores sienten como si trajeran un blanco adherido a la espalda al cual les pueden disparar. ¿Cómo es posible que estas personas que trabajan durante largas jornadas por salarios tan bajos en empleos como recolectar frutas, cuidar niños o servir en restaurantes pongan nerviosos a tantos hombres blancos y ricos, elegantes y con poderosas conexiones en las cadenas televisivas y el Congreso? Ha habido pocas épocas en la historia de los Estados Unidos en que un grupo tan desfavorecido haya provocado tanto temor y tanta ira en los poderosos.

Dependen de alguien que haga escuchar su voz firme y los proteja. Yo lo intento. Pero también necesitan a Barack Obama. En aquella reunión, escuché a la gente que repetía lo mismo una y otra vez: pensamos que podíamos contar con usted. ¿No entiende lo ofensivo que sería un muro?

Él escuchó. Tuvo una respuesta para la mujer que casi se muere al cruzar la frontera y para otras personas de la comunidad.

–Quiero comunicarme mejor con ustedes. Quiero saber de ustedes. Dijo que volvería para que nos reuniéramos de nuevo. No desperdició su tiempo hablando de que trataría de trabajar con los republicanos o buscar credibilidad con los encargados de aplicar la ley. Enfatizó que quería más información para poder crear mejores relaciones.

Pero he aquí algo que no dijo: no dijo que había cometido un error, ni que lo sentía. Habló de "comunicación", no de que el cerco era una mala idea.

Sin embargo, al caminar hacia la salida cuando terminó la reunión, quienes lo rodeaban a su paso se veían contentos con él. Queríamos creerle. Mientras salía, la gente empezó a tomar fotos y a sonreír. Yo sabía que lo había ayudado ese día. Necesitaba al cien-por-ciento-pro-inmigrante-Sr.-Congresista para que mirara a la comunidad latina a los ojos y le dijera que todo iba a salir bien.

Antes de irse, Obama me agradeció mi presencia y mis palabras. Me agradeció que estuviera con él y lo ayudara en un momento difícil. Estrechó mi mano cálidamente y se fue: un posible candidato presidencial que acababa de apagar un fuego. Yo ni siquiera tuve que usar un casco de bombero.

Lo cierto es que no había captado algo muy importante que faltaba en su mensaje: nos merecíamos un "Lo siento", no un "Nos comunicaremos mejor". Yo quería una sensación de logro, de que se había progresado. Por eso había ayudado a nuestro nuevo senador. Nuestra comunidad se había defendido y le había comunicado sus opiniones. Me había hecho promesas importantes y significativas a mí, a Carmen Velásquez, a la joven cuyo padre la había cruzado por la frontera en brazos hacia los Estados Unidos, arriesgándolo todo.

La gente había entrado enojada a la reunión y salió satisfecha. Pero no estoy seguro de que ese día yo entendiera mucho acerca de los verdaderos sentimientos de Barack Obama hacia la inmigración. Lo que sí entendí es que Barack Obama es un excelente político.

EL SENADOR OBAMA estaba por salir de vacaciones a Hawái cuando llamó y me pidió que lo fuera a ver en su oficina senatorial de Chicago. Mientras iba, pensé en los votos recientes en el Senado y me pregunté si quizás había dado un mal paso otra vez, como cuando votó por la ley del muro. ¿Se habría metido en líos de nuevo?

Nos reunimos en el edificio federal Dirksen en el centro de Chicago, un lugar que se usa sobre todo como tribunal, donde es más probable que uno vea a camarógrafos corriendo tras políticos acusados de algún delito que a un senador de los Estados Unidos. Los senadores no usan mucho las oficinas que tienen en sus estados de origen. Independientemente de las veces que un senador afirme que nunca olvidará a la gente de su estado, lo más probable es que no salga mucho de Washington. Es bueno ser un senador en Washington D.C., algo así como ser Enrique VIII en Londres. Todos lo reconocen y complacen, le dan fiestas y lo persiguen durante cada minuto que pasa en la ciudad. Es común escuchar: "Por aquí, senador, estamos encantados de tenerlo con nosotros" en los buenos restaurantes. Los miembros de la Cámara de Representantes que no se apelliden Pelosi o Boehner no son tratados mal, pero es mucho más probable que uno oiga: "¿Cómo se escribe su apellido?"

Pero aun para las normas de la poca utilización de las oficinas senatorial estatales, la oficina de Obama en Illinois estaba por lo general vacía. Muchas cosas aún permanecían empacadas; el lugar estaba inmaculadamente limpio: un recordatorio de que no había estado allí por mucho tiempo. Nos reunimos en una sala de conferencias de paredes desnudas. El escritorio no tenía prácticamente nada encima. Parecía un lugar en donde el FBI podría realizar un interrogatorio. Los muebles que tenía parecían haber pertenecido al senador Paul Simon o a Everett Dirksen. Todo parecía provisional. Quizás Obama supo desde el principio que no necesitaría su oficina senatorial durante mucho tiempo.

Barack Obama fue al grano: —Oye, Luis, me voy de vacaciones a Hawái con Michelle y las niñas. Mientras estoy por allá, voy a decidir si me postulo para presidente de los Estados Unidos. Cuando vuelva, quisiera tener tu apoyo. Espero que estés conmigo.

Tuve que hacer un esfuerzo para no demostrar mi sorpresa. Hubiera querido decir: *¿Presidente? ¿De los Estados Unidos? No bromees.* Pero no lo hice. Asentí pensativamente.

Los rumores presidenciales rodeaban a Obama: tenía un libro que se estaba vendiendo bien y había entusiasmado a los demócratas con el discurso que pronunció en la convención de 2004. En los últimos meses, la idea de la candidatura presidencial de Obama había pasado de ser ridícula a ser tentadora. Los periodistas políticos parecían haber entrado en un frenesí en torno a lo que haría. Obama no decía que no —lo cual, en la política de las alturas, casi siempre quiere decir que sí. Así como no estaba seguro de que alguien pudiera postularse seriamente para presidente unos cuantos años después de haber salido del senado estatal de Illinois, sí sabía que hubiera sido un error subestimarlo. Y si me estaba pidiendo que lo apoyara, eso significaba que no era probable que regresara de Hawái y dijera: "Michelle y yo lo pensamos un poco y he decidido que soy el único en toda la historia del Senado de los Estados Unidos que no quiere ser presidente, así que olvídense del asunto".

Tras recuperarme de la sorpresa inicial, mi rápido cálculo mental era sencillo. Pensé: lo que me acabas de decir es que ya has decidido. Por eso le dije a Obama lo que le digo a todo el mundo que me pide mi apoyo, ya sea para un proyecto de ley en el Congreso o para respaldar una campaña.

—Barack, sabes lo que es lo más importante para mí...

Me detuvo antes de que pudiera terminar la oración: —la in- migración.

Había pasado mi prueba de una sola pregunta aun antes de que yo se la hubiera entregado. Todo el mundo en Washington sabe que luchar por los inmigrantes es tan importante para mí como odiar al gobierno lo es para el *Tea Party*. Obama lo sabía también. Me había llamado en busca de apoyo para su voto sobre el muro. Estoy seguro de que ya sabría lo que le preguntaría cuando me llamara para in- vitarme. Hablamos brevemente acerca de lo que podía hacer un presidente para cambiar las políticas migratorias de la nación.

Le dije que se trataba de que el Congreso aprobara un proyecto de ley de una reforma migratoria integral. Le dije que no se podría resolver el problema con componendas pequeñas. La única respuesta para los Estados Unidos era considerar todo el reto que representa el problema inmigratorio y resolver todos sus aspectos. He presentado varias versiones del proyecto de ley en los últimos diez años. Mi proyecto de ley siempre ha incluido un camino a la ciudadanía para la población indocumentada de los Estados Unidos, por eso los antiinmigrantes gritan "amnistía" cada vez que digo "reforma inmigratoria integral". Pero mi proyecto de ley también incluye disposiciones para hacer cumplir las leyes, penalidades para los empleadores y más vigilancia en la frontera. También subrayo el aprendizaje del inglés dándoles a los inmigrantes ayuda para lograr el dominio de su nueva lengua. Yo trabajo con cualquiera si puedo conseguir que se hagan las cosas.

Por eso, cuando Barack Obama me pidió que lo apoyara para la presidencia, no pedí un puesto en el gabinete, ni presidir su campaña, ni pronunciar un discurso importante en una convención: cosas que con seguridad me habría otorgado. Tampoco pedí ser embajador. Le hablé de la reforma migratoria integral. Esa es mi pasión. Es todo lo que me importa.

Y Barack Obama fue claro. Me dijo que lucharía por una reforma integral de las leyes de inmigración. Eso me bastó. El elemento más importante para impulsar la aprobación de un proyecto de ley en el Congreso es el respaldo de un presidente dispuesto a gastar su capital político en impulsarla, presentándola como un asunto importante de índole económica y moral, un presidente dispuesto a que lo ataquen los extremistas que están en contra de la inmigración porque piensa que la justicia para los inmigrantes es un problema de derechos civiles. Nuestra conversación fue breve porque creí en Obama.

Pensé que Barack Obama sería la pieza que les faltaba a los defensores de la inmigración. Podía ser un presidente que no les temiera a los asesores políticos que le dijeran que el asunto era demasiado polémico o difícil. El día que me pidió mi apoyo no tuvo que entregarme un documento de diez páginas que pormenorizara la manera en que estructuraría la reforma migratoria. Solo necesitaba decir que lo haría. Me bastaba su promesa y la obtuve antes de que saliera hacia las soleadas playas de Hawái. Estaba con él.

HICE CAMPAÑA POR OBAMA por todo el país cuando se postuló en 2008 para la presidencia. En Chicago estaba rodeado de gente a quien le encantaba Barack Obama. Fuera de nuestra ciudad de origen, no era tan fácil ganar la simpatía de los latinos. Hillary Clinton era como la Coca-Cola: confiable y querida. Barack Obama era como un refresco nuevo, muy sabroso, pero aún desconocido. La mayor parte de mis colegas del *caucus* hispano en el Congreso apoyaban a Hillary Clinton. Mis colegas mujeres y latinas estaban especialmente comprometidas con ella y pensaban que apoyar a Obama y no a Hillary resultaba casi una traición. Creían que no tendría oportunidad.

Cuando hacía campaña a favor de Obama en los vecindarios latinos, la gente me decía que le gustaban los Clinton. Cuando hice campaña a favor de Obama en Nevada, un mexicano de Las Vegas me escuchó atentamente cuando lo defendí y luego sacó un billete de un dólar de su bolsillo.

–¿Ves este billete? Cuando Bill Clinton era presidente, un dólar valía un dólar. Quiero que este dólar valga algo de nuevo. Voy a votar por Hillary –me dijo.

Pero Obama se mantuvo en la lucha. Cuando habló en el Consejo Nacional de La Raza durante la campaña, habló directamente acerca del costo humano de las deportaciones: –Cuando las comunidades se encuentran aterrorizadas por las redadas de los oficiales de migración, cuando arrancan a un bebé de los brazos de su madre que lo alimenta, cuando los niños regresan de la escuela y no encuentran a sus padres, cuando a la gente se le detiene sin que puedan acceder a ayuda legal, el sistema no está funcionando –dijo. Yo me sentía orgulloso; pensaba que estaba apoyando al candidato adecuado.

Cuando Univision celebró el primer debate presidencial que se televisó en español por toda la nación, Hillary Clinton destacó el hecho de que hubiera contratado a la primera directora de campaña latina en la historia de las campañas presidenciales. Barack Obama respondió enseguida. Le habló a la gente –dos veces– de que estaba trabajando con su "querido amigo" Luis Gutiérrez para proteger a los inmigrantes. También habló acerca de su experiencia de haber asistido a uno de nuestros talleres de ciudadanía. Aun más importante, dijo que lucharía para que la reforma migratoria integral fuera aprobada durante su primer año, promesa que repitió en la campaña.

Aprecié su promesa y las palabras que dijo de mí. Pero las cosas empezaron a cambiar rápidamente. Durante la campaña, la gente esperaba que Obama dijera algo más, que diera más detalles acerca de cómo ayudaría a los inmigrantes. Y me preguntaban a mí. Cuando se hizo evidente que iba a dejar a Hillary Clinton atrás y ganar la nominación demócrata, encontró que tenía aun menos necesidad de planes y políticas dirigidos a nuestra comunidad. Los latinos y los inmigrantes no iban a apoyar la nueva versión del John McCain antiinmigrante. En política, el éxito consiste en que el candidato no tenga que negociar y prometer tanto. Mientras más evidente se hacía que Barack Obama sería presidente, menos hablaba de la inmigración.

Finalmente le hablé de mis temores a David Axelrod, el estratega de medios de Obama y su principal asesor. Lo conocía desde hacía muchos años. Siempre estuvimos en contacto en los años que estuvimos inmersos en la política de Chicago; a menudo desayunábamos o almorzábamos juntos para comparar nuestras notas. Ayudó al candidato Rich Daley a usar mi respaldo para que convenciera a los de Chicago de que podía ser un unificador y un pacificador. Había tomado fotos para la televisión y había sacado anuncios de radio sobre mí cuando yo respaldaba a Daley para alcalde y de Daley cuando me respaldaba para el Congreso. Me alegré por David de que Barack Obama estuviera camino a la Casa Blanca. La carrera de David era otra historia de éxito de Chicago.

Cuando me reuní con David en su oficina del vecindario River North de Chicago, parecía ocupado y distraído. David siempre se veía un poco distraído. Todavía parecía más un periodista veterano que el brillante estratega de medios que iba a convertir a un tipo que había sido senador estatal de Illinois hasta hace unos años en el primer presidente afroamericano de los Estados Unidos. Yo entendía por lo que estaba pasando: elegir a un presidente crea un poco de estrés. Fui al grano.

—David, me preocupa que ya hace algún tiempo Barack no ha dicho nada más sobre los latinos o la política migratoria. La gente se da cuenta de que no está diciendo gran cosa en sus discursos, de que en su sitio web no hay nada sobre migración. Los otros candidatos han puesto muchos detalles en sus sitios web. Quiero asegurarme de que es una prioridad —le dije.

David me miró por encima de sus espejuelos. —¿El sitio web? —preguntó. Alguien que pronto iba a tener una oficina en el ala oeste de la Casa Blanca estaba poniendo las cosas en claro. ¿Por qué lo estaba molestando por un sitio web?

—No es solo el portal, es todo el enfoque de la campaña. No quiero que pierdan de vista el problema.

Trató de ser cortés. —Vamos a concentrarnos en ganar. Habrá mucho tiempo luego para sentar las prioridades. Vamos a asegurarnos de ganar.

"Vamos a concentrarnos en ganar". Uno oye eso muchas veces. Las campañas son ásperas y largas y complicadas y tienen una sola meta: ganar más votos que el otro candidato. La meta de las campañas, particularmente en la era actual, con tantos consultores, no es ganar un debate universitario sobre política fiscal. Es *ganar*. He escuchado a los encuestadores, consultores de correo directo y analistas políticos decir miles de veces "no podemos hacer nada si no ganamos". Es cierto, pero también esa es la razón por la cual tantos candidatos ganadores se despiertan el día después de las elecciones y se preguntan qué es lo próximo que van a hacer.

A mí me cae bien David Axelrod. Pero también sé cuándo estoy perdiendo el tiempo. Aquel día él no quería hablar sobre la política migratoria. Le di las gracias y me fui. Quería enfocarme en lo positivo. Nuestro candidato improbable estaba en camino de ser el líder del mundo libre. Tras ocho años de vivir bajo el liderazgo de George W. Bush, estaba a punto de ser amigo del hombre que estaría sentado en el despacho oval. Eso tendría que bastar por el momento. Luego lidiaríamos con mi preocupación acerca de la inmigración.

TRAS LAS ELECCIONES, en Chicago había tanta euforia como cuando los Bulls ganaban un campeonato. Acabábamos de elegir a un presidente liberal, oriundo de la ciudad, que prometía ser completamente diferente a todos los que habían llegado antes que él. Como minoría, como oriundo de Chicago, como progresista, a pesar de las preocupaciones que yo podía tener, pensé que la elección de Barack Obama era una ocasión histórica que había que celebrar.

Durante noviembre y diciembre de 2008, la alegría permeó todos los eventos en Chicago. Estábamos en la cima del mundo. El hecho de que hubiera parecido tan improbable la elección de Barack Obama hacía que la gente se alegrara más. Sabíamos que el hombre que ahora le prometía un nuevo rumbo a los Estados Unidos había trabajado –hacía menos de una década– como organizador comunitario en el sur de Chicago, cuando solo era un joven y ambicioso abogado entre muchos. Y hacía solo unos años, había sido uno de los 59 senadores estatales de Illinois en el foro en el que se debatía qué fondos asignar a la construcción de nuevos puentes y a los salarios de los guardias de las prisiones. La gente de Illinois no daba crédito: Barack Obama era presidente de los Estados Unidos.

En diciembre fui a una fiesta de Navidad en un restaurante cerca de la alcaldía. El tema de la noche era nuestro presidente que había salido de Chicago. Celebré con mis amigos, entre ellos otros funcionarios elegidos y un joven y prometedor abogado latino. Todos intercambiamos historias de cuando conocimos a Barack.

Mi joven amigo abogado se puso serio. —Luis, ¿estás en contacto con Barack?

De cierta manera estaba más en contacto con él que lo que lo estaban trescientos millones de otros americanos, pero eso no significaba que nos la pasáramos en el bar de la esquina. Lo había llamado un par de veces para programar una reunión para discutir sobre la inmigración, pero no nos habíamos podido ver todavía.

El abogado me solicitó algo: —Me encantaría tener un puesto en su gobierno.

Ponte en fila, pensé. La gente me pedía empleo con frecuencia y yo los mandaba a la oficina de transición. Me alegraba de que no me tocara a mí examinar las solicitudes de todos los que querían unirse al gobierno de Obama. Pero este abogado era mi amigo y estábamos contentos, celebrando una fiesta.

—¿Quieres trabajar para el presidente? No hay problema. Tengo su número de celular.

Tenía el número de su celular personal. Me lo había dado al principio de la campaña, pero casi nunca lo llamé a ese número. Lo había llamado una vez desde su elección para felicitarlo y empezar el proceso de discutir sobre inmigración. Me había conectado con su buzón de mensajes. Me imaginé que ya el Servicio Secreto le habría cambiado el número. Pensé que el presidente electo de los Estados Unidos ya no contestaba su viejo celular para charlar con alguien que a lo mejor tenía una idea sobre el proceso de paz del Medio Oriente.

Pero estábamos celebrando; nos estábamos divirtiendo.

–Vamos a llamarle ahora para recomendarte –le dije.

Mis amigos no sabían si creerme o no.

Les enseñé mi teléfono. El contacto decía SENADOR OBAMA.

Estaba ya para llamar, pensando que contestaría un agente del Servicio Secreto o que la llamada entraría en el buzón de voz y todos escucharíamos la voz de nuestro viejo amigo, el hombre que pronto sabría los códigos de lanzamiento de nuestras armas nucleares.

–Antes de que llame, ¿qué empleo quieres? ¿Procurador General? Espera un poco, te lo consigo en un minuto.

El teléfono empezó a sonar. Nos estábamos riendo. Había música en el trasfondo, conversaciones, vasos chocando. Le di el máximo volumen al celular para que todos pudieran oír el viejo mensaje de voz del presidente electo.

Le dije a mi amigo, muerto de la risa: –Empieza a hacer planes porque en un par de minutos serás el funcionario legal de más alto rango en los Estados Unidos.

El teléfono sonó de nuevo y entonces: –Habla Barack.

No era un mensaje, sino la voz familiar de nuestro nuevo presidente.

Los amigos dejaron de reír; desconecté inmediatamente el altavoz del teléfono. –Sr. Presidente, soy Luis Gutiérrez.

Sin duda que el hombre que se acababa de convertir en el más poderoso del mundo libre se estaba preguntando por qué lo llamaba a su celular por la noche… en medio de una fiesta.

–Hola Luis, ¿cómo estás?

Tengo que reconocer que Obama brega bien. Lo felicité de nuevo por su victoria y mencioné con quién estaba en la fiesta. Todos –le dije– estaban contentos también. Pensé que si bien no creía que mi amigo llegara a Procurador General, por lo menos podría mencionarle su nombre a nuestro próximo presidente.

–Sr. Presidente, espero que nos podamos reunir para darle seguimiento al tema de inmigración, para discutir sobre los próximos pasos.

Dijo que le gustaría mucho hacerlo, que alguien del equipo de transición me llamaría y programaría la reunión. Le deseé buenas noches, colgué, me volví a mis amigos y sonreí.

–¿Quieren hablar con el presidente de los Estados Unidos? Yo se lo consigo. Dile a tu esposa que se prepare para mudarse a Washington, D.C. Todos me miraron como si hubiera hablado con el fantasma de Franklin D. Roosevelt por teléfono. Y quizás se preocuparon de que una llamada en broma al presidente fuera un crimen.

Pero me agradó el hecho de que mi llamada tuviera un valor práctico. Su personal me llamó y me reuní con el nuevo presidente. Sus oficinas senatoriales en el Edificio Federal Dirksen se estaban usando como parte de su oficina de transición. Era el mismo lugar donde lo había visitado antes de que se fuera a Hawái. Ahora recibía informes diarios sobre la seguridad nacional y seleccionaba a los miembros de su gabinete.

Cuando lo vi, nuestro nuevo presidente parecía un poco cansado, como si todavía se estuviera acostumbrando a la idea de administrar los Estados Unidos. Yo esperaba que hubiera multitudes de jóvenes leyendo documentos, preparando estrategias, buscando archivos con etiquetas como "Retos que la situación de Kiguistán le presenta al presidente". Pero encontré unas oficinas que se parecían mucho a las que había visto cuando lo había visitado allí. Había unos cuantos oficinistas ayudando a guardar las cosas y el nuevo presidente electo parecía listo para irse a su casa después de un día de trabajo.

Lo felicité y miré alrededor.

–Aquí estamos, en el mismo edificio en donde me dijiste que te ibas a postular. Lo lograste.

Me agradeció mi ayuda.

Quería que supiera que yo estaba contento. –Vas a hacer grandes cosas. Solo tengo una pregunta. ¿Cómo vamos a bregar con lo de la reforma migratoria integral? Sé que tienes mucho que hacer ahora. Quiero ayudar.

El presidente electo me dijo: –Por eso estás aquí. ¿Ves a alguien más? ¿Crees que me reúno con todo el mundo? Eres importante.

Bueno, es cierto. No se reúne con todo el mundo. Pero yo he llegado lejos en mi carrera política porque cuando necesito algo lo pido. Cuando quiero algo, trato de conseguirlo. Lo que yo necesitaba aquella fría noche de diciembre era un compromiso mayor con la reforma migratoria. Sentía que no había nadie más en los Estados Unidos que se lo iba a pedir, y era mi responsabilidad empujar por eso.

Le pregunté de nuevo: –¿Qué plan tienes para los inmigrantes y cómo puedo ayudarte a comenzar?

La respuesta fue sencilla: –Me tienes que dar tiempo. Estamos en medio de una crisis económica y tenemos que trabajar en algunos problemas de ese tipo. Hablemos de nuevo en marzo o abril.

Yo sabía que el país se tambaleaba sobre el precipicio de una debacle financiera. No esperaba que me dijera que la reforma migratoria estaba al principio de su lista de prioridades. Pero el presidente de los Estados Unidos tiene la capacidad de hacer más de una cosa a la vez. Ahora estaba indicando que sería en marzo o abril. En la primavera. Eso es una eternidad en Washington D.C.

El presidente responde ante todos los americanos pero yo respondo ante un distrito lleno de inmigrantes y a doce millones de inmigrantes indocumentados que viven por todo el país y que no tienen líderes que luchen por ellos. No iba a perder la esperanza en Barack Obama. Tenía que ocuparse de la crisis económica, pero yo tenía una crisis migratoria en mis manos y sabía que no podía esperar.

–Prometiste que lo harías el primer año –le recordé.

Cuando Barack Obama me pidió que lo apoyara para la presidencia, no le pedí nada excepto que asumiera el liderazgo en las cuestiones de inmigración. No pedí un empleo para mí o para mis amigos; solo le pedí que se ocupara del tema de los inmigrantes. Mientras tanto, mis colegas en el Congreso, la mayor parte de los cuales había estado a favor de Hillary Clinton, luchaban por nombramientos en el gabinete. En las primarias, la congresista Hilda Solís atacó a Barack Obama a cada paso. Había hecho campaña a favor de Hillary y actuó como si yo hubiera traicionado a las mujeres de los Estados Unidos al no apoyarla. Ahora Solís estaba en turno para ser la nueva secretaria del Departamento del Trabajo. Ninguno de los que buscaban empleo esperaría durante meses para hablar con el presidente.

—Es que necesitamos empezar a planear ahora —le dije.

El presidente electo me contestó: —Llegaremos a eso. Tenemos otras prioridades.

Y ahí se acabó. Parecía muy dispuesto a esperar. No sentía urgencia por el asunto. Era el final del día y estaba cansado. Quería irse a ver a Michelle y a las niñas. Pronto sería responsable del futuro de trescientos millones de americanos. Nos dimos la mano y se fue a su casa.

Reuní a mi personal y tomamos una decisión muy sencilla. Tras haber viajado por el país respaldando a Obama, volvería a hacerlo para hablar con los inmigrantes de todo el país en una gira llamada "Familias unidas". Hablaría de sus necesidades, de los retos que tenían y de lo que esperaban que nuestro presidente pudiera lograr para ellos.

LES VOY A DAR UNA SUGERENCIA útil para cuando visiten la Casa Blanca: no llenen el baúl de su auto con peticiones, aunque usted sea congresista y aunque piense que el hombre recién elegido a la presidencia es amigo suyo.

Llevé tres cajas llenas de peticiones a mi primera reunión con Barack Obama después de que fuera elegido presidente. Llamamos a la Casa Blanca de antemano para que supieran que traeríamos estas peticiones. Un ayudante vino conmigo para bajarlas del auto. Los oficiales de seguridad en la casa de los guardas que queda al frente de la Casa Blanca me miraron como si yo estuviera loco.

—No puede entrar con eso —me dijeron.

—Soy el congresista Gutiérrez y he estado reuniendo peticiones por todo el país para dárselas al presidente —expliqué. —Le dije a la gente que las firmó que se las daría yo. Otros miembros latinos del Congreso y yo tenemos una reunión con Barack Obama. Tenemos que entregárselas.

Me mantuvieron en la casa de los guardias por unos minutos. Miraron las peticiones, las revisaron, pasaron detectores de metales alrededor de las cajas. Me empecé a preocupar de llegar tarde a la reunión. Mientras los guardias no sabían qué hacer con mis cajas de peticiones, que les parecían sospechosas, algunos de mis colegas del *caucus* hispano del Congreso pasaban camino de la reunión y me dirigían esa mirada de "¿Qué se traerá Luis entre manos ahora?", a la que ya estoy acostumbrado: levantan las cejas, confundidos, mientras piensan "Luis es la única persona a quien se le ocurriría traer cajas de peticiones a su primera reunión con el presidente".

Finalmente aprobaron mis cajas. Las puse en un carro de mano. Nadie quiso ayudarme a cargarlas de manera que las puse sobre la acera del frente de la Casa Blanca: un congresista y su director legislativo tirando de un carro repleto de firmas para el presidente. A ojos de los turistas, yo probablemente parecía un cartero con traje y corbata. Maniobré el carro para que pasara por la puerta de la Casa Blanca hasta entrar en el comedor de Estado, en donde la gente me miraba de manera aún más rara. Un ayudante me dijo que las dejara al frente de la habitación, tras la silla que presidía la mesa. Mis colegas y yo, y mis cajas llenas de peticiones esperamos pacientemente al presidente.

Los miembros del *caucus* hispano nos habíamos reunido en privado antes de esta reunión en que participaban más personas. En marzo de 2009 acordamos que íbamos a enfatizar un solo problema: la inmigración. Tras ocho años de George Bush, nos alegraba tener un aliado en la Casa Blanca y estábamos seguros de que conseguiríamos algún progreso.

El comedor de Estado de la Casa Blanca es un enorme salón formal. A menos que uno espere en fila para hacer la visita de la Casa Blanca, no hay muchos americanos que lo lleguen a ver. Es un lugar impresionante para una reunión. Se suele reservar para comidas y actos formales. El techo es tan alto que en el recinto cabría un helicóptero. Sin duda no se parece a la cafetería de un centro de trabajo. Nos íbamos a reunir en un salón en el que un rey francés se hubiera sentido a gusto.

Yo esperaba poder decirle a nuestro nuevo presidente lo que me habían dicho inmigrantes de todo el país. Mi meta para la gira Familias unidas era sencilla: quería ponerle rostro humano a la comunidad de inmigrantes de los Estados Unidos. Cualquier consumidor de noticias, particularmente las de la cadena Fox, pensaba en los inmigrantes como en hordas peligrosas que asolaban a los Estados Unidos en busca de empleos. Quería mostrarle a todo el mundo que se trataba, en su mayor parte, de gente trabajadora que tenía familias. Como oí en nuestros talleres de ciudadanía de Chicago, la gente de todo el país me decía: "Ayúdeme a mantener a mi familia junta".

Muchas de las personas que pedían ayuda eran ciudadanos. En los Estados Unidos viven más de cinco millones de ciudadanos que son hijos de padres indocumentados. El Gobierno deportaba a mucha de esa gente todos los días, enviando a los niños a países que no habían conocido nunca o separándolos de sus padres. Separaban a las esposas de sus maridos, a los niños de sus padres y abuelos. Muy poca de la gente que era deportada había cometido otro crimen que no fuera venir a los Estados Unidos en busca de trabajo.

Empecé mi gira en Chicago, en una iglesia de la comunidad de Pilsen. En el momento en que se suponía que empezara el acto, había más sillas vacías que ocupadas. Le dije al Padre Brendan que yo pronunciaría mi discurso como si los bancos estuvieran llenos. En los próximos minutos, un pastor de los suburbios llegó al estacionamiento con la primera de dos guaguas escolares repletas de gente. Y la gente del vecindario siguió viniendo. Cuando terminamos, la iglesia estaba completamente llena.

Así era por todo el país. Yo miraba a los auditorios llenos y pensaba: diles a los inmigrantes que a ti te importa, dales una oportunidad para contar su historia, diles que escucharás y llenarán una iglesia tras otra.

En Atlanta llenamos una iglesia evangélica con más de mil personas. En aquel santuario repleto de gente, escuchamos la historia de dos niños que eran ciudadanos americanos: un hermano y una hermana que tenían como once o doce años de edad. Sus padres eran indocumentados y habían sido deportados el año anterior. Eso demuestra que los "bebés ancla" no presentan tan gran amenaza. Enviaron a sus padres a México. La madre y el padre no querían que sus hijos se fueran a México, un país del cual ellos habían huido arriesgándolo todo. No podían encontrar familias que albergaran a los dos hermanos en Atlanta así que los hermanos estaban viviendo separados. Dijeron —llorando— que lo único que querían era que sus padres volvieran a casa.

Ese día estaba allí John Lewis, mi amigo y colega, el defensor del movimiento americano de derechos civiles. Escuchó las historias y dijo: "Yo fui a parar a la cárcel por defender los derechos civiles de los negros en los años sesenta y volveré a la cárcel por defender los derechos civiles de tu gente hoy".

Adondequiera que íbamos, oíamos historias similares. Nancy Pelosi estuvo en un acto que organizamos en una enorme iglesia católica de San Francisco. Dos niños ciudadanos ya mayores estaban allí y nos imploraron que hiciéramos algo para mantener unida a su familia. El procedimiento de deportación de su madre ya había empezado; ella fue a la reunión con sus hijos. Se le permitió ir porque llevaba en el tobillo un brazalete de control de Seguridad Nacional. Su trabajo era limpiar casas, pero esa agencia rastreaba sus movimientos como si hubiera liderado la causa de derrocar al gobierno.

"Me aceptaron en la universidad y quiero ir", dijo una de las hijas. "Pero si deportan a mi mamá, me iré con ella". Estaba dispuesta a renunciar a la universidad y a radicarse en un país extraño para quedarse con su madre.

Antes de que la reunión terminara, Nancy Pelosi se puso de pie y dijo: "No está en consonancia con el espíritu americano quitarles los hijos a los padres".

Adondequiera que íbamos, recogíamos firmas que se estampaban en peticiones dirigidas al presidente de los Estados Unidos. El pedido era sencillo: por favor, haga algo para mantener juntas a las familias de los inmigrantes.

Ahora, casi diez mil firmas, acreditadas a regañadientes por la seguridad de la Casa Blanca, se encontraban en cajas en el comedor de Estado. Esperamos al presidente, que llegó y se sentó a la cabeza de la mesa: justo frente a mis cajas de peticiones. Las miró y –en acción retardada– se sorprendió de que estuvieran allí, como si a alguien se le hubiera olvidado limpiar el recinto antes de la reunión. Luego se sentó para que pudiera empezar la reunión.

Nydia Velázquez, la congresista puertorriqueña que nunca le ha tenido miedo a decir lo que cree y siempre lo dice con convicción, sentó la tónica de la reunión. Ella era la presidenta del *caucus* hispano del Congreso. Fue muy clara, elocuente y enérgica.

–Señor presidente, nuestra comunidad necesita que se haga algo acerca de la inmigración, y que se haga de inmediato. Este es un asunto de la lucha por derechos civiles de nuestro tiempo. La inmovilidad respecto a una reforma integral y la continuación de las deportaciones son sencillamente inaceptables para nuestra comunidad. Al final, señor Presidente, a usted lo juzgarán por la manera en que trate a los más vulnerables: nuestros inmigrantes.

Hablé después de Nydia y reforcé su mensaje. Señalé hacia las cajas de peticiones que estaban justo detrás del presidente. –Adondequiera que voy, veo que la gente necesita ayuda. Las mamás están separadas de sus hijos. No podemos esperar más: necesitamos poner manos a la obra –dije.

Mis colegas del *caucus* hispano traían el mismo mensaje. Uno tras otro dijeron: "Necesitamos que se tomen medidas de inmediato con respecto a la inmigración".

Tan pronto como Nydia empezó a hablar, vi una reacción de Barack Obama que me recordó lo que había pasado en un salón de conferencias del Instituto de Progreso Latino, cuando lo habían recibido con críticas en vez de vítores. Vi a un Obama frustrado que se ponía a la defensiva , un hombre al que no le gusta que sus prioridades se pongan en duda.

Se puso tenso cuando todos los que estábamos en ese recinto lo urgimos a tomar medidas en pro de una reforma migratoria integral.

No miraba a quien estuviera hablando y parecía mirar hacia la distancia. Su lenguaje corporal decía que no estaba dispuesto a permitir que le dijeran lo que tenía que hacer a solo dos meses de haber ganado la presidencia.

Para mérito de mis colegas congresistas hispanos, ese día estuvimos unidos y decididos. Las palabras de Nydia respecto a que "a usted lo juzgarán por la manera en que trate a los inmigrantes" resonaron durante toda la reunión. Ella planteó valientemente nuestras ideas al presidente.

La respuesta de Barack Obama fue muy breve. Dijo que apoyaba la reforma migratoria, pero que tenía prioridades más urgentes. Podíamos continuar consultando con él. Cuando concluimos, le hice una pregunta que parecía obvia, dada su respuesta.

–¿Quién será nuestro contacto? ¿Con quién podemos seguir consultando? –le pregunté.

Me miró consternado. En ese momento yo podía haber sido como una Katie Courie preguntándole a Sarah Palin qué periódicos leía. Era evidente que Obama no había puesto a nadie a cargo de la política migratoria ni había tenido discusión alguna sobre cómo bregar con el problema.

Hizo una pausa, con gesto duro, y dijo: –Rahm Emanuel estará a cargo.

Su jefe de personal de Chicago y mi antiguo colega, Rahm Emanuel. Rahm estaba muy ocupado en la organización del gobierno. Su plato estaba demasiado lleno como para poder atender el problema migratorio. Decirnos que Emanuel estaba a cargo envió un mensaje muy claro: nadie estaba a cargo.

Por eso hice lo que siempre hago. Si estás golpeando un muro con la cabeza y el muro no cede, trata de darle con más fuerza. Hice más paradas en mi gira de Familias unidas. Hablé más a menudo en el pleno de la Cámara. Reuní más peticiones. Si se quiere un cambio, hay que forzarlo. Y ya no me importaba que el hombre que ocupaba el despacho oval fuera o no fuera mi amigo.

CAPÍTULO DIECINUEVE

Arréstenme a mí, no a mis amigos

TRAS LA PRIMERA PARTE de la gira Familias unidas, me alegraba estar de regreso en Chicago. La noche antes de un gran acto en la iglesia católica de Nuestra Señora de la Merced, en la parte noroeste de la ciudad, Soraida y yo estábamos en casa cuando sonó el teléfono. Contestó ella; parecía sorprendida .

Era el arzobispo de Chicago, el cardenal Francis George, líder de mi Iglesia. Pensé: "¡Qué bien que el cardenal me está llamando a mi casa!" Él había accedido a hablar en el acto que habíamos organizado: sería una gran ocasión para nuestro movimiento. Supuse me llamaba para ponernos de acuerdo. La gran población de inmigrantes y latinos que hay en Chicago es una de las razones por las cuales la Iglesia católica sigue siendo una institución importante de la ciudad. Cogí el teléfono y escuché su voz, que me era conocida.

—Hijo mío, mañana vamos a tener una actividad en la iglesia, en un santuario católico —dijo.

—Estoy contento de participar. Gracias por acceder a asistir —le dije.

Me contestó que tenía una razón muy específica para llamarme.

—Te tengo que pedir que no vengas —me dijo—. Nuestra fe tiene principios muy claros en cuanto a la vida y tu posición es abiertamente proaborto. No puedo compartir el altar ni participar contigo en una actividad en una iglesia católica.

No era la primera vez que se me criticaba como católico por estar a favor del derecho a decidir de las mujeres, pero que el hombre a la cabeza de la Iglesia me desinvitara a mi propio acto era algo nuevo. Por lo menos no tenía noticia de estar en lista para ser excomulgado. Lo más común, siempre que visitaba iglesias católicas en mi distrito, era que el sacerdote se hiciera el desentendido respecto a mi posición sobre el derecho de decisión de las mujeres, contento de que me dirigiera a su congregación –mayoritariamente latina– y le hablara sobre inmigración y mi trabajo en el Congreso. En otras ocasiones yo me sentaba cortésmente en un banco mientras alguna parte del sermón –redactada para que la escuchara el invitado especial– se centraba en la santidad de la vida. A veces la visión del infierno tan temido que aguarda a aquellos que se desvían del camino de la Iglesia aparecía también en esos sermones. No importa: son gajes del oficio. El conflicto está implícito en ser un católico que separa las creencias de su Iglesia y sus posiciones políticas públicas. Con todo, el cardenal nunca me había llamado antes para pedirme que no fuera a la iglesia.

Lo primero que se me ocurrió fue decirle que acababa de hacer un viaje por todo el país y que había estado en iglesias católicas de todas partes, de Nueva York a San Francisco, y que los sacerdotes me habían dado la bendición y me habían agradecido que estuviera allí. Pero no quería discutir con un líder de mi Iglesia.

–Señor Cardenal, quiero dejar totalmente claro que, como católico que soy, lo obedeceré. Pero no estoy seguro de que usted esté bien informado sobre el acto. No es un evento católico, sino uno ecuménico en el que nuestra iglesia ha tenido la generosidad de ser la anfitriona. El santuario estará lleno de protestantes, judíos y musulmanes: gente de todas las religiones y todas las condiciones. Espero que eso lo haga reconsiderar su decisión –dije, tratando de no sonar como si yo le pudiera decir al líder de los católicos de Chicago lo que debía hacer en su propia iglesia.

–Tengo que pensar en eso –respondió. Me dijo también que me volvería a llamar, y lo hizo.

–Tienes razón, es un evento ecuménico –dijo, cuando hablé con él por teléfono de nuevo. Me sentí aliviado, pero me apresuré demasiado: el cardenal no había terminado. Siguió diciendo: –Como es algo ecuménico, creo que tenemos dos opciones. Dada tu posición sobre el aborto, no podré compartir el altar contigo. Una opción sería que yo enviara a un emisario para que tomara mi lugar. Él leería un mensaje en mi nombre, y tú podrías hablar desde el púlpito. La otra es que yo vaya y tú te sientes con el resto de la gente que asista al acto. Yo entonces me sentaría en el altar y hablaría desde el púlpito –dijo esto en un tono suave y cariñoso. Era como recibir un minisermón personal del católico más importante de Chicago.

La decisión fue fácil.

–Señor Cardenal, todo el mundo conoce mi posición respecto a las reformas inmigratorias. No necesito hablar. Será un honor para mí estar entre el público y escuchar sus opiniones. Creo que usted puede traer más seguidores a nuestra causa a favor de los inmigrantes –le dije, y era lo que creía: el apoyo del cardenal era vital para nuestros esfuerzos.

A la mañana siguiente, el cardenal cumplió su palabra. Acogió a las familias de inmigrantes en la iglesia. La catedral estaba a reventar. Los inmigrantes y activistas de Chicago habían oído y leído acerca de la cobertura que nuestra gira estaba recibiendo por toda la nación. Me sentí como un misionero que regresa a casa. Entré a la iglesia justo antes de que empezara el acto y caminé por la nave principal con toda mi familia: con Soraida, Omaira y su marido y mi nieto. Quería que todos supieran que luchábamos a favor de familias como la mía. Nos sentamos en uno de los primeros bancos, y mientras caminábamos, todo el mundo en la iglesia se puso de pie y aplaudió. Parecía una sesión de renovación. Fue un momento gratificante y aunque yo no subí al altar, muchos sacerdotes de nuestro vecindario se sentaron conmigo, olvidando mi herejía del aborto, para mostrar su apoyo a mi posición sobre los inmigrantes.

Cumplir con los deseos del cardenal había sido la decisión adecuada. Su discurso de ese día fue conmovedor, valiente. Respaldó totalmente la necesidad de una reforma migratoria integral y la importancia de mantener unidas a las familias. Dijo que las deportaciones que dividían a las familias eran "inmorales". Que uno de los líderes católicos más importantes de los Estados Unidos nos diera su apoyo fue muy importante para nuestro movimiento. Es posible que no me quisiera a su lado, pero sus palabras demostraron elocuentemente que estaba conmigo y con la comunidad de inmigrantes de Chicago.

Yo no tuve problema con quedarme sentado y escuchar al cardenal George empeñar su liderazgo a favor de nuestra causa. En nuestra gira habíamos hablado con miles de inmigrantes y habíamos suscitado el interés de los medios informativos adondequiera que íbamos. Estábamos defendiéndonos en un ambiente antiinmigrante que se había tornado cada vez más hostil. Ahora más inmigrantes por todo el país sentían que alguien estaba de su lado, que la ayuda estaba en camino.

PERO TODAVÍA NECESITÁBAMOS ayuda de nuestro aliado más importante. Seis meses después de acceder al puesto y aunque había dicho que lo haría el primer año, mi amigo Barack Obama no había hecho absolutamente nada para lograr una reforma migratoria integral. Pero sí estaba haciendo algo respecto a la inmigración. En Chicago y en las ciudades y pueblos que representaban mis colegas del *caucus* hispano del Congreso supimos que había habido acciones más agresivas para hacer cumplir las leyes inmigratorias y que los agentes del Servicio de Inmigración y Aduanas (ICE, por sus siglas en inglés) habían aumentado las deportaciones.

"El ICE está más agresivo, están aumentando los procedimientos de deportación de inmigrantes a quienes detienen por faltas como pasarse una luz roja" era una queja común. Muchos inmigrantes se alegraban de que yo llegara a sus pueblos por todos los Estados

Unidos, pero lo cierto es que yo no era exactamente el mandamás. Era más bien como un ayudante que no se callaba la boca. Los inmigrantes necesitaban oír al verdadero mandamás, al presidente de los Estados Unidos.

En eso, Barack Obama invitó a un grupo bipartidista de líderes del Congreso a la Casa Blanca para llevar a cabo una mesa redonda sobre inmigración. Hablamos en términos muy generales acerca del tema, pero él dejó claro que todavía estaba tratando de enderezar una economía con problemas. Muchos de nosotros, en cambio, enfatizamos las quejas que habíamos oído respecto a las deportaciones. Tras una reunión cordial pero no muy productiva, estaba a punto de salir cuando el presidente me llamó para hablar conmigo en privado.

Nos fuimos a una esquina del comedor de Estado. Este comedor es un lugar excelente para llevar a cabo una reunión si se quiere transmitir la sensación de autoridad presidencial. El piso de madera resplandece, los muebles y los cuadros tienen cientos de años. Todos los días, por todo el país, la gente se reúne en salas de conferencia que se parecen entre sí. Barack Obama lleva a cabo reuniones bajo un cuadro famoso de Abraham Lincoln. Yo esperaba que quisiera hablar conmigo en privado para darme buenas noticias.

Mientras hablábamos, Obama me puso la mano sobre el hombro. El resto de mis colegas del *caucus* hispano del Congreso pensaban que mi amigo, el presidente, me estaba dando un trato preferencial. Desde el otro lado del salón supongo que parecíamos dos tipos de Chicago conversando amigablemente. Pero en nuestra esquina, él me decía, mientras se inclinaba hacia mí:

—Reuní a toda la gente que debía reunir aquí, ¿no es cierto? Mantuve el enfoque sobre la necesidad de encontrar puntos en común, ¿no es así? Y somos de Chicago, debemos estar trabajando juntos, ¿estás de acuerdo?

Yo no sabía adónde iba con todo esto.

—Fue una buena reunión, señor Presidente —le dije.

—Entonces, ¿por qué no me dejas tranquilo?

Me tomó desprevenido. Le pregunté qué quería decir.

Me dijo que adondequiera que iba me quejaba de él, me quejaba de las deportaciones. No había sido justo en mi gira porque le había dado a la gente una impresión equivocada. Dijo que ambos estábamos del mismo lado y que le debía dar tiempo.

Si Barack Obama te dice que lo dejes tranquilo, hay que pensar dos veces en el asunto. En un lapso de pocas semanas me había metido en líos con un cardenal y con un presidente. Pero su queja no captaba correctamente el propósito de nuestra gira. Adondequiera que iba, yo decía algo así: "Barack Obama es nuestro amigo. Quiero que sea el mejor presidente posible. Él tomará medidas cuando entienda el efecto que tienen estas deportaciones. Cuando lea sus peticiones, actuará. Estará de nuestra parte".

¿Quería presionar al presidente? Desde luego, pero quería que fuera la presión que uno le pone a los amigos para que mejoren. Pero ese día, en el comedor de Estado de la Casa Blanca, el presidente de los Estados Unidos no lo veía así. Resultaba evidente que no le había gustado una gira por todo el país que ponía de relieve a las familias divididas por la deportación —sobre todo ahora que él era el responsable de esas deportaciones. No le importaba que yo estuviera tratando de hacer una presión amigable. No quería ninguna presión.

Le dije que yo quería trabajar con él. Dijo que seguiría tratando de arreglar las cosas. Nos dimos un apretón de manos. Mis colegas vieron cómo se acababa mi reunión especial y privada. Lo que no sabían, todavía, era que no había sido el encuentro de dos amigos para hablar de los Chicago Bulls.

UNA DE LAS PARADAS de nuestra gira era Nueva Jersey, el estado de mi amigo el senador Bob Menéndez. El lugar estaba lleno. Bob es muy popular y recibió una gran ovación cuando habló. Me presentó de una manera muy generosa. Cuando dije: "Las deportaciones que dividen las familias deben parar", la gente se puso de pie, como prácticamente sucedía en todos los lugares adonde íbamos. Cuando yo terminaba de hablar, el tipo de Chicago también recibía una ovación, al igual que el senador local.

Al bajar del escenario, Bob me echó el brazo. –No hay muchas personas a quienes les permitiría que vengan a mi vecindario y reciban una ovación casi tan calurosa como la que me dieron a mí –dijo en broma.

Mientras más acalorada se volvía la retórica del grupo antiinmigrantes, más invitaciones recibía yo para hablar por todo el país. Durante el primer año del presidente Obama en el puesto, pasé docenas de fines de semana escuchando las historias de las familias de inmigrantes. Muchos programas nacionales de noticias me llamaban para que apareciera en ellos y los programas de noticias y de asuntos públicos en español me invitaban con regularidad. Tras años de combatir en el Congreso junto con mis colegas a favor de las reformas, ahora se me reconocía por el trabajo que había hecho en cuanto a la inmigración: un asunto que no tenía nada que ver con bajarle el salario a nadie.

En nuestra gira Familias unidas no solo me reconocían los que iban a los actos. A veces mis anfitriones me invitaban a un buen restaurante para almorzar o cenar. Si iba, digamos, a algún restaurante especializado en carnes o a un elegante restaurante italiano en Tampa o en San José, lo común era que ninguno de los otros comensales –generalmente blancos– me reconociera. Pero el inmigrante mexicano que nos servía el agua se acercaba y decía: –Gracias, congresista, por luchar por nosotros. ¿Cuánto falta para que me manden mis documentos?

A veces uno o dos o un grupo entero de inmigrantes latinos salían de la cocina, miraban tímidamente a su alrededor –estaban violando las reglas– y me tomaban una foto o me pedían un autógrafo antes de volver a fregar platos. Si tenían tiempo, les decía que yo sabía de limpiar mesas y lavar platos; sabía que trabajar en un restaurante era duro. Los clientes cercanos a mi mesa siempre me miraban sorprendidos, preguntándose quién sería el tipo que acaparaba la atención. Es muy probable que algunos pensaran que yo era el dueño secreto del restaurante.

El reconocimiento me gustaba, pero también me asustaba. Cuando mucha de la gente que limpia la mesa de uno dice "Contamos contigo", uno siente la obligación de conseguir que se hagan las cosas. Para la gente trabajadora que conocí en nuestras giras, lo que hacíamos –o no hacíamos– en el Congreso era mucho más que debatir cuestiones interesantes sobre políticas. Era algo que afectaría su futuro. Un miembro del *Tea Party* podría pensar que el mundo se acabaría si su tasa contributiva subía de veinticuatro a veintiséis porciento o si el gobierno gastaba demasiado dinero en ayuda exterior. Pero nada de lo que pasa en Washington D.C. afecta el hecho de que se quede o no en los Estados Unidos con su familia. Por todo el país yo recibía peticiones de ayuda, no recomendaciones sobre lo que debía hacer.

Estar en medio de la batalla sobre inmigración y su creciente importancia iba con mi naturaleza. Estaban atacando a los inmigrantes y a mí me gustaba responder por ellos. Me sentía en mi ambiente al fungir como su portavoz y defensor; no era muy diferente a vender periódicos en la plaza a favor de la independencia de Puerto Rico, de ser soldado de Harold Washington o de luchar por viviendas asequibles. El trabajo en el Congreso se reduce, a menudo, a procesos: de bregar bien con los problemas del comité al que te asignan al principio y de subir poco a poco en tu subcomité. También se trata de hacer amigos y aliados dentro del Congreso que te ayuden a obtener posiciones de liderazgo o a formar parte de un comité mejor. Se necesita paciencia y la disposición de llegar a acuerdos, además de la capacidad de llevarse bien con la gente. Yo no soy muy bueno haciendo esas cosas; soy bueno trayendo cajas de peticiones a la Casa Blanca.

Como sobreviviente del combate cuerpo a cuerpo de la Asamblea Municipal de Chicago, siempre he buscado una manera diferente de progresar, un espacio diferente en el Congreso. En un Congreso tan razonable y paciente, me he sentido a veces como un tipo egresado de un reformatorio que acaba rodeado de chicos bien portados y bien vestidos. Creo que los inmigrantes, tan vilipendiados, se dieron cuenta de mi disposición a dar peleas. En un foro que se celebró en Nueva York, un hombre se acercó a mí después del acto y me dijo: "¿Sabes lo que me gusta de ti, Gutiérrez? La gente dice cosas terribles de los inmigrantes, pero los inmigrantes siempre se portan bien con todo el mundo. Tú no. Siempre dices lo que piensas". Oigo cosas como esa todo el tiempo. Raras veces me han acusado de ser demasiado simpático.

EL PRIMER AÑO DE BARACK OBAMA como presidente pasó volando, y con él nuestra esperanza de que cumpliría su promesa de respaldar la reforma migratoria integral en su primer año. Otros miembros me decían: "Luis, dale tiempo. Están pasando muchas cosas: mira la economía". Desde luego que la economía había estado en crisis, pero también los inmigrantes estaban en crisis. Me quejaba a los otros miembros del Congreso, les recordaba que él nos había prometido que la inmigración sería una prioridad. Algunos se encogían de hombros. "No es el primero que no cumple una promesa de campaña", decían.

Muchos latinos esperaban que el año nuevo empezara con un compromiso con las cuestiones inmigratorias que saliera del discurso del Estado de la Unión que pronunciaría Obama en 2010. Pero para ese momento, Obama había fundamentado su presidencia en las reformas al sistema de salud. Le dedicó casi todo su discurso a la salud y a los empleos; también mencionó otras prioridades, entre ellas una explicación pormenorizada y apasionada de por qué los Estados Unidos tenían que deshacerse de la política "No preguntes, no digas" (en inglés, "Don't Ask, Don't Tell"), una promesa que fue bien acogida. Después de que mencionara casi todas las otras prioridades, mencionó, casi de paso, a los inmigrantes.

El presidente Obama dijo: "Y debemos continuar trabajando para arreglar nuestro sistema migratorio, que no funciona, para asegurar nuestras fronteras, hacer cumplir nuestras leyes y asegurarnos de que todos los que cumplan las reglas contribuyan a nuestra economía y enriquezcan nuestra nación".

Eso fue todo: un huesito tirado como al descuido hacia los inmigrantes. Un total de treinta y siete palabras, la mayor parte de ellas sobre el cumplimiento de las leyes. Había allí latinos que lo habían estado observando con esperanza, pero los inmigrantes entendieron enseguida lo que significaba el discurso. No es que nos hubiéramos salido del alcance del radar del presidente; es que había apagado el radar. Enseguida empezaron a activarse los *blogs*. Un columnista del *Huffington Post* preguntó si Obama había cancelado la reforma migratoria integral.

Después del discurso, fui al salón de las estatuas del Capitolio para hablar con los reporteros, lo cual es una tradición en el Congreso. Los reporteros hacen fila en un solo lugar para que se les haga más fácil a los miembros del Congreso hacer análisis instantáneos por televisión. Convierten al Capitolio en un centro para declaraciones contundentes. La reportera de Telemundo me preguntó lo mismo que yo estaba pensando.

–Tal parece por el discurso que el presidente no está muy interesado en la reforma migratoria. ¿Qué piensa usted, congresista? –me preguntó.

Durante más de un año yo había estado tratando de caminar por una línea fina entre sentirme decepcionado con mi amigo y la esperanza de que finalmente el presidente llegara a interesarse en nuestros problemas. Es posible que él no lo supiera, pero yo le había estado diciendo a la gente que confiara en él, que él respondería a sus peticiones. Lo haremos. Ese día, sin embargo, le dije a la reportera lo que pensaba.

–Tienes razón. El presidente no parece interesarse mucho en el tema de inmigración. Llegó el momento de que le exijamos que se interese –dije.

Estábamos en el segundo año de su presidencia y ya no podía esconder la verdad. El tiempo se esfumaba y Barack Obama no hacía nada respecto a la inmigración.

EL TONO DE NUESTRA GIRA cambió rápidamente. Recibí una invitación para ir a Los Ángeles. Querían que fuera por una sola razón: la gente estaba enojada.

Un buen indicador del entusiasmo de una multitud es el número de letreros caseros —es decir, hechos realmente en casa, no producidos con la ayuda de consultores de campaña. La iglesia estaba llena de gente airada que portaba letreros: OBAMA, CUMPLE TU PROMESA, MANTÉN UNIDAS A NUESTRAS FAMILIAS, DETÉN LAS DEPORTACIONES. Nuestra comunidad estaba furiosa por la mención casual de la reforma migratoria que había hecho Obama durante su discurso del Estado de la Unión. Quizás hubiera sido mejor que no dijera nada. "Perdón, me olvidé" hubiera sido mejor que "Recordé dejarlos para último". Empezó a haber rumores de una marcha para que supiera cómo nos sentíamos.

Barack Obama ya pensaba que yo era un problema. Pero su indiferencia durante el discurso del Estado de la Unión me había enojado mucho. Estaba cansado de esperar.

—Es evidente que el presidente de los Estados Unidos no nos ve —dije, mientras la gente aplaudía con mucho entusiasmo. —Vamos a asegurarnos de que cuando abra sus cortinas de la Casa Blanca, Barack Obama nos vea. Si no mira hacia afuera, vamos a asegurarnos de que nos oiga. Tenemos que marchar hacia Washington —dije. La gente empezó a gritar y aplaudir, decidida a montarse en las guaguas y viajar desde Los Ángeles hasta Washington D.C. Pensé que si la gente del oeste estaba dispuesta a ir, la gente del resto del país lo estaría también.

Y así fue. Las organizaciones de defensa de la inmigración empezaron a planificar la marcha de costa a costa. Se fijó la fecha: los inmigrantes marcharían hasta Washington el 21 de marzo. No fue difícil persuadir a la gente para que se uniera. Para la primavera de 2010, los inmigrantes tenían ya muchas razones para estar decepcionados con Barack Obama. Mientras me estaba diciendo que fuera paciente en relación con las reformas de inmigración, Obama estaba tratando de empujar a los gobiernos locales a que aumentaran sus esfuerzos para identificar a los residentes indocumentados y les estaba dando más recursos federales para hacerlo. A principios de 2010, Obama se puso de parte de los republicanos conservadores del Senado y empezó a hacer planes para enviar tropas de la Guardia Nacional a la frontera mexicana.

Pero lo que más enojaba a la gente, eran las deportaciones. Durante el primer año en que Obama ocupó el puesto de presidente los Estados Unidos, deportaron a unas trescientas noventa mil personas. Durante el primer año en que George Bush estuvo en el puesto, deportaron a doscientas diez mil. Y Obama solo había empezado. En 2012 se deportaron más personas que en ningún otro año anterior en la historia de los Estados Unidos. En ningún año durante la presidencia de George Bush se deportó a más gente que en cualquier año de la presidencia de Obama. Era indudable que había habido un cambio, pero no era un cambio que favoreciera a los latinos. En algún momento la radio en español empezó a reaccionar con frustración. Los líderes me preguntaban, mientras viajaba de costa a costa: "¿Qué le pasa a tu amigo?" Yo había sido el primer miembro latino del Congreso en respaldar su candidatura. No solo estaba enojado; me sentía culpable, como si hubiera engañado a la gente.

Yo no sabía lo que le estaba pasando a "mi amigo" pero sabía que había desperdiciado un año entero, un año en que había habido un presidente, un Senado y una Cámara demócratas. El único renglón en el que Obama se ocupaba de los inmigrantes era estableciendo marcas de deportaciones.

Mientras los activistas latinos de todo el país planeaban el viaje y encontraban maneras de hospedarse en Washington D.C. con amigos y familiares, Barack Obama trabajaba y cabildeaba también. Estaba centrado en la reforma del sistema de salud.

El debate sobre el sistema de salud tenía sus alzas y sus bajas. Parecía que no tendría suficientes votos. El presidente trabajó mucho por un problema muy importante. Cabildeó personalmente ante los miembros del Congreso. Necesitaba todos y cada uno de los votos del *caucus* hispano del Congreso. En marzo nos llamó de nuevo a la Casa Blanca para una reunión. Fuimos todos. Teníamos que tomar una decisión. Si hubiéramos querido, el *caucus* hispano pudo haber detenido la reforma del sistema de salud.

Teníamos razones para hacerlo. Cuando pronunció un discurso ante una sesión conjunta del Congreso para promover las reformas al sistema de salud, Obama hizo hincapié en que su plan no le proveía beneficio de tipo alguno a los residentes indocumentados. Para explicar su punto, dijo que los inmigrantes eran "inmigrantes ilegales", que es la degradante expresión que usaban nuestros enemigos. Era un Barack Obama desconocido. Durante su campaña siempre se había referido a los "indocumentados". Cuando le salió al paso un congresista de derechas que no creía que fuera verdad que el plan de Obama no incluía a los indocumentados, Obama no defendió a los inmigrantes ni se decidió del lado de la justicia. En vez de ello, enfatizó de nuevo que no recibirían cobertura de salud.

Si hubiéramos usado nuestros votos para exigir a cambio de nuestro apoyo medidas inmediatas en cuanto a la reforma migratoria, el presidente hubiera tenido que hacer frente a un obstáculo insalvable para la aprobación de sus iniciativas del sistema de salud. Hablamos de bloquearlo y quizás lo debimos haber hecho. Sin embargo, casi todos nosotros estábamos de acuerdo con sus iniciativas del sistema de salud. Obama era el presidente de mi partido, un exsenador de mi estado, y aunque yo estaba bastante frustrado con él, todavía quería que lograra su cometido.

Ahora, mientras escuchábamos su defensa del sistema de salud, el presidente cabildeaba con nosotros. Nos pidió apasionadamente que lo apoyáramos en lo del sistema de salud y que fuéramos pacientes en cuanto a los otros problemas.

–Ayúdenme a aprobar esto y luego trabajaré con ustedes en lo de la inmigración –nos dijo. Le hicimos saber que esperar es muy difícil para mucha gente. Adondequiera que íbamos, la gente nos pedía que hiciéramos más para ayudarlos, para conseguir que sus familias no fueran separadas y para que se le hiciera justicia a la comunidad de inmigrantes. Respondió con emoción.

–¿Cómo creen que me siento yo, que soy el primer presidente negro de los Estados Unidos, al no poder hacer más por la gente negra? –preguntó. En esa reunión, más que en las otras en que habíamos hablado en la Casa Blanca con nuestro nuevo presidente, sentí que estaba tratando de escucharnos, de empatizar con nosotros. Nunca antes –y nunca después– lo he oído referirse a sí mismo como "el primer presidente negro" o hacer un llamado emocional claramente dirigido a lograr una conexión con los miembros latinos del Congreso, como de una minoría hacia otra.

Al final, casi todos los miembros del *caucus* hispano apoyaron la reforma del sistema de salud. Yo pensaba que era lo que había que hacer. El presidente Obama y la presidenta de la Cámara, Pelosi, no estaban seguros de cuándo se llevaría a cabo la votación. Finalmente, cuando creyeron que conseguirían suficiente apoyo, pidieron una votación para el 21 de marzo de 2010, el mismo día en que se iba a celebrar la marcha nacional de inmigrantes y latinos. Uno por uno, los miembros latinos del Congreso dieron su voto a favor de la reforma del sistema de salud, propiciando así que fuera aprobada. Mientras ayudábamos a nuestro presidente a aprobar aquel proyecto de ley histórico, unos doscientos mil latinos, inmigrantes y sus aliados marchaban hacia el Paseo Nacional exigiendo medidas en cuanto a la reforma migratoria, pidiendo atención a gritos mientras que casi todos los medios noticiosos del país cubrían el voto histórico del sistema de salud.

Más temprano ese día, había hablado ante una multitud entusiasta que llenaba el Paseo Nacional y afirmé que el presidente debía actuar, que habíamos tenido mucha paciencia y que ya no podíamos esperar más. Luego caminé entre la multitud para volver al Capitolio a ayudar al presidente que acababa de criticar a aprobar la ley en la que tanto había trabajado. Me dije para mis adentros que solo Barack Obama tendría la suerte de conseguir el voto más importante el mismo día en que algunos de los grupos de seguidores clave llegaban de todo el país, muchos de ellos para protestar contra sus políticas. Esa noche, quinientos miembros del *Tea Party* que se quejaban del "Obamacare" recibieron más cobertura en casi todos los canales televisivos en inglés que decenas de miles de latinos que protestaban contra Obama.

NO ME SORPRENDIÓ que las sinceras promesas que nos había hecho Obama respecto a la inmigración cuando necesitaba que lo apoyáramos en el asunto del sistema de salud se desvanecieran en la neblina de Washington. El plan de salud fue aprobado, y el compromiso del presidente se había esfumado. Para mayo de 2010 las deportaciones continuaban y no se había hecho nada respecto a las reformas. El plan de salud no había tenido tanta aceptación por todo el país y parecía posible que los demócratas perdieran escaños en el Congreso. El tiempo se estaba agotando.

Los inmigrantes estaban enojados. Ya se les había acabado la paciencia. La comunidad de inmigrantes no entendía por qué su aliado, Barack Obama, no estaba haciendo más. Había conseguido nuestros votos para la ley que tanto quería. Y nos había abandonado.

Cuatro jóvenes indocumentados que habían llegado a los Estados Unidos cuando eran niños –comenzaron a ser comúnmente conocidos como *Dreamers* (Soñadores)– caminaron desde Miami hasta Washington para crear conocimiento en torno al proyecto de ley DREAM (siglas de Development, Relief and Education Act) y la reforma inmigratoria. Querían terminar su caminata consiguiendo que los arrestaran al frente de la Casa Blanca. Nadie creyó que fuera tan buena idea que los arrestaran porque lo más probable era que los deportaran. Yo me uní a un grupo de otros líderes que tomamos una decisión: arréstennos a nosotros, no a ellos.

Ese primer día de mayo de 2010, tomé una decisión. Volví a la oficina de Barack Obama, pero esta vez sin invitación. Me senté en la acera afuera de los portones de la Casa Blanca. Está prohibido sentarse en esa acera; hay que seguir caminando. Si uno no avanza, es arrestado. Había otros más de veinte activistas y líderes nacionales del movimiento proinmigrantes, sentados y esperando. La Policía de Parques de los Estados Unidos seguía advirtiéndonos por los altavoces que teníamos cinco minutos para irnos. Finalmente, nos dijeron que teníamos cinco minutos para salir de allí o nos arrestarían. Hasta lo dijeron en español, por si acaso no hablábamos inglés. Pensé que estaba bien que lo hicieran, porque así la televisión en español tendría llamativos titulares. Los autos de la policía estaban estacionados como a cincuenta pies de distancia, con las puertas abiertas y listos para recibirnos. Miles de protestantes airados nos rodeaban y llegaban desde la avenida Pennsylvania hasta Lafayette Park y nos animaban a quienes estábamos sentados al frente de la verja de la Casa Blanca. Traían letreros y coreaban: "Obama, cumple tu promesa". Había muchas cámaras de televisión.

Aquel acto del primero de mayo en la Casa Blanca atrajo a más gente de la que esperaban los organizadores. La multitud era enorme y la sensación era de ira y frustración. Empezamos el día pronunciando discursos que encendían a la multitud. Mi mensaje era sencillo y se repitió una y otra vez ese día: no podemos esperar más; el presidente debe actuar. Cuando terminaron los discursos los demás líderes y yo cruzamos la avenida Pennsylvania y nos sentamos junto a la verja de la Casa Blanca.

El reloj avanzaba y nadie esperaba que el arresto se pospusiera en el último minuto. Una vez que uno decide que vale la pena ser arrestado por algo, hay que ser consecuente con tal decisión. Pero los últimos minutos antes de que llegara la policía fueron tensos. Yo era consciente de que el titular ARRESTADO HOY EL CONGRESISTA

GUTIÉRREZ estaba a punto de aparecer en los noticieros que se difundirían en mi distrito y en Washington.

Cuando se agotaron los cinco minutos, la Policía de Parques empezó a caminar frente a la fila de manifestantes. Un policía fornido y amigable, afroamericano, llegó adonde estaba yo y me saludó. Me dijo que solía ser oficial en el Capitolio. Al sacar las esposas me dijo:

—Usted siempre me cayó bien. Era uno de mis favoritos.

Era un tipo simpático. Me puso las manos tras la espalda y con cuidado ató las esposas de plástico rojo alrededor de mis muñecas. Me llevó hasta la parte de atrás del vagón de la policía mientras los coros y gritos de los manifestantes iban en aumento. La Policía de Parques no nos separó de quienes nos apoyaban. Nos llevaron al vagón pasando frente a una enorme multitud de manifestantes que expresaban su apoyo a voz en cuello. El oficial me dio una mano para que subiera los escalones.

—Perdón, congresista, cumplo con mi deber —me dijo.

—No se preocupe —le dije. —Yo también estoy cumpliendo con mi deber.

Aquel día soleado y cálido de mayo, yo realmente no sabía qué más podía hacer. Pensé que ya no tenía opciones. Obama, cuando era candidato, me había hecho promesas en torno a la inmigración. Cuando fue presidente, las rompió. Por eso asumí una posición. Fui a la estación de policía con mis amigos. Todos se mostraron corteses. En tres horas había pagado una multa y estaba afuera, a punto de salir en todos los noticieros. Los *Dreamers*, que habían caminado por medio país para pedirle al presidente que detuviera las deportaciones, nos dieron flores. Nunca dudé ni por un momento de que eso era lo que tenía que hacer.

MILES DE PERSONAS me habían vitoreado frente a la Casa Blanca cuando me llevaron esposado, pero en el Capitolio algunos de mis colegas pensaron que había ido demasiado lejos.

Durante una reunión del *caucus* hispano, uno de mis colegas me miró como si yo estuviera loco. "¿Queremos que Barack Obama pierda? Nadie se queja de él más que nosotros", dijo. Otro me dijo que había oído que la Casa Blanca decía que si yo dejaba de protestar, Obama podría hacer más por nosotros. "Le vamos a costar la reelección a un presidente demócrata", me dijo alguien.

Otros decían: "Critica a los republicanos; ellos son los que nos odian. El presidente está de nuestro lado".

Yo no estaba de acuerdo con mis amigos. Yo critico todo el tiempo a los fanáticos antiinmigrantes, entre ellos a mis colegas republicanos. Cuando fui al programa de Lou Dobbs como invitado, estuve a punto de decirle que él era xenófobo y racista. Pero la prensa se interesa mucho más en un demócrata a quien arrestan frente a la Casa Blanca que habita un presidente demócrata que en las luchas verbales partidistas. Yo criticaba a cualquiera que estuviera afectando adversamente nuestra causa —no era mi culpa que la prensa estuviera obsesionada con el hecho de que un demócrata criticara a otro demócrata.

La verdad es que yo he estado de acuerdo con casi todo lo que ha hecho Barack Obama como presidente de los Estados Unidos. Lo apoyé desde el principio. Mucha de la gente que me criticaba había estado a favor de Hillary Clinton. Yo he votado por sus iniciativas, he elogiado sus políticas sobre problemas que van de la reforma de las tarjetas de crédito al control de armas. En vez de detener la profunda reforma dramática del sistema de salud, mis colegas latinos del Congreso y yo ayudamos a que se llevara a cabo. Pero hay un tema —el más importante para mí— en el que él no ha dado paso alguno. El hecho de que atacar a alguien de tu mismo partido atraiga tanta atención no es realmente un cumplido para mí, sino una crítica de la manera en que se hacen las cosas en Washington.

LA DESOBEDIENCIA CIVIL funciona todavía. El presidente Obama convocó a una reunión para discutir el tema de la inmigración en la Casa Blanca a un mes de mi arresto. Y hasta me invitó.

La última vez que había estado en su vecindario, me habían sacado con esposas en las muñecas, de manera que supuse que el presidente no me iba a dar un regalo ni me alabaría en la reunión. Pero antes de que nos sentáramos, un activista proinmigrante de Chicago me llamó aparte para decirme algo que le habían dicho en secreto.

"Yo no me preocuparía demasiado por el arresto. Alguien en quien confío me dijo que quieren olvidarse del asunto. Creo que quieren hacer las paces". Yo estaba a favor de la paz si la paz conllevaba algún progreso. El Presidente Obama llegó a la reunión, le dio la bienvenida a todo el mundo e inició la sesión.

–Quiero empezar diciéndole algo a Luis Gutiérrez–. Me miró directamente a los ojos. –Estás siendo injusto. Dices que puedo ponerle fin a estas deportaciones, pero sabes que no puedo.

Barack Obama no lo dijo de manera amigable. No lo dijo como si quisiera sacarse algo de encima para luego seguir adelante y trabajar todos unidos. Estaba enojado y se le notaba. En aquella reunión y ante los otros miembros latinos del Congreso, era importante para él hacer énfasis sobre el punto de que mis críticas eran injustas. Mis colegas hispanos en el Congreso siempre han estado dispuestos a pelear por nuestra causa, pero en aquel momento percibí que todo el mundo quería distanciarse de mí.

Desde luego que Barack Obama se equivocaba cuando decía que no podía parar las deportaciones. Los líderes de Seguridad Nacional y del Servicio de Inmigración y Aduanas tomaban decisiones todos los días respecto a dónde asignar sus recursos. Hay doce millones de inmigrantes indocumentados en nuestra nación. No pueden llegar a todos. La agencia tiene que decidir qué prioridades tienen en cuanto al cumplimiento de las leyes, y se trata de una agencia que adopta las directrices del presidente. Nunca le pedimos a Barack Obama que dejara de deportar a todo el mundo. Queríamos que ayudara a las familias, a los *Dreamers* e inmigrantes que trabajaban y no representaban amenaza alguna para la nación. Esa era la gente que me había hecho llegar su mensaje mientras realizaba mi gira por todo el país. Nuestra solicitud era razonable: ayude a las familias, ayude a la gente trabajadora. Él tenía la autoridad para hacerlo.

Pero he llegado a saber más de nuestro presidente con el tiempo. Quizás debí haberlo inferido cuando expresó su consternación de que mi comunidad estuviera molesta porque él acababa de votar a favor de la construcción de un muro de setecientas millas de largo entre los Estados Unidos y el país de donde venía más de la mitad de mis votantes. Siendo un hombre que tiene que despertarse todos los días para encarar un Congreso en el que la mitad de los miembros lo odia y un país lleno de editoriales, blogueros y columnistas airados, Barack Obama es demasiado sensible a la crítica. Después de todo, solo soy un congresista, ¿cuán disgustado debe estar realmente porque yo defienda un problema de suma importancia para mí?

Al final de la reunión, le pedí al presidente unos minutos para hablar en privado. Pensé que deberíamos tratar de restablecer una relación que no tuviera que ver con arrestos y quejas por los arrestos. Caminamos hasta la esquina del salón. Esta vez, mientras estuvimos allí solos, ninguno de mis colegas pensó que nuestra conversación era amigable.

—Señor Presidente, quiero ser parte de su equipo. Pero necesitamos su liderazgo. Usted tiene que dirigir la lucha. La gente quiere verlo luchando por ella, encabezando el ataque —le dije.

No parecía muy interesado. —Luis, me estoy dando cuenta de que Washington es un lugar donde la gente tiene que pasar por encima de otros para ascender.

Está bien, pensé; entiendo. Es evidente que a Barack Obama no le gusta que la gente se deje arrestar en la acera de su casa. El presidente que se postuló reclamando ser activista y organizador comunitario cree ahora que ser arrestado tiene que ver con el ego y la autopromoción, que no tiene que ver con asumir una posición y defenderla. Pero yo sabía que mi arresto no obedecía a que yo o cualquier otra persona estuviera tratando de pasar por encima del presidente. Pensé que representaba a los inmigrantes que querían que cumpliera su promesa. No queremos pasar por encima de él; queremos elevarlo. Yo quería que nos reuniéramos para explicárselo.

–¿Podríamos reunirnos? Yo volveré a la Casa Blanca para hablar de esto, y así evitar que suceda de nuevo –le sugerí.

No estaba interesado en esa visita.

–Quizás podamos empezar llamándonos por teléfono –me dijo el presidente. En ese momento pensé que nunca lograríamos nada a favor de los inmigrantes durante su primer período.

YO ESTABA MUY FRUSTRADO con Barack Obama, pero por lo menos él no tildaba de reses a los inmigrantes, como lo hacían otros.

Steve King, mi colega de Iowa –quien merece una categoría especial en el juego *Jeopardy!* que diga "Esto, aunque usted no lo crea, lo dijo un congresista"–, se quejó en el pleno de la Cámara de que no solo necesitábamos un muro entre los Estados Unidos y México, sino que debería estar electrificado en la parte superior, "al igual que hacemos con el ganado". Poco después, comparó a los inmigrantes con perros al decir que deberíamos dejar entrar solo "a lo mejor de la camada, no a los vagos que duermen en una esquina".

Las cosas no serían tan malas si la retórica antiinmigrante se limitara a un republicano de Iowa proclive a comparar a los inmigrantes con perros y vacas, pero nuestro presidente estaba rodeado por extremistas que se oponían a la inmigración, muchos de ellos miembros del Congreso. Desde mucho antes de que el presidente asumiera sus funciones, la retórica había sido intensa, insultante y a menudo demencial.

Oíamos términos militares como "invasores" y "rendición". Los enemigos de la inmigración a menudo miraban a personas que lo único que querían era ganarse unos cinco dólares la hora cuidando jardines o lavando platos como si fuera una milicia organizada, aparentemente armada con rastrillos y estropajos.

"Mi mensaje para ellos es el siguiente: no en dos semanas, no en dos meses, no en dos años, ¡sino jamás! Debemos dejar claro que no entregaremos los Estados Unidos a los invasores que vienen del otro lado de la frontera sur", fue el mensaje del congresista Virgil Goode de Virginia. Otros activistas hacían que Goode y King parecieran moderados en comparación. Uno de los cofundadores de la organización Minuteman Project, un grupo independiente de control de fronteras, dijo: "Necesitamos que la Guardia Nacional limpie nuestras ciudades y los saque de donde estén. Ellos no vacilan en degollar a nuestras familias, ni para hacerse con nuestro dinero, ni para venderle drogas a nuestros hijos, ni para violar a nuestras hijas; es gente malvada".

Los analistas de radio y televisión no hablan tan abruptamente, pero han mantenido vivos los rumores en torno a los inmigrantes al difundir los mitos de que los inmigrantes son criminales peligrosos y acaparan los empleos. Un grupo analítico de medios, Media Matters, estudió lo que se dice de la inmigración en la televisión por cable y descubrió que en 2007, el año en que llevamos al pleno de la Cámara una reforma migratoria integral, tres presentadores de programas – Lou Dobbs, Bill O'Reilly y Glenn Beck– dedicaron cuatrocientos dos segmentos de esos programas a la inmigración ilegal. Nada más Dobbs hizo doscientos en solo un año. Sus programas estaban llenos de medias verdades, información dudosa y hasta de mentiras descarnadas.

Se esmeraban en tomar incidentes aislados y hacer generalizaciones escandalosas. Cuando un inmigrante indocumentado que estaba borracho ocasionó un choque de automóvil que causó la muerte a dos personas –una tragedia, sin duda– O'Reilly habló del caso en trece programas diferentes. Como señaló Media Matters, ese año unas diecisiete mil personas murieron en accidentes de auto relacionados con el alcohol. Pero Bill O'Reilly no señalaba la necesidad urgente de hacer algo respecto a los que guían intoxicados, lo cual hubiera sido un tema merecedor de cientos de programas, sino que insistía en que teníamos que hacer algo acerca de los "extranjeros ilegales". Muchas veces, los "expertos" de la televisión sencillamente se equivocan. Además del brote fantasma de lepra al que aludió Dobbs, él dijo una y otra vez que una tercera parte de la población en las cárceles de los Estados Unidos estaba compuesta de "inmigrantes ilegales". Según el Departamento de Justicia, se trata de menos de un seis por ciento.

En esta atmósfera tóxica sería fácil hacer lo que algunos de mis colegas sugirieron: tener paciencia con el presidente. Pero no basta con tener actitudes mejores que los extremistas y olvidarse entonces del asunto. Solo Barack Obama, aún si pensara que no podía encabezar las reformas inmigratorias, podría tomar acción inmediata para que no se siguieran dividiendo las familias de inmigrantes con las deportaciones. Glenn Beck no estaba a cargo de nada, con excepción de su lengua; Barack Obama tenía el poder necesario para permitirles a más familias permanecer unidas.

CAPÍTULO VEINTE

Los inmigrantes
no pueden esperar más

TRAS RECONVENIRME en aquella reunión por mi detención, Barack Obama no quería que yo lo visitara en la Casa Blanca, con invitación o sin ella. Pero sí accedió a hablar por teléfono. En el verano de 2010 me dijo que no teníamos los votos necesarios para aprobar una reforma migratoria integral.

—No se trata de los votos, señor Presidente —le dije. —Mi comunidad necesita ver que usted lucha por ellos, que está al mando. Quieren que usted sea el jugador estrella del equipo. Independientemente de si ganamos o perdemos, usted tendría el mérito de haber luchado. La gente sabría que usted es su campeón —le dije.

Barack Obama es un político astuto y sabe contar los votos en el Congreso. Ambos sabíamos que lograr que se aprobara un proyecto de ley migratoria integral era muy difícil, quizás imposible. Pero en Washington solo hay una manera de saber con cuántos votos se cuenta: convocar a una votación. La gente le dice a uno que está en contra de algo porque no quiere tomar una posición definida frente a algún asunto difícil. Cuando se convoca la votación y la lista de miembros de la Cámara de Representantes se enciende como una pizarra de anotaciones gigante sobre el pleno de la cámara y su posición está a punto de ser grabada, los miembros podrían cambiar de opinión. Yo solo quería que mi presidente tomara la batuta.

El presidente y yo tuvimos una conversación positiva. Pareció comprender. Los inmigrantes sabían que Barack Obama no podría asegurarles la victoria. Solo querían que les garantizara que lucharía. Poco después de nuestra discusión, nos invitó a Bob Menéndez, a Nydia Velázquez y a mí a la Casa Blanca para conversar sobre lo que él podría hacer. Nadie me esposó cuando entré en el edificio. Tuvimos una reunión productiva y uno de nuestros acuerdos clave fue impulsar la aprobación de un proyecto de ley de reforma migratoria integral en la última sesión del Congreso que sigue a las elecciones de otoño, es decir, cuando ya han sido elegidos los nuevos congresistas de la legislatura entrante.

No sabíamos hasta qué punto la situación eleccionaria afectaría a los demócratas en esa sesión. Cuando Barack Obama se fue a Chicago para asistir a una manifestación preelectoral en Grant Park, el pánico de mis amigos demócratas que provienen de distritos que cambian fácilmente de lealtades era evidente. Muchos sabían que sus votantes los sacarían del cargo, que serían las víctimas de una revolución de mitad del período encabezada por los votantes.

Como el presidente venía a Chicago para la manifestación, pensé que quizás debería ir yo a Grant Park para conversar un poco con él respecto a los próximos pasos, para recordarle que habíamos acordado impulsar vigorosamente el asunto de la inmigración tras la elección. Pero entonces me di cuenta de que casi todo el liderazgo elegido de nuestro estado estaría en Grant Park con él. Sabía que irían el gobernador y el alcalde, así como también varios de mis colegas en el Congreso. Hice cálculos mentales. Si yo fuera al aeropuerto a recibir al *Air Force One* y a Barack Obama, probablemente sería el funcionario elegido de más alto rango que no lo estuviera esperado en la manifestación. En el pasado yo había ido al aeropuerto a recibir a Bill Clinton. El funcionario elegido de mayor rango siempre recibe al presidente. Que todos los demás se queden con su poderoso grupo en Grant Park, esperando al presidente. Yo iría al aeropuerto.

Fui al O'Hare y llegué a la puerta en la que los funcionarios de seguridad del presidente estaban organizando a la gente que iba a recibir el avión. El funcionario de protocolo miró al puñado de funcionarios elegidos que estábamos allí. No estaba el gobernador, no había senadores, no estaba el alcalde.

—Congresista, parece que usted es el funcionario de más rango aquí. ¿Podría encabezar el comité de recepción del presidente? —me preguntó, como si quisiera que yo le hiciera ese favor.

—Me sentiría honrado —le dije.

El presidente Obama salió del avión, miró alrededor, dio un saludo con la mano y sonrió para las cámaras. Parecía contento de haber regresado a casa. Empezó a bajar las escaleras del avión con un paso enérgico que lo describía como joven y atlético. Entonces miró hacia abajo y vio que quien encabezaba el comité de bienvenida era Luis Gutiérrez. Hizo una pausa brevísima y siguió bajando. No había otra manera de bajar del avión.

Se sonrió y estrechó mi mano.

—Bienvenido a casa, Sr. Presidente —le dije. Me dio las gracias y se detuvo un minuto.

—Yo esperaba que empezáramos a planear nuestra estrategia para una reforma migratoria integral durante esta sesión del Congreso —le dije, sonriendo todavía, amigable aún. Después de todo, él había dicho que así sería.

—Me voy a Asia justo después de las elecciones —dijo. —Hablaremos cuando regrese —y siguió su camino.

Asia. La sesión de mitad de período ocupa un lapso muy breve. No teníamos tiempo y el presidente no podría liderar el equipo desde el Asia. Todos teníamos que trabajar juntos y tendríamos que comenzar justo después del día de las elecciones. Yo sabía que si el presidente no estaba en el país, no tendríamos suficiente apoyo para aprobar un proyecto de ley integral. Quería que hubiera algún progreso en la cuestión migratoria antes de que Nancy Pelosi le pasara el mallete de presidente a John Boehner. En ese momento pensé que necesitábamos luchar por los *Dreamers*. No era todo lo que yo quería ni lo que se merecían los inmigrantes, pero pensamos que era lo mejor que podíamos conseguir en aquel momento. Y los *Dreamers* necesitaban nuestra ayuda.

UNAS SEIS SEMANAS DESPUÉS, la galería de la Cámara estaba llena de *Dreamers*. Había cientos más afuera, de pie con sus amigos y su familia. Otros habían traído a sus madres y padres para que vieran la votación histórica que se efectuaría en la Cámara de Representantes de los Estados Unidos.

Los *Dreamers* eran ciudadanos jóvenes e indocumentados. No tenían personalidad legal en los Estados Unidos y los podían deportar en cualquier momento. Para Rush Limbaugh y Lou Dobbs eran solo una estadística más, una multitud de personas que formaban parte de las hordas sin rostro que cometían crímenes, se llevaban los empleos y se aprovechaban de los recursos del gobierno.

La verdad era más complicada. Los *Dreamers* eran inmigrantes indocumentados que habían llegado a los Estados Unidos a muy temprana edad, muchos de ellos cuando aún eran bebés. La joven que le contó a Barack Obama que la habían transportado en brazos por la frontera de los Estados Unidos era una *Dreamer*. Había llegado de meses a Chicago, pero no tiene más personalidad legal en nuestro país que cualquiera que hubiera cruzado esa frontera a los cuarenta años de edad.

Esto coloca a los *Dreamers* en una posición legal muy rara: son prófugos involuntarios en el único país que han conocido. Han crecido y han ido a la escuela aquí, se han graduado aquí de la escuela superior. Es posible que sus padres recuerden la vida en México o en la República Dominicana o Polonia, pero para este tipo de inmigrante no hay otro hogar que los Estados Unidos. Son completamente estadounidenses excepto por el hecho de que no tienen un pedazo de papel que diga que son ciudadanos.

Y sin embargo, cuando llegan a los dieciocho años, se enfrentan a un gran dilema legal. El Congreso de Newt Gingrich aprobó una ley en 1996 que les dificulta ir a la universidad porque, aunque un *Dreamer* haya vivido en Pilsen –que queda en mi distrito– desde los seis meses de edad, no cumple con los requisitos para matricularse en la mayoría de las universidades como residente del estado. Es más difícil conseguir empleo porque no tiene un número de Seguro Social ni una tarjeta verde. Los chicos que han estudiado Kindergarten en los Estados Unidos, que han jugado con las pequeñas ligas, que han estado en el consejo estudiantil o jugado con el equipo de fútbol de su escuela superior llegan a los dieciocho años y se les empieza a tratar como si fueran prófugos de la ley. Aunque los estimados gubernamentales varían, hay casi dos millones de inmigrantes que caen en esta categoría: llegaron antes de los dieciséis años y no había manera de que legalizaran su situación.

Muchos defendimos la causa de los *Dreamers* durante muchos años. Dick Durbin, mi colega de Illinois, encabezó la lucha a favor de un alivio legal en el Senado de los Estados Unidos. Celebramos conferencias de prensa que se centraban en los muchachos y muchachas atrapados en esta trampa migratoria: muchos habían sido estudiantes excelentes y presidentes del consejo estudiantil. Pero ni las más modestas propuestas para ayudarlos con el costo de su educación universitaria habían prosperado.

Estos jóvenes iban a conseguir que finalmente se votara en el Congreso sobre su situación. Nuestro proyecto de ley no convertía a los *Dreamers* en ciudadanos inmediatamente, pero les daba la posibilidad de quedarse en el país, adquirir una educación y obtener permisos temporales de trabajo para conseguir un empleo. Si no se metían en problemas, finalmente se encaminarían hacia la ciudadanía. Era una legislación de sentido común. Sencillamente les permitiríamos a estos jóvenes decentes, que siempre habían vivido como los demás americanos, que pudieran seguir haciéndolo.

Antes de la votación, cuando el presidente regresó de Asia, nos reunimos de nuevo con él Bob Menéndez, Nydia Velázquez y yo. Estuvo de acuerdo en que no teníamos tiempo para aprobar la reforma integral. Pero estábamos listos para trabajar y empezamos una iniciativa amplia a favor de los *Dreamers*.

De todas maneras, el camino hacia la votación no era fácil. Apenas había republicanos que la favorecieran. Aunque el liderazgo demócrata de la Cámara estaba a favor, no creían que teníamos el suficiente apoyo para aprobar el proyecto de ley.

–Luis, no lo vamos a lograr. Esto es importante; no quiero perder esta votación –me dijo varias veces la presidenta Pelosi, que pronto sería líder de la minoría. No quería que una de sus últimas acciones como mayoría fuera una derrota legislativa importante.

Hacían falta miembros del Congreso que convocaran a votantes que fueran defensores de los inmigrantes para fortalecer el liderazgo de la Cámara. El conteo que hicimos arrojaba que la votación sería muy reñida, pero creíamos que el impulso estaba a nuestro favor. Y, lo que era lo más importante, el presidente estaba ayudando.

Hablé con el congresista G. K. Butterfield de Carolina del Norte, aliado del presidente.

–G. K., ¿estás con nosotros en lo de la ley DREAM? Te necesitamos –le dije. Su respuesta fue inmediata.

–¿Cómo me lo preguntas? El presidente me llamó. Habló claramente: Luis voy a votar a favor de la ley DREAM.

–Le diré al presidente que estás con nosotros –le dije a G.K. Se puso contento.

–Hazle saber al presidente que G.K. es su hombre –dijo riendo. A medida que trabajábamos para reunir votos, era evidente que el presidente estaba haciendo llamadas y trabajando en pro del proyecto de ley. Los resultados estaban a la vista. Se notaba el cambio.

Pero aunque nuestro conteo era alentador, Pelosi y Steny Hoyer seguían diciéndonos que no creían que el proyecto de ley se aprobara.

–Pero el conteo parece estar bien –decía yo.

–Luis, nadie quiere lastimar tus sentimientos. La gente te dice que está a favor y a nosotros nos dice que está en contra. Es difícil decirle a un hispano que va a votar en contra de un proyecto de ley migratoria –me dijo Steny.

Seguimos trabajando. Nydia Velázquez habló con todos los miembros indecisos que pudo encontrar. Mi colega de Illinois, Jan Schakowsky, trabajó todo el tiempo. Barbara Lee habló con los miembros afroamericanos. Era difícil, pero yo pensaba que íbamos bien en esta causa importante. En los casi veinte años que yo llevaba en el Congreso, los demócratas apenas habían ganado una votación sobre la inmigración y no habían aprobado ni una sola ley que expandiera sus derechos. Los demócratas tenían un deseo largamente frustrado de hacer lo correcto por los inmigrantes. Me sentía optimista.

Nuestro equipo escuchó el consejo de Nancy y Steny y le hizo una segunda solicitud a quienes nos dijeron que iban a votar que sí.

–¿Puede decirle a Nancy que usted está con nosotros? Ellos creen que ustedes me están diciendo que sí para no decepcionarme porque soy latino –le decía a la gente.

Mis colegas se sonreían e iban a decirle a alguno de los líderes que votarían a favor.

Finalmente Nancy vino adonde mí: –Ya está bien. Comprendo tu posición–. Se rió.

Pero todavía había dificultades. Dos de mis colegas moderados de Illinois habían perdido las elecciones y esta sería una de sus últimas votaciones.

Le pedí su voto a Melissa Bean y contestó según una línea que se había convertido, sin que tuviera mucho sentido, en la de muchos demócratas. –¿Por qué estamos haciendo esto? No es beneficioso políticamente; tampoco lo es para nuestro partido. Va a llevar a más derrotas en el futuro –dijo, aunque su distrito se estaba llenando de inmigrantes y latinos.

Hablé con otro colega, Bill Foster. Había perdido frente a un candidato del *Tea Party* en un distrito con un número creciente de inmigrantes. Hizo una pausa y pensó por un momento.

–¿Sabes qué? Creo que es lo que hay que hacer –dijo. –Voy a volver a postularme y este voto será parte de mi legado –dijo. Dos años más tarde, Bill Foster estaba de regreso en el Congreso. Melissa Bean no.

Cuando empezó el voto, el liderazgo de nuestro partido todavía no estaba seguro de lo que sucedería. Yo tampoco, pero me sentía bien. Observé cómo votaban unos cuantos miembros clave: Foster, sí; Butterfield, sí; hasta Bean votó que sí, lo cual prueba que uno no sabe cuántos votos tiene hasta que se convoca la votación. En unos minutos, ya sabía que lo íbamos a lograr. Los *Dreamers* de la galería empezaron a aplaudir, luego a gritar, empezaron a celebrar. El voto fue reñido –216 a 198– pero habíamos ganado. De los republicanos, muy pocos votaron con nosotros. Los demócratas lo lograron casi sin ayuda.

Con la ayuda de los *Dreamers*, le mostramos al mundo que los inmigrantes eran fuertes, que podíamos ganar una votación. Le mostramos que estábamos listos para contraatacar. A pesar de Dobbs y Hannity y Limbaugh, a pesar de los republicanos que comparaban a los inmigrantes con reses, a pesar de las legislaturas estatales que querían privar a los inmigrantes de todos los derechos civiles, habíamos ganado la votación en la Cámara de Representantes de los Estados Unidos.

NUESTRA CELEBRACIÓN no duró mucho. Ganamos el voto de los *Dreamers* en la Cámara, pero perdimos en el Senado. Y John Boehner y los republicanos estarían pronto en mayoría. Poco después de la votación, Omaira entró al dormitorio después de la media noche para decirme que me llamaban de la Casa Blanca. El presidente se acuesta más tarde que los miembros del Congreso. Quería que un grupo pequeño de los miembros latinos y yo fuéramos a la Casa Blanca para hablar de lo demás que había que hacer para ayudar a los inmigrantes.

Nos reunimos justo antes de Navidad y Obama dijo que la ola republicana había acabado con nuestra oportunidad de aprobar una reforma migratoria integral. No podríamos ganar terreno legislativamente. Estuvimos de acuerdo. Dijo que todavía quería proteger a los inmigrantes, que quería estar en nuestro equipo jugando una estrategia defensiva. Luego nos pidió que pensáramos y le diéramos ideas de lo que podía hacer. Cuando mi comandante en jefe me dice que me ponga a pensar, lo hago. Mi personal y yo dedicamos todas las fiestas a encontrar maneras en que el presidente pudiera ayudar a proteger a los inmigrantes. Los republicanos podrían controlar la Cámara, pero Barack Obama seguía siendo el hombre más poderoso del planeta, pensamos. Pronto tuvimos muchas sugerencias. Le recomendamos al presidente que utilizara su autoridad ejecutiva para pedirles a los miembros de ICE que distinguieran bien a los inmigrantes que iban a deportar. Podía tomar medidas para ayudar a los *Dreamers*. Podía proteger a los padres indocumentados de los cuatro millones o más de niños que eran ciudadanos americanos. Podía proteger a los maridos y mujeres indocumentados de los ciudadanos americanos que estaban criando familias. No le estaba pidiendo que ignorara las leyes o que dejara de cumplirlas. Solo queríamos que reasignara los recursos del gobierno de los Estados Unidos para que no afectaran adversamente a las familias inmigrantes, gente trabajadora que no representaba una amenaza para nadie.

Llevamos nuestra idea ante el *caucus* hispano. La fortalecimos con la opinión de expertos y de defensores de la inmigración. Todos pensaban que eran sugerencias agresivas e innovadoras, pero que era lo que había que hacer. Un exconsejero general del Servicio de Inmigración y Naturalización escribió un informe sugiriendo que las propuestas eran enteramente razonables. Un grupo de profesores de derecho y de expertos en leyes de inmigración escribió un editorial periodístico en el que afirmaban que eran medidas apropiadas. Habíamos ganado un voto para proteger a los *Dreamers*, lo que mostraba que había apoyo por la causa y que las políticas que la apoyaban eran decentes y tenían sentido común. Solo queríamos que él actuara. Redactamos un memorándum con nuestras propuestas y esperamos su respuesta.

SUPE QUE NO NOS IRÍA bien cuando vi a Eva Longoria hablando por televisión acerca de las políticas de inmigración.

Se había reunido con el presidente –ella y otros "hispanos influyentes" – para hablar de la inmigración. Barack Obama había anunciado que había invitado a "hispanos influyentes de todo el país para discutir la importancia de arreglar el sistema fracasado de inmigración" y para tomar parte en "una conversación constructiva, a nivel nacional, sobre este problema importante". Entre esos hispanos influyentes no había ningún congresista.

Obama no solo invitó a Eva Longoria. Entre los hispanos influyentes había actores y celebridades, comentaristas de televisión y conductores de radio. Era la primavera de 2011; habían pasado casi cinco meses desde nuestra victoria en la Cámara a favor de los *Dreamers*. Mientras miraba a Eva Longoria y a los otros hablar con los reporteros, supe que la respuesta del presidente a mis sugerencias era evidente.

El mensaje que Eva Longoria y los demás les estaban dando a los reporteros ese día era que acababan de completar una reunión muy productiva con el presidente. Habían hablado de las deportaciones. Él les había aclarado que no podía dejar de deportar a cierta gente o a ciertos grupos. No le competía a él; sus manos estaban atadas. Tenía que hacer cumplir la ley. Su principal asesora sobre políticas de inmigración, Cecilia Muñoz, realizó una conferencia telefónica en la que declaró a los reporteros: "El presidente no puede decir que hay leyes que no hará cumplir". A principios del verano, Obama viajó a El Paso para pronunciar un discurso en el que dijo que no podía usar su poder para proteger a los *Dreamers* y a otros inmigrantes que merecerían mayor atención. Cuando por fin dejó de reunirse con estrellas de cine y se reunió con el *caucus* hispano, lo instamos a que tomara medidas. Nos dijo que si trataba de proteger a ciertos grupos de inmigrantes para que no fueran deportados, John Boehner y los republicanos no lo dejarían.

Yo pensé: "¿Cuál es el propósito de tener todo el poder de un presidente si no se usa?". Pero Bob Menéndez, nuestro único senador demócrata latino, respondió enseguida. Le dijo claramente que iniciaría un proceso de obstrucción en el Senado para garantizar que el presidente pudiera preservar su capacidad de emprender medidas ejecutivas.

"Aún si me cuesta mi reelección, lucharé para protegerlo de cualquier intento republicano de diluir su poder", dijo Menéndez.

Era un compromiso valiente y convincente por parte de Bob. Pero el presidente no cedía, aunque nuestro senador le acababa de ofrecer el arma más poderosa del Senado para defenderlo. Seguía diciendo que no podía hacer lo que le estábamos pidiendo, pero yo creía que no tenía razón. Bastantes profesores de derecho y expertos constitucionales estaban de acuerdo conmigo. Para probar que tenía razón, yo había decidido empezar mis giras de nuevo, dándoles relevancia a las deportaciones y pidiendo ayuda para los *Dreamers* y sus familias. Antes de empezar, convoqué a una conferencia de prensa en Washington para anunciar el comienzo de la gira y para seguir impulsando la cautela en cuanto a las medidas judiciales contra la gente joven que necesitaba ayuda.

EL DÍA ANTES DE LA CONFERENCIA de prensa, recibí una llamada de Valerie Jarrett, una vieja amiga de Chicago que ahora era una importante asesora del presidente. Valerie fue terminante.

–Te estoy pidiendo que canceles tu conferencia de prensa y tu gira –me dijo.

Cuando mi personal me dijo que me llamaba Valerie, esperaba que se quejara, pero no que me pidiera que cancelara mis reuniones con los inmigrantes. Le dije que no podía hacer eso.

–El presidente y tú comparten los mismos votantes –dijo.

Pensé en lo que quería decir. Decidí que estaba sugiriendo que el presidente era muy popular en mi distrito y que me debería preocupar de las consecuencias políticas de retarlo.

–¿Me estás amenazando? –le pregunté.

–Solo te estoy pidiendo que canceles tu gira y la conferencia de prensa –dijo.

No me pidió que la aplazara o que cambiara el mensaje. Valerie Jarrett solo dijo: no sigas adelante. El presidente nos había ayudado con los *Dreamers* el año pasado, pensé. ¿Por qué le molestaría una conferencia de prensa? Nuestra conversación fue breve. Mi respuesta fue "No". Eso le dio a Valerie tiempo de llamar a los otros miembros del Congreso que iban a venir a mi conferencia de prensa para decirles que no lo hicieran.

Mi personal y yo empezamos a recibir llamadas de colegas que de repente recordaron que no podían venir por complicaciones de última hora. Comprendí. Valerie es una persona poderosa y la mayor parte de la gente no quiere enfrentarse con un presidente.

Keith Ellison, un líder progresista de Minnesota que ha defendido a los inmigrantes una y otra vez, me llamó. Parecía preocupado.

–Acabo de recibir una llamada de la Casa Blanca –dijo.

–No eres el único –le dije. –Entenderé si no puedes venir, pero esto es importante para nuestras familias. Si les permitimos que nos detengan, sufrirán más familias. Esto no se trata de mí ni del presidente, sino de esas familias. Por favor ven–. Si alguien tan firme como Keith estaba dudando, no podía estar seguro de que alguien viniera al día siguiente.

Pero Keith vino, como vinieron otros ocho o nueve miembros del Congreso, entre ellos Jan Schakowsky, una de las aliadas del presidente. Es probable que Valerie y la Casa Blanca mantuvieran alejados al mismo número de funcionarios. Les di las más efusivas gracias a los colegas que se presentaron. Estoy seguro de que el presidente no estaba muy contento con ellos por haberme apoyado. Hicieron algo valiente: durante toda mi vida he estado trayéndoles problemas a la gente que me apoya.

Ni la conferencia de prensa ni la gira, durante la cual fui a más de una docena de ciudades y protesté por las deportaciones junto a muchos de mis colegas del *caucus* hispano, movieron al presidente. Un grupo de veinte senadores, incluyendo su confidente, Dick Durbin, le pidieron que tomara medidas para detener las deportaciones. No hizo nada. Obama seguía diciendo una y otra vez: "No puedo hacerlo". "Sí puedes", le respondíamos. En julio le envié una carta en la que le pedía que considerara ayudar de nuevo a los *Dreamers*. "Tienes la autoridad; lo dicen los expertos", le escribí. Un exasesor general de tu agencia dice que puedes hacerlo. Tres de mis colegas en el Congreso le escribieron también. Si no puedes tomar medidas, le escribimos, creemos que resultaría apropiada la desobediencia civil para dejar constancia de nuestra protesta. Yo estaba ahora más convencido de la conveniencia de esta medida de lo que lo había estado antes de mi protesta anterior, cuando me arrestaron por primera vez. ¿De qué valía elegir a un presidente si no estaba dispuesto a usar su poder para proteger los derechos civiles de niños que eran ciudadanos americanos y que habían vivido casi toda su vida en los Estados Unidos?

El presidente respondió enseguida. No podía hacer lo que pedíamos. La única respuesta posible era poner en práctica la reforma migratoria integral.

En julio yo estaba de nuevo frente a la Casa Blanca. Cuando la Policía de Parques empezó a gritarnos que nos pusiéramos de pie y siguiéramos moviéndonos, yo miré alrededor, buscando a mis colegas del Congreso que habían firmado la carta en la que amenazaban con protestar. No estarían conmigo en los camiones de la policía ese día. De nuevo me llevaron, junto con otros veinte manifestantes, me ficharon y luego me liberaron cuando pagué la multa.

Después de que Bob Menéndez se le enfrentara en nuestra reunión del *caucus*, más o menos al mismo tiempo de mi arresto y de la nueva fascinación del presidente con los "hispanos influyentes" de Hollywood y de Wisteria Lane Obama había perdido interés en el *caucus* hispano. No lo culpo del todo. Nosotros éramos el único grupo de miembros demócratas y progresistas del Congreso que le estaba poniendo presión. Y no dejábamos de hacerlo. Es difícil oponerse a un presidente. Yo me enorgullecía de nuestro *caucus* hispano por haber defendido lo que creía que estaba bien y por no permitir que el presidente Obama se olvidara del asunto. Después de mayo de 2011, el presidente demócrata de los Estados Unidos no se volvió a reunir con nuestro *caucus* hasta que fue reelegido y juramentado de nuevo como presidente.

Ese verano, mientras hacía mi gira por el país, dejé claro cuál era mi mensaje: el presidente no tiene que esperar que el Congreso republicano tome medidas. Él puede actuar ahora mismo para impedir que su gobierno continúe deportando a más de 1,200 personas por día, muchos de ellos niños y *Dreamers* y padres de niños que son ciudadanos estadounidenses. En julio, el presidente habló en Washington ante el Consejo Nacional de La Raza y se dirigió a los activistas de todo el país. El salón estaba lleno de *Dreamers*. Creo que el presidente esperaba que la multitud le fuera favorable.

Habló en términos generales acerca del apoyo que le había dado a temas importantes para los latinos: el acceso a la educación y al sistema de salud. Entonces tocó el tema de la inmigración.

—Sé que alguna gente quiere que ignore al Congreso y cambie las leyes por mi cuenta —dijo Obama. No esperaba una respuesta, pero se la dieron. El público empezó a gritar: "Sí, tú puedes. Sí, tú puedes".

Pareció sorprendido. Hizo una pausa y luego respondió.

—Así no funciona nuestra democracia. No es así como está escrita nuestra Constitución —dijo. Pero los gritos de "Sí, tú puedes" seguían resonando por todo el salón.

Ese día en que la multitud que estaba en la reunión con el Consejo Nacional de La Raza interrumpió al presidente y le dijo que podía hacer lo que habíamos estado pidiendo durante meses pensé que las cosas cambiarían. No se trataba del loco de Luis Gutiérrez molestando al presidente. Lo estaba escuchando por dondequiera que iba.

Finalmente empezó a oír la misma cosa de parte de los republicanos. El senador Marco Rubio iba a introducir en el Senado una ley para ayudar a los *Dreamers*. No era tan integral como el proyecto de ley que aprobamos en la Cámara, pero los podría ayudar a quedarse en el país sin el temor constante a la deportación. No era perfecta, pero era mejor que nada. Y el hecho demostró que por lo menos había un republicano que quería detener el ataque constante a los inmigrantes. Es cierto que presentó su propuesta menos de seis meses antes del día de las elecciones y seguramente pensaba que con ella ayudaría a Mitt Romney en la Florida, pero eso no tendría importancia para algún muchachito que hubiera vivido en los Estados Unidos toda su vida y no quería que lo mandaran a vivir a un país lejos del suyo.

Al presidente no le gustó el plan de Rubio. Ya él no se reunía conmigo ni con el *caucus*. El único contacto que tuve con él fue cuando Valerie Jarrett me llamó para tratar de intimidarme antes de mi conferencia de prensa. Pero el presidente pensó que la situación con Rubio se revestía de la suficiente urgencia como para mandar a Cecilia Muñoz al Capitolio para hablar con el *caucus* hispano.

Nos reunimos con Cecilia en un salón de conferencias en el sótano del Capitolio. Cecilia había sido una de las mayores defensoras de nuestra comunidad de inmigrantes antes de unirse al gobierno de Obama. Ahora yo no sabía si sentir pena o enojarme con ella. En vez de luchar por los inmigrantes, pasaba la mayor parte de su tiempo explicando por qué el hombre más poderoso del planeta no podía hacer nada para protegerlos. Uno de los acertijos de Washington D.C. es dilucidar por qué tanta gente buena se pierde en la burocracia y el aislamiento de la Casa Blanca.

Su mensaje ese día fue sencillo: los necesitamos para que se opongan a la propuesta de Rubio. Habló de que no establecía las suficientes reformas, pero la razón oculta era evidente: el presidente no quería que un republicano –aliado de Mitt Romney– asumiera una posición más progresista que la suya sobre el tema de los inmigrantes.

–No podemos dudar en poner en práctica nuestro compromiso con la ciudadanía. La propuesta de Rubio respaldaría la idea de una ciudadanía de segunda clase y crearía problemas mayores que dificultarían la reforma migratoria en el futuro –dijo.

Los miembros del Congreso me miraron en espera de una respuesta. Es una bendición y una maldición: a menudo soy el designado para darle las malas noticias al presidente.

–Cecilia –dije–, tu problema no es Rubio, tu problema son las deportaciones. Según lo veo, Rubio quiere ayudar a solucionar el problema de las deportaciones. Su solución no es perfecta, pero hace más de lo que está haciendo el presidente. ¿Y ustedes quieren que nos opongamos a ello? La medida de Rubio ayuda a los *Dreamers*, de manera que hablaré claro. Si llega a la Cámara, votaré a favor. No solo eso, sino que trabajaré con Rubio para que se apruebe y alentaré a los otros para que voten por ella. El presidente puede arreglar todo esto con un trazo de su pluma ¿por qué quieres entonces venir aquí a pedirle al *caucus* hispano a que se oponga a algo que ayuda a los inmigrantes?

Los miembros del *caucus* se expresaron. Algunos nos habíamos reunido ya con Rubio. Uno por uno, todo el mundo dijo que apoyaría el proyecto de ley. El presidente de los Estados Unidos ni siquiera nos hablaba. ¿Qué la medida de Rubio era mediocre? ¿Qué obedecía a consideraciones políticas? ¿Y qué? Ayudaría a los inmigrantes. Dejamos claro que estábamos a favor de ella.

Cecilia respondió de nuevo diciendo que el presidente no podía hacer nada para impedir las deportaciones. Mi amiga Lucille Roybal-Allard de Los Ángeles, una legisladora paciente y eficaz que siempre defiende a su gente, se frustró tanto ante las declaraciones reiterativas de que no podían hacer nada por impedir las deportaciones que se fue del salón. Hace falta sentirse muy mortificado para que una persona tan equilibrada como Lucille abandone una reunión. Cecilia regresó a la Casa Blanca con un mensaje muy claro: el *caucus* hispano del Congreso no ayudaría a Barack Obama con el problema de Rubio.

Cecilia no lo sabía entonces y nosotros tampoco, pero lo *habíamos* resuelto por él. Tras meses de llevarle la contraria, de que el *caucus* siguiera firme, de escuchar los pedidos en la reunión de La Raza y de que ahora un republicano estuviera haciendo más de lo que él estaba haciendo, a Barack Obama no le quedó más remedio que hacer algo.

CINCO MESES ANTES del día de las elecciones y menos de un mes después de que Cecilia le llevara las malas noticias que le enviamos, Barack Obama anunció que daría un paso histórico para ayudar a los *Dreamers*.

Firmó un memorándum pidiendo un aplazamiento de las medidas contra los jóvenes no documentados que habían llegado a los Estados Unidos cuando tenían menos de dieciséis años y que querían educarse o entrar en el servicio militar. Acción Diferida para los Llegados en la Infancia (DACA, por sus siglas en inglés) protegía a los jóvenes de las deportaciones y les permitía trabajar legalmente. En todo mi distrito y en todos los Estados Unidos, más de un millón de jóvenes que habían crecido aquí podían seguir adelante con sus planes para el futuro y el de su país, los Estados Unidos de América. No hizo todo lo que le habíamos pedido, pero fue un gran paso adelante.

Yo estaba en Puerto Rico con mi familia cuando hizo el anuncio. Mi personal me lo dijo y les tuve que pedir que me lo repitieran.

–¿Lo acaba de hacer? ¿Lo hizo así, de repente? –pregunté. Dijeron que sí. Y Univision estaba de camino para hablar conmigo.

En el comunicado de prensa en que anunciaba el cambio radical de política no mencionó que le había estado diciendo durante año y medio a toda la comunidad a favor de los derechos de inmigrantes que no podía hacerlo. Que había viajado por todo el país pronunciando discursos y diciendo que no lo podía hacer. No dijo que debido a que Luis Gutiérrez y el *caucus* hispano lo habían molestado tanto, lo estaba haciendo finalmente. No mencionó que me miró directamente durante una reunión en la Casa Blanca después de mi arresto y dijo: "Ustedes dicen que yo puedo acabar con estas deportaciones pero saben que no puedo". No dijo que, al final, Marco Rubio le tomó la delantera. Lo cierto es que lo hizo; era lo que tenía que hacer. Y aunque había tomado mucho más tiempo del necesario, lo agradecía muchísimo.

Al final, lo único que tuvo que hacer fue darle directrices claras al Departamento de Seguridad Nacional. Hizo lo mismo que yo le había recomendado cuando me pidió que pensara y le diera recomendaciones. Mientras yo hablaba con los reporteros durante la tarde y la noche, sentía que habíamos obtenido una de nuestras mayores victorias, la culminación de años de activismo.

–Dijiste todo el tiempo que él lo podía hacer –dijeron los reporteros de Univision. Por poco me río. Ahora que ya estaba hecho, parecía fácil. Yo llevaba años alternando entre el enfado y la esperanza, pero siempre hubiera preferido apoyarlo antes que oponerme a él. Lo único que le había pedido era que usara el inmenso poder de su investidura para ser un líder de nuestra gente. Siempre pensé que la lucha a favor de los inmigrantes era una lucha por los derechos civiles y todavía lo creo. Quería que Barack Obama lo viera de la misma manera, que tomara una posición tan firme y valiente hacia los inmigrantes como sus predecesores la habían tomado hacia los afroamericanos.

Y ahora lo había hecho. Fue solo un primer paso, pero fue un paso muy importante. Durante los primeros seis meses después de esta medida, casi medio millón de *Dreamers* solicitó ayuda y se les protegió de la deportación. ¿Se trató de una reforma migratoria integral? No. ¿Se hizo más tarde de lo que tenía que hacerse? ¿Se hizo por razones políticas? Probablemente. Pero muchas cosas maravillosas se hacen por razones políticas. Eso no significa que no son magníficas. Desde el momento en que Barack Obama decidió actuar a favor de los *Dreamers*, yo dije cosas positivas de él para apoyarlo. Y si bien las multitudes lo habían criticado antes, ahora alababan su liderazgo a favor de los *Dreamers*.

Ayudó un poco que Mitt Romney cometiera el error crucial de escuchar a los extremistas de su partido más opuestos a la inmigración. Su plan era que millones de inmigrantes se fueran voluntariamente del país y se llevaran con ellos a sus hijos, que ya eran ciudadanos americanos. Fui a la Convención Nacional Republicana en Tampa y hablé en contra de Romney. Viajé a Nevada, a la Florida y a Colorado y hablé en contra de Romney. Fui a Ohio el día de las elecciones y ridiculicé a Romney. "Barack Obama defendió a los *Dreamers*. Necesitamos que Barack Obama se quede en la Casa Blanca", dije, y lo repetí. La gente de la campaña de Obama me llamaba todo el tiempo, pidiéndome que pronunciara discursos y que diera entrevistas de radio y de televisión para medios hispanos. Me pedía que hiciera todo el trabajo que pudiera a favor del presidente.

Lo hice con alegría. Después de todo, habíamos empezado como amigos. Tras cuatro años de enfrentamientos, tras dos arrestos, tras cajas enteras de peticiones y dos giras por todo el país, él puso en práctica medidas históricas para proteger a los inmigrantes. Quizás podríamos volver a ser amigos después de todo.

CAPÍTULO VEINTIUNO

Demasiado puertorriqueño para los Estados Unidos, demasiado norteamericano para Puerto Rico

A PRINCIPIOS DE 2011, mientras yo todavía tenía conflictos con mi presidente, empecé a recibir llamadas airadas que no tenían nada que ver ni con Barack Obama ni con la inmigración.

–No tienes idea de lo que está sucediendo en Puerto Rico –me decían los amigos y activistas.

Juano y Lucy, que habían regresado a vivir en Puerto Rico, fueron más directos. –Luis, este nuevo gobernador está completamente descontrolado –nos decía Juano a Soraida y a mí.

El mismo día de 2008 en que los Estados Unidos eligieron a un nuevo presidente progresista, Puerto Rico votó por un líder muy diferente. La Isla eligió a mi excolega del Congreso, el Comisionado Residente de Puerto Rico, Luis Fortuño, como gobernador. Fortuño apoyaba entusiastamente la estadidad y era republicano. Por ambas cosas yo pensaba que llevaría al pueblo puertorriqueño por un camino equivocado.

Aunque no es mi opinión la que cuenta, los puertorriqueños pronto supieron que Luis Fortuño no era un republicano más. Su manera de gobernar hubiera hecho que Newt Gingrich o Sarah Palin se volvieran locos de contentos.

Amenazó con despedir a treinta mil trabajadores y finalmente despidió a casi quince mil. Impulsó un gasoducto que cortaría por el medio la isla y pasaría por lugares donde había bosques y cerca de los hogares de mucha gente. El plan suscitó la oposición de los ambientalistas que pensaban que esos sectores intocados de la belleza natural de la Isla sufrirían. Su administración atacó al Colegio de Abogados, la asociación legal de Puerto Rico, un grupo activista que siempre había estado comprometido con los temas de la justicia social y los derechos civiles. Su líder fue perseguido y finalmente encarcelado.

Pero lo que colmó la copa fueron los conflictos con los estudiantes de la Universidad de Puerto Rico. Al principio de su mandato, Fortuño y su gobierno anunciaron un plan de austeridad que provocó el aumento de la matrícula y las cuotas de la Universidad de Puerto Rico. Los estudiantes de la institución no han cambiado mucho desde que yo estuve allí. Estaban furiosos y lo demostraron. Mis amigos y yo habíamos luchado hacía mucho tiempo a favor de la independencia de Puerto Rico. Protestar, para mí, era parte del currículo de una universidad. Es la manera de aprender lo que resulta importante. La protesta está en el ADN de los estudiantes universitarios.

Pero Luis Fortuño y los encargados de hacer cumplir la ley y el orden que estaban en su gobierno estadista pensaron que las protestas constituían una insurrección civil. Las enfrentó con una respuesta rápida. Hizo quitar los portones frente a la Universidad de Puerto Rico –portones por los que yo había entrado mil veces como estudiante– porque se habían convertido en un lugar de reunión para los manifestantes y un símbolo de oposición al gobernador y sus aumentos de matrícula. El gobierno contrató a una fuerza privada de seguridad para aplacar las protestas. Las noticias de la tarde en Puerto Rico estaban llenas de los videos que mostraban cómo las fuerzas de seguridad detenían y arrestaban estudiantes, particularmente mujeres; estas imágenes enfurecían a los puertorriqueños. Cuando los estudiantes se dirigieron al Capitolio para enfrentar a Fortuño, el Senado de Puerto Rico cerró sus puertas y siguió sesionando en privado. No se le permitió el acceso a los estudiantes ni a los que protestaban ni a las cámaras. Colocaron la fuerza de choque de la policía frente al Capitolio y atacaron a los estudiantes que trataban de entrar. El gobierno dejó claro cuál era su posición: no quería ganar un debate con los estudiantes. No quería debatir, punto.

Mientras yo veía las noticias de lo que estaba sucediendo en Puerto Rico pensé que parecía algo surrealista. Me pregunté si Luis Fortuño había conocido personalmente a las personas a quienes tenía que gobernar. Decirles a los puertorriqueños que no pueden protestar es como decirle a un hombre que se está muriendo de hambre que no puede comer. Debatir, argumentar, hablar: eso es lo que hacemos los puertorriqueños. Me sorprendió que Luis Fortuño pensara que podía acabar con ello.

Mientras más veía, más quería ayudar. Yo había hablado ante el Congreso sobre Puerto Rico muchas veces. Me enfrenté con la Marina de los Estados Unidos por los ejercicios de entrenamiento que llevaba a cabo en Vieques, una islita que queda al este de la isla grande de Puerto Rico. Desde 1941 la Marina había estado usando Vieques para prácticas de tiro, dejando caer bombas, invadiendo las playas y utilizando aquella hermosa tierra puertorriqueña para hacer ejercicios militares. En 1999, una bomba mató accidentalmente a David Sanes, un guardia de seguridad puertorriqueño que estaba en Vieques, y se cristalizó la ira y la oposición hacia el uso militar de aquella tierra.

El pueblo puertorriqueño protestó y marchó y yo me uní a las manifestaciones. Me reuní con funcionarios del Departamento de la Defensa y de la Marina y les dejé saber que me oponía a los ejercicios militares. Entregué cartas, peticiones y protestas de los líderes y activistas puertorriqueños. Los líderes de la Marina escucharon cortésmente y luego dejaron claro cuál era su posición: no se irían de allí. Finalmente, viajé a Vieques como lo estaban haciendo cientos de otros puertorriqueños. Entré en el área restringida de bombardeo y esperé a que me arrestaran por desafiar las Fuerzas Militares de los Estados Unidos. Pasé una noche en la cárcel con Robert Kennedy Jr., otro Kennedy dispuesto a hacer algo más que hablar acerca de la justicia y la equidad.

Cuando viajé a Vieques para tomar parte en las protestas, conocí al hombre que había hablado en la plaza de nuestro pueblo, cuyos discursos me habían inspirado a seguirlo por toda la Isla. Aunque tenía un diagnóstico de cáncer de la próstata, Rubén Berríos acampó en el área restringida por casi un año para mostrar su oposición a los bombardeos. Finalmente lo mandaron a la cárcel. Hablamos de nuestro compromiso común de devolverle Vieques al pueblo puertorriqueño. Le agradecí su liderazgo y el ejemplo que estaba dando. Le dije que si no hubiera ido a San Sebastián y no lo hubiera oído hablar con pasión y orgullo a favor de un Puerto Rico independiente, seguramente nunca hubiera estado en una posición en la que podía hablar con los líderes militares estadunidenses sobre Vieques. Finalmente, la Marina comprendió que no podía seguir bombardeando la isla. Los pescadores rodearon Vieques con sus botecitos. Los que protestaban se seguían metiendo en el área restringida. Los puertorriqueños querían que se les devolviera su isla. Tras más de tres años de protestas, la Marina anunció que se iría de Vieques. Hoy día Vieques se está recuperando. La gente todavía está tratando de recuperarse tras años de bombardeos y contaminación. Algunas áreas son santuarios naturales, la isla es un destino turístico y un lugar donde los puertorriqueños pueden vivir y trabajar.

Pero en 2011 el reto al que se enfrentaba Puerto Rico no tenía nada que ver con las fuerzas militares de los Estados Unidos. Los puertorriqueños estaban furiosos con su propio gobernador y preguntaban: ¿qué puedo hacer yo? En los casi treinta años que han pasado desde que los comisarios de barrio de Dan Rostenkowski tocaron a mi puerta, he aprendido que a veces lo único que uno puede hacer es hablar claro. Algo muy importante acerca del Congreso de los Estados Unidos es que uno puede trabajar para reducir el sueldo de todo el mundo e incordiar al presidente, aunque pertenezca a su propio partido, pero nadie puede impedir que uno hable. Cuando la gente me reelige, me otorga el raro privilegio de poder alzar mi voz en el pleno de la Cámara de Representantes de los Estados Unidos.

Y eso fue lo que hice. En febrero de 2011, pronuncié un discurso de cinco minutos en la Cámara acerca de los abusos a los derechos civiles en Puerto Rico. Defendí los derechos de los estudiantes que querían protestar ante los aumentos de matrícula. A la vez que yo hablaba, al otro lado del mundo se desarrollaba la "primavera árabe". Noté la ironía inherente en que estuviéramos alentando a los egipcios a que defendieran su libertad, mientras ignorábamos lo que estaba sucediendo en nuestro propio patio trasero.

Cuando uno habla claro, generalmente aprende algo. Ese día supe que muchas personas agradecieron mis esfuerzos, pero aprendí aún más de la reacción del partido gobernante de Puerto Rico.

Los reporteros le preguntaron al Comisionado Residente de Puerto Rico, aliado del gobernador, sobre mis palabras. Le dijo a la gente que él era el único que podía hablar por los puertorriqueños y que me había buscado después de mi discurso. Yo tenía suerte de que no me encontrara, dijo. Les dijo lo mismo a los reporteros un par de veces después, enfatizando la suerte que yo había tenido de que no me encontrara. No explicó bien lo que sea que iba a hacer, pero me dio la impresión de que quizás hubiera tenido que defenderme.

Sin embargo, fueron las acciones del Senado y de la Cámara de Representantes de Puerto Rico las más instructivas para mí. Tras mi discurso de tan solo cinco minutos, introdujeron una moción de censura contra mí. El gobierno de Puerto Rico registró oficialmente que condenaba mis comentarios, que eran "perjudiciales y ofensivos para el honor y la dignidad de todos los puertorriqueños". La Cámara de Representantes de Puerto Rico, dominada por el partido que quiere la estadidad, pasó la mayor parte del día criticando mi discurso.

Las reacciones ante mis palabras, que no se extendieron por más de cinco minutos, me ayudaron a entender la seriedad del problema. Había hablado acerca de los derechos civiles y de la libertad de palabra. La reacción oficial del gobierno fue que debía callarme. Quería mandarles una nota agradeciendo la clarificación. Fue como si yo los hubiera acusado de ser ladrones y ellos hubieran respondido airados ante la acusación y luego hubieran pedido que les entregara todo mi dinero.

La semana siguiente me paré ante el pleno de la Cámara y de nuevo hablé sobre Puerto Rico. Cuando los del partido que quiere la estadidad me mandaron una copia de los artículos de censura, los enmarqué y los puse en una pared de mi oficina del Congreso.

No pasó mucho tiempo antes de que yo empezara a recibir invitaciones para hablar en la Isla. Acepté la invitación del Colegio de Abogados. El teatro de su edificio en San Juan estaba lleno a reventar. Había reporteros de los periódicos y de la televisión, abogados y ambientalistas. Había algunos estudiantes y también empleados cesanteados. Habían preparado un salón para la gente que no cupo en el teatro. Era un grupo entusiasta, casi apasionado. La gente que se sentía frustrada y atacada quería escuchar las palabras de un aliado, especialmente uno que daba la casualidad que era congresista. Noel Colón Martínez me presentó –había sido mi candidato para gobernador de Puerto Rico en 1972– un líder cuyo compromiso con la Isla y con los derechos civiles no había cambiado y cuyos discursos, casi cuarenta años antes, me habían inspirado.

Cuando hablo en Puerto Rico, a menudo hago el cuento de una de las primeras veces en que dije algo en voz alta en la Isla, mi primer día de clases en la Escuela Superior Manuel Méndez Liciaga de San Sebastián. Recuerdo el salón de clases del Sr. Hernández y recuerdo cómo pronuncié mi nombre en aquel momento. Borro entonces toda una vida de pronunciación correcta en español y me convierto de nuevo en aquel muchacho torpe y extraño, perdido en una isla distante. "Mi nombre es "Lou-is Goo-terrez" dije ante la multitud. La gente se ríe siempre. Pero cuando les cuento el resto de la historia, el aislamiento que sufrí, todos entienden que no fue nada gracioso para un muchacho de quince años que se sentía a la deriva.

Aquella noche en el Colegio de Abogados, conté la historia de cuando una guardia de seguridad del Capitolio nos dijo a Omaira, a Maritza y a mí que "volviéramos al lugar de donde habíamos venido". Es una historia que resuena entre los latinos, ya sean puertorriqueños nacidos como ciudadanos de los Estados Unidos o inmigrantes indocumentados. Casi todos los latinos se han enfrentado en algún momento a una persona que pensaba que no eran sino un borrón de piel trigueña o pelo rizo, alguien sospechoso que tiene un apellido complicado o un acento raro. Cuando les cuento a los latinos sobre el muchacho nacido en el barrio que llegó al Congreso pero que de todas maneras le dijeron en el Capitolio que volviera al lugar de donde había venido, siempre veo que la gente asiente con la cabeza y recuerda el momento en que ellos o algún conocido se convirtieron en un estereotipo y dejaron de ser personas.

Pero en mi discurso del Colegio de Abogados esa noche, terminé añadiendo algo diferente. Lo dije porque la gente del gobernador seguía insistiendo en que yo no tenía derecho de hablar sobre los problemas puertorriqueños porque no estaba calificado.

—Es la historia de mi vida —dije. —Soy demasiado puertorriqueño para los Estados Unidos y demasiado norteamericano para Puerto Rico.

En Washington fui demasiado puertorriqueño para aquella guardia de seguridad del Capitolio. En Chicago, los policías blancos que me ponían a mí y a mis amigos en fila y nos hacían recostar contra los autos parados en la esquina, pensaban que era muy puertorriqueño. Ed Vrdolyak y los tipos blancos que controlaban la alcaldía veían a un tipo muy puertorriqueño que quería que Harold Washington se hiciera cargo de Chicago. Pero en Puerto Rico, yo era demasiado americano para el Sr. Hernández y para la muchacha que quería que "el gringo" la dejara de molestar o para los compañeros de clase que se reían de mi manera de hablar español. Y ahora los defensores de la estadidad pensaban que yo era tan americano que no estaba calificado para criticar a su gobernador.

Antes del discurso, cené con el Arzobispo de San Juan, Roberto González Nieves, quien reprodujo las reconfortantes palabras de los líderes independentistas de mi juventud: "Eres puertorriqueño desde el momento en que fuiste concebido en el vientre de tu madre", me dijo.

La verdad es que era las dos cosas, al igual que alguna gente a quien he llegado a conocer muy bien. Al igual que los inmigrantes de los Estados Unidos. Cuando hago giras por el país, la gente que me espera en los sótanos de las iglesias y me escucha hablar a veces viene y me pregunta: "¿Por qué ha venido desde Chicago, que queda tan lejos?". La respuesta empieza en las calles de Lincoln Park y en aquel primer viaje en avión que hice de Chicago a San Juan. Quiero luchar por los inmigrantes porque he sido un inmigrante en mi propio país. Dos veces. Sé lo que se siente cuando uno se encuentra aislado, cuando está fuera de todos los grupos.

Yo sabía que tenía que luchar, pero no podía haberlo hecho sin ayuda. Eso es cierto aún hoy en el caso de los inmigrantes. Cuando me sentí más solo, Luis y Tino me ayudaron; en vez de tratarme como a un extraño, me aceptaron como un amigo. Los independentistas de San Sebastián me dijeron: "Tú eres puertorriqueño. No dejes que nadie te diga que no lo eres". Los escuché: vendí periódicos en la plaza y seguí a Rubén Berríos por toda la isla. Nadie podía ser más puertorriqueño que yo. Mrs. Badillo creyó en mí y me dijo que mi habilidad para hablar inglés era valiosa. Estudié, y cuando salí bien en los exámenes de ingreso a la universidad pude aprovechar una educación universitaria asequible y de gran calidad. Puede que me haya sentido perdido, pero mucha gente buena me tendió la mano.

Por eso, cuando el aguador en un restaurante me da las gracias por haberlo ayudado, lo que hago es pagar una deuda. ¿No es razonable querer que los inmigrantes tengan la misma ayuda que yo recibí? Me veo a mí mismo en esos aguadores. Veo a mis padres. Mi mamá solía vivir en una choza en los montes de un pueblecito en Puerto Rico. Mi papá no tenía nada sino un empleo como proyeccionista en el cine. Ella le gustó y él quiso vivir la vida con ella. Dejaron atrás lo poco que tenían, se montaron en un avión y se fueron a Chicago. Trabajaron duro y construyeron un futuro para Ada y para mí.

No siempre fue fácil. Mis padres tuvieron que trabajar por lo que tenían y también yo he tenido que hacerlo. Aquella noche, en el Colegio de Abogados, recordé qué bien se siente uno cuando habla alto y claro sin preocuparse de que alguien se sienta ofendido, aunque ese alguien sea el gobernador de Puerto Rico.

Mientras hablaba, me sentía muy cerca de la gente que estaba aquel día en aquel salón. Muchas de las caras me eran familiares. Allí había líderes de la independencia puertorriqueña que había conocido desde que tenía dieciséis años y trataba de aprender todo lo que podía de ellos. Mi mentor, Noel Colón Martínez me presentó y se sentó a mi lado mientras hablaba. Los estudiantes que habían protestado me recordaban al joven Luis Gutiérrez cuando estudiaba en la Universidad de Puerto Rico o en Albany o en Northeastern. *Claridad*, el periódico que le vendí a Soraida cuando era estudiante de Northeastern, el periódico que fue mi fiel de la balanza en Puerto Rico durante años, estaba allí cubriendo mis comentarios. Presentes también estaban algunos jóvenes legisladores, sintiéndose encantados de que alguien le hablara claro al gobernador. Espero haberlos motivado aunque sea una fracción de lo que Harold Washington me había motivado a mí. Vi a amigos, a gente que se había opuesto al entrenamiento de la Marina en Vieques, a gente que me había apoyado cuando el gobierno me censuró, a gente que quería lo mismo que yo para Puerto Rico.

Cuando terminé mi discurso, que pronuncié en español –la lengua de mi madre, de mi padre y de todos mis ancestros puertorriqueños, los que vinieron antes que ellos– el salón se quedó muy quieto por un momento y de repente se llenó de aplausos y gritos de aprobación. Supe entonces que había llegado a casa.

TRAS AÑOS DE SER EL FORASTERO, también me he empezado a sentir mejor en Washington D.C. El día de las elecciones en 2012, los Estados Unidos se dio cuenta de repente del poder del voto de los latinos y los inmigrantes.

Para mí, el reconocimiento que hubo de la faz cambiante de los Estados Unidos fue alentador, pero también frustrante. ¿Por qué había tomado tanto tiempo? La tormenta electoral latina que sacudió a los Estados Unidos en noviembre de 2012 había estado preparándose durante años. Cualquiera que estuviera atento se hubiera dado cuenta de lo que estaba por venir, y también se le hubiera hecho evidente que deberíamos habernos ocupado antes de las necesidades de mi comunidad. El Partido Republicano y algunos de mis amigos demócratas habían ignorado las señales y se quedaron a la intemperie el día de las elecciones.

Ahora todos quieren estar bajo el paraguas. Es muy satisfactorio estar en medio de la discusión. Durante años en el Congreso yo era como el hombre que solo habla de un tema durante una fiesta, y sigue y sigue hasta que incomoda a la gente que busca cómo salirse de la conversación. "No te dejes acorralar por ese tipo Gutiérrez. De lo único que habla es de la inmigración", habrán dicho. Pero ahora, de repente, todo el mundo habla de lo mismo, hasta la gente más popular de la fiesta.

Resulta frustrante que tomara tanto tiempo para que la gente se diera cuenta del poder del voto latino y de la necesidad de la reforma migratoria integral. El hecho de que ya casi estamos allí es, sin embargo, gratificante. Estamos a punto de reescribir la historia para millones de inmigrantes que quieren participar de lleno en la sociedad americana. Es algo que hay que celebrar.

Durante la primera semana después de la elección, en medio del ruido de los analistas televisivos que estaban encantados con su descubrimiento de que unos trece millones de latinos habían votado en las elecciones presidenciales de los Estados Unidos, muchos de mis colegas se me acercaron y me felicitaron. La gente me daba palmadas en la espalda, estrechaba mi mano, se reía y decía: "Esta vez vamos a lograrlo" o "Luis, trataste de decírnoslo". Yo sabía que no había hecho nada solo. Los activistas de todo el país y las organizaciones que habían luchado y todos los *Dreamers* y la determinación del *caucus* hispano del Congreso habían mantenido la presión.

Nunca nos rendimos y el día de las elecciones entraron al Congreso más representantes latinos que nunca antes. Y entraron dispuestos a luchar por los inmigrantes. Cuando discuto la reforma migratoria integral con ellos, hablo con nuevos amigos que no saben nada de mi historia como el reformador impertinente que enfadó tanto a Tom Foley y a Dan Rostenkowski que lo aislaron y se rieron de él. Esa es historia antigua. Ahora soy tan solo un hombre que sigue diciéndole a quien quiera escuchar que los inmigrantes son algo bueno para los Estados Unidos y que necesitamos nuevas directrices que los ayuden a contribuir aún más al país. En vez de amenazar con peleas a puños en el área del guardarropa o de argumentar sobre lo que dije en el programa *60 Minutes*, ahora trabajo con mis colegas en la solución de un problema que he vivido durante casi dos décadas. A veces me siento como si fuera un político viejo, lo cual me recuerda que probablemente debería buscar una nueva fuente de problemas.

Desde luego que si quiero problemas, siempre está mi relación con nuestro presidente. Pero sigo trabajando en eso.

Los latinos fueron cruciales en la victoria de Barack Obama. Tras casi cuatro años de decirme que no podía hacer gran cosa para ayudar a los inmigrantes, Obama tomó un paso decisivo a favor de los *Dreamers*; esa medida marcó la diferencia en la manera en que nuestra comunidad empezó a verlo. Una vez que aceptó la idea de que podía tomar una medida ejecutiva para proteger a los inmigrantes, la repitió en su campaña como si hubiera sido algo tan natural para él como hablar del cambio y de la esperanza. Filmó anuncios televisivos en español que se centraban en los *Dreamers* y dijo que su derecho a construir un futuro mejor en América equivalía al derecho que tenían sus propias hijas. Fueron palabras sonoras y fueron eficaces. Los latinos siempre quisieron estar con Barack Obama. Solo necesitaban que él les diera la oportunidad.

Tras su reelección, Barack Obama finalmente invitó de nuevo al *caucus* hispano a la Casa Blanca. Ya había anunciado su apoyo para que la reforma migratoria integral fuera aprobada rápidamente. Después de la elección, después de que los latinos e inmigrantes habían demostrado su fuerza electoral, todo el mundo quería la reforma migratoria integral. Todos hablaban a favor de ella como niños en una fiesta de cumpleaños que pelean por el primer pedazo de bizcocho. ¿Dónde estaban todos ustedes el año pasado?, pensaba yo. ¿Dónde estuvieron durante las últimas dos décadas? Hasta John McCain se pronunció de nuevo a favor de la reforma migratoria integral.

Durante la reunión con el presidente, Bob Menéndez, Xavier Becerra y yo –los tres miembros del Congreso más involucrados en las difíciles negociaciones para elaborar un proyecto de ley de reforma migratoria integral que pudiera conseguir el apoyo republicano suficiente para que fuera aprobado– le pedimos al presidente que no introdujera su propia legislación. Parecía irónico, tras cuatro años de pedir y empujar, pero ahora el juego había cambiado. La oportunidad del presidente de ser el líder único respecto a la reforma había pasado. Para lograrla, necesitábamos equilibrar algunos puntos delicados de la política en la Cámara y el Senado. Necesitábamos conseguir los votos.

Barack Obama, mi amigo de Chicago, el hombre al que yo había respaldado antes de que lo hiciera cualquier otro miembro latino del Congreso, nos miró como si estuviéramos locos.

–Tras cuatro años de quejas constantes, y nada sutiles, ¿ahora quieren que espere? –dijo el presidente.

Pues sí. He tenido mis momentos de dificultades con Barack Obama, pero casi siempre lo he apoyado. He estado en desacuerdo con él sobre un tema vital, pero hay unos doscientos miembros republicanos del Congreso que están en desacuerdo con él en absolutamente todo. Votarían en contra de la luz del sol si la auspiciara Obama. Ahora necesitábamos que fuera paciente para que obtuviéramos el apoyo de algunos republicanos. Hay que decir que aunque se quejó, nos escuchó y esperó.

Pero fue esa palabra, "sutiles", la que se me quedó grabada. Tenía razón: nunca fui sutil con él respecto al tema de la inmigración. A mí no me va bien ser sutil. Pero tampoco hay nada sutil en relación con las deportaciones. Dividen a las familias. Si uno quiere detener las deportaciones y ayudar a los inmigrantes, a veces no se puede ser sutil con la gente poderosa, ni siquiera con un presidente al que apoya. Resulta mucho más fácil encararse a la gente en el poder si uno considera la habilidad de confrontarlos como un privilegio que no se debería desperdiciar. A mí no me preocupa que el presidente de los Estados Unidos se enfade conmigo. Lo que me sorprende es que yo esté en una posición desde la cual puedo lograr que el presidente de los Estados Unidos se enfade conmigo.

Después de todo, soy el puertorriqueño, hijo de un chofer de taxi y una obrera de una fábrica, el muchacho que picaba vísceras de cerdos y barría el piso de un restaurante fallido, un tipo que tuvo que guiar un taxi durante el turno de noche para cuadrar su presupuesto. De alguna manera, cuarenta años después de que mi papá nos hizo empacar y nos metió en un avión, terminé sentado del otro lado de la mesa del presidente de los Estados Unidos, negociando el punto de la reforma migratoria integral. Y nadie nunca vino a tocarme el hombro para decirme que había habido un gran error y que tenía que volver a un apartamento en Lincoln Park o San Sebastián. Todavía estoy aquí.

Por eso es que cuando la gente me dice que debería ser más simpático o llevarme mejor con los demás, pienso "¿Por qué? ¿Qué tengo que perder?". He alcanzado mis sueños. De hecho, he llegado mucho más lejos de lo que nunca pude soñar cuando era un muchachito que dormía en un catre en un apartamento de Chicago.

POCO DESPUÉS DE QUE ME ELIGIERAN por primera vez para el Congreso, visité a mis padres en Puerto Rico. Me había convertido en una minicelebridad en San Sebastián. Para los amigos y vecinos de mi papá y mi mamá, yo ya no era el muchacho que se había ido de la Isla y se había involucrado en el mundo de la política en Chicago, un mundo que no siempre era diáfano. Yo era un congresista de los Estados Unidos. Saludamos gente y recibimos felicitaciones durante todo el día. Mucha gente a quien no había visto en años se detuvo por la casa para saludar. Mi mamá y mi papá estaban muy orgullosos. Por la noche, después de que mi mamá se acostó, mi papá y yo estábamos sentados en la sala, callados. Estábamos cansados. Entonces él me miró como si quisiera decirme algo que yo debía escuchar. Tenía una mirada rara, la misma que yo le había visto de vez en cuando antes de que hiciera un anuncio importante.

—Luis, tú te quejabas todo el tiempo cuando te trajimos aquí. Te quejabas de que te habíamos alejado de tus amigos y de Chicago y nos decías cuánto lo echabas de menos y lo difícil que era vivir en Puerto Rico. Los muchachos de aquí se reían de ti. Se te hizo difícil aprender español. No dejabas de quejarte. Y mírate ahora. Tu dominio del español es excelente, sigues ganando elecciones porque hablas español mejor que nadie más. Llegaste a la Asamblea Municipal porque eras un candidato muy puertorriqueño. Ahora estás en el Congreso de los Estados Unidos de América. Espero que comprendas que venir a Puerto Rico fue lo mejor que te pudo haber pasado. Te ayudó a ser diferente. Te hizo la persona que eres hoy.

Lo dijo todo en español. Y cuando acabó parecía como si estuviera ya listo para jugar al dominó o tomarse una cerveza. No estaba interesado en mi opinión, solo quería que yo supiera lo que él pensaba.

Así era mi papá: de pocas palabras. Se molestaba a menudo por algo aparentemente trivial, como que mi mamá gastara demasiado en un vestido. Y, cuando uno menos lo esperaba, compartía un buen consejo, alguna revelación. Mi papá murió el año pasado, cuando ya yo estaba escribiendo este libro, cuando finalmente había tenido tiempo de reflexionar más acerca de nuestra familia y de la vida que pasamos juntos. Cuando murió, una de las primeras cosas en que pensé fue en lo que me dijo aquella noche en San Sebastián.

Para él era algo sencillo. Aquel 1969 había sido un año de disturbios y asesinatos y él tuvo que tomar una decisión. Decidió cuidar de su familia. Reunió nuestras cosas, nos empaquetó en su Impala; era un padre que temía por su hijo y su hija debido a la situación de las pandillas, las drogas y el desorden. Un padre dispuesto a hacer cualquier cosa por esos hijos. Quería que yo supiera que había pagado un precio: todas aquellas quejas que tuvo que oír. Pero mira lo bien que resultó todo, dijo.

Tenía razón, desde luego. Fue lo mejor que me pudo haber pasado.

AGRADECIMIENTOS

Soraida es más que mi compañera en la vida. Es una lectora atenta y una editora inteligente. Ella vivió esta historia y la recordaba y me ayudó a contarla de una manera que honre a nuestra familia, a nuestra Isla y a nuestro pasado. Además, yo no podría haber inventado un personaje tan maravilloso como su padre, don Juan, aunque hubiera puesto todo mi empeño en ello. Gracias a Juano y a Lucy y a mi hermana Ada. La familia siempre está ahí para apoyarlo a uno, y nunca me ha fallado.

En Puerto Rico, mis amigos Luis Águila y Tino Núñez merecen más agradecimiento del que puedo retribuirles. Gracias por haber visto a una persona y no a un inadaptado en la Escuela Superior Manuel Méndez Liciaga; gracias también por su inestimable ayuda al recordar las aventuras que vivimos juntos. Gary Aquino, Marciano Avilés, Reynaldo Acevedo, Lucy Rodríguez, Alicia Rodríguez, Pablo Reyes y el director de mi escuela superior, Julio Arocho, todos compartieron recuerdos conmigo. Gracias por el tiempo que generosamente me dedicaron. También pasé una noche maravillosa en Puerto Rico recordando y riendo en torno a una mesa con la familia extendida de Soraida, entre ellos sus hermanas Nery y Milagros, su sobrina Chula y el esposo de esta, Luis Negrón. Y quiero agradecer a mis amigos independentistas, quienes me han nutrido y me han apoyado desde hace más de cuarenta años. Le agradezco a Carlos Gallisá, un personaje imponente que llegó a San Sebastián y me enseñó a luchar por los desvalidos. Nuestro movimiento está lleno de héroes, pero agradezco especialmente a Noel Colón Martínez, ejemplo de honorabilidad, quien me enseñó a luchar por el pueblo puertorriqueño. Y también tengo que agradecer al periódico *Claridad*. La venta de ejemplares de este en la escuela no sólo me ayudó a conseguir mi primera cita con mi futura esposa, sino que también me mantuvo informado toda la vida acerca de Puerto Rico.

En Chicago, he tenido la suerte de estar rodeado de maestros, amigos, activistas, personal y muchos aliados a la hora de crear problemas desde los tiempos en que los comisarios de barrio de Dan Rostenkowski tocaron a mi puerta. No puedo nombrarlos a todos. José López no sólo fue mi profesor en la Universidad Northeastern y una fuerza orientadora en mi vida, sino que también revisó la mayor parte del libro y me dio consejos maravillosos. Gracias, José, por todo lo que has hecho por mí y por todo lo que tu familia ha sacrificado por el pueblo puertorriqueño. Les pedí a muchos de mis amigos del movimiento por los derechos de los inmigrantes que me ayudaran a recordar momentos importantes y a revisar partes del libro. Quiero agradecerle especialmente a Josh Hoyt, un gran líder de nuestra comunidad. Slim Coleman me ha ayudado desde hace treinta años. Sin él, yo quizá nunca habría sido concejal; ahora él es una voz líder en la lucha por la justicia social. Slim y Josh fueron de gran ayuda con el libro.

Los activistas pro inmigrantes no tienen idea de lo mucho que su coraje y su visión han significado para mí. Las personas que ayudan a los inmigrantes cada día —quienes dirigen organizaciones sin fines de lucro, quienes brindan asesoramiento y refugio y orientación a personas buenas que lo necesitan, quienes analizan la política, quienes se manifiestan cuando los demás guardan silencio— son la causa de que nuestros logros se hagan realidad. Sin ellos, no puedo lograr nada para los inmigrantes. Ellos no reciben suficiente reconocimiento, y me disculpo por nombrar sólo a unos cuantos; además de Josh y Slim, algunos de los héroes de nuestro movimiento son: Deepak Bhargava, Chung-Wha Hong, Eliseo Medina, Janet Murguía, Ali Noorani, Gaby

Pacheco, Arturo Rodríguez, Angélica Salas, Frank Sharry y Gustavo Torres. Les agradezco mucho por enseñarme lo que hay que hacer. Y gracias a Emma Lozano, por no dudar del poder de los inmigrantes.

La determinación del *caucus* hispano del Congreso explica en gran medida que estemos a punto de lograr un progreso histórico para los inmigrantes. No es fácil para los más de veinte miembros del Congreso mantenerse unidos para lograr un objetivo común, pero nuestro *caucus* ha sido una voz constante en la lucha por la justicia. Gracias a Nydia Velázquez y a José Serrano, mis amigos puertorriqueños y colegas durante veinte años, quienes no sólo han defendido a los inmigrantes, sino que siempre han defendido al pueblo de Puerto Rico. Por su compromiso, doy las gracias a mis colegas latinos, y, en particular, al senador Bob Menéndez. Bob recuerda cuando el solo hecho de sentarse a mi lado podía acarrearle problemas a un congresista. Él lo hizo de todos modos, porque Bob lucha por su gente y es fiel a sus amigos. Gracias también a mis colegas de Illinois por su amistad y apoyo, sobre todo al senador Dick Durbin por una vida dedicada al trabajo por los inmigrantes y por ser mi mentor.

Siempre he creído que la inmigración es un asunto de derechos civiles, y estoy inmensamente agradecido con los líderes de la lucha por los derechos civiles que nos precedieron y nos muestran el camino. Vi a Martin Luther King, Jr. hablar en contra de la injusticia en mi ciudad natal y en todo Estados Unidos, y hasta la fecha el ejemplo de los líderes afroamericanos de derechos civiles me ha infundido el coraje para encontrar mi voz. Hoy en día, nuestro movimiento no podría triunfar sin el firme apoyo de los miembros afroamericanos del Congreso y de activistas como Wade Henderson y Hillary Shelton.

Un congresista se apoya cada día en su equipo. Durante más de veinte años, he estado rodeado por funcionarios dedicados y apasionados por su trabajo. Ayudar a más de 50,000 personas a obtener la ciudadanía mediante talleres en Chicago es un logro que guardo cerca de mi corazón, y mi personal ha acumulado miles de horas para que esto sea posible. En Washington, he tenido la suerte de trabajar con gente que cree en lo que hago y que lucha cada día por causas progresistas. Un agradecimiento enorme a todas las personas que han respondido cartas, estudiado legislaciones, llenado solicitudes de ciudadanía y cumplido centenares de otras tareas que hacen posible nuestro trabajo. Gracias a Jennice Fuentes, quien estuvo conmigo durante veinte años, a veces como jefe de personal, a veces como mi enlace no oficial con la industria del entretenimiento, siempre una amiga. Gracias a Enrique Fernández Toledo. Nadie ha sido más leal. Douglas Rivlin combate a la prensa que está con las fuerzas antiinmigrantes y ayudó a que este libro estuviera en lo correcto. Y gracias a Susan Collins, que ha llevado conmigo peticiones a la Casa Blanca, ha sido detenida junto a mí y ha leído cuidadosamente muchos capítulos.

¿Qué categoría debo elegir para Doug Scofield? Dirigió mi primera campaña para el Congreso y fue mi jefe de personal durante diez años. Él nos ayudó a que nuestra campaña por la ciudadanía fuera posible. Nunca tuve que convencerlo para que hiciera lo correcto en asunto alguno. Es innato en él. Y él fue mi compañero al escribir este libro. Gracias por *No he dejado de soñar*, y por más de veinte años de amistad.

He tenido la fortuna de contar con un gran editor y con un corrector maravilloso que vio más que una conferencia sobre política y me animó a contar mi historia. Gracias a Alane Salierno Mason y a su equipo en W. W. Norton por ayudarme a encontrar el verdadero libro entre mis distintas ideas. Un autor novato como yo no podía haber pedido a nadie mejor. Mi agente, Ayesha Pande, estaba ansiosa por representar a un congresista alborotador. Ella es genial, y el libro no existiría sin ella. Y gracias a Melanie Scofield, quien leyó cada palabra y cuyo lápiz afilado y buenos consejos mejoraron el libro.

Cada día que permanezco en el Congreso creo que mi deber es despertar y pensar acerca de los inmigrantes. Por tanto, a quien tengo que agradecer realmente en este libro es a la comunidad inmigrante de Estados Unidos. Los he visto en manifestaciones y en foros a lo largo del país, he escuchado sus historias, he compartido sus temores y sus logros. Me impresiona su dedicación para mejorar las vidas de sus familias. Se necesita coraje para luchar por sus derechos cuando muchos de ustedes saben que el Gobierno los podría deportar en cualquier momento. Se necesita coraje para trabajar arduamente en empleos difíciles a pesar de estar conscientes de que muchos los ven a ustedes como enemigos. Me honra tener la oportunidad de luchar por ustedes, y les estoy agradecido por todo lo que hacen por Estados Unidos.

Por último, quiero dar las gracias a mi padre y a mi madre. Siempre hicieron lo correcto para nuestra familia, e hicieron de mí la persona que ahora soy. Sin ustedes, no habría *No he dejado de soñar*.

NOTA A LOS LECTORES

Quiero agradecer a mis amigos que lean *No he dejado de soñar: Mi largo camino del barrio a los recintos del Capitolio*. Espero que estén de acuerdo conmigo en que *No he dejado de soñar* es, más que un libro en español, un libro acerca del español, acerca de lo que nuestra lengua significa para nosotros y de cómo el uso de este hermoso idioma nos ayuda a los puertorriqueños y a todos los latinos a ser quienes somos. Como se darán cuenta en las páginas de este libro, aprender a hablar español no fue fácil para mí. Cuando me mudé a Puerto Rico, yo era un insatisfecho adolescente de Chicago que hablaba inglés en casa y mascullaba un español cerril con el que me las arreglaba para salir adelante, hasta que en mi nueva casa, encaramada en las colinas de San Sebastián, me di cuenta que esto ya no iba a ser posible. Me percaté entonces de que la lengua española era algo más que un medio para comunicarme con algunos parientes: tenía que tratarla con respeto, como una forma de vida, como una parte fundamental de lo que yo era.

Así que aprendí a hablar español. Y en la adquisición de esta lengua aprendí mucho más. Aprendí acerca de nuestra historia y de las luchas y las esperanzas que todos compartimos. El idioma español ha sido, para mí, un indicador de éxito y de lucha en mi vida, una manera de juzgar quién soy y quién quiero ser. Sin la adopción del español yo no sería la persona que soy en la actualidad. El español me conecta con quienes me honro en servir. El español me ayuda a entender mejor las necesidades y metas de nuestra comunidad. Significa mucho para mí que haya personas interesadas en leer mi libro en español, y es lo más lógico que mi historia se relate en el idioma que cambió mi vida.

Quiero agradecer a mi casa editorial en español, Santillana USA, y a las magníficas personas que han trabajado conmigo, entre ellas Casandra Badillo Figueroa y Carolina Schwarz, para que *No he dejado de soñar* sea una realidad. Y quiero dar las gracias a nuestra traductora, Carmen Dolores Hernández, por esta traducción maravillosa. Y también quiero expresar mi agradecimiento a nuestro editor, Norman Duarte Sevilla. Me hubiera gustado contar con Carmen y con Norman en mis lejanos días de estudiante de la Escuela Superior Manuel Méndez Liciaga, cuando luchaba por aprender la diferencia entre los usos formal e informal del español. Mi vida hubiera sido mucho más fácil entonces. Doy las gracias a todos en Santillana por este espléndido libro.

Mi papá mientras me peina en nuestro apartamento de la calle Willow, en Lincoln Park. Por
un dólar o menos, yo generalmente acudía a
cortarme el pelo con los "barberos" del barrio,
que atendían a los clientes en sus sótanos.

Con mi mamá en Chicago, engalanados
con nuestra ropa dominguera, al volver a
casa tras asistir a la iglesia.

Con mi hermana Ada en la celebración
de nuestra primera comunión.

Mi tía Nilda con mis tíos en Gary,
Indiana. Gary estaba lleno de puertorriqueños como el extendido clan de
los Gutiérrez, quienes trabajaban en
las plantas siderúrgicas.

Con Soraida en una de nuestras primeras citas. Poco tiempo después ella iba a partir hacia Puerto Rico, y yo la seguiría.

Con Soraida y Omaira en la sala de nuestra casa de la calle Homer. Unos dos meses después de que esta foto fuera tomada, un cóctel molotov atravesó el cristal de la ventana detrás de nosotros y provocó un incendio que destruyó gran parte de la casa.

Cuando yo era concejal, bautizamos una calle en Wicker Park en honor a Nelson Algren. Mi barrio siempre ha sido un hogar para los recién llegados a Chicago.

Uno de los días que dedicábamos a plantar árboles cuando yo era concejal. Cada día era una batalla para proporcionar servicios a un barrio que la maquinaria de Chicago había ignorado durante décadas.

Con Soraida, Omaira, Jessica y mi sobrina Maritza en las escalinatas del Capitolio el día que fui juramentado como congresista en 1993.

Con Omaira y mi familia en un festival de barrio en Humboldt Park.

Con mi (mucho más alto) amigo el senador Bill Bradley después de un debate presidencial en Iowa. Al Gore y gran parte de los líderes demócratas del Congreso no estaban precisamente emocionados por mi apoyo a Bradley para la candidatura presidencial en 2000.

Soy el segundo de la izquierda en la primera fila, con mis compañeros de clase de quinto grado de la escuela Newberry. Solo unos cuatro años más tarde mi familia se mudaría de Chicago a Puerto Rico.

Llenando un formulario de solicitud de ciudadanía en uno de nuestros primeros talleres de ciudadanía en Chicago. Los solicitantes siempre han desbordado nuestra capacidad, y hasta ahora hemos ayudado a que más de 50,000 personas emprendan el camino hacia la ciudadanía.

Encabezando una marcha durante mi campaña para concejal en 1986. Los carteles dicen "Reelija al concejal Gutiérrez", para recordarle a los votantes que nos habían robado la victoria en las elecciones primarias.

Cargando a Omaira en campaña con el alcalde Washington. Nunca he conocido a nadie que traiga tanta alegría y entusiasmo a la política como Harold Washington.

Una reunión matutina con el presidente Obama en el avión presidencial, *Air Force One*.
Cortesía del departamento de fotografía de la Casa Blanca

Intervención en una de las innumerables manifestaciones por
los derechos de los inmigrantes.